Illisibilité partielle

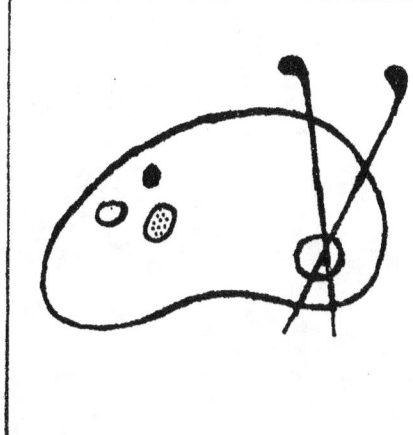

Début d'une série de documents en couleur

VALABLE POUR TOUT OU PARTIE DU DOCUMENT REPRODUIT

STIRNER

L'Unique et sa Propriété

Traduction de
Henri Lasvignes

Éditions de
La Revue Blanche
23, boulevard des Italiens, Paris

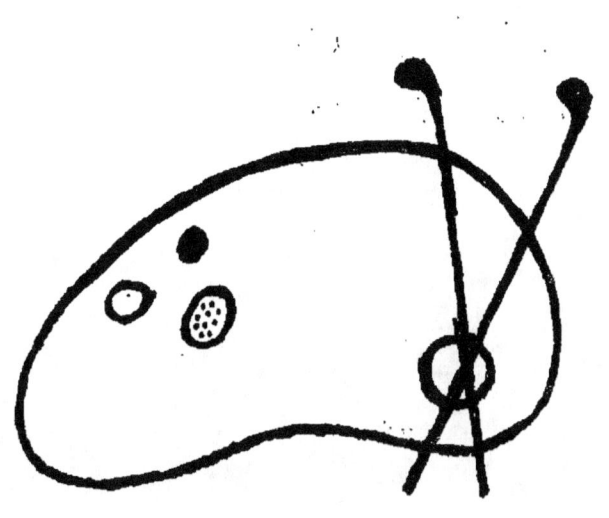

Fin d'une série de documents en couleur

8° R
16904

30 feuilles in -8° carré

1100 ex.

STIRNER

Au numéro 19 de la Philipstrasse, à Berlin, on lit sur une plaque de marbre l'inscription suivante gravée en lettres dorées :

DANS CETTE MAISON EST MORT
MAX STIRNER
(Dr Caspar Schmidt, 1806, 1856)
Auteur du livre immortel
« L'Unique et sa Propriété »

Cette plaque fut posée en 1892. Jusque-là, depuis 1845. silence profond sur l'homme et sur le livre. En ces dernières années seulement, des esprits très divers ; entre autres, un philosophe, un musicien et un poète, se rencontrent sur ce nom et découvrent que l'œuvre que la censure en 1845 avait qualifiée d' « absurde » et dédaigné pour cette raison de poursuivre, est unique comme le titre qu'elle porte. De tous côtés l'intérêt s'éveille. M. Schellwien étudie parallèlement Stirner et Nietzsche. M. J. H. Mackay rassemble pieusement les moindres écrits de Stirner et parvient à reconstituer en partie sa biographie. Hans de Bülow — très candidement et sans la moindre ironie — dans un remarquable discours prononcé devant une société phil-

a

harmonique associe le nom de Stirner à celui du prince de Bismarck.

A dix années près, pareille rénovation se fait en France pour Stendhal, et après le même silence. Il n'y a pas là qu'une simple coïncidence, l'un et l'autre précédaient leur temps. Il fallait encore cinquante années d'histoire. L'individu avait encore de dures expériences à subir pour pouvoir s'élever à un degré supérieur de fierté ou d'irrespect qui le rapprochât de l'Egotiste de Stendhal, de l'Egoïste de Stirner.

Stirner appartient à une époque de pressentiments. De 1815 à 1848 en Allemagne, peu d'événements marquants; mais quel travail sourd! Il n'y a pas alors à chercher à faire le départ de l'agitation politique et de l'effervescence philosophique. Elles se pénètrent, elles ont des actions réciproques. Napoléon n'avait pas seulement bouleversé matériellement l'Europe, il avait jeté le désarroi dans la pensée. Sur la vision kantienne de paix éternelle était passée l'ombre immense de la Force étreignant le monde, d'Alexandrie à la Bérésina. Quand on allait croire que l'idée seule possédait la réalité objective, qu'elle seule conditionnait les évènements, on les vit dominés par un facteur formidable d'une telle certitude que l'on conclut de sa réalité matérielle à son existence idéale. La Force se posait à côté de l'impératif catégorique. Hegel parut alors, qui enveloppa la Force et l'Idée dans l'Absolu. L'Etat en était une forme. Mais en Allemagne précisément il n'y avait rien qui répondît à cette unité substantielle, à ce « terrestre divin » (*irdisch göttliches*) d'Hegel. Il y avait partout aspiration à l'unité, mais de longtemps encore irréalisée. De là l'inquiétude de ces temps. Quel serait l'Etat central autour duquel se ferait l'agglomération définitive?

L'Empire appartenait par tradition à l'Autriche. Mais était-ce à Vienne que la pensée allemande s'était manifestée? Etait-ce à Vienne que s'était opérée l'organisation de la défense nationale? Etait-ce à Vienne que revenait l'honneur de la résurrection germanique? La tradition montrait le centre de l'Allemagne à Vienne et tous les yeux étaient tournés vers Berlin. Au Parlement de Francfort c'était une oscillation constante entre la fidélité au passé et l'espoir que donnait la jeune puissance du Nord. Mais Metternich continuait à exercer de Vienne, sur toute l'Allemagne et sur la Prusse même, sa politique de réaction. La censure était l'instrument principal du gouvernement, car il s'agissait de faire obstacle au mouvement intellectuel qui menaçait de tout emporter.

Le danger en effet venait de partout. La critique historique et la philosophie elles-mêmes, occupées des événements d'un autre âge ou de l'idée pure, étaient hantées par les préoccupations de l'heure. L'agitation unitaire recrutait ses adhérents dans les partis les plus différents. Mais l'accord existait sur ce point qu'il fallait éliminer l'Autriche comme élément de résistance et de stagnation entravant la marche en avant de la jeune Allemagne. Vers le Rhin, sous l'action de Gervinus, l'agitation prenait un caractère libéral et démocrate, tandis que Dahlmann, fermé au libéralisme, voyait la Prusse appelée à grouper autour de son roi, investi par Dieu, l'Allemagne définitivement une et conservatrice.

Or, quand la fièvre était partout, quelques années après la mort d'Hegel, Stirner écrivit froidement son livre.

Malgré ses très honorables efforts, M. J. H. Mackay n'a pu dissiper entièrement l'obscurité qui entoure l'existence de Stirner. Nous apprenons qu'il est né à Bayreuth en 1806; son père était fabricant d'instruments à vent. Stirner encore tout enfant perd son père. Sa mère se remarie bientôt et va vivre à Berlin, mais lui demeure à Bayreuth chez son parrain qui prend soin de ses études. Plus tard il va à Berlin, s'inscrit à l'Université et suit les cours d'Hegel et de Schleiermacher. Il ne peut parvenir au grade de docteur et s'établit professeur libre. Il enseigne à Berlin dans un pensionnat de jeunes filles, situation qu'il conserve jusqu'à la publication de « l'Unique ». Il fut marié deux fois. Sa seconde femme, Marie Dännhardt, le quitta quand vinrent les jours noirs. Quelques semaines avant l'apparition de son livre, il abandonna sa place, simplement par dignité personnelle, jugeant qu'il y avait incompatibilité entre son rôle d'éducateur et le caractère subversif de son œuvre. Il fit alors diverses entreprises commerciales qui échouèrent. Il voulut, entre autres choses, établir à Berlin un service central pour la distribution du lait. Cette entreprise eut le sort des autres. Il vécut encore quelques années assez misérablement et mourut en 1856 d'une piqûre de mouche charbonneuse.

Peu de renseignements sur son tempérament. Ses notes d'université le donnent comme élève « travailleur et appliqué ». Il fut très aimé comme professeur pour la clarté de son enseignement et la douceur de son caractère. Enfin il joua un personnage assez effacé dans le milieu politique et littéraire où il fréquenta. Et son livre fut pour tous une surprise.

Si la vie de Stirner est obscure, les origines de son livre sont bien fixées. Il nous dit lui-même comment il le composa. C'est dans la société des « Libres », qui se réunissait chez Hippel, cabaretier de Berlin, que l'idée lui en vint. Auditeur presque toujours silencieux, c'est là qu'il recueillit au hasard des discussions philosophiques et politiques les éléments sur lesquels il devait exercer sa critique. Car le fond de son œuvre est la critique des écrits des frères Bauer et de Feuerbach, qu'il écrivit par fragments dans l'ordre chronologique où se publièrent ces travaux. Les critiques de Stirner tournant autour d'un point unique, il fut amené sans y avoir pensé à en tirer un livre.

La société des « Libres » n'avait si statuts, ni cérémonial, ni président et n'imposait aucune obligation à ses membres. En conséquence, le monde le plus divers y passa. A côté des poètes Freiligrath, Herwegh, Hoffmann von Fallersleben qui abandonnent le lied et l'élégie pour la satire politique, on y rencontre les pères du collectivisme, Marx et Engels, peut-être aussi Bettina von Arnim, la Bettina de Gœthe, qui sous le titre habile « Ce livre appartient au roi » fait une critique aiguë du régime personnel. Mais ceux qui formaient le noyau réel de la société furent Bruno et Edgar Bauer, Arnold Ruge et enfin Stirner. Ceux-là donnent à la Société sa note véritable. Les « libres » ont quelque parenté avec les « libertaires » d'aujourd'hui, exception faite pour Stirner qui n'épargne pas non plus l' « humanisme » des Bauer. Mais il est infiniment plus près d'eux que des doctrinaires du collectivisme qui, après une courte apparition dans la société des « libres », s'aperçurent que leurs tendances étaient toutes différentes. Marx et Engels même écrivirent en 1845 un pamphlet mordant intitulé, par allusion aux frères Bauer : « La Sainte-Famille ou Critique de la critique Critique contre les Bruno Bauer et consorts. »

S'il y eut dans cette société tant d'éléments divers, ce n'est pas que l'opposition politique en fût le seul lien. Tous, qu'ils fussent constitutionnels, collectivistes ou démocrates, avaient reçu l'enseignement d'Hegel. Et ceux même qui partis d'Hegel se retournaient contre lui, en gardaient l'empreinte. Mais l'heure étant aux préoccupations politiques, les théories philosophiques, chez les néo-hégéliens et chez Stirner, dégénèrent en critique sociale.

Hegel considérait l'Etat comme un absolu, comme une chose existant en soi. L'Etat existe dans tout État comme l'Homme dans tout homme. L'être contingent et périssable que je suis ne peut pas plus modifier cet absolu que le kantien ne peut agir sur les vérités supérieures qui règnent dans sa conscience. L'Etat est à la fois idée et volonté. Etant absolu, il ne connaît pas d'impératif, d'absolu au-dessus de son absolu. Par conséquent la morale individuelle n'existe pas pour lui. Enfin l'essence de l'Etat étant la souveraineté, il cesse d'exister, s'il la limite par une convention, si son existence n'est pas une manifestation perpétuelle de force. Cette doctrine formidable interprétée et mise en œuvre par des hommes d'action était la mort de toute individualité, la résorption de tous les individus dans l'Etat. Les néo-hégéliens en virent peut-être le péril pour les libertés et tentèrent de concilier leur foi dans l'absolu hégélien avec leur foi politique. Ils transportèrent cet absolu de l'Etat à l'Homme.

Ce sont eux qui feront les premiers frais de la critique de Stirner. S'adressant à Feuerbach, il dira : vous avez fait du divin l'humain, vous avez fait du prédicat le sujet, vous vous êtes borné à permuter les termes entre eux.

Qu'est-ce que cet Homme qui est pour vous l'absolu ? Est-ce tel homme que voici ? Non, mais l'Homme qu'il y a en lui et qui n'est pas lui. C'est ce quelque chose de divin, cet esprit, cet au-delà qu'il porte en lui et vers lequel il doit tendre. En discuter la réalité c'est faire de la scolastique, c'est demander à propos de tel chien si le Chien dans ce chien a une existence réelle.

Nous entrons alors dans le royaume des fantômes.

Le fantôme c'est l'Idée, c'est l'Esprit. Nous sommes possédés, comme au moyen âge on était possédé du Mauvais. Aujourd'hui ce sont des concepts qui nous possèdent, mais, comme dans la possession par l'esprit du Mal, notre personnalité est abolie. Car nous ne sommes que la demeure de l'Esprit, du Saint-Esprit. C'est la réalisation du règne terrestre du Christ. En effet, pour le christianisme l'esprit et l'esprit seul est vérité. Tandis que pour l'antiquité le monde seul était une vérité dont elle soupçonna la relativité, jusqu'à ce qu'elle découvrît enfin la non-vérité de cette vérité. L'œuvre commence avec Socrate, elle continue et s'achève dans les temps chrétiens.

Désormais ce n'est plus le monde, c'est l'esprit qui est vérité. Elle est insaisissable ici-bas parce qu'elle existe en dehors et au-delà du monde. Abstraire l'individu des contingences terrestres pour le faire vivre dans cet au-delà, c'est à quoi se ramènent toutes les tentatives actuelles. C'est l'esprit, ce sont les esprits aujourd'hui qui sont les véritables maîtres du monde, il y en a partout : « Fantômes dans tous les coins ». Nous sommes hantés par les idées de Dieu, de Droit, de Vérité, de Justice, de Patrie, d'Honneur, etc., etc. Nous en sommes les esclaves. En proie à l'idée nous nous agitons désespérément dans une sarabande folle et le monde apparaît au spectateur froid comme une « maison de fous ».

Mais ceux-là mêmes qui s'érigent en adversaires du christianisme sont encore des chrétiens, parce qu'ils opposent des concepts aux concepts. Bien plus, ils sont infiniment plus pieux, plus chrétiens que ceux qui glorifient le Christ. Car, avant la Réforme, le catholicisme faisait le départ bien net entre le temporel et le spirituel. Les institutions sociales étaient essentiellement profanes et recevaient seulement la consécration de l'Eglise, tandis que la Réforme, puis la Révolution leur reconnaissent un caractère sacré par elles-mêmes; ce sont des choses saintes, dont l'idée sainte est soigneusement cultivée en nous. « Nos athées sont des gens pieux. » Quand la formule religieuse disparaît, nous sommes plus religieux que jamais. Car l'âme du chrétien vit dans l'au-delà. Or ces idées saintes sont des « au-delà ». Hier, tu faisais abnégation de toi dans ton effort pour réaliser la patrie céleste. Aujourd'hui tu fais abandon de ta personne pour réaliser la patrie terrestre. Le point de vue s'est simplement déplacé.

Droit, Justice, Patrie, Honneur, Humanité, etc., etc., c'est avec des fantômes qu'on tient les hommes. Car ce ne sont pas là des idées innées ; il faut au préalable l'éducation.

Un *dressage* incessant nous en pénétrera. C'est là la tâche que s'impose l'État et ce sera la première condition de son existence.

Existe-t-il un point réel où l'être réel que je suis puisse sans détriment pour sa personnalité s'harmoniser avec l'être idéal qu'on appelle l'État, sans que celui-ci, dont l'essence est la puissance absolue, voie son absolutisme en quelque façon réduit, c'est-à-dire aboli ? On a parlé d'un contrat. Pour que ce ne fût pas une fiction, il faudrait que l'État pût traiter avec tels individus qu'il lui convient, qu'il pût refuser toute convention avec les autres, et réciproquement que l'individu fût libre de rester en dehors des groupements artificiels qui constituent les sociétés ou les États. Or il est évident que l'individu n'est pas libre de refuser le contrat. Quand on parle du « contrat de travail » entre le travailleur prolétaire et le capitaliste détenteur des richesses, l'hypocrisie est moindre, parce que le prolétaire a du moins la liberté, en général, de refuser les conditions offertes — c'est le plus souvent la liberté du suicide. Tandis que, du fait qu'il existe, l'individu par son existence même est signataire du contrat social.

L'État ne connaît que des contractants, c'est-à-dire des citoyens. Il ignore, il veut ignorer l'individu. Il se contente d'envisager en lui une de ses manières d'être, une de ses qualités : le citoyen. Le citoyen de son côté repousse tout ce qui n'est pas l'État, il repousse l'*an-archie* au sens de Proudhon.

Mais l'individu dépasse en tout sens le citoyen et se trouve naturellement en conflit avec l'État. Par sa naissance, il porte immédiatement atteinte à cette sorte d'harmonie préétablie que conçoit l'État. Car il est peu probable que son individualité corresponde précisément à l'idéal-citoyen. Tel qu'il voudrait s'affirmer, c'est-à-dire en se développant sans contrainte, l'individu apparaît criminel parce que sa personnalité fait éclater le cadre où la société l'enferme. Je veux me manifester comme Moi, et l'État aussi. Mais l'un et l'autre en tant que Moi, en tant qu'absolu, ayant une puissance souveraine illimitée, ne peuvent coexister sans se rencontrer, sans se heurter ; il faut que le plus fort refoule totalement le plus faible. L'État ne reconnaît qu'à lui-même le droit d'être un Moi. Tout son effort tendra à chasser de moi le Moi pour n'en garder que le citoyen. « Cette peau de lion du Moi, l'État, ce mangeur de chardons, s'en empare et fait le beau avec. »

« L'État, dit Stirner, c'est l'ostracisme organisé des Moi. » Ce mot n'est pas qu'une figure. L'ostracisme à Athènes ne fut pas une mesure exceptionnelle, ce fut, durant toute une époque, un moyen courant de gouvernement, un instrument commode aux mains de l'État pour empêcher les Moi trop marquants de diminuer sa personnalité. Pour tous ceux qui correspondaient au type moyen du citoyen — type idéal — on n'avait que faire de l'ostracisme. « L'ostracisme, dit le poète comique Platon, n'est pas fait pour les médiocres. » Miltiade et Thémistocle le subirent précisément parce que leurs personnalités puissantes ne pouvaient se plier à l'ordre légal, et qu'ils étaient, par leurs attitudes mêmes, par tous leurs gestes, par leurs pensées, criminels ; parce qu'ils dépassaient démesurément le rôle ingrat que l'État leur imposait. Leur supériorité exhalait le crime. Rien de changé dans l'État moderne ; sauf le procédé, qui est moins franc. Dans la cité antique, c'était un nombre déterminé de citoyens qui édictaient l'ostracisme, en inscrivant le nom de celui qu'ils voulaient frapper sur des tessons d'argile. Aujourd'hui, c'est une puissance anonyme et indéfinie qui plane lourdement au-dessus du Moi, prête à s'abattre sur lui s'il manifeste la velléité de s'élever, car, par le fait qu'il s'élève, il se soulève, c'est-à-dire se révolte. Malheur à qui n'a pas l'âme domestiquée. Nécessairement, la réalisation de cet être amorphe agréable à l'État, sur lequel la loi n'a pas de prise, implique toutes sortes de capitulations de conscience, lâchetés que l'on décore du nom d'empire sur soi-même. Si l'individu est suffisamment souple et s'il sait plier aux innombrables occasions où l'être fier se révolte, il arrivera sans encombre au bout de son existence, oublié des tribunaux. Celui-là sera un bon citoyen, infiniment meilleur qu'un être fier et généreux qui, par ses protestations incessantes au nom de la justice — de la justice individuelle — trouble l'ordre établi. Car cette justice individuelle est rarement compatible avec la justice sociale, base de l'Ordre. Sache te faire petit, « rapetisse ton cœur », dit le Chinois. C'est le seul moyen pour toi d'être heureux. Fais-toi oublier. Ne fais pas émerger ton individualité si haut que l'État l'aperçoive, mais sois une vague anonyme de l'océan humain.

La société y pourvoit par le « dressage », c'est par là qu'elle atteint à l'harmonie idéale. Donc, on nous « serine » certaines « ritournelles » et, quand on constate que nous en sommes suffisamment saturés, « on nous déclare majeurs ». Ces ritournelles, ce sont les formules de respect par lesquelles on nous agenouille devant les idées sacrosaintes. Il est probable que ce dressage ne se fera pas sans porter quelque dommage à la fierté de l'individu. « La peur du gendarme est le commencement de la sagesse. » Ce proverbe populaire, dans sa trivialité, est plein d'enseignements. Il nous apprend que la sagesse, c'est-à-dire le total des qualités du citoyen, se ramène à la peur, enfin que le populaire personnifie les concepts les moins susceptibles de représentation et qu'il oublie bien vite l'idée pour ne plus connaître que les individus, les uniformes qui en sont les signes. Quelle que soit la croyance, religieuse ou laïque, pas de prêtres sans vêtements sacerdotaux. La chasuble ou la culotte rouge sont les inviolables sanctuaires de l'idée sacro-sainte.

Le « dressage » n'élève pas l'individu à vouloir, à oser, il l'élève à craindre. C'est l' « abêtissez-vous » transporté dans la vie civile et laïque. Car il s'agit pour l'État, pour la nation d'être un « être florissant », une « nation florissante ». Une « nation florissante », c'est-à-dire une nation dont les fonctions de tous les jours (approvisionnements, transactions, consommations, etc.) se font avec une régularité parfaite, sans secousse, qui, par conséquent, possède des rouages merveilleux (merveilleusement dociles), un vaste engrenage qui se meut régulièrement sans fin, qui possède une armée d'outils — humains — admirablement automatisés, fonctionnant sans relâche. Dans une telle société, il ne peut y avoir de soubresauts. La tension des instincts humains est calculée mathématiquement et ces instincts sont canalisés tous dans le sens du profit de la société. La base d'une nation florissante est donc l'esclavage. Tel est l'idéal actuel, en partie réalisé un siècle après la Déclaration des droits de l'Homme.

C'est toujours l'hypocrisie qui distingue la conception moderne de l'État de la conception antique. Jamais l'antiquité n'afficha dans des « déclarations de droits » sa sollicitude pour les esclaves. Jamais elle ne poussa l'effronterie jusqu'à les déclarer libres en les maintenant en servitude. Aujourd'hui l'État crie à tout venant qu'il veut le bonheur de ses esclaves, mais ce n'est qu'une supercherie ou une illusion, il n'a en vue que lui-même. Il s'agit pour lui d'intéresser le plus grand nombre possible d'hommes à sa conservation. Ces gens-là sont des citoyens. Malheureusement, des deux parts, cette tentative est un leurre — si l'on ne met en jeu que l'intérêt. Dans l'ordre actuel des choses, il n'y a qu'un petit nombre de citoyens qui puissent être liés par l'intérêt à l'État. Pour la grosse masse, l'ampleur du sacrifice passe singulièrement l'exiguité des services rendus par la nation.

La grande hypocrisie contemporaine est de travestir les esclaves en citoyens. L'esclave antique travaillait pour le citoyen — dont il était la propriété et qui était directement intéressé à sa conservation —, mais il n'avait pas l'honneur onéreux de l'impôt et du service militaire, qui incombaient exclusivement aux participants de l'État, aux citoyens. Le service militaire, dans l'antiquité grecque comme chez les Romains, fut un véritable impôt foncier. Seul l'homme libre — celui qui avait une propriété ou du moins recevait de l'État sa subsistance — avait le droit et l'obligation de porter les armes. L'héroïsme antique s'éleva à une hauteur que les temps modernes contemplent sans espoir d'y atteindre. Cependant il avait une base matérielle. Ces hommes avaient conscience qu'ils défendaient leur liberté, c'est-à-dire leurs propriétés individuelles, leurs biens territoriaux. L'appât d'un accroissement territorial — pour chaque citoyen — était un des éléments de l'amour de la patrie. Et nous voyons constamment des partages de terres — entre les guerriers — suivre les guerres de conquêtes. On n'employait pas les esclaves comme combattants, mais les rares fois où Sparte et Athènes eurent recours à cet expédient, elles leur donnèrent la liberté, en d'autres termes, la propriété. Les Hilotes qui combattirent en Chalcidie sous les ordres de Brasidas furent à leur retour déclarés libres et dotés de terres en Laconie. Les esclaves athéniens qui prirent part au combat naval des Arginuses devinrent propriétaires en Attique.

Au siècle dernier, la Révolution voulut faire aussi des hommes libres, c'est-à-dire des propriétaires. La réforme agraire devait être la conséquence immédiate de la Déclaration des Droits. Ces « cordonniers », dont parlaient avec mépris les émigrés, eurent l'illusion qu'ils étaient propriétaires. Pour eux, la Patrie et la Constitution s'identifiaient. C'est que Constitution signifiait : partage des biens nationaux. Le soldat des armées de Sambre-et-Meuse avait la même fierté que le citoyen antique, parce qu'il défendait ou croyait défendre sa part du sol. Napoléon eut aussi un sentiment très net des éléments intégrants de la valeur du soldat. On lui a reproché d'avoir fait appel aux instincts de lucre et de s'être conduit comme chef de bande quand il montrait à ses soldats l'Italie ou l'Égypte comme une proie dont chacun aurait sa part. Il n'apparaît pas cependant que l'héroïsme des armées napoléoniennes fut de moins bon aloi que l'héroïsme d'autres armées qui ne furent apparemment guidées que par l'idée pure.

La faiblesse de la Révolution fut de ne pas se borner à déclarer libres ceux seuls qui possédaient quelque chose ou auxquels elle pouvait attribuer quelque chose. Le quatrième État surgit. A ceux-là, aux dénués, on reconnut tous les droits, sauf un. « Avez-vous inscrit parmi vos Droits de l'Homme que l'homme ne doit pas mourir de faim quand il y a du pain moissonné pour lui ? » dit Carlyle. Ce droit de vivre fut oublié dans la série. Pour eux, la réforme agraire fut lettre close. Et ceux qui la réclamèrent furent inculpés de haute trahison (répression du Babouvisme).

Ainsi les temps modernes ont créé la classe nouvelle des *esclaves-citoyens* ou *esclaves-libres*, qui comprend tous les non-possédants. Leur servitude a simplement changé d'aspect. Dans le régime industriel actuel, ils obéissent à des forces anonymes, impersonnelles. Ils sont investis des obligations très honorables du citoyen, en même temps que *la loi d'airain* passe sur eux son niveau. Chaque non-possédant assume la double charge du citoyen et de l'esclave, sans avoir rien à attendre de l'État, qui, ayant affaire à des masses esclaves, source inépuisable de forces définitivement assouplies et muettes, se préoccupe bien plus de réaliser des économies que d'épargner des vies humaines. Car les ressources financières ont une limite. Mais il gaspille sans compter les existences, elles lui coûtent si peu. Exemples : pour les chevaux, calcul bien connu des compagnies parisiennes de transports ; pour les hommes, industrie des allumettes en France, campagne de Madagascar, etc.

Prêtez l'oreille et entendez à cette fin d'époque cette mélopée de souffrance qui monte de partout jusqu'à nous, de l'hôpital, de l'usine, des charniers coloniaux... Ose-t-on dire qu'il y a contrat entre la société et la misérable créature si peu humaine travaillant aux filatures qui volontairement se fait prendre un doigt dans la machine pour toucher l'indemnité (fait fréquent, enquête officieuse faite par l'Office du Travail dans le département du Nord, 1892)? Et cette foule hurlante de faim que, dans une grande capitale, un arrêté municipal avait rassemblée, en pleine époque de paix, sur la place de l'Hôtel-de-Ville, pour une distribution de pommes de terre et qui les dévora crues sur place (cité par René Lavollée). Est-ce un contrat qui la lie à l'État? Quel est donc le secret de cette passivité? Comment des masses absolument matérialistes, n'ayant plus aucun espoir aux compensations de l'au-delà, persistent-elles à rester misérablement esclaves aux mains d'une poignée?

Elles ont encore le Respect. Le législateur a compris que c'était là un instrument formidable au moyen duquel il pouvait décérébrer les masses, leur enlever conscience et sauvegarder ainsi l'ordre établi. La culture du Respect est la plus grande partie de sa tâche et il a placé à toutes les avenues de l'existence des fantômes que Stirner appelle des « personnalités de respect » (Respektspersonen). C'est la Loi, la Famille, la Propriété, etc.

Tout s'explique par la Personnalité de respect. L'État tient les hommes par la puissance de l'Idée, il évoque des « causes sacrées », il se donne lui-même comme cause sacrée. Il parle gravement des « intérêts supérieurs de l'humanité », etc.

Puisque ce livre nous vient d'Allemagne, considérons l'Allemagne et la montée extraordinaire du socialisme. En face de ces forces, il a fallu prendre des mesures de défense, des lois contre les menées subversives ont été votées; mais quelle sanction à ces lois? A un parti qui a une organisation d'État, dont les congrès sont de véritables parlements, qui prend des décisions souveraines et peut donner le mot d'ordre pour la cessation immédiate du travail, qu'est-ce que l'État oppose? — Le Respect. C'est la dernière citadelle où, longtemps encore, tous les partis de révolution viendront se briser. D'ailleurs, on a contre eux la force, et cette force, esclave du Respect, est tirée d'eux-mêmes contre eux-mêmes. C'est ici que le fantôme fait merveille. Depuis que la transformation du régime du travail a entraîné l'éclosion de véritables armées de travailleurs, depuis que le collectivisme est apparu dans la production industrielle annonçant le collectivisme social, l'ordre établi s'est vu perdu s'il n'opposait pas armée à armée. C'est une des causes profondes du maintien des armées permanentes. On a fait alors donner au Respect tout ce qu'il pouvait donner. On a joué de l'ennemi héréditaire, du péril national menaçant de tout temps la Nation, cette Sublime Personnalité de Respect. Mais c'est bien moins au-delà qu'en deçà des frontières que l'homme de gouvernement voyait le péril. C'est contre l'ennemi intérieur que cet appareil formidable est dirigé. Si l'objet était bien réellement la défense du sol national, des milices suffiraient. Mais elles seraient évidemment illusoires contre une insurrection de travailleurs, puisque c'est parmi eux, au moment même de leur révolte qu'il faudrait lever les répresseurs. Si l'on en doute, que l'on médite cette parole de M. de Hansemann, président de la Banque d'escompte de Berlin, que rapporte M. Jules Huret dans son enquête sur le socialisme : « La meilleure garantie qu'on ait contre le socialisme, c'est encore un gouvernement fort et *une armée disciplinée.* »

Mais cette grande « école de Respect » n'est pas seulement employée à la répression ; on entrevoit aussi de l'utiliser pacifiquement au cas d'une crise sociale. Malgré tous les efforts du « dressage », on n'est pas encore parvenu à persuader à l'ouvrier qu'il a, en face du corps social, une mission, une obligation de travail et qu'il occupe dans son usine un poste de combat qu'il ne peut déserter. Il est vrai qu'il existe déjà des services publics que le travailleur ne peut abandonner quand il lui plaît, parce qu'ils intéressent « le salut de l'État ». Mais l'idée d'une grève générale est toujours dans l'air. Et il peut se faire quelque jour que les fonctions du corps social soient brusquement arrêtées. A cet égard le gouvernement a déjà ses sûretés. N'a-t-il pas avec l'armée permanente, par l'obligation du service militaire jusqu'à 45 ans, le moyen de forcer l'ouvrier à accomplir quand même sa « mission sociale » et à exécuter, travesti en soldat, les travaux qu'il a refusé hier d'accomplir en blouse. Il y a des précédents.

Ainsi, dit Stirner, une vie humaine n'est que la peur perpétuelle des revenants. Peur qu'on décore du nom de Respect. C'est le Respect qui arrête tremblant Robespierre au moment où il va céder aux objurgations des siens et marcher sur la Convention. Comme ses amis l'adjuraient de faire canonner la Convention par Henriot, il répétait à tout instant : « Mais est-ce légal, est-ce légal ? » Hésitation qui le perdit. Napoléon lui-même, au 18 Brumaire, eut une défaillance et faillit s'évanouir au moment de porter à la « représentation nationale » le coup suprême. Au-dessus de la Convention, au-dessus des Cinq-Cents planait le fantôme de la loi. Ceux-là mêmes qui avaient su libérer leurs âmes de bien des scrupules portaient encore l'empreinte de l'éducation et n'échappaient pas encore au Respect. Que dire des âmes du vulgaire ? Les gendarmes que la Commune envoyait fusiller rue Haxo étaient conduits par une troupe infime et traversaient une foule sympathique qui leur criait de s'enfuir. Ils le pouvaient évidemment et cependant aucun n'osa. Habitués à l'obéissance passive, l'autorité à laquelle ils étaient soumis antérieurement ayant disparu, d'instinct ils obéissaient jusque dans la mort à la Commune qui devait être l'autorité, puisqu'elle disait l'être et qu'elle en prenait les insignes.

Pourtant, de temps à autre, au cours de l'histoire, des événements singuliers surgissent qui laissent voir la conception étrange que les gouvernants se font de ces « causes sacrées. » Le voile se soulève et l'on aperçoit que les masses sont seules à contempler ces idéals. Il apparaît que ces « principes supérieurs » sont simplement des mobiles directeurs que les conducteurs de peuples entretiennent soigneusement dans les intelligences, dont ils reconnaissent la nécessité absolue, mais qu'ils ne considèrent pas le moins du monde comme devant déterminer leurs propres actes — politiques tout au moins. Un symptôme de ce qui se passe dans les sphères gouvernementales est cette parole que, depuis un siècle, nombre de « gens éclairés » prononcent avec gravité : « il faut une religion pour le peuple », considérant naturellement qu'en raison de leur degré supérieur d'éclairement, ils peuvent se passer de la foi religieuse qu'ils remplacent d'ailleurs par quelque autre religion (impératif catégorique, pitié, superhomme, etc.). Mais ce n'est qu'un degré. Parvenons jusqu'à ceux qui ont en mains la machine gouvernementale. Qui a vu clair dans certains faits de l'histoire contemporaine (1898) constatera chez l'homme d'État, quant à ces « principes supérieurs », ce même scepticisme que professe la classe éclairée, quant à la religion « nécessaire au peuple ». Pour lui, il s'agit avant tout de gouverner, et il se présente rarement que sa conduite soit déterminée par l'Idée. C'est un hasard si la chose se produit ; la fatalité le contraint à mettre la Morale au rang des autres superstitions et à passer outre. Avant 1789, la chose était aussi peu cachée que possible ; mais, depuis que le protestantisme politique a fait son apparition, le trafic des indulgences politiques ne se fait plus ouvertement et l'on pourrait croire à une épuration morale parmi les conducteurs de peuples. Cependant l'homme d'État en est resté à Machiavel. Mais la chose ne s'avoue plus, et l'hypocrisie entoure de ses ténèbres épaisses les agissements des politiques. Par éclairs pourtant, la vérité se fait jour. Pour ne parler que de l'Allemagne, le procès Von Tausch est d'un profond enseignement. M. de Tausch, agent de politique secrète, se montra sincèrement étonné quand le tribunal lui fit grief de ses faux, ne concevant pas, dit-il, qu'on pût incriminer des procédés, blâmables peut-être sous le rapport de la morale individuelle, mais obligatoires dans la haute politique... Le président ne le laissa pas continuer. Il faut taire ces choses-là. C'est pourquoi lorsque sous l'Empire M. Nisard parla en public des deux morales, ce fut une réprobation qui dure encore. Pourtant il n'avait commis qu'une indiscrétion.

Talleyrand, qui eut quelque franchise, fut exécré de tous les partis ; il empêcha pourtant le démembrement de la France. Mais cet homme suait l'irrespect. On rapporte qu'au 14 juillet 1790, lors de la fête de la Fédération, comme il se rendait en habits sacerdotaux sur l'Autel de la Patrie pour y officier, il dit à La Fayette : « Surtout ne me faites pas rire ! » Mot horrible au milieu de la sainte exaltation de la foule.

Il ne faut pas toucher sous peine de mort aux Personnalités de respect. En retour, quels que soient vos actes, appelez-les à votre secours, réclamez-vous d'elles et vous êtes sauvés. Trahissez la Patrie, faites des faux pour masquer des agissements qui ne paraissent pas précisément avoir eu pour but l'intérêt de la Patrie, mais couvrez votre acte du saint nom de la Patrie, une masse imbécile vous absoudra et ira même jusqu'à l'apothéose.

Cette imbécillité des foules est l'œuvre la plus forte de l'État. Mais quand l'État travaille à détourner l'individu de soi-même, à lui faire « abandonner sa propre cause pour une cause plus haute », quelle mission a-t-il lui-même ? — L'État ne connaît pas de cause plus haute que la cause de l'État. S'il poursuit la réalisation de la justice, c'est uniquement parce que l'expérience lui a appris que la justice est pour lui une cause vitale. Mais qu'il lui soit démontré, par un raisonnement juste ou faux, qu'il peut vivre sans justice, ou qu'un déni de justice, dans tel cas, est nécessaire à sa vie, il ne prendra pas pour lui le suicide glorieux qu'il demande aux hommes en faveur des « intérêts supérieurs de l'humanité ». Sa mission, si c'est là une mission, c'est de vivre. Vivre à tout prix, quand même cette vie ne repose que sur la violation du droit des gens, des engagements pris, sur le pillage à main armée, etc., quand même cette existence de l'État entraîne une consommation effroyable d'existences humaines qu'il dépose avec quelques paroles de regret « sur le fumier de l'Histoire ». Ayant quelque pudeur, il recouvre ses actes du manteau de la civilisation. Quand l'État dit « guerre pour le commerce » entendez « assassinat suivi de vol ». « Cela sonne moins bien, dit l'éminent jurisconsulte Clarke, mais cela représente la même politique. »

L'État est le plus beau type de l'égoïsme individuel, et ce serait un leurre de croire, en nos temps où le gouvernement se proclame émané du peuple, que les deux volontés populaire et gouvernementale soient coïncidantes. Il est manifeste que l'État a une volonté distincte, absolument propre et d'autant plus puissante qu'elle est plus individuelle ; car si elle n'était que la moyenne des volontés individuelles, elle serait quelque chose d'indéterminé, d'essentiellement fluctuant, indécis, et qui aboutirait à l'immobilité. Il a une volonté d'individu, parce que, derrière le concept État, il y a effectivement des oligarques en nombre déterminé qui lui donnent sa vie réelle.

En face de cet égoïsme, le mien se lève. L'État existe en soi et pour soi. Eh bien, je prétends aussi exister en moi et pour moi. A son absolu j'oppose mon absolu, comme je fais d'ailleurs pour tous les autres concepts qui prétendent m'asservir de la même façon. Il y aurait erreur cependant à assimiler Stirner aux anarchistes de notre temps, aux « propagandistes par le fait ». Ceux-là sont des idéalistes, qui vont droit devant eux, logiciens impitoyables de l'idée de justice dont ils sont « possédés ». Millière clamant sur les marches du Panthéon : « Vive l'Humanité ! » et tombant sous les balles versaillaises, Angiolillo, à l'heure suprême, criant sa foi dans une seule parole « Germinal ! » n'ont rien de commun avec le positivisme glacé de Stirner. Dans ces têtes il y avait l'aperception de germinations futures d'idées et de forces, il y avait l'idéal chrétien, l'Homme-Dieu, le Superhomme. Tandis que l'Égoïste est à lui-même son parti, sa patrie, son Être Suprême, son Humanité, etc.

Étant à moi-même mon État, je pratique la Raison d'État.

L'expérience ayant démontré, aux Princes, l'excellence du machiavélisme, comme il n'y a pas pour moi d'autre prince que moi, il va de soi que je lui emprunterai ses moyens d'action. Mais il n'est pas à craindre que je me précipite tête baissée contre la muraille de l'État : ce serait me ruer au suicide, ébranler peut-être l'État, mais *pour d'autres* qui viendraient après moi, or je ne connais pas les autres, je suis unique. Je ne m'inquiète que de moi-même. L'important à mes yeux, c'est de faire que cette muraille n'existe pas pour moi, je la minerai si je ne puis tenter l'assaut, ma préoccupation de tous les instants sera de manifester ma volonté et mon existence en tous sens. Si j'ai des forces suffisantes, je livrerai ouvertement le combat, sinon je me soumettrai... en apparence. J'utilise tous les moyens à ma portée, la ruse, le mensonge, les faux serments. La société n'a pas de prise sur moi, parce que je ne connais pas le Respect et que je ne frémis pas devant les puissances invisibles qu'elle place sur ma route. Je ne me révolte pas et cependant ma vie est une insurrection constante. Je guette les instants de faiblesse des forces qui pèsent sur moi et je porte toute mon action là où elles défaillent. « Je contourne les lois d'un peuple jusqu'à ce que j'aie pu rassembler mes forces pour les renverser. » — « D'ailleurs, la tromperie, l'hypocrisie, le mensonge paraissent pires qu'ils ne sont. Qui, pour cacher une atteinte aux lois, ne voudrait tromper la police, la loi ; qui, devant les sbires, ne prendrait aussitôt la mine d'un citoyen honnête et loyal ? Celui qui ne le fait se laisse faire violence, il est lâche — par conscience. » Stirner paraît ainsi tenir en bien petite estime l'apôtre ou le héros. Son Égoïste n'a pas les yeux fixés sur le Surhomme du passé ou de l'avenir. Il ne cache pas dans sa paillasse un Mémorial de Sainte-Hélène et le portrait de Napoléon, il a simplement les yeux fixés sur lui-même. Stirner fait aussi peu de cas de l'héroïsme d'un Socrate. Pour lui, son refus de fuir est une faiblesse. Il avait encore la superstition du pouvoir établi et il sanctionna sa condamnation en l'acceptant.

Le vrai courage, c'est d'oser secouer les chaînes idéales, d'affronter sans terreur le fantôme. L'État connaît nos âmes faibles : « Il ne compte pas sur notre bonne foi et notre amour de la vérité, mais sur notre intérêt et notre égoïsme, il fait fond sur ce que nous ne voulons pas nous brouiller avec Dieu par un faux serment. » Avec les temps nouveaux, naît une espèce nouvelle de héros : ceux qui sauront libérer leurs âmes des derniers préjugés, ceux qui auront « le courage héroïque du mensonge ». Voilà, soit dit en passant, qui mettrait singulièrement à l'aise certains grands menteurs de notre époque (1898-1899) qui se trouvent avoir réalisé, sans le savoir, l'Égoïste de Stirner.

L'Égoïste ne revendique pas de droits. Car ces droits lui sont ou octroyés ou reconnus, suivant qu'il a affaire à un prince ou à une République, ce qui suppose la possibilité d'un refus ou d'une non-reconnaissance, à moins que l'on proclame le Droit une entité supérieure et antérieure à l'individu qui retombe alors au pouvoir de l'idée. Il ne connaît pas des libertés. Le mot liberté suppose, en effet, une discussion antérieure; or, il n'y a pas plus lieu de mettre en discussion les fonctions de l'être moral et intellectuel que celles du corps humain. Votre « liberté de penser » équivaut à une « liberté de digestion ».

J'ai des propriétés qui sont à moi du fait que j'existe ; je ne veux pas des libertés qui ne sont que des facultés qui supposent un distributeur et qui ont par avance un contenu déterminé.

Dans l'État moderne, par exemple, pour être libre il faut être citoyen. Sois citoyen, c'est-à-dire assujettis-toi à toutes les contraintes imposées par la qualité du citoyen et tu es libre en dehors de ces contraintes. Tu es libre aujourd'hui à titre de citoyen comme, sous Louis XIV, un « sujet loyal » était libre, comme, sous Philippe II, le catholique était libre, tant qu'il n'était pas hérétique. La liberté a pour frontière l'hérésie. Celui qui n'a pas du civisme la même notion que l'État est un hérétique d'ordre civil et trouve bientôt les limites de sa liberté. Tu as la liberté de penser parce qu'on ne peut t'empêcher de penser, mais pense en silence si tu es hérétique. Car, s'il te plaît de penser tout haut, ta pensée sera libre jusqu'à ce qu'elle s'adresse aux « choses sacrées ». Que ta critique porte sur un Droit, une Loi, un État déterminé, elle sera accueillie avec reconnaissance si en indiquant tel point faible, tel vice, elle confirme l'idée de Droit, de Loi, d'État, etc., mais qu'elle s'attaque au principe même, voilà qui est insupportable.

D'ailleurs, l'État moderne sait avec un rare bonheur jouer de la liberté contre la liberté. Voyez ce qui se passe pour la « liberté du travail ». L'État a trouvé le moyen de s'opposer à ceux qui proclament le droit au refus de travail. Hypocritement il déclare que si votre liberté de refus ne peut être violée, vous ne devez porter atteinte à la liberté d'accepter des autres — alors que cette liberté se ramène à une contrainte imposée par une misère trop atroce. La loi est d'une ambiguïté jésuitique sur les faits qui constituent une atteinte à la liberté. Et je lis, à la date du 2 octobre 1895, cette simple note de l'agence Havas qui donne à penser : Dépêche de Carmaux : « On a arrêté *une femme* Fréjet qui avait tenu à *des* ouvriers se rendant à leur travail des propos considérés comme *portant atteinte à la liberté du travail.* »

Le livre de Stirner est la plus forte expression de dégoût de l'hypocrisie sociale contemporaine ; en cela, c'est un livre sain. L'individualisme est né avec les doctrines d'examen. Les puissances établies se sont bien gardées de contrarier ces tendances nouvelles. Insensiblement elles ont établi l'harmonie entre les aspirations idéalistes nées du christianisme et les instincts égoïstiques. On a simplement rendu plus étroit le lien entre l'individu et l'État, on les a fait corrélatifs l'un de l'autre. On a inventé la monade sociale. L'individu a été fondu dans une individualité supérieure où il disparaît. Il se perd volontairement pour se retrouver dans un au-delà qu'on lui représente comme la réalisation la plus haute de lui-même. On ne lui parle plus d'une Jérusalem céleste. On lui montre le but plus proche et plus réel ; souffrir encore quelques générations pour y atteindre : « pas de révolution, évolution » etc., etc... Et, pendant ce temps, les foules demi-sceptiques, mais ayant pris depuis tant de siècles le pli de l'obéissance, s'écoulent passives, annihilées, l'échine courbée devant les Personnalités de Respect.

C'est contre cet anéantissement que Stirner s'insurge, et c'est au moment où naissent les grandes collectivités qu'il crie à l'individu « Fais-toi valoir », formule qu'il inscrit au seuil des temps nouveaux. Au moment où les membres épars de l'Allemagne se rapprochaient et tendaient confusément vers la grande unité aujourd'hui réalisée, il annonce la mort de l'Allemagne et la disparition des peuples qui recouvrent des millions d'individus souverains : « Mort est le peuple. Bonjour, Moi ! »

L'exaltation de Stirner est directement opposée à celle de ses contemporains. Il a l'horreur des collectivités et il n'en épargne aucune, pas même la société collectiviste qu'il appelle le régime des gueux, « *Lumpengesellschaft* ». Car c'est toujours pour lui l'État chrétien, il n'y a que le suzerain de changé. A Dieu on substitue simplement l'Être collectif qui étouffera plus sûrement l'individu.

Il faut que l'individu se fasse une vie « à part », qu'il se tienne isolé de tous les groupements qui ne connaissent que le membre participant et ne tiennent pas compte des êtres uniques que Moi et Toi nous sommes. Aussi Stirner ne s'embarrasse-t-il pas des systèmes sociaux et se garde-t-il bien de construire comme les autres sa Salente. Tout au plus entrevoit-il pour l'avenir la dissolution de tous les corps collectifs que remplacerait une association éternellement en devenir, jamais fixée, où l'individu entre et sort sans jamais engager son individualité. Il s'oblige seulement à certains services en retour d'autres de la part de l'association, échange qui cesse quand il lui plaît. Mais surtout il doit veiller à ne pas se laisser saisir par la société qui, étant une « cristallisation de l'association », le fixe désormais en une forme géométrique donnée, définitive, immuable, identique pour tous les cristaux intégrants que sont les membres de la communauté, les citoyens, etc. D'ailleurs il ne parle de cette association que d'une manière très générale. Il ne regarde pas trop loin en avant, de peur d'être saisi lui-même par l'Idée et d'être « possédé » à son tour.

Stirner est un destructeur d'enthousiame. Il souffle sur les auréoles et ne nous laisse qu'une vue exacte et glacée du monde. Il ne nie pas l'idée; mais, connaissant l'histoire, il a quelque défiance. Quand une idée généreuse apparaît, qu'on parle de la fusion des petites patries dans la plus grande Patrie, de la Fraternité des peuples, d'une ère de justice et d'amour, la terre tressaille, entr'ouvre ses flancs pour recevoir les hécatombes humaines qui vont être fauchées au nom de l'Idée. Épaminondas veut réaliser l'apaisement définitif et l'unité fédérale de la Grèce, il annonce l'Hellénisme. Cette noble idée a son résultat immédiat: les luttes entre les divers peuples grecs deviennent plus âpres que jamais. Épaminondas passe sa vie à verser le sang grec et meurt en pleine terre grecque, sous le fer grec. En mai 1848, on plante à Paris des arbres de la Liberté. M. Cavaignac père les abreuve en juin de sang français, — ils en pourrirent.

Faut-il donc bannir tout idéal ? Stirner ne nous l'impose pas. Il veut seulement transformer, renverser le rapport de l'individu concevant à l'idée. Il ne reconnaît pas à l'idée d'existence antérieure au sujet pensant. Donc considérons-nous comme créateurs et non comme créatures. Possédons et ne soyons pas possédés. Il ne s'agit pas de rejeter l'héritage des siècles. Les expériences douloureuses consignées dans l'histoire sont acquises. Il ne s'agit pas non plus de se mettre en travers des temps. L'idéalisme chrétien doit évoluer jusqu'au bout : « Le fanatisme ne pourra disparaître qu'après avoir épuisé l'existence et exhalé jusqu'au bout ses fureurs. »

Il y a simplement des malentendus à dissiper. Stirner fait appel à la fierté de chacun, il suscite toutes les forces de l'individu. S'il veut obtenir un résultat, ce n'est pas par « des lamentations et des pétitions » qu'il l'obtiendra, mais en l'exigeant. Le prolétaire n'a pas à jeter l'anathème sur le riche. S'il est misérable, c'est qu'il le veut, et il est directement responsable de sa propre servitude. Il est inutile de songer à des transformations sociales tant que les individus n'ont pas cette conscience. Si l'État, c'est-à-dire l'oligarchie qu'il recouvre, se trouvait en présence d'individus ayant conscience, son attitude serait autre. Le contrat qui nous lie à l'État ressemble assez à l'alliance de l'homme et du cheval. Seulement, c'est l'État qui est l'homme. Mais supposez que le cheval parvienne à la conscience, l'État se trouvera en mauvaise posture sur sa monture s'il veut user de ses procédés de la veille.

Trop longtemps les énergies individuelles ont été refoulées, et c'est l'explication de révoltés atroces. Quand le crime n'est pas une aberration pathologique, qu'il n'est pas « passionnel », il est certain que ce n'est pas seulement un intérêt malentendu qui a poussé le criminel ; il y a en lui une sorte de joie à rejeter le fardeau des lois, à se libérer de la crainte, à secouer le respect. L'anarchiste de cette fin de siècle en est le plus beau type; mais y a-t-il une grande différence entre tel révolté qui s'adjuge le droit de sortir d'une vie qui ne lui plaît pas « en faisant claquer les portes » et tel affamé qui assassine par derrière d'un coup de hache une vieille femme pour la voler ? Raskolnikoff dit pour expliquer son crime : « Le pouvoir n'est donné qu'à celui qui se baisse pour le prendre. Tout est là, il suffit d'oser. Du jour où cette vérité m'est apparue, j'ai voulu oser et j'ai tué... Tel a été le mobile de mon action. » Qu'on diminue la pesée du Respect sur de telles âmes, la réaction égale et de sens contraire se réduira d'autant. Que l'homme ne soit plus incité par l'attrait singulier d'une résistance à vaincre et qu'il soit appelé par l'intérêt à respecter ce que le Respect enveloppe d'une terreur sacrée, et le plus fort mobile du crime disparaît.

Donc : « *Prenons conscience* ». Tâchons de voir clairement la politique tortueuse des oligarques. Arrachons-leur leur masque d'hypocrisie. Délivrons-nous nous-mêmes de l'hypocrisie. Mais ne rejetons pas en bloc les idées avec lesquelles nous avons vécu. Conservons celles qui nous sont utiles. Car désormais l'utilité est la norme. Stirner ne nie pas plus la vérité que l'amour. Mais ce ne doivent être que les aliments de l'esprit et du cœur. Cela n'exclut pas le sacrifice, car le sacrifice peut emporter, *pour nous-mêmes*, une utilité plus haute, immédiate ; mais ici le sacrifice est raisonné. Il faut que ceux mêmes qui nous le demandent comprennent que de nous au concept que nous servons il n'y a pas obligation, mais consentement volontaire, que nous ne sommes plus des troupeaux qu'on attelle aux machines ou qu'on mène à la boucherie sous prétexte de salut public. Que chacun paie à la société en raison de ce qu'il en reçoit. Si la société l'oublie, qu'il oublie la société ! Il connaît la propriété des autres si, en quelque façon, il est propriétaire, sinon non. Il défend la propriété des autres, s'il en a une à défendre et s'ils défendent la sienne, sinon non. Désormais le contrat n'est plus un postulat, il existe. Il se conclut et se refuse tous les jours. Car l'individu ne contracte qu'à bon escient et ne fait pas de marché de dupe.

... Mais avant cela il faut que les individus, tous les individus arrivent à la conscience. Or les masses humaines ne seront jamais plus conscientes de la puissance formidable qu'elles représentent en face de la poignée d'hommes qui les tient asservies que les forces naturelles ne le sont de l'infinie faiblesse de l'homme qui les gouverne.

HENRI LASVIGNES.

L'UNIQUE ET SA PROPRIÉTÉ

JE N'AI MIS MA CAUSE EN RIEN

Qu'y a-t-il qui ne doive être ma Cause ! Avant tout la bonne Cause, puis la Cause de Dieu, la Cause de l'humanité, de la vérité, de la liberté, de la justice, la Cause de mon peuple, de mon prince, de ma patrie et jusqu'à Celle de l'esprit et mille autres. Seule, ma Cause ne doit être jamais ma cause. « Anathème sur l'égoïste qui ne pense qu'à soi ! »

— Voyons donc comment ils l'entendent, leur Cause, ceux-là même qui nous font travailler, nous abandonner, nous enthousiasmer pour elle.

Vous savez à merveille annoncer de Dieu maintes choses essentielles, tout le long du siècle vous avez « scruté les profondeurs de la divinité » et vous lui avez vu jusqu'au cœur, de sorte que vous pouvez parfaitement nous dire comment Dieu traite lui-même « la Cause de Dieu » que nous avons pour mission de servir. D'ailleurs vous ne faites pas mystère des agissements du Seigneur. Maintenant, qu'est-ce que sa Cause ? A-t-il, comme on l'exige de nous, fait sienne une Cause étrangère, la Cause de la Vérité, de l'Amour ? Cette incompréhension vous révolte et vous nous enseignez que certes la Cause de Dieu est celle de la Vérité et l'Amour, mais que cette Cause ne peut lui être étrangère parce que Dieu est lui-même Vérité et Amour ; dire que Dieu favorise une Cause étrangère comme la sienne propre, c'est l'égaler à nous, pauvres vers de terre ; cette supposition vous est insupportable. « Dieu embrasserait-il la Cause de la vérité, s'il n'était lui-même la vérité ? » Il n'a souci que de sa Cause, mais comme il est tout dans tout, tout est sa Cause. Mais nous, nous ne sommes pas tout dans tout, et notre cause est infiniment petite et méprisable ; c'est pourquoi nous devons servir « une Cause plus haute ». — Maintenant, c'est clair, Dieu ne s'inquiète que de soi, ne s'occupe que de soi, ne pense qu'à soi, et n'a que soi en vue ; malheur à tout ce qui ne lui est pas très agréable. Il ne sert pas un plus Haut et se borne à se satisfaire. Sa Cause est une cause purement égoïste.

Comment en va-t-il avec l'Humanité, dont nous devons faire nôtre la Cause ? Sa Cause est-elle celle d'un autre et l'Humanité sert-elle une Cause supérieure ? Non, l'Humanité n'a l'œil que sur soi, l'Humanité veut seulement favoriser l'Humanité, l'Humanité est à soi sa Cause. Afin de pouvoir se développer, elle enjoint aux peuples et aux individus de se tourmenter à son service, et quand ils ont exécuté ce qu'elle réclame, ils sont par elle, pour toute reconnaissance, jetés sur le fumier de l'Histoire. La Cause de l'humanité n'est-elle pas une Cause purement égoïste ?

Il est superflu de montrer à quiconque veut nous gagner à sa cause, qu'il ne s'agit pour lui que de lui-même, non de nous, de son bien, non du nôtre. Voyez seulement les autres : la vérité, la liberté, l'humanité, la justice, désirent-elles rien de plus, que vous vous enthousiasmiez pour elles et les serviez?

Elles trouvent singulièrement leur compte aux hommages de leurs zélateurs. Considérez un peuple défendu par des patriotes à toute épreuve. Les patriotes tombent dans des combats sanglants ou dans la lutte avec la faim et la misère. La nation est satisfaite. L'engrais de leurs cadavres en a fait « une nation florissante. » Les individus sont morts « pour la grande cause de la nation. » La nation leur envoie quelques mots de reconnaissance et a tout le profit de l'affaire. J'appelle cela un égoïsme lucratif.

Mais voyez pourtant ce Sultan qui a un tel souci des « siens ». N'est-il pas le désintéressement incarné et ne se sacrifie-t-il pas à toute heure pour les siens? Parfaitement, pour « les siens ». Fais-en l'épreuve, manifeste-toi non comme sien, mais comme tien : tu seras jeté aux fers pour t'être soustrait à son égoïsme. Le Sultan n'a mis sa Cause en rien autre chose qu'en lui-même : il est à lui-même tout dans tout, il est à lui-même l'unique et ne souffre personne qui oserait ne pas être des siens.

A ces exemples éclatants, ne voudrez-vous pas reconnaître que l'égoïste sait parfaitement mener sa barque? Moi, pour ma part, j'y trouve un enseignement et au lieu de continuer à servir désintéressé ces grands égoïstes, je préfère être moi-même l'égoïste.

Dieu et l'humanité n'ont mis leur Cause en rien, — en rien autre chose qu'en eux-mêmes. Semblablement, je mets ma Cause en moi-même, moi qui aussi bien que Dieu suis le néant de tout autre, moi qui suis mon tout, moi qui suis l'Unique.

Si Dieu ou l'humanité, comme vous l'assurez, a une

substance suffisante pour être à soi tout dans tout, je trouve que cette substance existe bien plus effectivement en moi et que je n'ai aucunement à me plaindre de mon « vide ». Je ne suis pas le Rien dans le sens du vide, mais le Rien créateur, le Rien duquel moi, créateur, je tire tout.

Loin d'ici donc, toute Cause qui n'est pas intégralement ma cause ! Mais, pensez-vous, Ma Cause du moins doit être « la bonne Cause ! » Qu'est-ce qui est bon, qu'est-ce qui est mauvais ? Je suis moi-même ma Cause, et je ne suis ni bon ni mauvais. Ni l'un ni l'autre n'ont un sens pour moi.

Le divin est la Cause de Dieu, l'humain est la Cause de l'homme. Ma Cause n'est ni le divin, ni l'humain, elle n'est pas le Vrai, le Bien, le Juste, la Liberté, etc., elle est seulement le Mien ; elle n'est pas générale, elle est Unique, comme je suis Unique.

Pour Moi, il n'y a rien au-dessus de Moi.

PREMIÈRE PARTIE

L'HOMME

L'homme est à l'homme l'Etre suprême, dit Feuerbach.

L'homme vient seulement d'être découvert, dit Bruno Bauer.

— Examinons de plus près cet Etre Suprême et cette nouvelle découverte.

I

UNE VIE HUMAINE

A partir du moment où il voit la lumière du monde, dans ce désordre où il est jeté, au hasard, pêle-mêle avec les autres, l'homme cherche à se retrouver et à entrer en possession de lui-même.

Mais tout ce qui vient en contact avec l'enfant se dresse contre cette tentative et affirme sa propre existence.

Or, comme toute chose tient à soi-même et tombe en même temps en constante collision avec ce qui est autre, le Moi pour s'affirmer doit inévitablement combattre.

Vaincre ou être vaincu, — entre ces deux alternatives oscille le destin de la bataille. Le vainqueur devient le seigneur, le vaincu le sujet; l'un exerce la souveraineté et « les droits du souverain », l'autre remplit, craintif et respectueux, « les devoirs du sujet. »

Mais ils demeurent ennemis et s'observent : chacun guette les faiblesses de l'autre, les enfants celles des parents, les parents celles des enfants (leur crainte en est un exemple), ou bien c'est le bâton qui a raison de l'homme, ou c'est l'homme qui a la victoire sur le bâton.

Dans l'enfance, l'instinct d'affranchissement se manifeste par la tentative d'aller au fond des choses et d'arriver à les connaître : par suite, nous épions tous leurs points faibles — en cela les enfants ont un instinct des plus sûrs — nous nous plaisons à détruire, à fouiller toutes les cachettes, nous cherchons à surprendre tout ce qui se dérobe, tout ce qui est voilé, nous nous cherchons nous-mêmes dans tout. Quand enfin nous avons découvert, nous nous sentons sûrs de nous ; par exemple, quand nous avons reconnu que les verges sont trop faibles contre notre fierté, nous ne les craignons plus, « nous sommes trop grands pour la férule. »

Derrière la férule, plus puissante qu'elle, il y a notre fierté, notre âme orgueilleuse. Nous venons aisément à bout de tout ce qui nous apparaissait désagréable et inquiétant, du pouvoir sinistre et redouté de la férule, de la mine sévère du père, etc., et derrière tout, nous trouvons notre ataraxie, en d'autres termes notre intrépidité, notre impavidité, notre force de réaction, notre supériorité, notre obstination que rien ne peut briser. Ce qui d'abord nous inspirait crainte et respect ne nous fait plus peur, nous avons pris courage. Derrière toute chose nous trouvons notre courage, notre supériorité ; derrière les ordres durs des supérieurs et des parents, il y a le bon plaisir de notre fierté ou les ruses de notre prudence. Et plus nous avons le sentiment de nous-mêmes, plus petit nous apparaît ce qui d'abord nous semblait invincible. Or, qu'est-ce donc que notre ruse, notre prudence, notre courage, notre fierté, qu'est-ce que tout cela, sinon — l'Esprit ?

Longtemps nous est épargné, le combat contre la Raison, qui doit plus tard nous causer tant de peines. Les plus belles années de l'enfance s'écoulent sans que nous ayons besoin de nous escrimer avec elle. Nous ne nous en soucions guère, nous n'avons aucun rapport avec elle, nous ne reconnaissons aucune raison. La persuasion n'a aucune prise sur nous, et nous sommes sourds aux bons arguments, aux principes, etc.; au contraire, aux caresses, aux corrections et autres procédés analogues, nous résistons difficilement.

Cette âpre lutte avec la raison n'apparaît que plus tard et ouvre une nouvelle phase : pendant l'enfance nous nous agitons, sans guère nous préoccuper de la pensée.

L'esprit, c'est la première découverte de soi-même, la première tentative pour dépouiller de son caractère divin, le divin, c'est-à-dire, les apparitions sinistres, les fantômes, « les puissances supérieures ». Rien ne fait plus obstacle maintenant à notre frais sentiment de jeunesse, ce sentiment du moi : le monde est en discrédit car nous sommes au-dessus de lui, nous sommes Esprit.

Maintenant seulement nous voyons que nous n'avions pas jusqu'ici considéré le monde avec l'esprit, nous le regardions comme hypnotisés.

Nous exerçons nos premières forces contre les puissances naturelles. Nos parents nous en imposent comme puissances naturelles ; plus tard il faut abandonner père et mère, c'est-à-dire considérer comme brisées les puissances naturelles. Elles sont vaincues. Pour l'homme raisonnable et pour « l'intellectuel », il n'existe aucune famille comme puissance naturelle : il tend à se détacher de ses parents, de ses frères et sœurs, etc., si ces puissances « renaissent » sous forme de puissances spirituelles, raisonnables, elles ne sont plus du tout ce qu'elles étaient avant.

Et non seulement les parents, mais les hommes en général sont vaincus par le jeune homme : ils ne lui sont pas un obstacle et ne lui inspirent aucun respect, car on dit maintenant qu'on doit plus d'obéissance à Dieu qu'aux hommes.

Tout le « terrestre » recule dans un méprisable éloignement devant ce point de vue supérieur, car ce point de vue est divin.

La position s'est maintenant complètement modifiée. L'adolescent commence à se conduire suivant l'esprit, tandis que l'enfant ne s'est pas encore senti comme esprit et a grandi en recevant un enseignement sans intellectualité. Le premier ne cherche pas à posséder les choses, par exemple à se mettre dans la tête des chronologies historiques, mais il cherche les pensées cachées au fond des choses ; l'enfant, au contraire, comprend bien les rapports, mais il ne voit pas l'idée, l'esprit ; il apprend mécaniquement sans procéder par a priori et théoriquement, il ne cherche pas les idées.

Si pendant l'enfance on avait à vaincre la résistance des lois universelles, on rencontre maintenant pour tout ce qu'on se propose les objections de l'esprit, de la raison, de sa propre conscience. « Cela est déraisonnable, antichrétien, anti-patriotique, etc... » nous crie la conscience et elle nous en détourne en nous terrifiant. Ce n'est pas la puissance des Euménides vengeresses, ce n'est pas la fureur de Poseidon, ce n'est pas Dieu si loin qu'il puisse voir nos actes les plus secrets, ce n'est pas la férule paternelle que nous craignons, mais la conscience.

Nous « dépendons de nos pensées » et nous suivons leurs commandements comme antérieurement nous suivions les commandements des hommes, de nos parents. Nos actions se règlent sur nos pensées (idées, notions, croyances) comme dans l'enfance sur les ordres des parents. Pourtant, enfants, nous avons déjà pensé, mais nos pensées n'étaient pas immatérielles, abstraites, absolues, autrement dit, rien que pensées, pensées logiques, en soi-même un ciel, un pur monde de pensées.

Au contraire, c'étaient seulement des pensées que nous nous faisions d'une chose ; nous pensions la chose telle et telle. Ainsi nous pensions : le monde que nous voyons, c'est Dieu que l'a fait, mais nous ne pensions pas, nous ne « scrutions » pas « les profondeurs de la divinité même. » Nous pensions bien : « Voilà le vrai de la chose », mais nous ne pensions pas le vrai ou la vérité même et n'imposions pas la proposition « Dieu est la vérité ». Nous ne touchions pas aux « profondeurs de la divinité qui est vérité ». « Qu'est-ce que la vérité ? » A une pareille question, purement logique, c'est-à-dire théologique, Pilate ne s'arrête pas, quoiqu'il n'hésite pas, dans un cas particulier, à dire « ce qu'il y a de vrai dans la cause » ou autrement à dire si la cause est vraie.

Toute pensée liée à une cause n'est pas encore pensée absolue, rien que pensée.

Mettre au jour la pensée pure ou y adhérer est une joie de la jeunesse, et toutes les apparitions du monde de la pensée comme la vérité, la liberté, l'humanité, l'homme, etc., illuminent et enthousiasment l'âme juvénile.

Mais si l'esprit est reconnu comme l'essentiel, il y a cependant une distinction à faire suivant que l'esprit est pauvre ou riche et l'on cherche par suite à devenir riche en esprit : l'esprit veut s'étendre, fonder son royaume qui n'est pas de ce monde, ce monde qu'il a vaincu. Il aspire donc à devenir tout dans tout, autrement dit, bien que je sois esprit, je ne suis pas cependant esprit accompli et je dois chercher l'esprit parfait.

Mais ainsi, moi qui venais de me trouver comme esprit, je me perds de nouveau en m'inclinant devant un esprit parfait qui n'est pas propre à moi-même, mais qui est un au-delà et je sens mon vide.

A vrai dire, tout se ramène à l'esprit. Mais tout esprit est-il l'Esprit véritable. L'esprit juste et vrai est l'idéal de l'esprit, le « Saint-Esprit ». Ce n'est ni mon ni ton esprit, mais un esprit idéal, de l'au-delà, il est « Dieu », « Dieu est Esprit ». Et cet au-delà, « Le Père dans le Ciel le donne à ceux qui le lui demandent [1] ».

Ce qui distingue l'homme du jeune homme, c'est qu'il prend le monde comme il est, au lieu de le voir partout en mal et de vouloir l'améliorer, c'est-à-dire le modeler sur son idéal ; en lui se fortifie cette opinion qu'il faut dans le monde suivre son intérêt, non ses idéals.

Tant que l'homme ne s'affirme que comme esprit et ne fait cas que d'être esprit (le jeune homme fait bon marché de sa vie, de la vie « corporelle », pour un rien, pour la plus sotte insulte), il n'a que des pensées, des idées qu'il espère pouvoir réaliser un jour quand il aura trouvé son cercle d'action ; mais en attendant il

1. Saint Luc, 11, 13.

n'a que des idéals, idées ou pensées encore irréalisées.

C'est seulement quand on s'aime personnellement et que l'on a volupté à s'aimer soi-même comme la nature nous a faits — cela se produit à l'époque de la plénitude à l'âge d'homme — c'est seulement alors que l'on a un intérêt personnel ou égoïste, un intérêt qui ne voit pas seulement notre esprit, mais aspire à la satisfaction totale, à la satisfaction de l'individu tout entier, un intérêt propre.

Comparez un homme à un adolescent, ne vous apparaît-il pas plus dur, moins généreux, plus personnel ? Est-il pourtant plus mauvais ? Vous répondez : non, il est seulement devenu plus positif ou, comme vous dites vous-même « plus pratique ». Le point essentiel est qu'il se prend plus comme point central que le jeune homme qui « s'exalte » pour d'autres choses fait comme Dieu, Patrie, etc.

Ainsi l'homme fait nous montre une deuxième découverte du moi. Le jeune homme s'est découvert comme esprit et s'est perdu de nouveau dans l'esprit universel, dans le parfait, le saint esprit, l'homme, l'humanité, bref, tous les idéals ; l'homme fait se retrouve comme esprit corporel.

Les enfants n'avaient que des intérêts non spirituels c'est-à-dire dénués de pensée, d'idée, les jeunes gens n'avaient que des intérêts spirituels ; l'homme a des intérêts corporels, personnels, égoïstes.

Si l'enfant n'a pas un objet qui puisse l'occuper, il s'ennuie, car il ne sait pas encore s'occuper de soi. Inversement, le jeune homme jette de côté l'objet, parce que des pensées lui sont venues de l'objet : il s'occupe de ses pensées, de ses rêves il s'occupe spirituellement, ou bien « son esprit est occupé ».

Tout ce qui n'est pas de l'esprit, le jeune homme le comprend sous l'épithète dédaigneuse d' « apparences » ; si cependant il demeure attaché aux plus infimes « apparences » (par exemple au cérémonial des corporations d'étudiants) c'est qu'il y découvre l'esprit, c'est qu'elles sont pour lui des symboles.

De même que je me retrouve comme esprit derrière les choses, ainsi dois-je plus tard me retrouver derrière la pensée comme créateur et possesseur. Dans la période de l'esprit, mes pensées avaient cru par-dessus ma tête qui les avait engendrées ; comme des hallucinations de fièvre, elles m'enveloppaient et me secouaient, puissance terrifiante. Les pensées avaient pris une forme matérielle, c'étaient des fantômes comme Dieu, l'Empereur, le Pape, la Patrie, etc. En détruisant leur réalité corporelle je les absorbe dans la mienne et je dis : moi seul suis réel. Et maintenant je prends le monde pour ce qu'il est réellement pour moi, je le prends comme mien, comme ma propriété : je rapporte tout à moi.

Si en tant qu'esprit, plein de mépris pour le monde, je le repousse, comme propriétaire je repousse les esprits ou les idées dans leur « vanité ». Ils n'ont plus aucun pouvoir sur moi, de même que sur l'esprit « aucune puissance de la terre » n'a d'action.

L'enfant était pris aux réalités, aux choses de ce monde, jusqu'à ce qu'il eût réussi peu à peu à découvrir ces choses ; l'adolescent était idéaliste, enflammé de pensées jusqu'à ce qu'il fût devenu l'Homme, l'Egoïste qui agit à sa guise avec les choses et les pensées et met son intérêt personnel au-dessus de tout. Enfin le vieillard ? Quand j'en serai un, il sera encore temps d'en parler.

II

ANCIENS ET MODERNES

Comment chacun de nous s'est développé, ce qu'il a voulu, atteint ou manqué, quels buts il a poursuivis d'abord et à quels plans, à quels désirs son cœur pour l'instant se rattache, quels changements se sont faits dans ses vues, quels ébranlements ont subis ses principes, bref ce qu'il est devenu aujourd'hui, ce qu'il n'était pas hier ou des années avant, tout cela, il le tire plus ou moins facilement du souvenir et ressent avec une particulière vivacité les transformations qui se sont faites en lui-même quand il a sous les yeux le développement d'une existence autre que la sienne.

Examinons donc la vie que menaient nos ancêtres.

1. — LES ANCIENS

La coutume ayant donné à nos ancêtres préchrétiens le nom d' « anciens », nous pourrions faire remarquer que par rapport à nous, gens d'expérience, ils devraient en réalité être appelés les enfants. Cependant nous préférons, maintenant comme avant, les honorer comme « nos bons anciens ». Mais comment sont-ils parvenus à vieillir et qui donc a pu par sa prétendue nouveauté les repousser dans le passé ?

Nous connaissons bien le novateur révolutionnaire et l'héritier irrespectueux qui enleva au Sabbat de ses pères le caractère sacré pour en doter son Dimanche et qui interrompit le temps dans sa course pour se prendre comme point de départ d'une nouvelle chronologie. Nous le connaissons et nous savons que c'est le Christ. Mais demeure-t-il éternellement jeune, est-il encore l'homme nouveau, ou bien est-il devenu antique après avoir lui-même refoulé dans l'antiquité « les anciens ».

Ainsi les anciens ont eux-mêmes engendré le jeune homme qui devait les exclure. Examinons comment se fit cette conception.

« Pour les anciens le monde était une vérité » dit Feuerbach, mais il oublie cette addition capitale : une vérité dont ils cherchaient à trouver la non-vérité et que finalement ils découvrirent effectivement. On comprendra facilement le sens de ces paroles de Feuerbach si on les rapproche de la parole chrétienne sur « la vanité et l'instabilité du monde ». De même que le chrétien ne peut jamais se convaincre de la vanité de la divine parole, mais croit à l'éternelle et inébranlable vérité de cette parole, qui à mesure qu'on en pénètre les profondeurs doit apparaître au jour plus éclatante et plus triomphante, de même les anciens de leur côté vivaient dans le sentiment que le monde et les rapports du monde (par exemple les liens du sang) étaient le Vrai devant quoi leur Moi impuissant devait s'incliner. Or justement les plus hautes valeurs de l'antiquité sont rejetées par les chrétiens comme sans valeur ; ce que ceux-là reconnaissaient comme étant le vrai, est flétri par ceux-ci comme vain mensonge : la haute signification de la Patrie disparaît et le chrétien doit se considérer comme un « étranger sur cette terre [1] », le saint devoir de la sépulture, thème d'un chef-d'œuvre comme l'Antigone de Sophocle, est un soin misérable aux yeux des chrétiens : « que les morts ensevelissent leurs morts ; » l'inviolable vérité des liens de famille est représentée comme une non-vérité « dont on ne saurait trop tôt s'affranchir [2] » et ainsi en tout.

S'il est maintenant établi que dans les deux camps le contraire prévaut pour vérité, pour les uns la Nature pour les autres l'Esprit, les choses et les rapports, terrestres pour les uns, célestes pour les autres (la patrie céleste, la Jérusalem d'en haut, etc.), il reste cependant à examiner comment les temps nouveaux et un renversement évident de toutes les vérités antérieures ont pu sortir de l'antiquité. Mais les anciens eux-mêmes ont travaillé à faire de leur vérité un mensonge.

Prenons l'époque la plus brillante de l'antiquité, le siècle de Périclès ; alors l'éducation sophistique de l'époque faisait de rapides progrès, et la Grèce traitait comme chose légère ce qui jusque-là avait été pour elle d'une extrême gravité.

Trop longtemps les pères avaient été asservis à la puissance de l'état de choses existant auquel on n'osait toucher, pour que les générations suivantes n'eussent pu apprendre aux amères expériences du passé à prendre conscience d'elles-mêmes. Hardiment les sophistes proclament cette parole fortifiante : « Ne t'en laisse pas

---

1. Aux Hébreux, 11, 13.
2. Saint-Marc, 10, 29.

imposer » et répandent cette doctrine de lumière : « Eprouve sur tout objet ton intelligence, ta sagacité, ton esprit ; une bonne intelligence bien exercée est un excellent viatique pour traverser le monde, elle nous prépare la meilleure des destinées, la vie la plus agréable. » Ils reconnaissent ainsi dans l'esprit l'arme véritable de l'homme contre le monde. Voilà pourquoi ils tiennent tant à l'habileté dialectique, à la facilité d'élocution, à l'art de la discussion, etc. Ils annoncent que l'esprit doit être employé contre tout, mais ils sont loin encore de la sainteté de l'esprit, car il n'est pour eux que moyen, il ne vaut que comme arme, comme pour les enfants, la ruse et l'audace : leur esprit est l'incorruptible intelligence.

Aujourd'hui on appellerait cela l'éducation exclusive de l'intelligence et on y ajouterait cet avertissement : ne formez pas seulement votre intelligence mais aussi votre cœur. C'est ce que fit Socrate. Si le cœur n'était pas affranchi de ses instincts naturels, s'il demeurait rempli des éléments les plus divers qu'y jette le hasard, s'il n'était que convoitise, échappant à toute critique, entièrement au pouvoir des choses, s'il n'était que le réceptacle de toutes les fantaisies, il ne pouvait manquer que la libre intelligence servît « le mauvais cœur » et fût prête à justifier tous ses désirs.

C'est pourquoi, dit Socrate, il ne suffit pas d'employer son intelligence à toute chose, mais il importe pour quelle cause on la met en œuvre. Nous dirions aujourd'hui : « on doit servir la bonne cause ». Mais servir la bonne cause, c'est être moral. Par suite Socrate est le fondateur de l'éthique.

D'ailleurs le principe de la sophistique conduisait nécessairement à ceci que l'homme le plus servilement et le plus aveuglément esclave de ses désirs pouvait cependant être un excellent sophiste. Il pouvait grâce à l'acuité de son intelligence tout interpréter en faveur de son cœur barbare et lui fournir d'excellents arguments.

Qu'y a-t-il qui ne puisse être défendu triomphalement avec de bonnes raisons ?

Vous devez être « de cœur pur », dit Socrate, pour qu'on estime votre sagesse. Dès lors commence la deuxième période de libération de l'esprit grec, la période de la pureté de cœur. La première fut menée à fin par les sophistes quand ils proclamèrent la toute puissance de l'intelligence. Mais le cœur appartenait encore au monde, demeurait l'esclave du monde, agité des désirs de ce monde. Ce cœur inculte, il fallait l'éduquer : époque de l'éducation du cœur. Mais comment doit se faire cette éducation ? Ce que l'intelligence, qui est une des faces de l'esprit, a conquis, cette faculté de pouvoir s'ébattre librement sur tout sujet est aussi le privilège du cœur. Tout ce qui appartient au monde doit succomber honteusement devant lui, de telle sorte que la famille, la chose publique, la patrie, etc., doivent être délaissées pour le cœur, la béatitude, la béatitude du cœur.

L'expérience quotidienne nous apprend que l'intelligence peut avoir renoncé depuis longtemps à une cause alors que le cœur bat de longues années encore pour elle. Ainsi l'intelligence était à tel point devenue maîtresse des vieilles puissances dominantes qu'il ne restait plus qu'à les chasser du cœur où elles séjournaient tranquillement pour que l'homme en fût définitivement délivré.

Cette guerre fut entreprise par Socrate, la paix n'eut lieu que le jour où le vieux monde mourut.

Avec Socrate commence l'examen du cœur, tout ce qu'il contient est passé au crible. Dans leur dernier et suprême effort les anciens expulsèrent du cœur tout ce qui en faisait la substance; ils ne voulurent plus qu'il battît pour quelque chose : ce fut le fait des sceptiques. Les sceptiques atteignirent pour le cœur à cette même pureté que les sophistes avaient donnée à l'intelligence.

L'éducation sophistique a fait que l'intelligence ne reste plus tranquille devant rien, l'éducation sceptique a fait que le cœur n'est plus ému par rien.

Tant que l'homme est impliqué dans l'activité universelle et pris dans les relations du monde — et il l'est jusqu'à la fin de l'antiquité, parce que son cœur a encore à lutter pour s'affranchir du temporel, — il ne peut être esprit; car l'esprit est incorporel et n'a aucun rapport avec le monde et sa matérialité. Pour lui n'existent ni le monde ni les liens naturels, mais seulement le spirituel et les liens spirituels. C'est pourquoi, avant qu'il pût se sentir en dehors du monde c'est-à-dire comme esprit, il fallait d'abord que l'homme se dégageât de tout souci, de toute considération et devînt aussi totalement détaché des rapports de la vie que le représente l'éducation sceptique, si parfaitement indifférent au monde, qu'il restât impavide sous son écroulement. Et c'est là le résultat du travail gigantesque des anciens que l'homme se connaisse comme un être sans liens avec le monde, — hors du monde, — comme esprit.

Maintenant seulement dégagé de tout soin terrestre, il est à lui-même tout dans tout, il n'est que pour lui-même, c'est-à-dire, il est esprit pour l'esprit, ou plus précisément : il ne se préoccupe que de l'esprit.

Dans la prudence du serpent et l'innocence de la

colombe, les deux faces de l'antique libération de l'esprit, cœur et intelligence sont si parfaites qu'elles apparaissent de nouveau jeunes et neuves et ne se laissent plus abuser par ce qui appartient au monde, à la nature.

Ainsi les anciens se sont efforcés vers l'esprit et ont cherché à se spiritualiser. Mais un homme qui veut exercer une action comme esprit est amené à accomplir des tâches tout autres que celles qu'il a pu se proposer d'abord, qui mettent effectivement en œuvre l'esprit et non pas seulement le bon sens pur et simple ou la perspicacité dont l'unique but est de se rendre maître des choses. L'esprit tend uniquement à la spiritualité et recherche en tout les traces de l'esprit : pour l'esprit du croyant « toute chose vient de Dieu » et n'a d'intérêt pour lui qu'en tant qu'elle manifeste cette origine ; à l'esprit philosophique tout se présente avec l'estampille de la raison et ne l'intéresse que s'il y peut découvrir la raison, c'est-à-dire, un contenu spirituel.

Ce n'est pas l'esprit que les anciens mettaient en œuvre, l'esprit qui n'a absolument rien à faire avec ce qui n'appartient pas à l'esprit, avec les choses, mais qui s'adresse à l'être qui existe derrière et au-dessus des choses, à la pensée ; non ce n'est pas l'esprit car ils ne l'avaient pas encore ; ils tendaient, ils soupiraient vers lui ; ils le fortifiaient contre son ennemi le plus puissant, le monde sensible — mais qu'est-ce qui n'aurait pour eux appartenu au monde sensible, alors que Jéhova ou les dieux des païens étaient encore bien loin du concept « Dieu est Dieu », alors que la « patrie céleste » n'avait pas fait encore son apparition à la place de la patrie, idée sensible. Ils aiguisaient contre le monde sensible le sens commun, la pénétration.

Aujourd'hui encore les Juifs, ces enfants précoces de l'antiquité n'ont pas été plus loin et avec toute la subtilité et toute la force de l'intelligence qui sans peine se rend maîtresse des choses et les contraint à son service, ils n'ont cependant pu trouver l'esprit qui n'a rien à faire avec les choses.

Le chrétien a des intérêts spirituels parce qu'il se permet d'être un homme immatériel. Le Juif ne comprend pas ces intérêts dans leur pureté parce qu'il ne se permet pas de n'attribuer aucune valeur aux choses. Il n'atteint pas à la pure spiritualité, à la spiritualité telle qu'elle s'exprime en religion dans la foi seule qui se justifie par elle-même sans les œuvres. Leur manque de spiritualité éloigne pour toujours les Juifs des Chrétiens ; car à ce qui n'est pas esprit, tout ce qui est esprit est incompréhensible, de même que pour ce qui est esprit, tout ce qui ne l'est pas est méprisable. Or les Juifs possèdent seulement « l'esprit de ce monde. »

La pénétration et la profondeur antiques sont aussi éloignées de l'esprit et de la spiritualité du monde chrétien que la terre l'est du ciel.

Celui qui se sent libre esprit n'est ni opprimé ni tourmenté par les choses de ce monde parce qu'il ne tient pas ce monde en estime. Si l'on en ressent le poids c'est que l'on est assez borné pour y attacher de l'importance, autrement dit, c'est que l'on trouve qu'il y a encore quelque chose à faire avec cette « bonne vie » d'ici-bas. Celui qui ramène tout à se connaître et à s'agiter comme libre esprit, s'inquiète peu des amertumes qui lui sont par là réservées et encore moins du moyen de mener une vie indépendante ou toute de plaisirs. Les désagréments d'une vie subordonnée aux choses ne le troublent pas parce qu'il vit seulement en esprit et d'aliments spirituels ; pour le reste il se repaît et avale automatiquement, presque sans le savoir ; si la pâture lui fait défaut, il meurt, à la vérité corporellement, mais se sent immortel comme esprit et ferme les yeux dans une prière ou une pensée. La vie est de s'occuper de l'esprit — elle est pensée; peu lui importe le reste, il lui faut une occupation spirituelle à laquelle il puisse adonner toutes ses forces, toute sa volonté, la dévotion, la contemplation, la connaissance philosophique ; toujours l'action est pensée. Descartes à qui cela est enfin apparu clairement a pu établir la proposition : « Je pense, donc je suis ». Ma pensée c'est-à-dire mon être, ma vie ; je ne vis que si je vis d'esprit ; je ne suis réellement que comme esprit ; je suis absolument esprit et rien qu'esprit.

Le malheureux Pierre Schlemyl qui avait perdu son ombre est l'image de cet homme devenu esprit : car le corps de l'esprit n'a pas d'ombre. Combien différemment chez les anciens ! Quelque courage, quelque virilité qu'ils montrassent contre la force des choses, cette force même ils devaient pourtant la reconnaître et n'allaient pas plus loin que de défendre le mieux possible leur existence contre cette force. C'est plus tard seulement qu'ils reconnurent que la « vraie vie » n'était pas la vie menée au combat des choses de ce monde, mais la vie spirituelle « détournée » de ces choses; quand ils en eurent conscience ils devinrent chrétiens, c'est-à-dire modernes, nouveaux en face des anciens. La vie détournée des choses, la vie spirituelle n'emprunte plus son aliment à la nature, mais « vit seulement de pensée » et par conséquent n'est plus « vie » mais pensée.

On ne doit pas croire cependant que les anciens aient

été privés de pensée de même qu'on ne peut s'imaginer l'homme le plus intellectuel existant sans participer à la vie matérielle. Bien au contraire, ils avaient leurs pensées sur tout, sur le monde, l'homme, les dieux, etc. et cherchaient avec une activité jalouse à en prendre conscience. Mais ils ne connaissaient point la pensée, bien que leur pensée se portât sur tout, bien qu'ils fussent « tourmentés de pensées ». Que l'on compare maintenant avec la parole chrétienne « Mes pensées ne sont pas les vôtres et autant le ciel est plus haut que la terre, autant nos pensées sont plus hautes que les vôtres » et que l'on se souvienne de ce qui a été dit précédemment sur nos pensées d'enfants.

Ainsi, que cherche l'antiquité? la véritable jouissance de la vie, la joie de vivre ! ce n'est qu'à la fin qu'elle arrive à la « vraie vie ».

Le poète grec Simonide chante : pour l'homme mortel, la santé est le premier des biens, le second est la beauté, le troisième la richesse acquise sans fourberies, le quatrième les joies de l'amitié dans une société d'amis jeunes. Tels sont tous les biens, toutes les joies de la vie. Diogène de Sinope chercha-t-il autre chose que la joie de vivre qu'il découvrit dans la plus petite somme de besoins possible ? Aristippe la trouva dans une âme constamment égale. Ils cherchent un sens de la vie sereine et calme, la sérénité, ils cherchent à « être de bonne humeur ».

Les stoïciens veulent réaliser le sage, l'homme qui connaît la sagesse de la vie, l'homme qui sait vivre et par suite une vie sage ; ils la trouvent dans le mépris du monde, dans une vie sans développement vital, sans extension, sans contact ami avec le monde, c'est-à-dire dans la vie isolée, dans la vie en tant que vie, non dans la vie en commun. Seul le Stoïque vit, tout ce qui est autre que lui est mort pour lui. Inversement les épicuriens recherchent une vie mouvementée.

Comme ils veulent « être de bonne humeur », les anciens aspirent à une vie de bonheur (les Juifs en particulier, à une vie longue, bénie d'enfants et de biens) à l'eudémonie, au bien-être sous toutes ses formes. Pour Démocrite, par exemple, c'est « la paix de l'âme, la vie douce, sans craintes et sans émotions. » Il pense ainsi avec ce viatique pouvoir faire commodément sa route, se préparer la meilleure destinée et traverser ce monde le plus heureusement possible. Mais comme il ne peut se détacher de ce monde, et cela justement parce que toute son activité passe dans l'effort qu'il fait pour s'en détacher, pour le repousser (car nécessairement ce qui doit être repoussé et ce qui est repoussé doivent subsister, autrement il n'y aurait plus rien à repousser), ainsi il atteint tout au plus à un degré extrême de liberté et ne se distingue des moins libres que par le degré. S'il en arrivait même à cet anéantissement des sens ne lui permettant plus que le marmottement sempiternel du mot « Brahm », il ne se distinguerait pas cependant essentiellement de l'homme qui vit plongé dans le monde sensible.

Même l'attitude stoïque et le courage viril ne tendent qu'à la conservation et à l'affirmation de l'homme en face du monde, et l'éthique des stoïciens (leur seule science, car de l'esprit, ils ne connaissaient que l'attitude qu'ils devaient avoir en face du monde, et de la nature (physique) ils (savaient seulement que le sage doit s'affirmer contre elle), cette éthique n'est pas une doctrine de l'esprit, mais seulement la doctrine du reniement du monde et de l'affirmation du moi contre le monde. Elle se ramène à l'impassibilité et au calme de l'âme. C'est la vertu la plus expressément romaine.

Les Romains (Horace, Cicéron, etc.) n'allèrent pas plus loin que cette sagesse de la vie.

Le bonheur (Hédoné) des épicuriens est une sagesse du même genre que celui des stoïciens, mais plus habile et plus trompeuse. Ils enseignent seulement une autre attitude en face du monde, ils conseillent l'habileté. Il faut que je trompe le monde car il m'est hostile.

Les sceptiques rompent complètement avec le monde. Tous mes rapports avec lui sont « sans valeur et sans vérité ». Timon dit : « Les impressions et les pensées que nous tirons du monde ne contiennent aucune vérité. » « Qu'est-ce qui est vérité ? » s'écrie Pilate. Le monde suivant la doctrine pyrrhonienne n'est ni bon, ni mauvais, ni beau ni laid, etc., il n'y a là que des prédicats que je leur confère. Timon dit encore : « En soi, il n'y a aucune chose qui soit bonne ou mauvaise, mais l'homme la pense telle ou telle » ; en face du monde il ne reste que l'ataraxie (impassibilité) et l'aphasie (mutisme), en d'autres termes l'isolement de la vie intérieure. Dans le monde « il n'y a plus aucune vérité à reconnaître » les choses se contredisent, les pensées que l'on a des choses sont indistinctes (bien et mal sont indistincts, de telle sorte que ce que l'on nomme bien est trouvé mal par un autre). C'en est fait de la recherche de « la vérité » ; l'homme incurieux, l'homme qui ne trouve rien à connaître dans le monde est le seul qui demeure ; il laisse subsister le monde vide de vérité, dont il ne s'inquiète guère.

Ainsi l'antiquité en a fini avec le monde des choses, avec le système du monde, avec l'univers, au système universel ou aux choses de ce monde appartiennent non seulement la nature, mais encore tous les rapports dans lesquels l'homme se voit engagé par la nature, par exemple, la famille, la chose publique, bref, les soi-disant « liens naturels ». Alors commence le christianisme avec le monde de l'esprit. L'homme qui demeure encore en armes en face du monde est l'ancien, le païen, cette catégorie comprend le Juif (comme non-chrétien), l'homme qui n'est plus conduit que par « les joies du cœur » par sa sympathie, sa compassion, — son esprit, c'est le moderne, le Chrétien.

Les anciens, dans leur lutte avec le monde, dans leurs efforts pour délivrer l'homme des liens pesants qui l'enveloppent et l'attachent à autre chose, en vinrent à chercher la dissolution de l'Etat et à donner la préférence à tout ce qui est d'ordre purement privé. La chose publique, la famille, etc., pris comme rapports naturels sont d'odieuses entraves qui amoindrissent ma liberté spirituelle.

2. — LES MODERNES

« Si quelqu'un est en Christ, il est une créature nouvelle, ce qui était vieux est passé, voyez tout est renouvelé[1] ».

Il a été dit plus haut « pour les anciens le monde était une vérité ». Maintenant nous devons dire « pour les modernes l'esprit fut une vérité » mais sans oublier d'ajouter comme précédemment une vérité dont ils cherchaient à saisir la non-vérité qu'ils sont en voie enfin de découvrir réellement.

1. Epître aux Corinthiens.

Le christianisme suit une marche analogue à celle de l'antiquité : jusqu'à la veille de la Réforme l'intelligence demeure sous la domination des dogmes chrétiens, mais dans le siècle qui précède, elle se lève dans une attitude sophistique et joue avec tous les articles de foi un jeu hérétique. On disait couramment en Italie et principalement à la cour romaine : pourvu que le cœur demeure chrétien, on peut laisser la raison à ses fantaisies.

On était tellement habitué longtemps avant la Réforme aux querelles scolastiques que le pape et nombre d'autres avec lui, prirent au début la révolte de Luther pour une querelle de moines. L'humanisme correspond à la sophistique et de même qu'au temps des sophistes, la vie grecque était en plein épanouissement (siècle de Périclès) de même l'époque de l'humanisme ou comme on pourrait dire encore du Machiavélisme (l'imprimerie, la découverte du Nouveau-Monde, etc.) fut brillante entre toutes. Le cœur alors était bien loin encore de vouloir se débarrasser de son contenu chrétien.

Comme Socrate, la Réforme prit le cœur au sérieux et on le vit se déchristianiser à vue d'œil. Il allait être bientôt délivré de l'accablant fardeau du christianisme. De jour en jour moins chrétien, le cœur perd la substance sur laquelle il travaille, il ne lui reste qu'une cordialité vide, un amour très général de l'humanité, l'amour des hommes, la conscience de la liberté et « la conscience de soi ».

C'est maintenant seulement que le christianisme est révolu parce que, maintenant, il est dénudé, mort et vide. Le cœur ne s'ouvre plus, ne se laisse plus envahir par rien, il rejette même ce qui pourrait se glisser en lui sans qu'il fût conscient ou « qu'il eût conscience de soi ». Le cœur critique tout ce qui le veut pénétrer, impitoyablement, à mort, et n'est capable d'aucune amitié, d'aucune affection (sauf inconsciemment ou par surprise). D'ailleurs qu'y aurait-il à aimer parmi les hommes, quand tous sont égoïstes, qu'aucun n'est homme dans le sens du mot, c'est-à-dire qu'aucun n'est exclusivement esprit? Le chrétien n'aime que l'esprit. Mais où en trouver un qui ne serait véritablement rien qu'esprit.

Aimer l'homme en chair et en os, ne serait plus une cordialité « spirituelle » ce serait une trahison à la cordialité « pure », à « l'intérêt théorique ». Car il ne faut pas s'imaginer que la pure cordialité soit seulement cette aimable disposition qui vous fait serrer la main à tout le monde. La pure cordialité n'est cordiale envers personne, elle est seulement une sympathie théorique, un intérêt que l'on porte à l'homme en tant qu'homme et non pris comme personne. La personne lui est antipathique parce qu'elle est « égoïste », parce qu'elle n'est pas l'homme, cette idée. Mais c'est seulement pour l'idée qu'il y a un intérêt théorique. Pour la pure cordialité ou la pure théorie, les hommes n'existent que pour être critiqués, honnis et foncièrement méprisés. Pour elle, comme pour le prêtre fanatique, ils ne sont rien qu'immondices et autres choses du même goût.

Ayant atteint cette pointe extrême de la cordialité qui n'a d'intérêt pour rien, nous devons apprendre finalement que l'esprit qui est l'objet unique de l'amour du chrétien, n'est rien ou que l'esprit est un mensonge.

Tout ceci présenté brièvement et quelque peu incompréhensible encore s'éclairera, espérons-le, dans les développements ultérieurs.

Acceptons l'héritage que nous ont laissé les anciens et travaillons activement à en tirer tout ce qu'il est possible. Le monde gît méprisé sous nos pieds, profondément au-dessous de nous, au-dessous de notre ciel dans lequel ses bras puissants n'ont plus accès, où son souffle affolant ne pénètre plus. Quelque séductions qu'il emploie, il ne peut plus rendre fous que nos sens, mais il n'égare pas l'esprit, or en vérité nous ne sommes qu'esprits.

Après s'être avancé derrière les choses pour arriver à les découvrir, l'esprit s'est élevé au-dessus d'elles, s'est délivré de leurs liens et est devenu un affranchi, un être libre et appartenant à l'au-delà. Ainsi parle « la liberté spirituelle ».

A l'esprit qui après de longs efforts a rejeté ce monde, à l'esprit pour qui il n'y a pas de monde, après la perte de ce monde et de ses matérialités il ne reste rien — que l'esprit et la spiritualité.

Cependant comme il se tient seulement éloigné du monde et s'est simplement libéré de lui, sans avoir pu l'anéantir, ce monde demeure pour lui une pierre d'achoppement qu'on ne peut écarter du chemin, un être discrédité, et comme d'autre part il ne connaît et ne reconnaît qu'esprit et spiritualité, il doit perpétuellement aspirer à spiritualiser le monde, c'est-à-dire à le délivrer de sa « tare ». C'est pourquoi il va comme un jeune homme avec des plans de délivrance et d'amélioration du monde.

Les anciens servaient comme nous l'avons vu, le naturel, le temporel, l'ordre établi dans la nature, mais ils se demandaient continuellement s'ils ne pouvaient se dispenser de ce service et après qu'ils eurent fait des efforts surhumains pour s'en affranchir, à leur dernier soupir, le Dieu « vainqueur du monde » naquit. Toute leur action n'avait pas été autre chose que « philosophie », effort pour découvrir le monde et le dépasser. Et qu'est-ce que la sagesse des nombreux siècles qui suivent ? Qu'est-ce que les modernes ont cherché à découvrir ? Non plus le monde, les anciens l'avaient déjà fait, mais Dieu que les anciens leur avaient légué, Dieu « qui est esprit », qui est tout, et enfin tout ce qui appartient à l'esprit, toute spiritualité. Mais cette activité de l'esprit « qui sonde même les profondeurs de Dieu », c'est la théologie. Ainsi les anciens n'ont rien de plus à nous montrer que la philosophie, les modernes ne vont pas plus loin que la théologie. Nous verrons plus tard que même les révoltes les plus récentes contre Dieu ne sont rien que les efforts extrêmes de la théologie, c'est-à-dire des insurrections théologiques.

§ 1ᵉʳ. — L'Esprit.

Le royaume des esprits est immense, l'immatériel est infini. Voyons donc ce qu'est en réalité l'esprit, cet héritage des anciens.

Il est sorti des douleurs de leur enfantement, mais eux-mêmes n'ont pu s'exprimer comme esprits : ils purent l'engendrer, lui seul devait parler. Le « Dieu né, le Fils de l'homme » prononce le premier cette parole, que lui Dieu, n'a rien à faire avec ce qui vient de la terre, avec les rapports terrestres, et connaît exclusivement l'esprit et les rapports spirituels.

Mon courage, que les coups du monde ne peuvent

briser, mon inflexibilité, ma fierté, parce que l'univers n'a pas prise sur eux, sont-ils pour cela esprit, dans la pleine acception du mot? Ainsi l'esprit serait encore en hostilité déclarée avec le monde, et son action se bornerait seulement à ne pas succomber sous lui! Non, tant qu'il n'est pas occupé uniquement de lui-même, tant qu'il n'a pas exclusivement affaire à son propre monde, celui de l'esprit, il n'est pas esprit libre, mais seulement « l'Esprit de ce monde » auquel il demeure enchaîné. L'esprit n'est esprit libre, c'est-à-dire réellement esprit, que dans son monde propre; dans « ce monde-ci », le monde terrestre, il est un étranger. C'est seulement en plein milieu de ce monde spirituel qu'il est l'esprit réellement esprit, car « ce monde-ci » ne le comprend pas et ne sait pas retenir près de lui « la jeune fille venue des pays lointains ».

Mais d'où doit lui venir ce monde spirituel? D'où, si ce n'est de lui-même! Il doit se manifester, et ses paroles, les déclarations où il se dévoile, voilà son monde! Comme un visionnaire pour qui l'univers et la vie n'existent que dans les images fantastiques qu'il s'est créées, comme un fou qui se crée pour soi-même un monde de rêve, sans quoi il ne serait pas fou, ainsi l'esprit doit se créer son monde de l'esprit, sans quoi il n'existe comme esprit.

Ainsi ses créations le font esprit, et on reconnaît aux créations le créateur; il vit en elles, elles sont son monde. Qu'est-ce maintenant que l'esprit? Il est le créateur d'un monde spirituel! Aussi reconnaît-on les premiers indices de l'esprit en Toi et en Moi, dès qu'on voit que nous nous sommes approprié du spirituel, c'est-à-dire des pensées, quand bien même elles nous sont venues de l'extérieur, pourvu que nous les ayons amenées en nous à la vie ; car tant que nous étions enfants, on aurait pu nous présenter les idées les plus édifiantes sans que nous eussions voulu ou pu les recréer en nous. Ainsi l'esprit n'existe que s'il crée de l'esprit, et il n'existe réellement qu'associé à ce qu'il a créé.

Comme nous le reconnaissons à ses œuvres, on demandera quelles elles sont. Mais les œuvres ou les enfants de l'esprit ne sont rien autre chose que des esprits.

Si j'avais devant moi des Juifs, des Juifs de bon aloi, je m'arrêterais ici et les laisserais en plan devant ce mystère, eux qui sont demeurés durant près de 2,000 ans incrédules et incapables de le reconnaître. Mais, mon cher lecteur, comme tu n'es pas tout au moins un Juif pur sang — car tu ne te serais pas égaré jusqu'ici — nous ferons encore un bout de route ensemble jusqu'à ce que tu me tournes le dos quand tu t'apercevras que je te ris au nez.

Si quelqu'un te disait que tu es tout esprit, tu ne le croirais pas, mais tu empoignerais ton corps et tu répondrais : Certes, j'ai un esprit, mais je n'existe pas seulement comme esprit, je suis un homme en chair et en os. Tu ferais toujours la distinction entre Toi et « Ton esprit. » Mais celui-ci te répond : c'est ta destinée, bien que tu marches enchaîné au corps, d'être un jour un « esprit bienheureux » et quoique tu puisses te représenter l'aspect futur de cet esprit, il est cependant certain que tu dépouilleras ce corps dans la mort et pourtant tu te conserveras, c'est-à-dire conserveras ton esprit pour l'éternité ; donc ton esprit est l'éternel et le vrai en toi, ton corps n'est que ta demeure d'ici-bas que tu peux quitter et peut-être même changer pour une autre.

Maintenant, tu y crois ! pour le moment tu n'es pas pur esprit, mais s'il te faut un jour quitter cette enveloppe mortelle, tu te tireras parfaitement d'affaire sans le corps, mais aussi est-il nécessaire que tu te prépares d'avance et que tu songes de bonne heure à ton Moi particulier. « Que sert à l'homme de conquérir le monde entier s'il porte dommage à son âme. »

Mais à supposer que les doutes qui se sont élevés au cours des temps contre les articles de foi du christianisme t'aient ravi depuis longtemps toute foi à l'immortalité de ton esprit : il est une proposition que tu as laissée intacte, une vérité à laquelle tu tiens encore candidement, c'est que ton esprit est la meilleure partie de toi-même et que le spirituel a les premiers droits sur toi avant toute autre chose. Malgré tout ton athéisme, tu rivalises de zèle contre l'égoïsme avec les croyants à l'immortalité.

Mais qu'entends-tu par égoïste ? L'homme qui au lieu de vivre pour une idée, pour une spiritualité, sert son avantage personnel au lieu de le sacrifier à cette idée. Exemple : un bon patriote apporte son offrande sur l'autel de la patrie, mais que la patrie soit une idée, la chose est incontestable, car pour les bêtes incapables de penser, pour les enfants dont la pensée n'est pas encore éveillée, il n'y a ni patrie, ni patriotisme. Et maintenant quiconque ne se comporte pas en patriote se montre égoïste à l'égard de la patrie. Et il en est ainsi dans quantité d'autres cas. Celui qui dans la société humaine tire profit d'un privilège commet le péché d'égoïsme contre l'idée d'égalité ; celui qui exerce la tyrannie est traité d'égoïste qui s'attaque à l'idée de Liberté, etc.

C'est pourquoi tu méprises l'égoïste parce qu'il fait

céder l'esprit devant la personnalité et songe à soi quand tu voudrais le voir agir par amour pour une idée. Vous vous distinguez toi et lui en ce sens que tu prends l'esprit pour centre, alors qu'il se prend lui-même comme point central, ou bien que tu coupes ton moi en deux et investis ton « moi propre », l'esprit, de la domination sur le reste de valeur moindre, tandis que lui ne veut rien savoir de cette scission et poursuit des intérêts tant spirituels que matériels absolument à sa guise. Tu penses seulement jeter l'anathème sur ceux qui ne conçoivent aucun intérêt spirituel, en réalité, tes imprécations atteignent tous ceux qui ne considèrent pas les intérêts de l'esprit comme étant ce qu'il y a en eux de plus vrai et de plus haut. Pour cette beauté, tu pousses la chevalerie si loin que tu vas jusqu'à affirmer qu'elle est dans le monde l'unique beauté. Tu ne vis pas pour toi, mais pour ton esprit et pour ce qui appartient à l'esprit, c'est-à-dire pour des idées.

Comme l'esprit n'existe qu'autant qu'il crée de l'esprit, examinons un peu sa première création. Aussitôt cette première création accomplie, il s'ensuit une reproduction naturelle des créatures, de même que dans le mythe de la création, les premiers hommes seulement durent être créés, le reste de l'espèce se propagea de soi-même. Au contraire, la première créature doit sortir « de rien », pour la réaliser l'esprit n'a que soi-même, ou plutôt il ne se possède pas encore, mais il doit se créer ; par conséquent sa première création est soi-même, l'esprit. Si mystique que cela paraisse nous en faisons pourtant l'expérience tous les jours. Es-tu un penseur avant de penser ? En créant ta première pensée, tu te crées penseur ; car tu ne penses pas avant que tu penses une pensée, c'est-à-dire avant que tu l'aies. Ton chant ne te fait-il pas chanteur, ta parole ne te fait-elle pas un homme qui parle ? Ainsi c'est seulement la création des choses de l'esprit qui te fait esprit.

Pourtant de même que Tu Te distingues du penseur, du chanteur, du parleur, tu ne te distingues pas moins de l'esprit et tu sens très bien que tu es encore autre chose qu'esprit ; seulement comme le moi pensant, dans l'enthousiasme de la pensée perd aisément l'ouïe et la vue, l'enthousiasme de l'esprit t'a aussi saisi et tu aspires de toute ta force à devenir et à disparaître en lui. Il est ton idéal, le non atteint, l'au-delà. L'esprit, c'est ton Dieu, « Dieu est esprit ».

Contre tout ce qui n'est pas esprit, tu es plein d'un zèle ardent que tu déploies par conséquent aussi contre toi-même qui ne peux t'affranchir d'un reste de non-spiritualité. Au lieu de dire : « Je suis plus qu'esprit » tu dis avec contrition : » Je suis moins qu'esprit, l'esprit, le pur esprit, qui n'est rien qu'esprit, je puis seulement me l'imaginer, mais je ne le suis pas et comme je ne le suis pas, c'est un autre qui l'est, il existe comme étant autre que moi, je le nomme Dieu ».

La nature même de la chose exige que l'esprit qui doit exister comme pur esprit soit un être d'au-delà, car si je ne suis pas cet esprit, il ne peut exister qu'en dehors de moi ; un homme ne pouvant complètement s'anéantir dans le concept esprit, le pur esprit, l'esprit en lui-même, ne peut être qu'extérieur à l'homme, au-delà du monde des hommes, non terrestre, mais céleste.

De cette séparation qui existe entre Moi et l'Esprit, de ce fait que Moi et l'Esprit ne sont pas des noms différents pour une seule et même chose, mais des noms différents pour des choses complètement distinctes, de ce que je ne suis pas Esprit et que l'Esprit n'est pas en moi, il résulte tautologiquement cette nécessité que l'Esprit demeure dans l'au-delà, c'est-à-dire est Dieu.

On voit par suite combien la solution que Feuerbach[1] s'efforce de nous donner est purement théologique, c'est-à-dire pleine de la notion du divin. Suivant lui, nous aurions méconnu notre être propre et l'aurions par suite cherché dans l'au-delà, mais nous étant rendu compte que Dieu n'était pas autre chose que notre essence humaine, nous devions de nouveau la reconnaître comme nôtre et la ramener de l'au-delà dans l'ici-bas. Pouvons-nous admettre que « notre être » soit mis en opposition avec nous-mêmes, que nous soyons divisés en deux moi, l'un essentiel, l'autre inessentiel? Ne retournons-nous pas à cette triste misère de nous voir bannis de nous-mêmes?

Mais que gagnons-nous donc quand, pour changer, nous faisons passer le divin du dehors au-dedans de nous? Sommes-nous ce qui est en nous? Aussi peu que nous sommes ce qui est hors de nous. Je suis aussi peu mon propre cœur que je suis celle que j'aime de cœur, que je suis celle qui est « mon autre moi ». C'est justement parce que nous ne sommes pas l'esprit qui demeure en nous que nous avons dû le placer hors de nous : il n'était pas nous, il ne faisait pas un avec nous, c'est pourquoi nous ne pouvions le penser existant autrement qu'hors de nous, au-delà de nous, dans l'au-delà.

Avec toute l'énergie du désespoir, Feuerbach s'attaque au contenu intégral du christianisme non pour le rejeter, mais pour s'en emparer, pour, en un effort

---

[1]. Essence du christianisme.

suprême, le tirer de son ciel, lui si longtemps désiré, qui demeura toujours si loin, et le conserver éternellement en sa possession. N'y a-t-il pas là une dernière tentative désespérée, où l'on joue le tout pour le tout, et n'y retrouve-t-on pas l'aspiration chrétienne, son désir de l'au-delà. Le Héros ne veut pas entrer dans l'au-delà, mais le tirer à lui, le contraindre à devenir un ici-bas. Depuis le Héros, tout le monde ne s'avance-t-il pas avec plus ou moins de conscience vers cet au-delà? Qu'il vienne, que le ciel descende sur la terre et qu'il soit vécu ici-bas !

Plaçons bien en regard le point de vue théologique de Feuerbach et la contradiction que nous y opposons! « L'Etre de l'homme est son Etre suprême ; » l'Etre suprême est nommé maintenant Dieu par la religion et considéré comme un être « objectif », mais en réalité ce n'est que l'essence propre de l'homme, et le point tournant de l'histoire du monde sera que Dieu ne se montre plus comme Dieu à l'homme, mais que l'homme apparaisse comme Dieu.

Nous répondons : certes l'Etre suprême est l'Etre de l'homme, mais justement parce que c'est cet Etre suprême qui est son être et non lui-même, il demeure parfaitement indifférent en soi que nous le voyions en dehors de lui et le considérions comme Dieu, ou que nous le trouvions en lui et le nommions Essence de l'homme ou l'homme. Je ne suis ni Dieu, ni l'homme, ni l'Etre suprême, ni mon être et pour cette raison il n'y a en fait qu'une seule question, savoir : si je pense l'Etre en moi ou hors de moi. En réalité nous pensons toujours simultanément l'Etre suprême dans deux Au-delà, l'un intérieur l'autre extérieur. Car dans la conception chrétienne, « l'Esprit de Dieu » est aussi « notre esprit » et « vit en nous »[1]. Il demeure au Ciel et demeure en nous. Nous autres, pauvres choses, ne sommes que « sa demeure » et quand Feuerbach détruit encore son habitation céleste et le contraint de passer en nous avec armes et bagages, nous nous trouvons, étant devenus son logis terrestre, absolument débordés.

Cependant après cette digression que, si nous suivions le fil du discours, nous aurions dû remettre aux pages ultérieures pour éviter des répétitions, revenons à la première création de l'Esprit, à l'Esprit lui-même.

L'Esprit est quelque chose d'autre que moi. Cette autre chose, quelle est-elle ?

§ 2. — Les Possédés.

As-tu jamais vu un esprit ? « Pas moi, mais ma grand-mère ». Vois-tu, c'est comme moi; moi-même je n'en ai jamais vu, mais ma grand'mère en rencontrait à tout bout de champ. Comme nous ne mettons pas en doute la bonne foi de nos grand'mères, nous croyons à l'existence des esprits.

Mais n'avions-nous pas des grand'pères et ne haussaient-ils pas les épaules chaque fois que les grand'mères entamaient l'histoire des fantômes ? Oui, c'étaient des gens incrédules et ils ont fait bien du tort à notre bonne religion, ces explicateurs. Nous le verrons bien ! Car, qu'est-ce qui fait le fond de la croyance aux fantômes sinon la foi à l'existence de « purs esprits » et cette dernière croyance n'est-elle pas en danger quand des hommes positifs qui ne respectent rien osent tou-

---

[1]. Ex. aux Romains 8,9 ; 1 aux Corinthiens 8,16 ; Ev. sel. Saint Jean, 20 22 et en quantité d'autres endroits.

cher à l'autre ? Quelle atteinte à la foi divine elle-même que cet anéantissement de la foi aux esprits et aux fantômes ! Les Romantiques le sentirent bien et cherchèrent à en prévenir les suites funestes en évoquant de nouveau le monde des fables et en faisant pressentir un « monde supérieur » par leurs somnambules, leurs « voyantes de Prévorst »[1], etc. Les bons croyants et les Pères de l'Eglise ne se doutaient pas qu'en détruisant la croyance aux fantômes ils enlevaient sa base à la religion et la laissaient suspendue en l'air. Celui qui ne croit plus aux fantômes n'a qu'à être conséquent et à pousser plus avant dans son incroyance pour voir qu'il ne se cache aucun être particulier derrière les choses, aucun fantôme, ou, ce qui revient au même, en prenant le mot dans son acception naïve, « aucun esprit..... »

« Il existe des esprits. » Jette les yeux autour de toi et dis-moi si dans toutes les choses qui t'environnent il n'y a pas des esprits qui te regardent. Dans la fleur, la petite et douce fleur, l'Esprit du Créateur qui a fait cette merveille est là qui te parle ; les étoiles annoncent l'esprit qui les a ordonnées ; du sommet des montagnes souffle un esprit de sublimité ; un esprit d'aspiration éternelle murmure dans l'écoulement des sources, et — ce sont des milliers d'esprits qui parlent dans l'homme. Les montagnes peuvent s'abîmer, les fleurs se faner, le monde des étoiles s'écrouler, les hommes mourir — qu'importe la disparition du corps visible ! L'esprit, « l'invisible » demeure éternel.

[1]. Cette voyante fut vers 1835 une célébrité magnétique. Le doux et mystique poète Kerner la connut et fut troublé de ces faits mystérieux que l'on n'expliquait pas encore. Il écrivit alors son roman étrange « La voyante de Prévorst ».

Il l'avait recueillie chez lui, et ce fut quelque temps la mode d'aller entendre chez Kerner, les inspirations de la voyante.   H. L.

Oui, le monde entier est hanté. Quoi ! seulement hanté ? Non, c'est lui-même qui revient. Il est l'apparence errante d'un esprit, il est un revenant. Qu'est-ce qu'un fantôme sinon une apparence de corps jointe à un esprit réel ? Aujourd'hui le monde est « vain », n'est qu'une aveuglante « apparence » la vérité est seulement l'esprit. Le monde n'est que la forme vaine de l'esprit.

Autour de toi, près ou loin, le monde n'est que fantômes. Tu n'as toujours que des « apparences » ou des visions. Tout ce qui t'apparaît n'est que la manifestation d'un esprit intérieur, est une « apparition » de fantôme, le monde n'est pour toi qu'un « monde d'apparences » derrière lequel s'agite l'esprit. « Tu vois des esprits. »

Penses-tu t'assimiler aux anciens qui voyaient partout des esprits ? Les Dieux, mon cher moderne, ne sont pas des esprits ; les Dieux ne ravalent pas le monde à une apparence et ne le spiritualisent pas.

Mais pour toi le monde entier s'est spiritualisé, il est devenu un fantôme énigmatique ; aussi ne t'étonne pas si également en toi même tu ne trouves rien que fantôme. Ton esprit ne hante-t-il pas ton corps, n'est-il pas seul le vrai et le réel, quand ton corps n'est que « le périssable, l'irréel, l'apparence. » Ne sommes-nous pas tous des fantômes, des revenants qui attendons « la délivrance », enfin des « esprits. »

Depuis que l'esprit est apparu dans le monde, depuis que « le Verbe s'est fait chair » le monde s'est spiritualisé ; il a subi un enchantement, il est devenu fantôme.

Ayant l'esprit, tu as des pensées, que sont-elles ? — Elles sont des esprits. — Ainsi ce ne sont pas des choses ? — Non, mais l'esprit des choses, l'essentiel de toutes choses, leur être intérieur, — leur idée. Ainsi donc, ce que tu penses n'est pas seulement ta pensée ?

— Au contraire c'est ce qu'il y a de plus réel, de plus proprement vrai au monde : c'est la vérité même ; si je pense vrai, je pense la vérité. A vrai dire je puis me tromper sur la vérité et la méconnaître; mais si véritablement je connais, le sujet de ma connaissance est la vérité. — Ainsi, tu cherches de tout temps à reconnaître la vérité ? La vérité m'est sacrée. Il peut se faire que je trouve une vérité imparfaite et que je la remplace par une meilleure, mais je ne puis abolir la vérité. Je crois à la vérité, c'est pourquoi je la sonde ; au-dessus d'elle rien ne va, elle est éternelle.

Sainte, éternelle est la vérité, elle est le Saint, l'Eternel. Mais toi qui te laisses pénétrer et guider par cette chose sainte, tu es toi-même sanctifié. Le Saint en soi n'existe pas pour tes sens, jamais comme être sensible tu ne découvres sa trace, le Saint n'existe que pour ta foi, ou plus précisément pour ton esprit : donc le Saint est lui-même spirituel, il est esprit pour l'esprit.

On ne se débarrasse pas du Saint aussi facilement que beaucoup le croient, qui ne veulent plus employer ce mot « qui n'est plus de saison. » Que si, dans un cas particulier, on veut me faire injure en me traitant d' « égoïste » c'est qu'on conserve la pensée de quelque chose que je dois servir plus que moi-même, qui doit être pour moi plus important que tout, bref de quelque chose où je devrais chercher mon vrai salut et qui est « Saint ». Il se peut que ce Saint ait encore des apparences humaines, qu'il soit l'humain lui-même ; cela ne lui enlève aucunement sa sainteté, cela fait tout au plus d'un Saint supra-terrestre un Saint terrestre, et du divin, l'humain.

Le Saint n'existe que pour l'égoïste qui ne se reconnaît pas, pour l'égoïste involontaire qui toujours est à la recherche de son bien et cependant ne se considère pas comme l'Etre suprême ; qui ne sert que soi-même et cependant croit servir un être supérieur, qui ne connaît rien de plus haut que soi en même temps qu'il est transporté par ce qui est plus haut ; bref pour l'égoïste qui ne voudrait pas être égoïste et s'abaisse, c'est-à-dire, combat son égoïsme, mais aussi s'abaisse « pour être élevé » et de la sorte satisfaire son égoïsme. Parce qu'il voudrait cesser d'être égoïste, il cherche au ciel et sur terre des êtres supérieurs auxquels vouer ses services et se sacrifier, mais il a beau se secouer et se mortifier, en fin de compte il ne travaille que pour lui-même et ce maudit égoïsme ne le lâche pas. C'est pourquoi je l'appelle égoïste involontaire.

Cet effort, ce souci constant de se dégager de soi n'est rien que l'instinct incompris qui le pousse à chercher la délivrance de son moi. Parce que tu es lié à ton heure passée, parce que tu dois marmotter aujourd'hui la même chose qu'hier[1], parce que tu ne peux te transformer à tout instant, tu te sens esclave et frappé d'immobilité. C'est pourquoi, au-dessus de chaque minute de ton existence, il y a une fraîche minute d'avenir qui te fait signe ; alors tu te développes, tu te dégages de toi-même, de ton moi particulier. Chaque instant que tu vis, tu es ta créature, et tu voudrais ne pas te perdre, toi, créateur, dans ta « créature » Tu es toi-même un être supérieur à toi-même, tu te surpasses toi-même. Seulement c'est une chose que tu méconnais, étant égoïste involontaire, et l' « être supérieur » est pour

---

[1]. Comme ils carillonnent les prêtres, avec quelle sollicitude,
Pour que l'on vienne, uniquement pour marmotter comme on l'a fait hier.
Ne raillez pas les prêtres, ils savent ce dont l'homme a besoin ;
Son bonheur c'est de marmotter demain ce qu'il a marmotté aujourd'hui.

toi un étranger. Tout être supérieur comme vérité, humanité, etc... est un être au-dessus de nous. La caractéristique du Saint est l'étrange. Dans tout Saint il y a quelque chose d' « étrange » c'est-à-dire d'étranger, nous ne nous y trouvons pas à notre aise et chez nous. Ce qui m'est sacré ne m'est pas propre, si la propriété des autres ne m'était pas sainte, je la considérerais comme mienne et je me l'offrirais à la première bonne occasion, et inversement si le visage de l'Empereur de Chine est sacré pour moi, il reste étrange à mes yeux et je les ferme quand il apparaît.

Pourquoi une vérité mathématique irréfragable qui, au sens habituel du mot, pourrait être appelée éternelle, n'est-elle pas sainte? Parce qu'elle n'est pas révélée, parce qu'elle n'est pas la révélation d'un être supérieur. Si l'on entend par vérités révélées uniquement les vérités religieuses, on se fourvoie singulièrement et l'on méconnaît absolument l'étendue du concept de l' « Etre supérieur ». Les athées criblent de leurs sarcasmes l'être supérieur vénéré aussi sous le nom de « Très-Haut » et d' « Etre Suprême »; ils foulent aux pieds l'une après l'autre les « preuves de son existence » sans remarquer qu'ils obéissent eux-mêmes à un besoin d'Etre Suprême et qu'ils anéantissent l'ancien uniquement pour faire place à un nouveau. L'homme n'est-il pas un être supérieur à un homme isolé, n'adore-t-on pas, ne tient-on pas pour sacrés les vérités, droits, idées qui résultent de ce concept comme étant les révélations de ce concept? Car si l'on a dû écarter ensuite mainte vérité qui paraissait être manifestation de ce concept, cela prouvait seulement méprise de notre part, sans qu'il y eût le moindre tort porté au concept sacré lui-même et sans que les vérités qui demeuraient considérées « à bon droit » comme révélation de ce concept fussent privées de leur caractère sacré. L'homme dépasse tout homme individuel, il est « son être » et cependant il n'est pas son être *à lui*, car il serait aussi particulier que l'individu lui-même, tandis qu'il est quelque chose de général et de supérieur, et même, pour les athées, l'Etre Suprême. Et de même que les révélations divines ne sont pas signées de la main de Dieu, mais nous sont manifestées par les « instruments du Seigneur » de même le nouvel Etre suprême ne signe pas lui-même ses manifestations, mais les fait venir à notre connaissance par les « vrais hommes ». Seulement le nouvel Etre décèle une conception plus immatérielle que l'ancien Dieu qu'on représentait sous une forme corporelle, tandis que le nouveau demeure d'une spiritualité absolue, et se passe d'un corps matériel particulier. Pourtant il n'est pas dénué d'être corporel, mais il est d'une apparence bien plus trompeuse, parce qu'il semble plus naturel et plus terrestre ; ce n'est pas autre chose que tout homme en chair et en os, bref, l'humanité, « tous les hommes. » Le caractère fantasmatique de l'esprit s'est matérialisé dans un corps apparent et est redevenu ainsi très populaire.

Donc saint est l'Etre Suprême et tout ce en quoi il se manifeste ou se manifestera ; sanctifiés sont ceux qui reconnaissent l'Etre Suprême, y compris ce qui est sien, c'est-à-dire y compris ses manifestations. Le Saint sanctifie en retour son adorateur qui par son culte même devient un saint et dont toutes les actions désormais sont saintes: un saint commerce, des pensées et des actions saintes, de saintes aspirations, etc.

La dispute sur la question de savoir ce qu'il faut vénérer comme Etre suprême n'a de signification que si les adversaires les plus acharnés sont unanimes sur cette proposition fondamentale qu'il y a un Etre suprême que l'on doit honorer et servir. Si quelqu'un sourit de pitié devant cette lutte pour l'Etre Suprême, comme par exemple un chrétien devant la querelle d'un schiite avec un sunnite, d'un brahmine avec un bouddhiste, l'hypothèse d'un Etre suprême est pour lui néant et la dispute sur cette base n'est qu'un vain jeu. Que l'Etre suprême soit le Dieu en trois personnes, le Dieu de Luther, ou l' « Homme » cela ne fait aucune différence pour celui qui nie l'Etre Suprême lui-même; à ses yeux tous ceux qui le servent sont sans exception des gens pieux, l'athée le plus furieux aussi bien que le chrétien le plus croyant.

Ainsi en première ligne, dans le Saint réside l'Etre Suprême et la foi à cet être, notre « sainte foi. »

Le Spectre.

Avec les fantômes nous entrons dans le royaume des esprits, des êtres.

Dans l'univers rôde et promène son être mystérieux « insaisissable » le spectre ténébreux que nous appelons l'Etre suprême. En trouver le fond, le concevoir en découvrir la réalité (prouver l'existence de Dieu), telle fut la tâche que s'imposèrent les hommes durant des siècles ; ils s'acharnèrent à une affreuse impossibilité, à un travail de Danaïdes. Ils voulurent transformer le spectre en un non-spectre, l'irréel en réel, l'esprit en une personne totale et déliée d'un corps. Derrière le monde existant ils cherchaient la chose en soi, (Ding) l'Etre; derrière la chose, la chimère (Unding).

Quand on regarde au fond d'une chose, qu'on en

recherche l'être, ce qu'on découvre est souvent tout autre que ce qu'elle paraît être : des discours mielleux et un cœur trompeur, des paroles pompeuses et de misérables pensées, etc. Du fait qu'on élève l'être, on rabaisse l'existence phénoménale à une pure apparence, à une illusion. L'essence de ce monde si plein d'attraits, si splendide n'est que vanité pour celui qui regarde au fond.

L'essence de ce monde en tant que phénomène est, — vanité. Maintenant, celui qui est religieux ne se contente pas de l'apparence trompeuse, du vain extérieur, mais il regarde l'être et il a dans l'être — la vérité.

Les êtres qui correspondent à certaines apparences sont les mauvais et inversement ceux qui correspondent aux autres sont les bons. L'être, l'essence du cœur humain est l'amour, l'essence de la volonté humaine est le bien, celle de la pensée humaine, la vérité, etc.

Ce qui passait d'abord pour existence, comme le monde, etc., se présente maintenant comme pure apparence et ce qui est véritablement existant, c'est plutôt l'être dont le domaine s'emplit de dieux, d'esprits, de démons, c'est-à-dire de bons et mauvais êtres. C'est seulement ce monde renversé, le monde des êtres, qui désormais existe véritablement. Le cœur humain peut être insensible, son être existe, le Dieu « qui est amour » ; la pensée humaine peut s'égarer dans l'erreur, son être, la vérité existe : « Dieu est vérité », etc.

Connaître et reconnaître l'être seulement et rien que l'être, c'est religion : son empire est un empire d'êtres, de spectres, de fantômes.

Cette tendance à rendre saisissable le spectre ou à en réaliser le non-sens a donné naissance à un fantôme corporel, un fantôme ou un esprit doué d'un corps réel. Quelles tortures les plus forts et les plus géniaux parmi les chrétiens se sont imposées pour saisir cette apparence fantasmatique ! Pourtant la contradiction des deux natures, divine et humaine de la nature fantasmatique et de la nature sensible a subsisté constamment. Toujours le spectre le plus étrange, le monstre immatériel est resté. Jamais un fantôme n'a causé de telles angoisses. Le possédé qui pour chasser les esprits s'agite jusqu'à la crise de nerfs, jusqu'à la folie furieuse ne souffre pas des tortures d'âme pareilles à celles des chrétiens en présence de ce fantôme insaisissable entre tous.

Seulement par le Christ une vérité a été mise aussitôt en lumière, c'est que l'esprit ou le fantôme proprement dit, — c'est l'homme. L'esprit corporel ou doté d'un corps, c'est proprement l'homme : il est lui-même cet être effrayant, en même temps qu'il est l'apparence de l'être et l'existence ou l'être. Désormais l'homme ne frissonne plus devant d'autre fantôme que lui-même : il s'effraye de lui-même : au profond de son être demeure l'esprit du péché, déjà la pensée la plus fugitive (et celle-ci est elle-même un esprit) peut être un diable, etc. Le fantôme a pris corps, Dieu est devenu homme, mais l'homme est maintenant lui-même le fantôme terrifiant qu'il cherche à découvrir, à captiver, à approfondir, à réaliser, à exprimer : l'homme est esprit. Le corps peut se dessécher si l'âme est sauvée : de l'esprit dépend tout, et le salut de l'esprit et de l'âme est son seul objet. L'homme est devenu à soi-même un fantôme, un spectre sinistre auquel même une place déterminée dans les corps est assignée (Discussion sur le siège de l'âme, si c'est la tête, etc.).

Tu n'es point pour moi pas plus que je ne suis pour toi un être supérieur. Toutefois il peut y avoir en chacun de nous un être supérieur caché qui provoque notre respect réciproque. Dans le sens le plus général, en toi comme en moi vit l'homme. Si je ne voyais en toi l'homme pourquoi t'estimerais-je ? A vrai dire tu n'es pas l'homme et sa forme vraie et adéquate, mais seulement son enveloppe périssable qu'il peut quitter sans cesser d'être lui-même. Mais pour l'instant cet être général et supérieur vit en toi parce qu'un esprit impérissable a adopté en toi un corps périssable et qu'en conséquence la forme n'est en réalité qu'une forme « adoptée » ; tu me représentes un esprit qui apparaît, qui apparaît en toi sans être lié à ton corps et à cette forme déterminée d'apparition, donc un spectre. C'est pourquoi je ne te considère pas comme un être supérieur, mais je respecte cet être supérieur dont tu es « hanté ». Je respecte en toi « l'homme ». Les anciens n'avaient pas de semblables considérations devant leurs esclaves et « l'homme » était encore bien peu en faveur. Au contraire chacun d'eux voyait chez les autres des fantômes d'autre sorte. Le peuple est un être supérieur à l'individu comme l'homme à l'esprit humain, un esprit qui hante l'individu : l'esprit du peuple. Aussi honoraient-ils cet esprit et ce n'est qu'autant qu'il servait cet esprit ou un esprit en parenté avec lui, comme l'esprit de famille que l'individu prenait sa signification, c'est seulement en vue de l'être supérieur, du peuple, qu'on laissait au « membre du peuple » une valeur. De même que pour nous tu es saint par l' « homme » qui est caché en toi, de même l'homme en tout temps fut sanctifié par un être supérieur quelconque comme la nation, la famille, etc... c'est seulement pour un être supérieur que de tout temps l'homme fut vénéré, c'est seulement comme le fantôme d'une personne sacrée, c'est-à-dire d'une personne protégée et reconnue que l'homme est considéré.

— Si je te cultive et te soigne c'est parce que je t'aime, parce qu'en toi mon cœur trouve son aliment, mes besoins leur satisfaction, ce n'est pas à cause d'un être supérieur dont tu es le corps sacré, ce n'est pas parce que je vois un fantôme, un esprit apparaître en toi, mais par plaisir égoïste : toi-même avec ton être tu m'es cher, car ton être n'est pas plus élevé, plus général que toi-même, il est unique comme toi-même tu l'es.

Mais ce n'est pas seulement l'homme mais toute chose qui est spectre. L'être supérieur l'esprit qui hante toute chose n'est lié à rien, et ne fait qu'y apparaître. Fantômes dans tous les coins !

Ce serait le lieu ici de passer en revue les esprits s'ils ne devaient pas revenir plus loin pour s'envoler devant l'égoïsme. Je n'en citerai pour le moment que quelques-uns en exemple afin qu'on puisse tout de suite trouver la conduite à tenir envers eux :

Ainsi, saint est avant tout « l'esprit saint », sainte est la vérité, saint le droit, la loi, sainte la bonne cause, la majesté; saints le mariage, la chose publique, l'ordre, la police, etc.

La Fêlure.

Homme ! ta tête est hantée, tu as un grain, tu t'imagines de grandes choses, tu te dépeins tout un monde de Dieux qui existent pour toi, un royaume des esprits où tu es appelé, un idéal qui te fait signe. Tu as une idée fixe.

Ne crois pas que je raille ou que je parle au figuré, quand je dis que les hommes qui se raccrochent à quelque chose de supérieur sont des fous véritables, des fous à lier; comme pour l'immense majorité des hommes, il en est ainsi, l'humanité entière m'apparaît comme une maison de fous. Qu'appelle-t-on « idée fixe ? » une idée qui s'est assujetti l'homme. Si vous reconnaissez dans cette idée fixe une folie, vous enfermez son esclave dans une maison de fous. Or la vérité de la foi dont on ne doit pas douter, la majesté — du peuple, par exemple — à laquelle on ne doit pas toucher — celui qui le fait, commet le crime de lèse-majesté — la vertu, contre laquelle la censure défend le moindre mot afin que la moralité se conserve pure, ne voilà-t-il pas des « idées fixes ? » Tout l'inepte bavardage de la plupart de nos journaux, n'est-ce pas incohérences de fous, qui souffrent de l'idée fixe, moralité, légalité, christianisme, etc., et qui paraissent s'agiter librement parce que l'asile d'aliénés où ils se démènent occupe un large espace ? Touchez un peu à l'idée fixe, il vous faudra aussitôt vous garer contre les coups perfides de notre aliéné devenu fou furieux. Car en cela aussi ces grands fous furieux sont semblables aux petits et ils tombent en traître sur celui qui touche à leur idée fixe. Ils lui volent d'abord ses armes, ils lui ravissent ensuite la liberté de la parole, puis s'acharnent sur lui avec leurs ongles. Chaque jour révèle la lâcheté et la soif de vengeance de ces insensés, et le peuple stupide acclame leurs folles mesures. Il faut lire les quotidiens de cette période, il faut entendre parler le philistin pour acquérir l'affreuse conviction que l'on est enfermé avec des fous dans une maison d'aliénés «. Tu ne dois pas traiter ton frère de fou, etc. » Mais moi, je ne crains pas d'être maudit et je dis : mes frères sont fous à lier. Qu'un pauvre fou d'une maison de santé soit possédé de la manie de se croire Dieu le Père, l'empereur du Japon ou le Saint-Esprit ou qu'un citoyen paisible s'imagine que sa destinée est d'être bon chrétien, protestant zélé, citoyen loyal, homme vertueux, etc. c'est la seule et même idée fixe. Quiconque n'a jamais essayé ni risqué de ne pas être bon chrétien, protestant zélé, homme vertueux, etc. est saisi et pris par la foi, la vertu, etc. Les scolastiques philosophaient mais seulement dans les limites de la foi de l'Eglise, le pape Benoît XIV écrivit des livres volumineux dans le cercle des superstitions papales, sans jamais mettre la foi en doute, des écrivains fournissent des in-folios sur l'État sans même mettre en questions l'idée fixe de l'État, nos feuilles regorgent de politique parce qu'elles ont la folie de croire que l'homme fut créé pour être un *zoon politikon*, ainsi végètent aussi les sujets dans la sujétion, les hommes vertueux dans la vertu, les libéraux dans l' « humanitarisme » sans jamais entrer dans ces idées fixes le couteau affilé de la critique. Ces pensées tiennent ferme, inébranlables comme les chimères des fous et celui qui les met en doute attaque le sacro-saint. Oui, l'idée fixe, voilà véritablement ce qui est sacro-saint.

Ne rencontrons-nous que des possédés du diable, ne tombons-nous pas aussi souvent sur des possédés du genre contraire, possédés du Bien, de la Vertu, de la Morale, de la Loi, ou d'un principe quelconque? Le diable n'est pas seul au monde à posséder, Dieu a son action sur nous et le diable aussi ; dans le premier cas « influences divines », dans le second « actions diaboliques ». Les possédés sont entêtés de leurs opinions.

Si le mot « possession » vous déplaît nommez cela engouement, et même puisque l'esprit vous tient et que de lui vous viennent toutes les « inspirations » —

nommez cela transport, enthousiasme, j'ajoute que l'enthousiasme parfait, car on ne peut s'arrêter à un demi-enthousiasme paresseux — c'est le fanatisme.

Dans l'homme cultivé, le fanatisme se trouve chez soi — car l'homme est cultivé autant qu'il s'intéresse aux choses de l'esprit, or l'intérêt pour les choses de l'esprit, quand il est vivace, est et doit être fanatique ; l'intérêt pour ce qui est saint est fanatique « *fanum* ». Considérez nos libéraux, jetez un coup d'œil sur les feuilles nationales saxonnes, écoutez ce que dit Schlosser[1]. « La Société d'Holbach forma un complot formel contre la doctrine traditionnelle et le système existant, ses membres furent aussi fanatiques pour leur incroyance que les moines et prêtres, jésuites, piétistes et méthodistes, les missionnaires et les marchands de bibles ont coutume de l'être pour le service mécanique de Dieu et pour la foi dans le Verbe. »

Voyez comment se comporte un de ces hommes moraux qui croient en avoir fini avec Dieu et rejettent le christianisme comme ayant cessé de vivre. Demandez-lui s'il doute que l'union entre frère et sœur soit un inceste, que la monogamie soit la vérité du mariage, que la piété filiale soit un devoir sacré, et il sera pris d'un frisson d'horreur très moral à la pensée que l'on peut approcher sexuellement sa sœur, etc... Et d'où vient cette horreur ? Parce qu'il croit aux commandements de la morale. Cette foi morale est profondément enracinée en lui. Autant il déploie de zèle contre le chrétien pieux, autant il est resté lui-même chrétien, mais chrétien moral. Sous forme de moralité, la chrétienté le tient pris et en réalité pris par la foi.

La monogamie doit être quelque chose de sacré,

---

1. *Achtzehntes Iahrhundert*, II, 519.

celui qui vit dans la bigamie doit être puni comme criminel, celui qui pratique l'inceste est frappé comme criminel. Là-dessus sont unanimes ceux qui sans cesse proclament que, dans l'Etat, il ne faut pas faire attention aux religions, et que le juif doit être citoyen de l'Etat au même titre que le chrétien. Cet inceste et cette monogamie ne sont-ils pas articles de foi? Touchez-y et vous verrez que cet homme moral sera aussi un héros de la foi, quand même il y aurait un Philippe II pour courber les consciences. Les autres combattent pour la foi de l'Eglise, lui pour la foi de l'Etat ou pour la loi morale de l'Etat ; les uns et les autres condamnent celui qui agit autrement que ne le permet leur foi. Il est marqué de la flétrissure du « crime » et doit languir dans des maisons de correction, dans les fers. La foi morale est aussi fanatique que la foi religieuse ! On dit qu'il y a « liberté de conscience » quand des frères et sœurs, pour un rapport qu'ils auraient à régler devant leur conscience sont jetés en prison. « Mais ils donnent le mauvais exemple ! » Oui vraiment il pourrait venir à d'autres l'idée que l'Etat n'a pas à s'immiscer dans leurs rapports et ainsi la pureté des mœurs serait menacée de disparaître. Ainsi donc les héros de la foi religieuse sont pleins de zèle pour le Saint-Esprit quand ceux de la foi morale déploient leur activité pour le Saint Bien.

Les zélateurs des divers Sacro-Saints sont souvent bien peu semblables entre eux. Certes les orthodoxes stricts ou les Vieux-croyants ne ressemblent guère aux champions de « la vérité, de la lumière et du droit », aux philalètes, aux amis du progrès, aux gens éclairés, et cependant il n'y a aucune différence essentielle.

Que l'on ébranle des vérités particulières, issues de vieilles traditions (par exemple, les miracles, la puissance illimitée des princes, etc.), les gens éclairés poussent eux-mêmes l'attaque et seuls les Vieux-croyants se lamentent. Attaquez-vous à la vérité elle-même, vous aurez contre vous les uns et les autres comme croyants. Ainsi en est-il avec les mœurs : les croyants étroits sont sans indulgence, les têtes plus claires sont plus tolérantes. Mais qui s'attaque à la morale même a affaire aux deux. « Vérité, Morale, Droit, Lumière, » etc., doivent être et demeurer sacrés. Ce que l'on trouve à blâmer dans le christianisme doit être non-chrétien au regard de ces éclairés, mais le Christianisme demeure au-dessus de toutes les attaques, y toucher est un sacrilège, une « profanation ». D'ailleurs si l'hérésie quant à la foi pure n'a plus à craindre les furieuses persécutions d'autrefois, l'hérésie en matière de pure morale y est d'autant plus exposée.

Depuis un siècle la piété a subi de telles atteintes, elle a dû si souvent entendre traiter son essence surhumaine d'« inhumaine » qu'on ne se sent guère tenté de se mesurer une fois de plus avec elle. Et pourtant, presque toujours ses adversaires moraux n'ont apparu sur le terrain que pour combattre l'Être Suprême au profit d'un autre Être Suprême. Ainsi Proudhon a dit effrontément [1] : « L'homme est fait pour vivre sans religion, mais la loi morale est éternelle et absolue, qui oserait aujourd'hui attaquer la morale ? » Les gens moraux ont pris à la religion sa moelle, ils l'ont absorbée, et n'ont plus maintenant d'autre souci que de se

---

[1]. *De la Création de l'Ordre*, etc., p. 36.

débarrasser de l'engorgement ganglionnaire qui s'en est suivi. Donc en montrant que la religion est loin d'être atteinte dans ses parties essentielles tant qu'on se borne à lui reprocher son existence surhumaine et qu'elle se contente d'en appeler en dernière instance à l' « esprit » (car Dieu est esprit), nous avons suffisamment démontré l'harmonie finale de la morale et de la religion et nous pouvons laisser derrière nous leur lutte opiniâtre. Chez l'une et l'autre il s'agit d'un Être suprême : qu'il soit surhumain ou humain, peu m'importe, dans tous les cas c'est un être au-dessus de moi. Quand finalement on passe de l'Être divin à l'Être humain, à l'Homme, on ne fait que rejeter la peau de serpent des vieilles religions pour en revêtir une autre.

Ainsi Feuerbach nous enseigne que « si seulement on retourne la philosophie spéculative, c'est-à-dire si l'on fait constamment du prédicat le sujet et du sujet l'objet et le principe, on a la vérité sans voiles, la pure et éclatante vérité. » Certes nous perdons ainsi le point de vue étroit de la religion, nous perdons le Dieu qui dans ce cas est sujet, seulement nous acceptons en échange, l'autre côté du point de vue religieux, le côté moral. Nous ne disons plus « Dieu est amour », mais « l'amour est divin. » Si à la place du prédicat « divin » nous « mettons « saint », qui a une signification identique, tout est remis en l'état. D'après cela l'amour doit être ce qu'il y a de bon dans l'homme, la divinité, ce qui lui fait honneur, sa véritable humanité (car c'est lui seul « qui le fait homme » qui fait de lui un homme). Plus exactement, l'amour est l'humain de l'homme, l'égoïste qui n'aime pas, est inhumain. Mais justement tout ce que le christianisme et avec lui la philosophie spéculative, c'est-à-dire la théologie propose comme bien, comme absolu, n'est pas proprement le bien (ou, ce qui revient au même, n'est que le bien), par conséquent par le changement du prédicat en sujet, l'Être chrétien (et le prédicat contient justement l'être) a été plus fortement fixé. Dieu et le divin ont été d'autant plus indissolublement liés à moi. On peut chasser Dieu de son ciel et le dépouiller de sa transcendance », la victoire est bien incomplète s'il a trouvé un refuge dans l'homme et s'il est gratifié d'une indestructible Immanence.

On dit alors : le divin, c'est ce qui est vraiment humain.

Les mêmes gens qui s'opposent au christianisme comme principe de l'Etat, qui combattent ce que l'on appelle l'Etat chétien, répéteront à satiété que la morale « est la clef de voûte de la vie sociale et de l'Etat ». Comme si le règne de la morale n'était pas la domination absolue du Saint, une « hiérarchie ».

On peut en passant mentionner ici la tendance à l'éclairement qui s'est manifestée après le règne des théologiens. Ceux-ci avaient vécu dans la conviction que la foi seule est capable de saisir les vérités religieuses, que Dieu ne se révèle qu'aux croyants, que seuls sont religieux, le cœur, le sentiment et les pieuses imaginations. Alors se fit jour l'affirmation que « l'intelligence naturelle », la raison humaine seule est capable de reconnaître Dieu. Cela signifie-t-il autre chose sinon que la raison prétend s'identifier avec les fantaisies qu'elle crée. C'est dans ce sens que Reimarus écrivit ses « Vérités supérieures de la religion naturelle. » On devait en venir à ceci que tout l'homme avec toutes ses facultés apparût comme être religieux, cœur et âme, intelligence et raison, sentiment, connaissance et volonté, bref que tout dans l'homme manifestât son caractère religieux. Hegel a montré que la philosophie même est religieuse. Et qu'est-ce qui n'est pas aujourd'hui appelé religieux ? La « religion de l'amour », la « religion de la liberté », les « religions politiques », bref, tout enthousiasme. Et il en est ainsi dans la réalité.

Aujourd'hui encore nous employons le mot welche « religion » qui exprime l'idée de lien. Liés certes nous sommes, tant que la religion est maîtresse de notre être intime ; mais l'esprit est-il lié aussi ? Au contraire, il est libre, il est seul maître, il n'est pas notre esprit, mais il est absolu. C'est pourquoi la traduction exacte du mot religion serait « Liberté de l'esprit ». Quiconque a l'esprit libre est religieux exactement dans le sens où un homme est appelé sensuel chez qui les sens ont libre cours. L'un c'est l'esprit, l'autre c'est le plaisir charnel qui le lie. Lien ou *religio*, voilà ce qu'est la religion par rapport à moi : je suis lié. La liberté par rapport à l'esprit signifie que l'esprit est libre, qu'il a la liberté spirituelle. Plus d'un a fait l'expérience des maux qui résultent pour nous de l'expansion libre et effrénée des passions ; mais on ne remarque pas que l'esprit libre, la spiritualité triomphante, l'enthousiasme pour les intérêts spirituels quelles que soient enfin les périphrases employées pour nommer ce bijou précieux, nous est plus funeste que les mœurs les plus sauvages. On ne le remarque pas, on ne peut pas le remarquer sans être consciemment un égoïste.

Reimarus et tous ceux qui ont établi que notre raison, notre cœur mènent aussi à Dieu ont montré par là-même que nous sommes absolument possédés. Certes, ils provoquèrent les colères des théologiens auxquels ils enlevèrent le privilège de l'élévation vers Dieu, mais ils conquirent aussi à la religion, à la liberté d'esprit, un terrain plus vaste encore. Car si l'esprit n'est plus limité au sentiment ou à la foi, mais en tant qu'intelligence, raison, pensée s'appartient à soi-même esprit, et ainsi sous forme d'intelligence, raison, etc., peut participer aux vérités spirituelles et célestes, tout l'esprit n'est alors occupé que du spirituel, c'est-à-dire que de soi-même et par conséquent est libre. Nous sommes tellement religieux aujourd'hui que des « jurés » peuvent nous condamner à mort et que tout agent, en vertu du « serment » qu'il a prêté en bon chrétien, peut nous mettre au « violon. »

Ce n'est qu'à partir du moment où les haines furieuses se déchaînèrent contre tout ce qui paraissait ressembler à un ordre (ordonnances, commandements, etc.), où le pouvoir absolu et personnel fut persiflé et poursuivi, que la morale put apparaître en opposition à la religion. En conséquence, elle dut pour arriver à l'indépendance passer par le libéralisme, dont la première forme, le « régime bourgeois » acquit une importance universelle et affaiblit les puissances religieuses proprement dites (voir plus loin « Libéralisme »). Car le principe de la morale qui n'est pas seulement un accessoire de la piété mais se tient avec elle sur un pied d'égalité, ne réside plus dans les commandements divins, mais dans la loi de raison, et si ces commandements doivent conserver encore quelque validité, c'est d'elle seule qu'ils doivent en attendre la sanction. Dans la loi de raison l'homme se détermine de soi-même car « l'Homme » est raisonnable et c'est de « l'essence de l'homme » que découlent nécessairement ces lois. La piété et la morale se distinguent en ceci que l'une prend Dieu, l'autre l'Homme comme législateur.

La morale, sous un certain rapport, raisonne ainsi : ou c'est la sensualité qui pousse l'homme et conséquemment il est immoral, ou c'est le bien qui, accueilli dans la volonté, s'appelle sens moral (sens du bien, passion du bien) : il se manifeste alors comme moral. Comment, dans ces conditions, peut-on appeler immoral l'attentat de Sand contre Kotzebue ? Entre tous les actes que l'on appelle désintéressés, celui-ci l'est bien au même titre par exemple que les larcins pieux que le bienheureux Crispin commettait en faveur des pauvres.

Il n'aurait pas dû tuer ; car il est écrit : tu ne tueras point. » Ainsi servir le bien, le bien public comme Sand du moins en avait l'intention ou le bien des pauvres, comme Crispin, est moral ; mais le meurtre et le vol sont immoraux ; le but est moral, le moyen immoral, pourquoi ? « Parce que le meurtre, l'assassinat est quelque chose d'absolument mal. » Quand les guerillas attiraient les ennemis de la patrie dans les gorges des montagnes et, invisibles derrière les buissons, les fusillaient, n'étaient-ce pas là des assassinats ? Vous pourriez demander en vous appuyant sur le principe qui ordonne de servir le bien, si le meurtre ne peut en aucun cas être la réalisation du bien, et vous ne pourriez désavouer ces meurtres qui eurent le bien pour conséquence. Il vous serait impossible de réprouver l'acte de Sand ; ce fut un acte moral, parce qu'il fut accompli au service du bien, parce qu'il fut désintéressé, ce fut un acte justicier infligé par un individu, une exécution où l'exécuteur joua sa vie. Entreprit-il autre chose que de réprimer des écrits par la force brutale ? Ce même procédé, ne le connaissez-vous pas « légal » et « sanctionné ? » Et qu'est-ce que votre principe de moralité peut avoir à dire contre ? — « mais ce fut une exécution illégale ! » Ainsi l'immoral là-dedans c'est l'illégal, la désobéissance à la loi ? Ainsi vous admettez que le bien n'est pas autre chose que la loi, que la morale se ramène à la légalité. Ainsi votre morale doit se ravaler à cet extérieur de légalité, à l'adoration cagote de la loi accomplie, cagotisme autrement tyannique et révoltant que les hypocrisies religieuses d'autrefois. Car celles-ci ne demandaient que l'acte, il vous faut des convictions, on doit porter en soi la loi, la règle, et celui qui pense de la façon la plus légale est le plus moral. Aussi la dernière sérénité de la vie catholique doit disparaître dans cette légalité protestante. C'est seulement ici que s'accomplit le règne de la loi. « Ce n'est pas moi qui vis, mais la loi qui vit en moi. » Je n'ai donc été si loin que pour être « le vase d'élection de sa souveraineté » (de la loi). « Tout prussien porte en lui-même son propre gendarme », dit un officier supérieur prussien.

Pourquoi certaines oppositions ne réussissent-elles pas, uniquement pour cette raison qu'elles ne veulent pas abandonner la voie de la moralité ou de la légalité. De là cette immense comédie de dévouement, d'amour, etc., qui, vue de près, suffit pour dégoûter radicalement du caractère corrompu et hypocrite d'une opposition légale. Pour que subsiste le rapport moral d'amour et de fidélité, il ne faut pas de volonté discordante, de volonté opposée. Ce beau rapport est détruit si l'un veut ceci, l'autre, le contraire. Mais d'après la pratique jusqu'ici existante et le vieux préjugé de l'opposition il faut avant tout conserver le rapport moral. Que reste-t-il alors à l'opposition ? Vouloir une liberté quand il plaît à l'Aimé de la renverser ? Nullement. Elle ne peut vouloir la liberté, elle peut seulement la souhaiter, « pétitionner » pour l'obtenir, bégayer un « je demande, je demande ? » Si l'opposition voulait réellement, voulait avec la pleine énergie de la volonté, qu'en résulterait-il ? Non, elle doit renoncer à la volonté pour vivre d'amour, à la liberté — par amour pour la morale. Elle ne peut pas « revendiquer un droit » qu'il lui est seulement permis de demander comme faveur. » L'amour, l'abnégation exigent avec une assurance fatale qu'il n'y ait qu'une volonté à laquelle les autres se dévouent, qu'elles servent, suivent et aiment. Que cette volonté soit tenue pour raisonnable ou déraisonnable, dans les deux cas on agit moralement si on la suit, immoralement si l'on s'y soustrait. La volonté qui ordonne la censure paraît, à bien des gens, déraisonnable, mais celui qui soustrait son livre à la censure dans le pays où elle règne, agit immoralement, celui qui l'y soumet agit moralement. Si quelqu'un se débarrasse de ses scrupules moraux et, par exemple, fonde une presse secrète, il sera taxé d'immoralité et, par-dessus le marché, de sottise s'il se fait prendre. Un tel homme prétendra-t-il à l'estime des gens moraux ? Peut-être ! — S'il s'imaginait servir une « morale supérieure. »

La toile des hypocrisies actuelles est tendue à la frontière des deux domaines, au-dessus plane notre temps, tantôt d'un côté, tantôt de l'autre, relié à eux par les fils légers de ses illusions. Non plus suffisamment fort pour servir sans doute et sans faiblesse la morale, pas encore assez dépourvu de scrupules pour vivre en plein égoïsme, notre temps frissonne dans la toile d'araignée de l'hypocrisie, il oscille d'un côté à l'autre et paralysé par l'indécision, il n'attrape que de pauvres misérables mouches. Si par hasard on risque une proposition « libre », on la noie aussitôt dans des protestations d'amour et l'on joue la résignation. D'autre part si l'on a eu le front de repousser la proposition de liberté en donnant le conseil très moral d'avoir confiance, le courage moral disparaît alors et l'on se borne à affirmer le plaisir singulier que l'on éprouve à entendre des paroles de liberté, etc... On feint d'être arrivé à la connaissance. Bref, on voudrait bien avoir la morale sans être privé de la liberté : on voudrait avoir une volonté libre sans se passer pour cela de la volonté morale. — Il suffit, libéraux, que vous vous associiez un esclave. Vous atténuerez chacune de vos paroles de liberté d'un regard de la plus loyale confiance, et il recouvrira son servilisme des phrases les plus flatteuses de liberté. Vous vous séparerez ensuite et lui comme vous penserez : « Je te connais, renard! » Il flairera le Diable en vous aussi bien que vous flairerez en lui le vieux et sombre Dieu Tout-puissant.

Un Néron aux yeux des « Bons » n'est qu'un « mauvais » homme ; aux miens, ce n'est pas autre chose qu'un possédé, comme les « bons », aussi. Les « bons » voient en lui un scélérat fieffé et l'attribuent à l'enfer. Pourquoi son arbitraire ne trouva-t-il aucun obstacle ? Pourquoi tout lui fut-il permis ? Valaient-ils mieux que lui ces Romains domestiqués qui subirent toutes les volontés d'un pareil tyran ? Les vieux Romains ne fussent jamais devenus ses esclaves et l'eussent aussitôt exécuté. Mais, parmi les Romains d'alors, les « Bons » se contentaient de lui opposer les exigences de la morale, au lieu d'opposer leur volonté ils soupiraient parce que leur empereur ne rendait pas hommage à la vertu : eux-mêmes demeuraient des sujets vertueux, jusqu'à ce qu'enfin l'un d'eux trouva le courage d'abandonner ce rôle de « sujet vertueux et obéissant ». Alors ces mêmes « bons Romains » qui avaient supporté en citoyens soumis toutes les hontes réservées aux hommes sans volonté, crièrent d'allégresse devant l'acte criminel et immoral du révolté. Où était donc chez eux ce courage révolutionnaire qu'ils estimaient maintenant qu'un autre avait osé l'avoir ? Ils ne pouvaient pas avoir ce courage car une révolution et même une insurrection est toujours quelque chose « d'immoral », à quoi on ne peut se décider que quand on cesse « d'être bon » et qu'on devient, soit « mauvais », soit ni l'un ni l'autre. Néron n'était pas pire que son temps où il n'y avait que deux alternatives : être bon ou mauvais. Son temps devait penser de lui : il est mauvais, au sens le plus complet du mot, ce n'est pas un tiède, mais un méchant achevé. Tous les gens moraux ne peuvent que porter ce jugement. Des gredins de son espèce il s'en trouve encore aujourd'hui de temps à autre parmi les gens moraux (V. Mem. du chevalier de Lang). Sous de tels scélérats, on ne respire pas à l'aise, car en aucun instant on n'est assuré de sa vie, mais vit-on plus aisément sous le gouvernement des gens moraux ?. On n'est pas plus assuré de sa vie, sauf que l'on est pendu « suivant les formes du Droit », on est du moins sûr de son honneur et les couleurs nationales flottent en évidence. Le rude poing de la morale s'abat impitoyable sur les nobles manifestations de l'égoïsme.

« Mais on ne peut pourtant pas placer sur la même ligne le scélérat et l'honnête homme ! » Personne ne le fait plus souvent que vous, messieurs les censeurs, vous faites même plus encore. Qu'un honnête homme parle publiquement contre la constitution actuelle, contre les saintes institutions, vous l'emprisonnez comme criminel et vous laissez aux mains d'un gredin habile son portefeuille, et d'autres choses plus importantes encore. Ainsi dans la pratique, vous n'avez rien à me reprocher. « Mais en théorie ! » Maintenant je les place tous deux sur une même ligne comme deux pôles opposés, la ligne da la loi morale étant l'axe. Tous deux n'ont de sens que dans le monde « moral », absolument comme dans les temps antérieurs au christianisme, quand on parlait d'un Juif qui suivait la loi, ou ne la suivait pas, cela n'avait de sens et d'importance que relativement à la loi juive ; au contraire pour Christ, les pharisiens n'étaient pas plus que « les pécheurs et publicains » ; à proprement parler le pharisien moral vaut autant que le pécheur immoral.

Ce possédé de Néron fut vraiment un homme gênant. Mais un homme véritablement homme ne lui aurait pas opposé niaisement « la chose sacrée » pour se borner ensuite à gémir quand le tyran y portait atteinte, il lui aurait opposé sa volonté. Combien de fois la sainteté des droits inaliénables de l'homme ne fut-elle pas représentée aux ennemis de ces droits ? Quelle est la liberté qui n'a pas été montrée et démontrée comme étant « un droit sacré de l'homme » ? Ceux qui font cela méritent qu'on leur rie au nez ; la chose d'ailleurs leur est déjà arrivée quand, par inconscience sans doute, ils n'avaient pas pris la route expresse qui menait au but. Ils pressentent que c'est seulement quand la majorité sera acquise à cette liberté, qu'elle la voudra, et qu'alors elle prendra ce qu'elle veut avoir. La sainteté de la liberté et toutes les preuves possibles de cette sainteté ne la procureront jamais : Laissez aux mendiants les lamentations et les pétitions.

L'homme moral est nécessairement borné en ceci qu'il ne connaît pas d'autre ennemi que l'homme « immoral. » « Quiconque n'est pas moral est immoral » et par conséquent réprouvé, méprisable, etc. C'est pourquoi jamais l'homme moral ne comprend l'égoïste. La cohabitation hors mariage n'est-elle pas immoralité? L'homme moral peut se tourner et se retourner en tout sens, il en reste toujours à cette formule; à cette vérité morale Emilia Galotti sacrifia sa vie. Et vraiment c'est une immoralité. Une jeune personne vertueuse devient vieille fille, un homme vertueux passe son temps à combattre ses instincts naturels jusqu'à ce qu'il les ait éteints, il pourra dans un but vertueux se faire châtrer comme fit Saint-Origène en vue du ciel; ils honorent le saint mariage; ils reconnaissent inviolable la sainte chasteté; c'est — moral. La luxure ne peut jamais devenir un acte moral; même quand l'homme moral juge avec indulgence celui qui s'y livre et l'excuse, elle n'en demeure pas moins un crime, un péché contre un commandement de la morale, il s'y attache une souillure ineffaçable. La chasteté faisait partie autrefois des vœux monastiques, aujourd'hui elle est une condition de la vie morale. La chasteté est — un bien. — Au contraire pour l'égoïste, la chasteté n'est pas un bien qui lui soit nécessaire pour se tirer d'affaire. La chose n'a pas pour lui d'importance. Quel sera alors le jugement de l'homme moral? Il rejette l'égoïste dans la seule classe d'hommes qu'il connaisse en dehors des hommes moraux, — dans celle des immoraux. Il ne peut juger autrement, il doit trouver immoral l'égoïste chaque fois que celui-ci ne tient pas compte de la morale. S'il n'en était ainsi, il serait sans se l'avouer infidèle à la morale, il ne serait déjà plus l'homme vraiment moral. De tels faits certes ne sont plus rares aujourd'hui, il ne faut pas s'y laisser prendre, il faut bien reconnaitre que celui qui abandonne quelque chose de la moralité ne peut pas plus être compté parmi les gens véritablement moraux que Lessing parmi les chrétiens pieux, qui compare dans une parabole célèbre, la religion chrétienne, celles des mahométans ou des juifs à une bague « en faux ». Souvent les gens sont déjà plus loin qu'ils n'osent se l'avouer à eux-mêmes. Pour Socrate qui demeurait sur le terrain de la morale, c'eût été une immoralité que de prêter l'oreille aux discours tentateurs de Criton et de s'échapper de sa prison ; rester était le seul parti moral. Seulement il en fut ainsi uniquement parce que Socrate était un homme moral. Au contraire les hommes « impies et immoraux » de la Révolution avaient juré fidélité à Louis XVI et ils décrétèrent sa déchéance et sa mort, acte immoral qui, à travers les siècles, remplira d'horreur les gens moraux.

Tout ceci ne touche, plus ou moins, qu'à cette « morale bourgeoise » que ceux qui ont atteint un degré supérieur de liberté considèrent avec mépris. Comme la bourgeoisie elle-même, son terrain propre, elle est encore trop près du ciel religieux, elle est encore trop peu libre, elle lui emprunte sans aucune critique ses lois qu'elle transplante purement et simplement sur son propre terrain au lieu de se créer des doctrines propres et indépendantes. La morale se comporte tout autrement quand elle parvient à la conscience de sa dignité, et élève son principe « l'essence de l'homme » ou l' « homme » à être son unique règle de conduite. Ceux qui ont atteint à une conscience aussi arrêtée, rompent complètement avec la religion dont le Dieu ne peut plus trouver place à côté de leur « homme » et en même temps qu'ils perforent — comme on verra plus loin — le vaisseau de l'État, ils anéantissent la « morale » qui prospère seulement au sein de l'État. Ils devraient donc cesser d'employer ce mot, car ce que ces « critiques » appellent morale se distingue très nettement de la soi-disant « morale civile ou politique » et doit apparaître au citoyen comme une « licence effrénée et insensée » Mais au fond elle suppose seulement la « pureté du principe »; délivré de l'élément religieux qui l'altérait, ce principe apparaît purifié et arrive à sa toute puissance comme « humanité ». Aussi ne faut-il pas s'étonner que le terme « morale » subsiste à côté d'autres comme liberté, humanité, conscience, pourvu seulement du qualificatif « libre ». Il en est exactement de même pour l'État, que nous voyons ressusciter comme « État libre », non sans quelque dommage pour l'État bourgeois, ou sinon comme état libre, du moins comme « Société libre ».

Cette morale perfectionnée jusqu'à l'humanité s'est mise complètement d'accord avec la religion dont elle est issue historiquement, aussi ne fait-elle aucun obstacle à tout ce qui veut arriver par soi-même à être religion. Car la distinction entre la religion et la morale dure seulement tant que nos relations avec le monde des hommes sont réglées et sanctifiées par notre rapport avec un être surhumain, tant que nos actes se rapportent à Dieu. Mais que l'on vienne à découvrir que « l'homme est pour l'homme l'Etre Suprême », cette distinction disparaît, la morale perd sa position subordonnée et s'achève jusqu'à devenir religion. L'être jusqu'ici subordonné à l'Être suprême, l'homme, a escaladé les hauteurs de l'absolu, et nous nous comportons envers lui comme envers l'Être suprême, nous devenons religieux. Morale et piété sont désormais synonymes, comme au commencement du christianisme, seulement l'Être suprême est devenu autre, une sainte manière de vivre n'est plus « sainte » mais « humaine ». Quand la morale a vaincu, le changement de maître est consommé.

Ayant anéanti la foi, Feuerbach s'imagine pouvoir se réfugier au port présumé sûr de l'amour. « La loi première et supérieure doit être l'amour de l'homme pour l'homme. *Homo homini Deus est* — tel est le principe pratique supérieur, le point tournant de l'histoire du monde.[1] » A proprement parler il n'y a ici que le Dieu de changé, il est devenu amour ; là amour du Dieu surhumain, ici amour du Dieu humain, de l'homme devenu Dieu. Ainsi l'homme m'est sacré, et tout ce qui est « véritablement humain » m'est sacré ! « Le mariage est saint par soi-même. Il en est ainsi de tous les rapports moraux. Sacrée est et doit être pour moi l'amitié, sacrée la propriété, sacré le mariage, sacré le bien de tout homme, mais sacré en soi et pour soi.[2] » Ne retrouve-t-on pas là le prêtre ? Quel est son Dieu ? L'homme! qu'est-ce que le Divin ? l'humain ! Ainsi le prédicat n'a fait que se transformer en sujet ; au lieu de la proposition « Dieu est amour », on dit « l'amour est divin ». Au lieu de « Dieu s'est fait homme » on dit « l'homme s'est fait Dieu », etc. Il n'y a qu'une nouvelle religion. C'est seulement quand les rapports moraux

[1]. Wesen des Christenthums. Zw. Auflage, S. 402.
[2]. XX, 403.

ont une valeur religieuse par eux-mêmes (sans consécration religieuse donnée par le prêtre) qu'ils sont cultivés dans un sens moral, qu'ils sont véritablement moraux. La proposition de Feuerbach : La théologie est anthropologie signifie seulement « Religion doit être Éthique, l'Éthique est la seule religion. »

En somme Feuerbach permute entre eux le sujet et le prédicat en marquant une préférence pour le dernier. Il dit lui-même « L'amour n'est pas sacré parce qu'il est un prédicat de Dieu (jamais cette raison ne l'a rendu sacré aux hommes), mais parce qu'il est en soi-même et pour soi-même divin ». Il aurait pu aussi bien trouver que le combat devait être mené contre les prédicats eux-mêmes et contre tout ce qui a le caractère sacré. Comment pouvait-il espérer détourner les hommes de Dieu s'il leur laissait le divin. Et si, comme le dit Feuerbach, ce n'est pas Dieu mais ses prédicats qui furent toujours l'essentiel pour les hommes, ce n'était vraiment pas la peine de dépouiller le fétiche de ses oripeaux, pour laisser subsister le fétiche. Il reconnaît qu'il ne s'agit que de l'anéantissement d'une « illusion », il pense cependant « qu'elle agit d'une façon très pernicieuse sur les hommes, que même l'amour, le sentiment le plus vrai, le plus profond en soi, est rendu par la religiosité obscur et illusoire, par ce fait que l'amour religieux aime l'homme seulement par amour pour Dieu; en apparence il n'aime que l'homme, en réalité il n'aime que Dieu. » Y a-t-il une différence avec l'amour moral? Cet amour aime-t-il l'homme, cet homme que voici pour cet homme en lui-même, ou par amour pour la morale, pour l'Homme, et ainsi, puisque — *homo homini Deus* — pour Dieu.

La fêlure se manifeste encore sous bien d'autres formes, il serait utile d'en montrer ici quelques-unes.

Par exemple le renoncement à soi-même est commun aux saints et aux impies, aux purs et aux impurs. L'impur nie les « sentiments supérieurs », il écarte toute pudeur, et même toute crainte naturelle et n'obéit qu'aux passions qui le dominent. Le pur nie les rapports naturels qui le lient au monde, « il nie le monde » et obéit seulement aux « aspirations » qui règnent en lui. Poussé par la soif de l'or, l'avare réduit au silence la voix de la conscience, il étouffe en lui tout sentiment d'honneur, toute douceur et toute compassion ; il écarte toute considération, la passion l'emporte. De même pour le saint ; il se fait la risée du monde, il est impitoyable et d'une justice stricte, sans considération pour rien, ses aspirations l'emportent. L'impie fait abnégation de soi-même devant Mammon, le Saint fait abnégation de soi devant Dieu et les lois divines. Nous commençons de notre temps à découvrir et à sentir chaque jour un peu plus l'impudence des Saints, nous les obligeons à se dévoiler chaque jour un peu plus et à se montrer dans leur nudité. L'effronterie et la stupidité des raisons opposées aux « progrès des temps » n'ont-elles pas dépassé depuis longtemps toute mesure et toute attente. Mais il en doit être ainsi. Les négateurs d'eux-mêmes doivent suivre la même voie, qu'ils soient saints ou impies, et tandis que les uns par l'abnégation de soi s'enfoncent au fin fond de la grossièreté et de la bassesse, les autres s'élèvent à la plus dégradante des sublimités. Le Mammon terrestre et le Dieu du ciel exigent tous deux exactement le même degré d'abnégation. Cette bassesse et cette sublimité aspirent au même « bien » l'une au bien matériel, l'autre au bien idéal, à ce qu'on appelle le « bien suprême » et toutes deux finalement se complètent, car l'homme d'inclination « matérielle » sacrifie tout à un schéma idéal, à sa vanité, l'homme de sentiments purement « spirituels » sacrifie à une jouissance matérielle, au « bien vivre ».

On croit avoir tout dit quand on a prêché le « désintéressement? » Qu'entend-on par là? Quelque chose d'assez semblable à « l'abnégation de soi. » Qu'est-ce que ce moi qui doit être nié et qui ne doit avoir aucun besoin? C'est toi-même, il me semble. Et dans l'intérêt de qui cette abnégation de toi-même t'est-elle commandée? Dans l'intérêt de toi-même et parce que par ton désintéressement tu sers tes véritables intérêts.

C'est toi qu'il faut servir et cependant tu ne dois pas chercher ton intérêt.

On tient pour désintéressé le bienfaiteur de l'humanité, un Franke qui fonde les maisons d'orphelins, un O'Connell qui travaille infatigablement pour la cause irlandaise, et aussi le fanatique : saint Boniface qui consacre sa vie à la conversion des païens, Robespierre qui sacrifie tout à la vertu, Kœrner qui meurt pour Dieu, son roi et la patrie. Par suite les adversaires d'O'Connell, entre autres, ont cherché à découvrir en lui l'intérêt, la soif du gain, à quoi la Rente O'Connell parut donner quelque fondement ; ils espéraient, en mettant en soupçon son « désintéressement » détacher facilement de lui ses adhérents.

Que pouvait-on cependant montrer de plus, si ce n'est qu'O'Connell travaillait à un autre but qu'à celui qu'il affichait? Voulut-il gagner de l'argent ou libérer le peuple? Il demeure cependant certain que dans l'un comme dans l'autre cas, il a lutté pour un but, et en réalité pour un but à lui : Ici comme là, il y a intérêt, sauf que son intérêt national profita aussi aux autres et fut, par conséquent, intérêt général.

Le désintéressement est-il donc si irréel et nulle part existant. Au contraire, rien de plus commun. On peut l'appeler l' « article de Paris » du monde civilisé. Il est absolument indispensable, si, de bon aloi, il coûte trop cher, on se contente de son imitation en toc. Où commence le désintéressement ? Au point où un but cesse d'être notre but, notre propriété dont nous pouvons disposer à loisir ; quand il devient un but, une idée fixe, qu'il commence à nous enflammer, à nous enthousiasmer, nous fanatiser, bref qu'il brise toute tentative d'ergoterie et devient notre maître. Tant qu'on tient le but en son pouvoir on n'est pas désintéressé ; on commence à le devenir quand on dit « J'en suis là et ne puis agir autrement ». C'est la maxime fondamentale de tous les possédés, on le devient dans un but sacré en déployant un saint zèle en rapport avec ce but.

— Je ne suis pas désintéressé tant que le but reste mon propre but et qu'au lieu d'accepter d'être l'instrument aveugle de son accomplissement, je le remets constamment en question. Je ne dois pas le céder en zèle aux plus fanatiques, et pourtant je demeure à l'égard de ce but d'une froideur glaciale, d'une absolue incrédulité, et d'une irréductible hostilité. Je reste son juge parce que je suis son maître.

Le possédé est un terrain excessivement propice au développement du désintéressement qui croît aussi bien sur les possessions du Diable que sur celles du bon Esprit : ici, vice, folie, etc., là, humilité, résignation, etc... Peut-on jeter les yeux quelque part sans rencontrer partout des victimes de l'abnégation ? Je vois là, assise en face de moi, une jeune fille qui peut-être depuis dix ans déjà fait à son âme de cruels sacrifices. Sur un corps épanoui s'incline une tête fatiguée à mourir et ses joues pâles trahissent le long saignement de son âme. Pauvre enfant! que de fois la passion est venue battre ton cœur, que de fois toutes les forces de jeunesse qui vivent en toi ont réclamé leurs droits! Quand ta tête fouillait désespérément l'oreiller, quel frisson de la nature en éveil dans tous tes membres, comme le sang bouillait dans tes veines, quelles flammes dans tes yeux emplis d'ardentes imaginations! Alors apparaissait le fantôme de l'âme et de sa félicité. Terrifiée tu joignais les mains, tes yeux tourmentés se tournaient vers le ciel — tu priais. Les tempêtes de la nature faisaient trêve, le calme de la mer s'étendait sur l'océan de ta passion. Lentement, tes paupières épuisées s'abaissaient sur la flamme éteinte de tes yeux; insensiblement, tes membres contractés se détendaient, les flots tumultueux de ton cœur s'apaisaient, tes mains demeuraient sans force sur ton cœur inerte, de temps à autre encore, un léger, un dernier soupir t'oppressait, enfin — ton âme était calmée. Tu t'endormais pour te réveiller au matin pour de nouveaux combats et de nouvelles prières. Maintenant l'habitude du renoncement a refroidi l'ardeur de ton désir et les roses de ta jeunesse achèvent de se décolorer dans la félicité chlorotique de ton âme. L'âme est sauvée, le corps peut mourir. O Laïs, ô Ninon, comme vous fîtes bien de dédaigner cette pâle vertu! Une franche grisette pour mille de ces vieilles filles qui se sont desséchées dans la vertu!

On peut aussi considérer l'idée fixe comme « fondement, principe, point d'appui, etc. » Archimède demandait un point d'appui, en dehors de la terre, pour la mettre en mouvement. Les hommes ont cherché perpétuellement ce point d'appui, chacun l'a pris où il a pu. Ce point d'appui étranger est le monde de l'esprit, des idées, des pensées, concepts, êtres, etc. ; c'est le ciel. Le ciel est le « point d'appui » d'où la terre est mise en mouvement, d'où l'on voit — et l'on méprise, l'agitation terrestre. S'emparer du ciel, se saisir solidement et pour l'éternité du point d'appui céleste, pour cela que de luttes douloureuses et obstinées il a fallu!

Le christianisme a voulu nous libérer de la détermination naturelle, de l'impulsion des passions, il a voulu que l'homme ne se laissât pas déterminer par elles. Cela ne veut pas dire qu'il ne doive avoir aucune passion, mais que les passions ne doivent pas l'avoir, qu'elles ne doivent pas être fixes, invincibles, indissolubles. Maintenant, ce que le christianisme (la religion) a machiné contre la passion, ne pourrions-nous pas l'appliquer à sa propre prescription qui veut que l'esprit (pensées, représentations, idées, foi, etc.) nous détermine, ne pourrions-nous désirer aussi ne pas être déterminés par l'esprit, la représentation, l'idée, qu'ils ne soient plus ni fixes, ni inviolables, ni « sacrés ». On en viendrait alors à la dissolution de l'esprit, de toute pensée, de toute représentation. De même qu'on disait: certes nous devons avoir des passions, mais les passions ne doivent pas nous avoir, nous disons maintenant: certes nous devons avoir de l'esprit, mais l'esprit ne doit pas nous avoir. Si vous n'êtes pas encore convaincu de la justesse de cette proposition, réfléchissez que chez plus d'un, une pensée devient « maxime » dont il devient lui-même prisonnier, et ce n'est pas lui qui a la maxime mais la maxime qui l'a. Il retrouve dans la maxime « un point d'appui solide. » Les doctrines du catéchisme deviennent insensiblement nos principes et ne se laissent plus rejeter. Sa pensée, son esprit devient la seule puissance et nous n'entendons plus les appels de la chair. Mais identiquement, je puis par la « chair » briser la tyrannie de l'esprit ; car c'est seulement quand il perçoit aussi la chair qu'il se perçoit entier, et c'est seulement quand il se perçoit entier qu'il est être percevant et doué de raison. Le chrétien ne connaît pas la misère de sa nature asservie, mais il vit dans l' « humilité » ; il ne murmure pas contre les injustices qui frappent sa personne : avec la « liberté d'esprit », il se croit satisfait. Si maintenant la chair parle en lui, si, comme elle ne peut faire autrement, elle prend un ton passionné, indécent, malintentionné, malicieux, il croit alors entendre des voix diaboliques, des voix contre l'esprit (car la décence, l'absence de passion, les bonnes intentions, etc. sont justement esprit) et déploie à bon droit son zèle contre elles. Il ne serait pas chrétien s'il la laissait parler. Il n'entend que la moralité, et frappe l'immoralité en pleine gueule, il n'entend que la légalité et baillonne la bouche qui prononce des paroles illégales : L'esprit de la moralité et de la légalité, maître rigide et inflexible, le tient prisonnier. On appelle cela la domination de l'esprit — c'est également le point d'appui de l'esprit.

Et qui maintenant les seigneurs habituels du libéralisme veulent-ils faire libre ? Vers quelle liberté crient-ils haletants ? Vers celle de l'esprit ! De l'esprit de moralité, de légalité, de piété et de crainte en Dieu etc... Cette liberté de l'esprit, messieurs de l'antilibéralisme la veulent aussi, et tout le différend entre les uns et les autres tourne autour de ce point : « les derniers seuls auront-ils la parole, ou les premiers seront-ils admis à

« participer à cet avantage ». L'esprit demeure pour tous deux un maître absolu, et ils lutteront seulement pour savoir qui doit occuper le trône hiérarchique qui convient au « représentant du Seigneur ». Le meilleur de la chose c'est qu'on peut contempler tranquillement l'agitation avec la certitude que les bêtes fauves se déchireront entre elles aussi impitoyablement que celles de la nature ; leurs cadavres pourrissants engraissent le sol où poussent nos fruits.

Nous dirons plus tard un mot d'autres marottes, devoir, vérité, amour, etc.

Quand on oppose dans l'homme ce qu'il a en propre à ce qui lui est donné, on peut faire l'objection que nous percevons toutes choses dans l'harmonie universelle et jamais isolément, que nos impressions nous viennent uniquement d'objets existants autour de nous, qu'elles ne sont donc que des « données ». L'objection ne porte pas, car il y a une grande différence entre les pensers et sentiments qui sont éveillés en moi et ceux qui me sont donnés.

Dieu, l'immortalité, la liberté, l'humanité, etc., s'imprègnent en nous dès l'enfance comme des sentiments et pensées qui émeuvent plus ou moins fortement notre être intérieur, soit qu'ils nous dominent inconsciemment, soit, chez les natures plus riches, qu'ils se manifestent sous forme de systèmes et d'œuvres d'art, mais ce sont des impressions qui nous sont données et non provoquées en nous, parce que nous y croyons et devons en dépendre. Qu'il y eût un absolu, et que cet absolu dût être accepté, senti et pensé par nous, ce fut là une foi solide chez ceux qui employaient toutes les forces de leur esprit à le reconnaître et à le représenter. Le sentiment de l'absolu existe d'abord comme donnée et arrive seulement après aux manifestations les plus multiples de soi-même. Ainsi dans Klopstock le sentiment religieux fut une donnée qui n'aboutit qu'à la manifestation artistique de la Messiade. Si au contraire la religion qu'il trouva devant lui n'avait été qu'une incitation au sentiment et à la pensée, et s'il avait pu se poser en face d'elle comme individualité, il en eût décomposé et absorbé l'objet. Il se borna à poursuivre dans l'âge mûr ces sentiments puérils qu'il avait reçus dans l'enfance et gaspilla ses forces d'homme à orner ces puérilités.

Il faut ainsi distinguer entre les sentiments qui me sont donnés et ceux qui sont seulement éveillés en moi. Ces derniers sont mes sentiments propres, égoïstiques, parce qu'ils n'ont pas été imprimés en moi, annoncés et imposés comme sentiments, tandis que je me prélasse sur les premiers, que je les soigne en moi comme ma part d'héritage, que je les cultive, que j'en suis possédé. Qui donc, plus ou moins consciemment, n'a pas remarqué que toute notre éducation a pour objet de faire naître en nous des sentiments, de nous les suggérer au lieu de laisser ce soin à nous-mêmes quoi qu'il en arrive? Entendons-nous le nom de Dieu, nous devons ressentir en nous la crainte divine, celui de Sa Majesté le Roi, nous éprouvons les sentiments de respect, vénération, soumission, le nom de la Morale, nous pensons à quelque chose d'inviolable, le nom du Mauvais, nous tremblons, etc. C'est à ces sentiments que l'on tend et quiconque par exemple éprouverait de la satisfaction aux actes du « Mauvais » devra être

« fouetté ». Ainsi bourrés de sentiments suggérés nous paraissons aux portes de la majorité et sommes déclarés « majeurs ». Notre équipement consiste en « sentiments élevés, pensées sublimes, maximes inspiratrices, éternels principes, etc. » On pousse les jeunes en troupeau à l'école afin qu'ils apprennent les vieilles ritournelles et quand ils savent par cœur le verbiage des vieux, on les déclare « majeurs ».

En face de toute chose ou de tout mot qui se présente à nous, nous n'avons pas la permission d'éprouver ce que nous pourrions et voudrions éprouver, par exemple, le nom de Dieu ne peut pas nous inspirer des pensées drôles, des sentiments irrespectueux, il nous est prescrit et indiqué ce que nous devons penser et sentir et comment nous le devons.

Mon âme et mon esprit sont réglés de la façon dont les autres l'entendent, non comme moi-même je le voudrais, tel est le sens du salut de l'âme. Que de peine il faut devant tel ou tel mot pour arriver à se procurer un sentiment propre, pour pouvoir rire au visage de celui qui attend de nous une attitude sainte et une mine contrite. Tout ce qui nous est suggéré nous est étranger, ne nous est pas propre, c'est « chose sacrée » et il est difficile de bannir la terreur sacrée que nous éprouvons devant.

On entend aujourd'hui de nouveau l'éloge du « sérieux », « ce sérieux qu'exigent les sujets et actions de haute importance ». Ce genre de gravité exprime clairement combien vieilles et graves sont devenues la folie et l'obsession. Car il n'y a rien de plus sérieux que le fou quand il en vient au point essentiel de sa folie ; devant l'objet de son zèle, il n'entend plus raillerie (voyez les maisons de fous).

§ 3. — La hiérarchie

Je voudrais en passant placer quelques réflexions historiques sur notre mongolisme. Elles n'ont aucune prétention à la profondeur non plus qu'à une réalité historique rigoureuse ; il me semble toutefois qu'elles pourront contribuer à éclairer le reste de ce livre.

L'histoire du monde qui est proprement celle de la race caucasique paraît avoir parcouru jusqu'ici deux périodes.

Dans la première nous avons travaillé à dégrossir et à raffiner la nature nègre qui nous était innée. Ensuite est venu le mongolisme ou époque chinoise dont nous voyons avec effroi la fin s'approcher.

J'appelle époque nègre l'antiquité, époque où nous sommes sous la dépendance des choses (repas de coqs, vol des oiseaux, éternuement, tonnerre, éclairs, bruissement des arbres sacrés, etc.)

Le mongolisme c'est l'époque chrétienne où nous sommes esclaves de l'idée.

A l'avenir est réservé de dire : je suis maître du monde des choses, je suis maître du monde de la pensée.

A l'époque nègre appartiennent les expéditions de Sésostris et en général la période où l'Egypte, l'Afrique du Nord acquit dans le monde son importance. A l'époque mongole appartiennent les invasions des Huns et des Mongols jusqu'à la Russie.

Il est impossible que la valeur du Moi soit portée bien haut tant que le dur diamant du non-moi conserve un tel prix, comme c'est le cas pour Dieu et le monde. Le non-moi est encore trop rugueux et trop incompressible pour pouvoir être par Moi absorbé et assimilé ; on peut dire plutôt que les hommes fourmillent sur cet immuable, c'est-à-dire sur cette substance avec une extraordinaire activité; comme des parasites sur un corps, ils empruntent à ses humeurs leur nourriture sans pour cela le détruire. C'est le grouillement de la vermine, l'activité industrieuse du Mongol. Chez les Chinois tout est demeuré comme par le passé ; rien d' « essentiel » ou de « substantiel » n'est soumis au changement, ils se bornent à travailler tranquillement à ce qui demeure, à ce qu'on appelle « ancien » ou « ancestral ».

Ainsi à notre époque mongole tous les changements n'ont été que réformes ou améliorations, nullement destruction, absorption, anéantissement. La substance, l'objet reste. Toute notre agitation n'a été qu'activité de fourmis, sauts de puce, tours de bateleurs sur la corde raide de l'objectif, corvées de serfs sous la suzeraineté de l'immuable ou de l' « Éternel ». Les Chinois sont bien le peuple le plus positif, parce qu'entièrement ensevelis dans leurs institutions ; mais l'époque chrétienne n'est pas sortie non plus du positif, c'est-à-dire de la « liberté restreinte », de la liberté « contenue dans de certaines limites ». Au point le plus avancé de son développement, cette activité mérite le nom de scientifique parce qu'elle travaille sur une base immuable, sur une hypothèse inébranlable.

Dans sa forme la plus primitive et la plus incompréhensible, la morale se donne comme habitude. Agir d'après les mœurs et les coutumes de son pays, c'est être moral. C'est en Chine que l'on trouve la morale la plus pure. Elle y est demeurée intacte, à l'abri des altérations : on en reste aux vieilles mœurs, aux vieilles habitudes et toute innovation est détestée comme un crime qui mérite la mort. Car l'innovation est ennemie mortelle de l'habitude, de tout ce qui est ancien, de tout ce qui s'obstine dans le passé. Il est incontestable d'ailleurs que l'homme, par l'habitude, s'assure contre l'obsession du monde et des choses et se fonde un monde propre dans lequel il se trouve chez lui — il se construit son ciel. Ainsi le « ciel » n'est pas autre chose que la patrie propre de l'homme, où rien d'étranger à lui-même ne le détermine ni le domine, où aucune influence terrestre ne vient plus l'arracher à lui-même ; là les scories de la terre sont rejetées, la lutte contre le monde prend fin, et rien n'est plus refusé à l'homme. Le ciel est la fin du renoncement, il est la libre jouissance.

Là il ne se refuse plus rien, parce que rien ne lui est plus étranger ni hostile. Mais maintenant l'habitude est une « seconde nature », qui dégage et délivre l'homme de sa nature première et originelle en l'assurant contre tous les hasards de celle-ci. L'habitude perfectionnée des Chinois a envisagé tous les cas, elle a tout « prévu. » Quoiqu'il arrive, le Chinois sait toujours comment se comporter, il n'a pas besoin de se déterminer suivant les circonstances ; il n'y a pas d'accident imprévu qui puisse le faire choir de son ciel. Le Chinois qui a été élevé et qui demeure dans les principes de la morale n'est jamais troublé ni pris à l'improviste : il se montre indifférent à tout, c'est-à-dire qu'il montre toujours un courage égal, une âme égale, parce que son âme soutenue par la prévoyance des mœurs que lui a transmises une tradition vénérable, ne perd pas contenance. Par conséquent sur l'échelle de l'éducation ou de la civilisation l'humanité monte par l'habitude les premiers échelons, et comme elle se propose d'atteindre en même temps le ciel où règne l'éducation, la seconde nature, elle monte effectivement les premiers échelons de l'échelle céleste.

Si le mongolisme a fixé l'existence d'êtres spirituels, créé un monde d'esprits, les hommes de la période caucasique se sont attaqués à ces êtres immatériels et ont cherché à en trouver le fond. Firent-ils autre chose que de bâtir sur le terrain mongolique. Ils n'ont pas édifié sur le sable, mais dans l'air, ils ont lutté avec le mongolisme, ils sont montés à l'assaut du ciel mongolique, du Thiéan. Mais quand l'anéantiront-ils ? quand seront-ils de vrais Caucasiens ? quand se retrouveront ils ? Quand donc « l'immortalité de l'âme » qui, en ces derniers temps avait cru s'affermir encore en se présentant sous forme d' « immortalité de l'esprit » se changera-t-elle en « mortalité de l'esprit ? »

Dans l'effort industrieux des races mongoliques, les hommes avaient construit un ciel quand la souche caucasique, qui, tant qu'elle conserve sa coloration mongolique a affaire aussi avec ce ciel, entreprit une tâche opposée, elle voulut lui donner assaut, elle voulut escalader le ciel de la morale. Miner toutes les institutions humaines, pour en créer de nouvelles et de meilleures sur la place vide, s'attaquer aux mœurs existantes pour en établir à leur place de toujours neuves et supérieures, etc., en cela consiste son action. Mais est-elle déjà purement et réellement ce qu'elle s'efforce d'être et atteint-elle ses dernières visées ? Non, dans cette création d'un « *meilleur* », elle demeure prisonnière du mongolisme. Elle ne se rue sur le ciel que pour refaire un ciel, elle ne renverse une vieille puissance que pour en légitimer une nouvelle — elle ne fait qu'améliorer. Cependant le but, malgré qu'il disparaisse constamment des yeux à chaque nouvelle tendance, c'est de jeter à bas réellement et absolument le ciel, la tradition, l'homme même qui se borne à prendre ses sûretés contre le monde, enfin de détruire l'isolement ou la vie intérieure de l'homme. L'homme cherche, dans le ciel qu'a créé la culture de l'âme, à s'isoler du monde, à briser sa puissance hostile. Mais il faut briser également cet isolement céleste et la fin véritable de cet assaut donné au ciel, c'est sa chute, c'est son anéantissement. Améliorer, réformer, c'est le mongolisme de l'homme caucasique, car il rétablit par là ce qui existait précédemment, il rétablit ainsi une institution, une règle générale; un ciel. Il a pour le Ciel la plus irréconciliable des haines, et cependant il bâtit chaque jour de nouveaux ciels ; entassant ciel sur ciel, il ne fait qu'écraser l'un par l'autre, le ciel des Juifs détruit celui des Grecs, le ciel des chrétiens celui des Juifs, le ciel des protestants celui des catholiques, etc., que les hommes de sang caucasique qui s'attaquent au ciel dépouillent la peau du Mongol, ils enseveliront alors l'homme de l'âme sous les ruines énormes du monde de l'âme, l'homme isolé sous son monde isolé, l'homme qui bâtit des ciels, sous son propre ciel. Et le ciel est le royaume des esprits, c'est le règne de la liberté de l'esprit.

Le royaume du ciel, le royaume des esprits et des fantômes a trouvé dans la philosophie spéculative une organisation toute faite. Il y est devenu le royaume des pensées, des concepts et des idées : le ciel est peuplé de pensées et d'idées, et ce « royaume des esprits » est alors la réalité vraie.

Vouloir procurer à l'esprit la liberté est du mongolisme, la liberté de l'esprit est une liberté mongolique, elle est liberté de l'âme, liberté morale, etc...

On prend le mot « morale » comme équivalent de

spontanéité, de détermination personnelle. Ce n'est pourtant pas là-dedans qu'il faut la chercher, tout au contraire, c'est malgré sa morale mongolique que l'homme caucasique manifeste sa spontanéité. Le ciel mongolique, autrement dit les mœurs, est demeuré la solide forteresse et c'est seulement parce que l'homme caucasique s'est rué sans relâche à l'assaut de cette forteresse qu'il s'est montré moral. S'il n'avait plus rien eu à faire avec les mœurs, s'il n'avait pas eu là un ennemi perpétuel, inexpugnable, les rapports avec les mœurs eussent cessé et par conséquent la morale. Si son activité personnelle est encore une activité morale, c'est précisément par l'élément mongolique qu'elle contient, c'est une preuve qu'il n'est pas encore arrivé à se trouver soi-même. L'« activité personnelle morale » correspond absolument à la « philosophie religieuse et orthodoxe » à la « monarchie constitutionnelle », à « l'Etat chrétien, à « la liberté dans de certaines limites » à la « liberté restreinte de la presse » ou, pour faire une figure, au héros enchaîné sur son grabat de malade.

L'homme ne triomphe du Schamanisme[1] et de ses fantômes que lorsqu'il possède la force d'écarter non seulement la croyance aux fantômes, aux esprits, mais encore la croyance à l'esprit.

Celui qui croit aux spectres n'admet pas plus la venue d'un monde supérieur que celui qui croit à l'esprit, et tous deux cherchent derrière le monde sensible, un monde suprasensible, bref ils créent un autre monde auquel ils ont foi, et cet autre monde né de leur esprit est un monde spirituel : leurs sens ne saisissent et ne savent absolument rien d'un monde autre, hors

---

1. Schamanisme : culte fétichiste des peuplades Samoyèdes.

des sens, leur esprit seul y vit. De cette foi mongolique à l'existence d'êtres spirituels on tire facilement la conséquence que l'être propre de l'homme c'est son esprit, que toute préoccupation doit se rapporter à l'esprit seul, au « Salut de l'âme. » Ainsi se trouve assurée l'action sur l'esprit, la soi-disant « influence morale ».

Par suite il saute aux yeux que le mongolisme représente la confiscation absolue des droits des sens, l'insensibilité et le contraire de la nature, et que le péché et la conscience du péché furent pendant des années le mal mongolique.

Mais qui donc résoudra aussi l'esprit en son néant ? Celui qui s'aidant de l'esprit représentait la nature comme chose vaine, finissable et périssable, celui-là seul peut réduire l'esprit à une égale inanité. Je le puis, quiconque parmi vous le peut qui est un Moi agissant et créant à sa guise et que rien ne borne, — en un mot l'Egoïste.

Devant ce qui est sacré on perd tout sentiment de force, tout courage ; on devient impuissant et humble. Et cependant aucune chose n'est sacrée en soi, mais parce que je l'ai décrétée sacrée ; elle l'est par la sentence, par le jugement que je porte, par mes génuflexions, enfin par ma conscience.

Sacré est tout ce qui doit demeurer intact, inaccessible à l'égoïste, hors de son pouvoir c'est-à-dire au-dessus de lui, en un mot toute « affaire de conscience », car « c'est pour moi une affaire de conscience » signifie également « c'est pour moi une chose sacrée ».

Pour les petits enfants comme pour les animaux, il

n'est rien de sacré, parce que pour que cette représentation puisse se faire, il faut que l'intelligence soit déjà suffisamment développée pour pouvoir faire ses distinctions, par exemple, entre « le bien et le mal » entre « le juste et l'injuste », etc...; seulement à ce degré de réflexion ou de compréhension — qui est le point de vue — propre de la religion — à la place de la crainte naturelle il n'apparaît que la crainte respectueuse, ou respect, qui n'est pas naturelle (c'est-à-dire causée seulement par l'idée) « la crainte sacrée ». Il en résulte que l'on tient quelque chose hors de soi comme plus puissant, plus grand, plus juste, meilleur, etc... C'est-à-dire que l'on reconnaît la puissance d'un étranger ; on ne se borne pas à la sentir, on la reconnaît expressément. Autrement dit, on fait des concessions, on cède, on se rend, on se laisse enchaîner (abnégation, humilité, résignation, soumission). Ici nous voyons apparaître en foule les fantômes « des vertus chrétiennes. »

Tout ce qui vous inspire respect, vénération, mérite le nom de saint ; vous dites vous-même qu'une « sainte terreur » vous retient d'y porter la main. Même à ce qui est le contraire de la sainteté, vous prêtez cette couleur (la potence, le crime, etc.), vous avez horreur d'y toucher. Il y a là-dedans quelque chose de sinistre, c'est-à-dire d'étranger, d'impropre à l'homme.

« S'il n'y avait rien de sacré pour l'homme, la porte resterait grande ouverte à l'arbitraire, à la subjectivité effrénée ! » C'est par la crainte qu'on commence et l'on peut se faire craindre de l'homme le plus grossier ; on a déjà ainsi une digue contre son effronterie. Seulement, dans la crainte il reste toujours la tentative de se délivrer de ce qu'on redoute, par la ruse, par la tromperie, par des stratagèmes de tout genre, etc.

Au contraire dans le respect il y a autre chose. Ici, l'on ne craint pas seulement, on rend aussi hommage. L'être redouté est devenu une puissance intérieure à laquelle je ne puis plus me soustraire ; je l'honore, je suis pris par lui, je lui suis soumis, je lui appartiens : par l'honneur que je lui paie en tribut je suis complètement en son pouvoir et je ne tente même pas de m'en affranchir. J'y adhère maintenant de toute la force de la foi ; je crois. Moi et ce que je respecte sommes un ; « ce n'est pas moi qui vis, mais le Respecté qui vit en moi ! » L'esprit, l'infini, ne pouvant jamais prendre fin reste stationnaire ; il craint la mort, il ne peut plus se décider à quitter son petit Jésus, son œil ébloui ne reconnaît plus la grandeur de ce qui est fini ; ce qu'on craignait, exalté maintenant jusqu'à la vénération, est devenu inviolable : le respect est éternisé, le respecté est divinisé. L'homme maintenant ne crée plus, il apprend (il veut connaître, scruter, etc.) en d'autres termes il s'occupe d'un objet solide dans lequel il s'abîme sans faire retour sur lui-même. Il cherche à l'examiner, à le connaître, à l'approfondir, et non pas à le décomposer, à le détruire. « L'homme doit être religieux » voilà qui est solidement établi ; par suite on se borne à questionner sur le moyen d'y atteindre, sur le vrai sens de la religiosité, etc. C'est tout autre chose quand c'est l'axiome lui-même que l'on met en question et que l'on tire en doute, au risque de le renverser.

La morale est une de ces idées saintes, on doit être moral et se borner à rechercher la véritable façon de l'être. En face de la morale on ne se hasarde pas à demander, si elle n'est pas elle-même un mirage trompeur. Elle demeure supérieure à tous les doutes, immuable. Et ainsi en va-t-il du saint qui de degré en degré s'élève du « saint » au « très saint ».

———

On divise parfois les hommes en deux classes, les gens cultivés et ceux qui ne le sont pas. Les premiers, tant qu'ils furent dignes de leur nom, s'occupèrent de pensées, de choses de l'esprit. La pensée étant le principe du christianisme, avec l'ère chrétienne ils devinrent les maîtres, et ils exigèrent, pour les pensées par eux reconnues, soumission et respect. L'Etat, l'Empereur, Dieu, la morale, l'ordre, etc. sont des pensées de ce genre ou des esprits qui n'existent que pour l'esprit. Un être qui se contente de vivre, un animal, ne s'en inquiète pas plus qu'un enfant. L'homme inculte, en réalité, n'est pas autre chose qu'un enfant, et celui qui ne connaît que ses besoins naturels a pour ces esprits une parfaite indifférence; mais aussi parce qu'il est faible contre eux il succombe sous leur puissance et est dominé par la pensée. Tel est le sens de la hiérarchie.

La hiérarchie c'est la domination de la pensée, la suprématie de l'esprit.

Jusqu'à présent nous sommes hiérarchiquement opprimés par ceux qui s'appuient sur des pensées. La pensée est la chose sainte.

Mais toujours l'homme cultivé s'est heurté à l'homme inculte et inversement et cela non seulement dans le concours de deux hommes différents, mais dans un seul et même homme. Car aucun homme cultivé ne l'est tant qu'il ne trouve encore quelque plaisir aux choses et par conséquent qu'il ne soit inculte en quelque façon;

d'autre part, aucun homme inculte n'est absolument dépourvu de pensées.

L'homme arrivé au point extrême de son développement intellectuel, aspire ardemment vers les choses et nourrit une horreur profonde pour toute « théorie creuse ». C'est ce qui apparaît clairement chez Hegel. Il faut qu'à la pensée corresponde absolument la réalité, le monde des choses ; aucun concept sans réalité. Par suite le système d'Hegel a été qualifié d'objectif entre tous, comme si la pensée et l'objet y célébraient leur union. Mais en réalité ce ne fut que la tyrannie suprême de la pensée, sa domination unique, le triomphe de l'esprit et, avec lui, celui de la philosophie. Elle ne peut aller plus loin, son but ultime étant la suprématie, la toute puissance de l'esprit[1].

Les hommes religieux se sont mis en tête une chose qui doit être réalisée. Ils ont des conceptions de l'amour, de la bonté, etc. qu'ils voudraient voir effectivement existantes; c'est pourquoi ils veulent fonder sur la terre un royaume de l'amour, où personne ne doit plus suivre son égoïsme, où chacun doit agir « par amour ». L'amour doit régner. Cette idée qu'ils se sont mise en tête peut-on l'appeler autrement qu' « idée fixe » ? « Il y a dans leur tête des revenants » et le plus angoissant entre tous ces fantômes, c'est l'Homme. Qu'on se rappelle le proverbe : « Le chemin de l'enfer est pavé de bonnes intentions. » L'intention de réaliser entièrement en soi l'humanité, de devenir tout à fait homme appartient à cette espèce funeste, il y faut comprendre aussi

---

1. Rousseau, les philanthropes et d'autres étaient hostiles à l'éducation et à l'intelligence, mais ils ne virent pas que celles-ci sont cachées au fond de tout chrétien et ils se bornèrent à faire campagne contre l'éducation savante et raffinée.

toutes les intentions de devenir bon, noble, aimable, etc.

Dans son sixième recueil de Remarques, page 7, Bruno Bauer dit : « La classe des citoyens qui aura pour les histoires futures une si terrible importance, n'est capable d'aucun acte de sacrifice, d'aucun enthousiasme pour une idée, d'aucune sublimité : elle ne se dépense qu'aux intérêts de sa moyenne, c'est-à-dire qu'elle demeure toujours limitée à elle-même et ne vainc finalement qu'en raison de sa masse, qui lui a permis de fatiguer les efforts de la passion, de l'enthousiasme et de la logique, en raison de son étendue en laquelle elle absorbe une partie des idées nouvelles. » Et page 6 : « Ces idées révolutionnaires pour lesquelles non pas elle mais des hommes désintéressés ou passionnés se sont sacrifiés, elle les a laissé croître à son profit, elle a transmué l'esprit en argent ; il est vrai qu'au préalable, elle a enlevé à ces idées leur pointe, leur conséquence, leur gravité destructrice, fanatique contre tout égoïsme. » Ainsi ces gens n'ont pas l'esprit de sacrifice, ils ne sont pas enflammés, idéalistes, logiques, enthousiastes ; ils sont, ainsi qu'on le comprend habituellement, égoïstes, intéressés, soucieux de leur propre avantage, de sang-froid, calculateurs, etc.

Qui donc alors a l'esprit de sacrifice ? Au sens absolu, celui qui, à une chose, à un but, à une passion, etc. subordonne tout le reste. L'homme qui aime et qui quitte père et mère, qui affronte tous les dangers, toutes les privations pour atteindre son but, n'a-t-il pas l'esprit de sacrifice ? ou encore l'ambitieux qui rapporte tous ses désirs, tous ses vœux et leur satisfaction à sa seule passion, ou l'avare qui renonce à tout pour amasser des trésors, ou l'homme de plaisirs, etc. ? Une seule passion le domine à laquelle il sacrifie toutes les autres.

Et ces hommes imbus de l'esprit de sacrifice ne sont-ils pas en quelque façon intéressés, égoïstes ? Comme ils n'ont qu'une passion dominante, ils ne songent qu'à la satisfaire, mais ils y sont d'autant plus ardents, ils s'absorbent en elle. Toute leur manière d'être est égoïste ; mais c'est un égoïsme unilatéral, sans ouverture, borné : ils sont possédés.

« Voilà de petites passions par lesquelles, au contraire, l'homme ne doit pas se laisser asservir. L'homme doit faire des sacrifices pour une grande idée, pour une grande cause ! » Une « grande idée », une « grande cause », c'est par exemple le saint nom de Dieu pour lequel sont morts des millions d'hommes, le christianisme qui a trouvé ses martyrs tout prêts, l'Eglise, hors de laquelle point de salut, qui a réclamé avidement des sacrifices d'hérétiques ; la liberté et l'égalité qui eurent à leur service la guillotine.

Celui qui vit pour une idée, pour une bonne cause, une doctrine, un système, une mission supérieure ne peut laisser croître en lui-même les passions du monde, les intérêts égoïstes. Nous concevons maintenant le clerc ou encore (si l'on prend la chose dans sa réalité pédagogique) le magister ; car les idéals nous traitent comme des écoliers. L'homme d'église est spécialement appelé à vivre par l'idée, à agir pour l'idée, la bonne cause. Aussi le peuple sent combien il convient peu à un ecclésiastique de montrer un orgueil mondain, de désirer bien vivre matériellement, de prendre part aux plaisirs tels que la danse et le jeu, bref d'avoir un autre intérêt que « les intérêts sacrés ». Une conséquence identique est le traitement misérable des professeurs qui ne doivent se sentir payés que par le caractère sacré de leur mission et doivent « renoncer » à toutes les autres joies.

On pourrait facilement faire une liste des saintes idées dont une ou plusieurs doivent être mission pour l'Homme. On n'a que l'embarras du choix. Famille, patrie, devoir, etc. peuvent trouver en moi un serviteur fidèle à sa mission.

Nous touchons ici à la folie séculaire du monde qui n'a pas encore appris à se passer de l'esprit-prêtre : Vivre pour une idée et créer, produire pour elle, telle est la mission de l'homme, sa valeur humaine se mesure au dévouement qu'il apporte à sa tâche.

Telle est la domination de l'idée en l'esprit-prêtre. Ainsi Robespierre, Saint-Just furent absolument des prêtres, enflammés par l'idée, enthousiastes, instruments conséquents de cette idée, hommes d'idéal. Saint-Just s'écrie dans un de ses discours : « Il y a quelque chose de terrible dans le saint amour de la Patrie ; il est à tel point exclusif qu'il sacrifie tout sans pitié, sans crainte, sans considération humaine à l'intérêt public. Il précipite Manlius dans le gouffre, il sacrifie ses préférences particulières, conduit Régulus à Carthage et met au Panthéon Marat, victime de son dévouement à la patrie. »

En face de ces représentants d'intérêts idéals et sacrés, il y a maintenant un monde d'intérêts innombrables « personnels » et profanes. Il n'y a pas d'idée, de doctrine, de cause sacrée si grande qu'elle ne doive jamais être dépassée et modifiée par ces intérêts personnels. Réduits momentanément au silence dans les temps de *rage* et de fanatisme, ils réapparaissent cependant bientôt grâce au « bon sens du peuple ». Ainsi les idées ne triomphent complètement que quand elles ne sont plus hostiles aux intérêts personnels, c'est-à-dire quand elles satisfont l'égoïsme.

L'homme qui sous ma fenêtre crie des harengs-saurs

a un intérêt personnel à faire une bonne vente et si sa femme ou quelqu'un d'autre partage son désir, la chose n'en reste pas moins un intérêt personnel. Au contraire qu'un voleur lui enlève son panier, alors surgit aussitôt l'intérêt de plusieurs, de toute la ville, de tout le pays, en un mot de tous ceux qui ont horreur du vol : intérêt où la personne du marchand de harengs est indifférente, et à sa place arrive au premier plan, la catégorie du « volé ». Mais ici encore tout peut se ramener à un intérêt personnel, chacun de ceux qui manifestent leur sympathie réfléchit qu'il doit aider au châtiment du vol, parce qu'autrement le vol impuni peut être généralisé et étendu à son propre bien. Il est difficile cependant de supposer un pareil calcul chez le plus grand nombre et l'on entendra plutôt déclarer : que le voleur est un « criminel ». Ainsi nous avons là un jugement devant nous, par ce fait que l'action du vol trouve son expression dans l'idée de « crime ». Maintenant, voici comment se présente la chose : si un crime ne porte pas le moindre dommage à moi ou à ceux à qui je m'intéresse, je m'indignerai cependant de ce crime. Pourquoi? Je poursuis ce qui est hostile à la morale parce que je suis inspiré par elle, parce que je suis plein de son idée. C'est parce que le vol lui paraît foncièrement abominable que Proudhon avec sa proposition « la propriété c'est le vol » croit avoir flétri celle-ci à jamais. Au sens prêtre c'est un crime, tout au moins un délit.

Ici disparaît l'intérêt personnel. Cette personne déterminée qui a volé le panier est à ma personne complètement indifférente, ce n'est qu'au voleur, qu'à cette idée dont la personne en question est un spécimen, que je prends intérêt. Le voleur et l'homme sont dans mon esprit des sujets inconciliables, car on n'est pas vraiment homme quand on est voleur. Quand on vole, on déshonore en soi l'homme ou « l'humanité ». Ainsi je tombe de l'intérêt personnel dans la philanthropie, l'amour des hommes, habituellement si profondément incompris; comme si c'était un amour de l'homme, de chaque individu, tandis que ce n'est qu'un amour de l'homme, du concept irréalisé, du fantôme. Ce n'est pas τοὐσ ἀνθρωπουσ, les hommes, mais τον ἀνθρωπον, l'homme, que le philanthrope renferme en son cœur. Certes il s'inquiète de tout individu, mais seulement parce qu'il voudrait voir partout réalisé son idéal chéri.

Ainsi il n'est aucunement question de se soucier de moi, toi, nous; il y aurait là un intérêt personnel qui se trouve à sa place au chapitre « de l'amour terrestre ». La philanthropie est un amour céleste, spirituel, — clérical. L'homme doit être rétabli en nous, quand bien même pour nous autres, pauvres diables, ce serait l'anéantissement. C'est le même principe clérical que ce fameux *fiat justitia pereat mundus*. L'homme et la justice sont idées, fantômes pour l'amour desquels tout est sacrifié : c'est pourquoi les esprits-prêtres sont ceux qui « font sacrifice. »

Celui qui s'exalte pour l'homme, tant que dure son enthousiasme ne fait aucune attention aux personnes et nage en plein intérêt idéal et sacré. L'homme n'est pas une personne, mais un idéal, un fantôme.

Maintenant, on peut à cet homme reconnaître et conférer les attributs les plus différents. Si l'on trouve que la piété est pour lui une nécessité fondamentale, on voit surgir le cléricalisme religieux; si l'on trouve que c'est la moralité, alors c'est le cléricalisme moral qui relève la tête. Les esprits-prêtres de nos jours voudraient faire de toute chose une religion « une religion de la liberté, de l'égalité, etc. » et toutes les idées deviennent pour eux des « causes sacrées », ex : les droits civiques, la politique, la chose publique, la liberté de la presse, le jury, etc...

Que signifie maintenant dans ce sens « désintéressement ? » Avoir un intérêt purement idéal contre lequel ne peut prévaloir aucune considération de personne.

A cela la tête obstinée de l'homme terrestre fait résistance, mais, dans cette lutte à travers les siècles, il lui a fallu céder, du moins incliner sa nuque indocile et « vénérer la puissance supérieure » ; les prêtres le soumirent. Quand l'égoïste laïque fut parvenu à secouer la tyrannie d'une puissance supérieure, par exemple du vieux-testament, du pape romain, etc., il en trouva aussitôt une autre sept fois plus haute, ex : la foi en la loi, la transformation de tous les laïques en prêtres, à la place du clergé restreint, etc. Il en fut de lui comme du possédé qui croit s'être délivré d'un diable quand sept autres l'envahissent.

Précédemment nous avons refusé à la classe bourgeoise toute idéalité, etc. En effet elle mina sourdement la logique idéale avec laquelle Robespierre voulait poursuivre son principe. L'instinct de son intérêt lui disait que cette logique s'harmonisait trop peu avec ce qui était à son goût, et que c'était agir contre soi-même que de favoriser cet enthousiasme pour des principes. Devait-elle se montrer si désintéressée qu'elle laissât aller tous ses projets à vau-l'eau, pour ne s'employer qu'au triomphe d'une théorie austère. Il plait aux prêtres que l'on prête l'oreille à leurs appels : « Laisse tout et suis-moi » ou bien « vends tout ce que tu as et donne-le aux pauvres, tu auras ainsi un trésor dans le ciel, puis viens et suis-moi ». Quelques idéalistes décidés obéissent à l'appel, la plupart au contraire agissent comme Ananias et Saphira, ils se comportent moitié en prêtres, moitié en êtres purement terrestres, ils servent Dieu et les hommes.

Je ne blâme pas la bourgeoisie de ne s'être pas laissé détourner par Robespierre des buts qu'elle poursuivait, c'est-à-dire d'avoir demandé à son égoïsme jusqu'où elle pouvait donner champ à l'idée révolutionnaire. Mais en admettant que l'on puisse ici porter un blâme il atteindra ceux qui, pour les intérêts de la classe bourgeoise, se sont laissé détourner des leurs propres. Pourtant n'apprendront-ils pas tôt ou tard à connaître leur intérêt ? Auguste Becker[1] dit : « Pour gagner les producteurs (prolétaires) une négation des idées de droit établies n'est en aucune manière suffisante. Les gens se préoccupent bien peu hélas ! du triomphe théorique de l'idée ; il faut leur démontrer *ad oculos* comment cette victoire peut être pratiquement utilisée pour la vie. » Et page 32 : « Vous devez empoigner les gens par leurs intérêts réels si vous voulez agir sur eux. » Et il montre qu'une belle immoralité se propage parmi nos paysans qui préfèrent suivre leur intérêt réel, que les commandements de la morale.

Les prêtres ou magisters révolutionnaires voulant servir les hommes, leur coupèrent le cou. Les laïques ou profanes de la Révolution n'avaient pas non plus une très grande horreur pour la guillotine ; mais ils étaient moins soucieux des droits de l'humanité, c'est-à-dire des droits de l'homme, que des leurs.

D'où vient pourtant que l'égoïsme de ceux qui affirment l'intérêt personnel et réclament après lui à tout tout propos, succombe devant un intérêt de prêtre ou de maître d'école, c'est-à-dire devant un intérêt idéal ?

1. Volksphilosophie unserer Tage p. 22.

Leur personne leur apparaît à eux-mêmes trop petite et trop insignifiante, — et c'est en effet la réalité, — pour pouvoir tirer tout à soi et s'imposer absolument comme but. Ce qui en est l'indice certain c'est qu'ils se partagent eux-mêmes en deux personnes, l'une éternelle, l'autre temporelle, et qu'ils ne songent qu'à une personne à la fois, le dimanche à l'éternelle, les jours de semaine à la temporelle; ils prient pour l'une, ils travaillent pour l'autre. Ils portent en eux-mêmes le prêtre, ils n'en sont pas débarrassés et quand vient le dimanche, ils l'entendent qui sermone dans leur for intérieur.

Que de luttes, que de calculs il fallut aux hommes pour arriver à la transaction de l'être dualistique. Les idées succédaient aux idées, les principes aux principes, les systèmes aux systèmes, rien ne pouvait empêcher la contradiction qui existe dans « l'homme temporel » ou dans le soi-disant « égoïste » d'apparaître. Ceci ne prouve-t-il pas que toutes ces idées étaient trop impuissantes pour accueillir en soi ma volonté entière et la satisfaire complétement. Elles m'étaient hostiles et le demeuraient quoique depuis longtemps cette hostilité fût voilée. En sera-t-il de même de l'individualité. N'est-elle aussi qu'une tentative de transaction? Vers quelque principe que je me tournasse, la raison, par exemple, il fallait bien tôt ou tard m'en détourner. Car puis-je être toujours raisonnable et régler entièrement ma vie sur la raison? Certes je puis tendre vers la raison, je puis l'aimer comme on aime Dieu ou toute autre idée. Je puis être philosophe, avoir l'amour de la vérité comme j'ai celui de Dieu. Mais ce que j'aime, vers quoi j'aspire, n'existe que dans mon idée, dans ma connaissance, dans ma pensée; c'est dans mon cœur, dans ma tête, c'est en moi comme le cœur, mais ce n'est pas moi, je ne suis pas cela.

A l'action des esprits-prêtres appartient particulièrement ce que l'on entend appeler souvent « influence morale ».

L'influence morale prend son origine où commence l'humiliation, elle n'est pas autre chose que cette humiliation elle-même qui consiste à briser l'âme et à la courber à l'humilité. Quand je crie à quelqu'un de s'écarter d'un rocher qu'on va faire sauter, je n'exerce par cet avertissement aucune action morale. Quand je dis à l'enfant : si tu ne manges pas ce qu'on t'a servi, tu seras privé de diner, ce n'est pas une influence morale. Mais si je lui dis : tu prieras, tu honoreras tes parents, tu adoreras le crucifix, tu diras la vérité, etc., car c'est là le propre de l'homme, c'est sa mission, ou même c'est la volonté de Dieu, alors l'influence morale est accomplie. Un homme doit s'incliner devant la mission de l'homme, être obéissant, se faire humble, sa volonté doit céder devant la volonté étrangère qui lui est imposée comme règle et comme loi; il doit s'humilier devant un être supérieur: abaissement volontaire. « Celui qui s'abaisse sera élevé ». Oui, oui, les enfants doivent être de bonne heure dressés à la piété, à la dévotion, à l'honnêteté; un homme de bonne éducation est un homme à qui de « bons principes » ont été inculqués, prêchés, insufflés, serinés.

Là-dessus on hausse les épaules, les bons se tordent les mains de désespoir et nous crient: « Mais au nom du Ciel, si l'on ne donne pas aux enfants de bons principes, ils courront tout droit dans la gueule béante du péché, et deviendront des vauriens, des polissons. » Tout doux ! prophètes de malheur. Certes à votre sens ils deviendront des vauriens, or c'est justement votre sens qui ne vaut rien. Les mauvais garnements ne s'en laisseront plus accroire et n'écouteront plus vos criailleries, ils seront sans pitié pour les folies qui de tout temps vous ont fait extravaguer et radoter : ils aboliront le droit d'héritage, c'est-à-dire qu'ils ne voudront pas hériter vos sottises comme vous avez hérité celles de vos pères; ils extirperont le péché héréditaire. Si vous leur ordonnez: courbe-toi devant le Très-Haut, — ils répondront: S'il veut nous courber, qu'il vienne en personne et le fasse, nous, du moins, nous ne nous inclinerons pas de plein gré. Si vous les menacez de sa colère et de sa vengeance, il y croiront comme à une menace du loup-garou. Si vous ne réussissez plus à leur inspirer cette crainte des fantômes, c'est que le règne des fantômes va finir et que l'on ne croit plus aux contes de nourrices.

Et ne sont-ce pas encore justement les libéraux qui prêchent l'éducation et poussent à améliorer le mode d'éducation? Car comment sans discipline pourrait subsister leur libéralisme, leur « liberté contenue dans les limites de la loi ? » S'ils n'élèvent pas précisément les enfants dans la crainte de Dieu, ils exigent d'autant plus sévèrement la crainte des hommes et éveillent par la discipline « l'enthousiasme pour la mission véritable de l'homme. »

Une longue époque s'écoula pendant laquelle on se contenta de l'illusion d'avoir la vérité sans que l'on se fût jamais demandé sérieusement si soi-même l'on ne devait pas être vrai pour posséder la vérité. Ce fut le moyen-âge. Avec la conscience vulgaire, la conscience matérielle qui n'a de réceptivité que pour les choses, le sensible ou ce qui tombe sous les sens, on pensait atteindre l'immatériel, le supra-sensible. De même que l'on force les yeux à voir les choses éloignées ou que l'on exerce laborieusement ses doigts sur le clavier pour arriver à leur donner une dextérité artistique, on se mortifiait de toutes les façons possibles pour arriver à accueillir en soi le supra-sensible. Seulement ce que l'on mortifiait en soi ce n'était que l'homme sensible, la conscience vulgaire, la pensée dite finie ou objective. Cependant comme cette pensée, cette intelligence que Luther anathématise sous le nom de raison est incapable de concevoir le divin, il était à peu près aussi utile de la mortifier que d'exercer à danser ses jambes, un an durant, pour leur apprendre à jouer de la flûte. Luther avec qui ce qu'on appelle le moyen-âge prend fin, comprit que l'homme doit lui même se faire autre, s'il veut concevoir la vérité, en un mot qu'il doit être aussi vrai que la vérité même. Celui-là seul qui par avance a foi en la vérité, celui qui croit en elle peut y participer, en d'autres termes le croyant seul la trouve accessible et peut en explorer les profondeurs. Seul l'organe qui en général se sert des poumons pour souffler peut parvenir aussi à jouer de la flûte, de même seul peut participer à la vérité l'homme qui a pour elle l'organe approprié. Celui qui n'est en état que de penser le sensible, le palpable, le matériel, ne peut se représenter dans la vérité que des matérialités. Mais la vérité est esprit, absolument extérieure aux sens, par suite elle n'existe que pour « la conscience supérieure » non pour la conscience limitée aux choses d'ici-bas.

Par suite apparaît avec Luther la notion que la

vérité, parce qu'elle est pensée, n'existe que pour l'homme pensant. Et cela veut dire que l'homme doit désormais adopter un tout autre point de vue, le point de vue céleste, le point de vue de la foi, de la science, celui de la cogitation en face de son objet, la pensée, le point de vue de l'esprit en face de l'esprit. Ainsi l'égal seul reconnaît l'égal ! « Tu égales l'esprit que tu saisis. »

Le protestantisme ayant fait éclater la hiérarchie[1] du moyen-âge, l'opinion s'est enracinée que la hiérarchie fut brisée par lui ; on oublie complètement que ce ne fut qu'une « réforme » et par conséquent un rajeunissement d'une hiérarchie vieillie. Cette hiérarchie médicale avait été très débile. Elle avait dû laisser marcher à côté d'elle, sans contrainte, toutes les barbaries du profane, et c'est la réforme seule qui forgea la force de la hiérarchie. Bruno Bauer dit : « La Réforme ayant eu pour œuvre de séparer, d'abstraire le principe religieux de l'art, de l'Etat, et de la science, de le libérer de ces puissances avec lesquelles il s'était associé, aux temps primitifs de l'Eglise et dans la hiérarchie du moyen-âge, les tendances théologiques et ecclésiastiques qui sortirent de la Réforme ne furent que la réalisation logique de cette séparation du principe religieux des autres puissances de l'humanité. » Quant à moi, la vérité me paraît être justement le contraire ; mon opinion c'est que la domination des esprits, ou — ce qui revient au même — la liberté de l'esprit, ne fut jamais, auparavant, aussi étendue et aussi puissante, parce que l'actuelle, au lieu d'abstraire le principe religieux de l'art, de l'Etat, de la science, détacha plutôt ceux-ci de la terre, les éleva « dans le royaume de l'esprit » et en fit des religions.

1. *Hiérarchie* est pris ici au sens étymologique.

On a rapproché à propos Luther et Descartes; en regard de « Celui qui croit est un Dieu », on a mis « je pense, donc je suis » (cogito, ergo sum). Le ciel de l'homme, c'est la pensée, — c'est l'esprit. Tout peut lui être arraché, non la pensée, non la foi. Une foi déterminée, la foi en Zeus, Astarté, Jéhovah, Allah ! peut être détruite, la foi elle-même au contraire est indestructible. Dans la pensée est la liberté. Ce dont j'ai besoin, ce dont j'ai faim, ce n'est pas la grâce qui me le procurera, ni la Vierge Marie, ni l'intercession des saints, ni l'Eglise qui lie et délie, c'est moi qui le procurerai à moi-même. Bref mon être (le sum) est une vie dans le ciel de la pensée, de l'esprit, un cogitare. Moi-même je ne suis pas autre chose qu'esprit, pensant (suivant Descartes), croyant (suivant Luther). Je ne suis pas mon corps. Ma chair peut subir des désirs ou des douleurs. Je ne suis pas ma chair, mais je suis esprit, rien qu'esprit.

Cette pensée traverse d'un bout à l'autre l'histoire de la Réforme jusqu'aujourd'hui.

La philosophie moderne depuis Descartes s'est appliquée sérieusement à donner au christianisme sa réalisation complète, en élevant la « conscience scientifique » à la qualité de seule vraie et valable. Par suite, elle commence avec le doute absolu, avec le *dubitare*, avec la contrition de la conscience ordinaire, avec l'aversion de tout ce qui n'est pas légitimé par l'esprit, par la « pensée. » Pour elle, la nature ne vaut rien, rien l'opinion des hommes, « les institutions humaines » et elle n'a pas de repos qu'elle n'ait introduit partout la raison, et qu'elle ne puisse dire : « le réel, c'est le raisonnable, et il n'y a de réel que le raisonnable. » Ainsi elle a finalement conduit l'esprit, la raison à la victoire, tout est esprit, parce que tout est raisonnable, la nature entière, même les opinions les plus absurdes contiennent de la raison, parce que « tout doit servir à la réalisation du mieux », c'est-à-dire conduire au triomphe de la raison.

Le *dubitare* de Descartes exprime nettement que seul le cogitare, la pensée, l'esprit est. Rupture absolue avec la conscience commune qui attribue la réalité aux choses dépourvues de raison. Seul le raisonnable est, seul l'esprit est. Tel est le principe de la nouvelle religion, principe purement chrétien. Descartes séparait déjà nettement le corps de l'esprit ; plus tard Gœthe dira : « C'est l'esprit qui se bâtit le corps. »

Mais cette philosophie elle-même, cette philosophie chrétienne ne se dépouille pas pourtant de la raison ; c'est pourquoi elle déploie son zèle contre ce qui est « purement subjectif », contre les « fantaisies, les hasards, le libre arbitre » ; elle veut que le divin soit visible en toute chose, et que toute conscience soit une science du divin, et que l'homme voie partout Dieu, mais il n'y a jamais de Dieu sans diable.

C'est pourquoi l'on ne peut nommer philosophe celui qui a les yeux ouverts sur les choses du monde, a de ce monde une vue claire et nette et un jugement sûr, mais qui ne voit dans ce monde que le monde, dans les objets que les objets, bref toutes choses prosaïquement comme elles sont ; mais un philosophe c'est celui qui ne voit, ne fait voir et ne prouve, dans le monde, que le ciel, dans le terrestre que le supraterrestre, dans le temporel que le divin. Le premier peut avoir toute l'intelligence du monde, il demeure ceci que ce qu'aucun œil de l'intelligence ne peut voir, une âme d'enfant ingénûment s'y joue. C'est cette âme d'enfant, cet œil ouvert sur le divin qui fait le philosophe. L'autre n'a que la conscience « vulgaire », mais celui qui connaît le divin et qui sait le dire, a une conscience « scientifique. » C'est pour cette raison qu'on a banni Bacon du royaume des philosophes. Et ce qu'on appelle la philosophie anglaise ne paraît pas avoir été plus loin que les découvertes d'Hume et de Bacon qui passaient pour avoir des « esprits ouverts. » Les Anglais ne surent pas élever à une signification philosophique la simplicité de l'âme d'enfant, ils ne surent pas d'âmes enfantines faire des philosophes. Autrement dit : leur philosophie ne sut pas devenir théologique ou théologie, et cependant, elle ne peut vivre réellement jusqu'au bout et s'achever que comme théologie. La théologie est le champ de bataille où elle livre son dernier combat. Or Bacon ne s'inquiète pas des questions théologiques et cardinales.

La connaissance a la vie pour objet. La pensée allemande plus qu'une autre cherche à parvenir aux origines et aux sources de la vie ; la vie ne lui apparaît que dans la connaissance même. Le *cogito ergo sum* de Descartes a pour sens : on n'existe que quand on pense. La vie pensante, c'est-à-dire « la vie spirituelle. » L'esprit seul vit, sa vie est la vraie vie. De même dans la nature, il n'y a que ses « lois éternelles », son esprit ou sa raison qui soient sa vie véritable. Dans l'homme comme dans la nature, il n'y a que la pensée qui vive, tout le reste est mort ! c'est à cette abstraction, à la vie des universaux, à la vie de ce qui est sans vie, qu'aboutit l'histoire de l'esprit. Dieu seul vit qui est esprit, il n'y a que le fantôme qui existe.

Comment peut-on affirmer que la philosophie ou l'époque moderne a amené la liberté parce qu'elle nous a soustraits à la domination de l'objectif ? Suis-je libre du despote quand ne craignant plus la tyrannie personnelle, je redoute de porter atteinte au respect que je m'imagine lui devoir ? Il ne se passe pas autre chose dans l'époque moderne. Elle s'est bornée à transformer les objets existants, le despote réel, etc., en objets représentés, en concepts devant lesquels le Vieux Respect loin de se perdre s'est accru en intensité. Certes on narguait Dieu et le diable dans leur réalité grossière d'autrefois, mais on n'en était que plus attentif à leur concept. « Vous êtes délivrés des mauvais, le Mauvais est resté. » Se révolter contre l'État, renverser les lois existantes, on ne s'en faisait pas scrupule, étant résolu à ne pas s'en laisser imposer plus longtemps par les choses existantes et palpables ; mais pécher contre l'idée de l'État, ne pas se soumettre à l'idée de la loi, qui l'aurait osé ? Ainsi l'on restait « Citoyen de l'État », homme « loyal », conforme à la loi ; il semblait même que l'on fût d'autant plus légal que plus rationnellement on abrogeait les lois antérieures pleines de lacunes pour rendre hommage à « l'esprit de la loi. » En somme les objets n'avaient subi qu'une transformation mais ils avaient conservé leur toute puissance et suprématie ; l'homme demeurait enfoncé dans l'obéissance et dans l'obsession, il vivait dans la réflexion, il avait encore un objet sur lequel il réfléchissait, qu'il respectait, devant lequel il ressentait crainte et respect. On n'avait pas fait autre chose que de transformer les choses en conception de choses, en pensées, en idées ; la dépendance devint d'autant plus étroite et plus indissoluble. Par exemple, il n'est pas difficile de s'émanciper des commandements de ses parents, de se soustraire aux avertissements de l'oncle et de la tante, aux prières du frère et de la sœur. Seulement cette obéissance refusée poursuit son chemin à travers la conscience, et moins on cède aux exhortations isolées, parce qu'examinées rationnellement, à la lumière de sa propre raison, on les reconnaît pour déraisonnables, plus on est attaché par la conscience à la piété filiale, à l'amour de la famille, et plus difficilement aussi on pèche contre la conception que l'on s'est faite de l'amour de la famille et des devoirs de la piété filiale. On ne devient indépendant de la famille existante que pour dépendre plus étroitement de l'idée de famille. Prise au sens déterminé du couple formé par Hans et Gretchen, etc., la famille a perdu son caractère de souveraineté, mais elle n'est qu'intériorisée, elle conserve son vieux sens de famille auquel s'applique le vieux proverbe : On doit plus d'obéissance à Dieu qu'à l'homme, ce qui veut dire : je ne puis me soumettre à vos exigences stupides ; mais en tant que « Famille » vous restez l'objet de mon amour et de ma sollicitude ; car la « Famille » est une idée sainte à laquelle l'individu ne doit pas porter atteinte. Et cette famille, intériorisée, dématérialisée, devenue une pensée, un concept, c'est maintenant l' « idée sainte », son despotisme est dix fois pire qu'antérieurement, parce qu'il gronde dans ma conscience. Ce despotisme ne peut être brisé que lorsque le concept de famille devient pour moi un Néant. Les paroles du Christ « Femme qu'ai-je à faire avec toi ? » « Je suis venu pour soulever le fils contre son père, la fille contre sa mère, » et d'autres du même goût, sont accompagnées du renvoi à la famille céleste ou famille proprement dite et ont la même signification que l'exigence de l'État enjoignant en cas d'un conflit entre lui et la famille, d'obéir à ses ordres.

Il en est de la moralité comme de la famille. Plus d'un qui se dit affranchi de la contrainte des mœurs est encore l'esclave du concept « morale ». La morale c'est « l'idée » des mœurs, leur puissance spirituelle, leur puissance sur la conscience ; au contraire, les mœurs sont trop matérielles pour commander l'esprit et leur lien n'est pas assez fort pour enchaîner un « intellectuel » un soi-disant indépendant, un « libre-penseur. »

Le protestant a beau faire, « les saintes Ecritures », « la parole de Dieu » demeurent sacrées pour lui. Celui pour qui elles ne sont plus « sacrées » cesse d'être protestant. Par suite, ce qui s'y trouve « ordonné » est également sacré ; l'autorité instituée par Dieu, etc. ; ces choses demeurent pour lui indissolubles, inaccessibles, « au-dessus du doute », et comme le doute, qui en pratique est un ébranlement, est le propre de l'homme, ces choses demeurent au-dessus de l'homme même. Celui qui ne peut s'en délivrer, y croira, car y croire c'est y être lié.

La foi, dans le protestantisme, étant devenue plus intérieure, la servitude l'est devenue aussi ; on a introduit en soi-même ces choses sacrées, on les a liées intimement à tout son être, on en a fait des « cas de conscience », de « saints devoirs. » Ainsi, pour le protestant, est sacré ce dont sa conscience ne peut se défaire et l'on définit parfaitement son caractère en disant qu'il est consciencieux.

Le protestantisme a fait l'homme absolument approprié à un état où la police secrète est le moyen de gouvernement. La conscience, espion et mouchard, surveille tous les mouvements de l'esprit ; toute action, toute pensée est pour elle une « affaire de conscience », c'est-à-dire une affaire de police. C'est dans cette séparation de l'homme en deux, « instincts naturels » et « conscience » (populace de l'âme et police de l'âme) que consiste le protestantisme. La raison de la Bible (à la place de la « raison de l'Eglise » des catholiques) est sainte, et ce sentiment, cette connaissance que la parole de la Bible est sacrée, s'appelle conscience. Ainsi l'on fait entrer la sainteté dans la conscience. Si l'on ne se libère de la conscience, de la connaissance de la chose sacrée, on peut agir inconsciemment, mais jamais sans conscience.

Le catholique se trouve satisfait quand il a accompli l'ordre, le protestant n'agit qu' « à bon escient et en toute conscience. » Le catholique n'est que laïque, le le protestant est prêtre. L'esprit clérical est maintenant chose achevée, tel est le progrès fait sur le moyen-âge, telle est la malédiction inhérente à la Réforme. La morale jésuitique ne fut pas autre chose qu'un perfectionnement apporté au trafic des indulgences. L'homme enfin, déchargé de ses péchés, arrivait à une connaissance parfaite des cas de rémission et à la conviction qu'il pouvait assumer un péché, quand ce péché dans tel ou tel cas déterminé n'en était plus un (casuistes). Le commerce des indulgences avait autorisé tous les péchés et toutes les fautes et réduit au silence les scrupules de conscience. La sensualité avait tout pouvoir à la seule condition qu'elle fût achetée par l'Eglise. Cette faveur donnée à la sensualité fut continuée par les Jésuites, tandis que les protestants aux mœurs austères, sombres, fanatiques, enfoncés dans la prière, la contrition et l'expiation, consommaient véritablement le christianisme en ne reconnaissant au monde que l'homme spirituel, l'homme-prêtre. Les catholiques et particulièrement les jésuites prêtèrent, de cette façon, assistance à l'égoïsme, ils trouvèrent dans le protestantisme même d'involontaires et inconscients partisans, et ils nous préservèrent de la perte et de la disparition de la sensualité. Toutefois l'Esprit protestant étend toujours plus loin sa domination, et comme, à côté de lui qui est « le divin », le jésuitisme ne représente que le « diabolique » inséparable de tout « divin », il ne peut nulle part s'affirmer seul et finalement, comme c'est le cas pour la France, il lui faut assister au triomphe du philistinisme protestant, tandis que l'Esprit reste à la surface.

On fait souvent au protestantisme le compliment d'avoir remis en honneur le temporel, par exemple, le mariage, l'Etat, etc. Or justement le temporel en tant que temporel, le profane lui est encore bien plus indifférent qu'au catholicisme, qui laisse subsister le monde profane et se laisse aller à en goûter les jouissances, tandis que le protestant, raisonnable, conséquent, s'emploie à l'anéantir, par ce seul fait qu'il le sanctifie. Ainsi le mariage a été dépouillé de son caractère naturel étant devenu sacré, non dans le sens de l'Eglise catholique où il reçoit seulement de l'Eglise sa consécration, et ainsi est contraire en principe à la sainteté, mais dans ce sens qu'il est désormais quelque chose de sacré en soi, un état de sainteté. De même pour l'Etat, etc... Autrefois le pape donnait à l'Etat, à son prince sa bénédiction; maintenant l'Etat est saint par lui-même, il a la majesté, il n'a pas besoin de la consécration du prêtre. En général l'ordre de la nature ou le droit naturel fut consacré comme « ordre de Dieu ». D'où, par exemple, l'art. 11 de la confession d'Augbourg : « Nous nous en tenons de plein gré à ce principe sagement et justement énoncé par les jurisconsultes : c'est un droit naturel que l'homme et la femme vivent ensemble. Maintenant, si c'est un droit naturel, c'est un ordre de Dieu, par conséquent c'est un droit établi dans la nature et c'est aussi un droit divin. » Et quand Feuerbach décrète saints les rapports de la morale, non comme ordres de Dieu, mais pour l'esprit qui vit en eux, y a-t-il là autre chose qu'un protestantisme éclairé ? Mais le mariage, — pris naturellement comme lien libre de l'amour — par soi-même, par la nature du lien qui se forme ici, est sacré. Le mariage seul est religieux qui est vrai, qui correspond à l'essence du mariage, à l'amour. Et ainsi en est-il de tous les rapports moraux. Ils ne sont moraux, ils ne sont cultivés avec un sens moral que là où ils sont reconnus religieux par eux-mêmes. La véritable amitié n'existe que là où les limites de l'amitié sont maintenues avec un soin religieux, avec la même conscience avec laquelle le croyant défend la dignité de son Dieu. Sainte est et doit être pour toi l'amitié, sainte la propriété, saint le mariage, saint le bien de tout homme, mais saint « en soi et pour soi. »

Voilà donc un point essentiel entre tous. Dans le catholicisme, le temporel peut être consacré ou sanctifié, mais ne l'est pas sans la bénédiction du prêtre ; au contraire, dans le protestantisme les rapports temporels sont sacrés par eux-mêmes, sacrés par leur seule existence. A la consécration qui confère la sainteté s'adapte exactement la maxime jésuitique : « Le but sanctifie les moyens ». Il n'y a pas de moyen qui pris en soi-même, soit ou ne soit pas sacré, mais ce qui sanctifie le moyen, c'est son rapport avec l'Eglise, son utilité pour l'Eglise. Le régicide fut donné comme tel ; accompli pour le bien de l'Eglise, il pouvait être sûr de sa consécration, exprimée ouvertement ou non. Le protestant reconnaît la majesté comme sacrée, le catholique ne l'admet que si elle a reçu la consécration du prêtre suprême, et cela uniquement parce que le pape lui confère, quoique sans acte particulier, cette majesté une fois pour toutes. S'il retirait cette consécration, le roi, pour le catholique, ne resterait qu'un homme de ce monde, un « laïque », un « non consacré ».

Si le protestant cherche à découvrir dans la sensualité même une sainteté pour ne s'attacher ensuite qu'à la sainteté, le catholique cherche plutôt à l'écarter de soi, à la refouler sur un terrain particulier où, comme le reste de la nature, elle conserve sa valeur en soi. L'Eglise catholique excluait sa caste consacrée du mariage profane et enlevait les siens à la famille temporelle ; le protestantisme déclarait saints le mariage et le lien familial, et par suite non indignes de ses prêtres.

Un jésuite peut, en bon catholique, sanctifier toute chose. Il n'a qu'à faire le petit raisonnement suivant : En tant que prêtre, je suis nécessaire à l'Eglise, mais je la sers avec plus de zèle quand mes passions sont satisfaites : par conséquent je séduirai cette jeune fille, je ferai empoisonner mon ennemi, etc... Mon but étant celui du prêtre, est sacré, par conséquent il sanctifie le moyen. En dernière analyse cela s'accomplit au profit de l'Eglise. Pourquoi le prêtre catholique eût-il hésité à présenter à l'empereur Henri VII l'hostie empoisonnée quand il s'agissait du salut de l'Eglise ?

Les purs protestants, les protestants d'Eglise lançaient l'anathème à tous les « plaisirs innocents » parce que seul ce qui est saint, ce qui est pur esprit peut être innocent. Les protestants devaient rejeter toute chose où ils ne pouvaient montrer caché l'esprit saint : la danse, le théâtre, le faste (dans l'exercice du culte, par exemple), et ainsi de suite.

En face de ce calvinisme puritain, le luthéranisme est plus dans la voie religieuse, c'est-à-dire dans la voie spirituelle, il est plus radical. Le premier exclut immédiatement quantité de choses comme appartenant aux sens et au monde et purifie l'Eglise ; le luthéranisme, au contraire, cherche autant que possible à introduire l'esprit dans toutes les choses, à reconnaître en elles le Saint-Esprit comme étant leur essence propre et ainsi à sanctifier tout ce qui appartient à ce monde temporel. (Personne ne peut défendre un baiser honnête, l'esprit de l'honnêteté le sanctifie). Ainsi le luthérien Hegel (il déclare quelque part qu'il veut « demeurer luthérien ») a réussi à pénétrer toute chose de l'idée. En tout, il y a la raison, c'est-à-dire l'esprit saint, autrement dit « le réel est raisonnable ». En fait, le réel est tout. En toute chose, par exemple dans tout mensonge la vérité peut être découverte : il n'y a pas de mensonge absolu, pas de mal absolu, etc.

Les grandes « productions de l'esprit » ont été données presque uniquement par des protestants, parce qu'eux seuls furent les vrais adeptes de l'esprit, seuls ils l'ont accompli.

Il y a bien peu de choses en ce monde que l'homme puisse dompter ! Il doit laisser le soleil accomplir sa course, la mer précipiter ses vagues, la montagne menacer le ciel. Il est sans force devant l'indomptable. Peut-il échapper à l'impression qu'il est impuissant devant ce monde gigantesque ? Cet univers est une loi fixe à laquelle il doit se soumettre et qui détermine sa destinée. Et maintenant à quoi a travaillé l'humanité antérieurement au christianisme ? A se dégager de la tourmente des destinées, à ne pas les laisser avoir prise sur elle. Les stoïciens y atteignirent par l'apathie, en déclarant indifférentes les attaques de la nature et en ne se laissant affecter par rien. Horace par son fameux *Nil admirari*, manifeste que tout ce qui est autre que le moi, le monde qui lui est extérieur, est chose indifférente et ne doit pas agir sur nous ni exciter notre étonnement. Et cet *impavidum ferient ruinæ* exprime la même intrépidité que le psaume 46, 3 : « Quand le monde disparaîtrait, nous n'aurions pas peur. » En somme le champ est préparé pour la doctrine que le monde est vain, pour le mépris chrétien du monde.

L'esprit inébranlable « du sage » avec lequel le vieux monde travaillait à sa conclusion, éprouva alors un ébranlement intérieur contre lequel aucune ataraxie, aucun courage stoïque ne le pouvait défendre. L'esprit, assuré contre toute influence du monde, insensible à ses coups, supérieur à ses attaques, ne s'étonnant de rien, immuable dans sa conception au milieu des bouleversements du monde, infatigablement apparaissait à la surface couvert d'écume parce qu'intérieurement à lui des gaz (esprits, *spiritus*) se développaient, l'impulsion mécanique venue du dehors étant devenue inefficace, les tensions chimiques qui s'agitaient intérieurement commencèrent leur jeu merveilleux.

En fait l'histoire des temps antiques se clôt sur ce fait que j'ai atteint ma propriété dans le monde. « Toutes les choses me sont données par Mon Père », Matth. II, 27. Le monde a cessé vis-à-vis de moi d'être supérieur en puissance, inaccessible, sacré, divin, il a perdu son caractère céleste et je le traite suivant mon bon plaisir, au point qu'il dépendrait absolument de moi d'exercer sur lui tous mes pouvoirs miraculeux, c'est-à-dire la puissance de mon esprit ; déplacer des montagnes, ordonner aux mûriers de s'arracher eux-mêmes et d'aller se planter dans la mer (Luc 17,6) enfin faire tout ce qu'il est possible de faire, c'est-à-dire tout ce qu'on peut imaginer « Toute chose est possible à qui a la foi [1] » Je suis le Maître du monde. La « souveraineté » m'appartient. Le monde est devenu prosaïque, car le Divin a disparu de lui : il est ma propriété dont je dispose comme je (c'est-à-dire l'Esprit) l'entends.

Je me suis donc élevé à posséder le monde ; ç'a été la première complète victoire de l'égoïsme, il avait vaincu le monde, il s'en était délivré, et enfermait sous de solides serrures l'héritage d'une longue suite de générations.

La première propriété, la première « souveraineté » est conquise !

Cependant le maître du monde n'est pas encore maître de ses pensées, de ses sentiments, de sa volonté : il n'est pas maître et possesseur de l'esprit, car l'esprit est encore sacré, il est le « Saint-Esprit » et le chrétien qui s'est délivré du monde ne peut pas se délivrer de Dieu. Si l'antique combat fut dirigé contre le monde, le combat médiéval (chrétien) fut la lutte contre soi, contre l'esprit ; si le premier eut pour objet le monde extérieur, le second s'attaqua au monde intérieur ; c'est le « retour sur soi-même », l'examen réfléchi, la méditation.

Toute sagesse des anciens est philosophie ou sagesse du monde, toute sagesse des modernes est théologie.

Les anciens (y compris les Juifs), en avaient fini avec le monde, il s'agissait maintenant d'en finir avec soi-même, avec l'esprit, c'est-à-dire de se libérer de l'esprit ou de Dieu.

1. Saint-Marc, 9, 23.

Depuis bientôt deux mille ans nous travaillons à soumettre le Saint-Esprit, nous lui avons peu à peu arraché des fragments de sainteté que nous avons foulés aux pieds, mais le gigantesque adversaire se redresse toujours, il reparaît sous des formes et sous des noms différents. L'esprit n'est pas encore dépouillé de son caractère divin, saint, consacré. A la vérité, il y a longtemps qu'il ne voltige plus comme une colombe au-dessus de nos têtes, il n'est plus le privilège unique de ses saints et se laisse prendre aussi par des laïques ; mais comme esprit de l'humanité, comme esprit de l'humain, c'est-à-dire comme esprit de l'homme il demeure toujours pour toi, pour moi, un esprit étranger bien loin qu'il soit notre propriété absolue dont nous puissions disposer à notre guise. Pourtant une tendance est apparue qui a dirigé visiblement la marche de l'histoire après J.-C.; ce fut la tendance à humaniser l'esprit saint, à l'approcher des hommes ou à en approcher les hommes. Il s'ensuivit qu'il put être enfin conçu comme « l'esprit de l'humanité », et prit un aspect plus plaisant, plus intime, plus accessible.

Ne devait-on pas penser que maintenant chacun pourrait posséder le Saint-Esprit, accueillir en soi l'idée de l'humanité, la réaliser en soi, lui donner un corps ?

— Non l'esprit n'est pas dépouillé de son caractère sacré et est demeuré intact, hors de notre portée. Il n'est pas notre propriété, car l'esprit de l'humanité n'est pas mon esprit. Il peut être mon idéal et en tant que pensée je le nomme mien. La pensée de l'humanité est ma propriété, et je le prouve suffisamment en la maniant absolument comme il me plaît, en lui donnant aujourd'hui telle forme, demain telle autre ; nous nous la représentons de la façon la plus variée.

Mais elle est en même temps un fidéi-commis que je ne puis aliéner, dont je ne puis me défaire.

Avec le temps le saint esprit est devenu, à travers mille transformations « l'idée absolue » qui de nouveau s'est fragmentée et résolue en les diverses idées d'amour de l'humanité, de raison, de vertu civique, etc.

Mais puis-je nommer l'idée, ma propriété, quand elle est l'idée de l'humanité, puis-je considérer l'esprit comme vaincu, quand je dois le servir et « me sacrifier » à lui ? C'est seulement après avoir brisé la supériorité, la « divinité » du monde, après en avoir reconnu l'impuissance et la « vanité », que l'antiquité sur son déclin eut conquis le monde en toute propriété.

Il en va de même de l'esprit. Si je le réduis à un fantôme, si sa puissance sur moi n'est plus qu'imaginations, il apparaît alors dépouillé de tout caractère sacré ou divin, et je m'en sers comme on use de la nature, sans scrupule et à plaisir.

« La nature de la chose », « l'idée du rapport » doit me conduire quand je m'occupe de cette chose, quand je forme ce rapport. Comme si l'idée de la chose existait en soi et comme si ce n'était pas plutôt l'idée que l'on empruntait à la chose ! Comme si un rapport que nous consentons n'était pas lui-même unique en raison du caractère un des parties contractantes ! Comme s'il importait de savoir sous quelle rubrique les autres désignent ce rapport ! Mais de même qu'on séparait « l'essence de l'homme » de l'homme réel et que l'on jugeait celui-ci d'après celle-là, ainsi l'on sépare encore l'action de l'homme, de l'homme lui-même, et on les évalue suivant « l'humaine valeur. » Ce sont des concepts qui partout décident, ce sont des concepts qui règlent la vie, qui la gouvernent. C'est le monde religieux auquel Hegel donna une expression systématique, en apportant de la méthode dans l'absurdité, en rassemblant en corps des lois idéales et les achevant en une dogmatique précise et solidement établie. Les idées sont des « airs connus » sur lesquels tout se chante ; l'homme réel, c'est-à-dire moi, est contraint de vivre suivant ces lois-idées. Peut-il y avoir une pire domination que celle de ces lois et le christianisme n'a-t-il pas lui-même avoué au commencement qu'il ne voulait que rendre plus tranchant le glaive de la loi juive (« il faut que pas une lettre de la Loi ne soit perdue »)?

Le libéralisme s'est borné à jeter sur le tapis d'autres idées, à la place du divin, l'homme, de l'Eglise, l'Etat, de la foi, « la science » et généralement à la place de propositions grossières, de préceptes, des concepts réels et des lois éternelles.

Maintenant c'est l'esprit seul qui règne dans le monde. Un nombre infini de concepts tourbillonnent dans les têtes et que font les champions du progrès? Ils nient ces concepts pour en mettre de nouveaux à la place ; ils disent : vous vous faites une fausse idée du droit, de l'Etat, de l'homme, de la liberté, de la vérité, de l'honneur ; les concepts de droit, d'Etat, etc., sont bien plutôt ceux que nous instituons maintenant. Ainsi s'enfonce chaque jour plus profondément le monde dans le désordre de l'idée.

L'histoire du monde en a usé cruellement avec nous et l'esprit a atteint une toute puissance absolue. Tu dois estimer mes misérables souliers qui pourraient protéger tes pieds nus, mon sel, qui donnerait du goût à tes pommes de terre et mon carrosse de gala dont la possession te mettrait à l'abri du besoin, tu ne dois pas les convoiter. Toutes ces choses et mille autres, témoignent à l'homme de leur indépendance, elles doivent être pour lui insaisissables et inaccessibles, il doit les considérer, les respecter; malheur à lui, s'il les désire et étend le doigt vers elles : nous appelons cela « dérober ».

Quelle est la part misérable qui nous reste? à peu près rien! Tout est mis à l'écart, nous ne devons nous permettre de toucher à rien qui ne nous soit donné, nous ne vivons que par la grâce du donateur. Tu ne peux pas toucher à une épingle que tu n'en aies obtenu la permission. Et obtenu de qui ? Du Respect. Ce n'est que lorsqu'il t'en a abandonné la propriété et que tu peux la respecter comme propriété, que cette épingle est à toi. Et en retour tu ne dois concevoir aucune pensée, dire aucune parole, commettre aucune action, qui trouve uniquement sa sanction en toi, au lieu de la recevoir de la morale, de la raison ou de l'humanité. Sans-gêne heureux de l'homme avide, avec quelle cruauté tenace n'a-t-on pas cherché à t'égorger sur l'autel de la timidité !

Mais autour de l'autel se voûte une église dont les murs s'écartent de plus en plus. Ce qu'ils enferment est sacré. Tu ne peux plus y parvenir, tu ne peux plus y toucher. Hurlant de faim, tu erres autour de ces murs à la recherche d'un peu de profane et toujours le cercle de ta course s'agrandit. Bientôt cette église recouvre toute la terre et te voilà repoussé à l'extrême bord ; encore un pas et le monde du sacré a vaincu : tu disparais dans l'abîme. C'est pourquoi, prends courage, n'erre pas plus longtemps dans le profane sur lequel la faux a déjà passé, risque le saut, rue-toi sur les portes et précipite-toi dans le sanctuaire. Quand tu auras dévoré la chose sacrée, tu l'auras faite tienne ! Digère l'hostie et tu en seras délivré !

3. — LES HOMMES LIBRES

On a présenté précédemment deux phases du développement humain, les anciens et les modernes ; on pouvait penser qu'une troisième catégorie indépendante et à part des autres allait suivre, celle des hommes libres. Il n'en est pas ainsi. Les hommes libres sont seulement plus modernes, les plus nouveaux parmi les « nouveaux » et ils ne forment une division particulière que parce qu'ils appartiennent au présent et que le présent revendique avant tout notre attention. Je ne donne l'homme libre que comme une traduction du libéral, mais, en ce qui concerne le concept de liberté et maint autre que je ne puis éviter de produire prématurément, je renvoie aux discussions ultérieures.

§ 1ᵉʳ. — Le libéralisme politique.

Quand, au xviiiᵉ siècle, on eut vidé jusqu'à la lie, le calice de la soi-disant royauté absolue, on s'aperçut trop bien que le breuvage qu'il contenait n'avait pas goût humain, pour ne pas jeter des regards de convoitise sur une autre coupe. Nos pères étaient des « hommes » et ils finirent par désirer être pris pour tels.

Celui qui voit en nous autre chose que des hommes n'est pas non plus homme pour nous, nous le considérons et le traitons comme une créature inhumaine; au contraire celui qui nous reconnaît homme et nous garde du danger d'êtres traités inhumainement, nous l'honorons comme notre véritable seigneur et maître.

Unissons-nous donc et que chacun de nous défende l'homme chez les autres ; nous trouverons dans notre union la protection nécessaire et nous formerons, alliés, une communauté d'hommes conscients de leur dignité d'hommes et unis comme « hommes. » Notre union c'est l'Etat, et nous sommes, nous les alliés, la nation.

Dans notre groupement en nation, en Etat, nous ne sommes que des hommes. En tant qu'individus, c'est à notre vie privée qu'il appartient exclusivement de régler comment nous pouvons nous comporter et à quels instincts égoïstes nous pouvons obéir ; notre vie publique, notre vie de citoyen est une vie purement humaine. Ce qu'il y a en nous d'inhumain et d'égoïste est rabaissé à une « affaire privée » et nous séparons nettement l'Etat de la « Société civile » dans laquelle se donne cours « l'égoïsme. »

L'Homme véritable, c'est la nation, mais l'homme isolé est constamment un égoïste. Donc faites abstraction de votre personnalité, de votre individualité isolée, en laquelle demeure l'inégalité égoïste et la discorde et consacrez-vous tout entier à l'Homme véritable, à la nation, l'État. Alors vous serez estimés comme hommes et vous aurez tout ce qui est le propre de l'homme ; l'Etat, l'homme vrai, vous reconnaîtra ses privilèges et vous donnera « les droits de l'Homme. » L'Homme vous donne ses droits !

Ainsi parle la bourgeoisie.

Le régime bourgeois se résume en cette pensée que l'État c'est l'homme vrai et que la valeur humaine de l'individu consiste à être un citoyen de l'État. Il met tout son honneur à être un bon citoyen, au-dessus il ne connaît rien, tout au plus cette vieillerie, — être un bon chrétien.

La bourgeoisie s'est développée à combattre les classes privilégiées qui la traitèrent comme « Tiers-Etat », cavalièrement et la rejetèrent pêle-mêle avec « la canaille » Jusqu'alors on avait considéré dans l'État les personnes comme inégales. Le fils d'un noble était pourvu de charges que convoitaient en vain les plus distingués de la bourgeoisie. Voilà ce qui provoqua la révolte chez les bourgeois. Plus de distinctions, plus de privilèges de personnes, plus de séparation entre les classes ! que tous soient égaux ! Désormais on ne doit plus poursuivre l'intérêt particulier, c'est l'intérêt général qui entre en jeu. L'Etat doit être une communauté d'hommes libres et égaux et chacun doit se vouer au « bien du Tout », disparaître dans l'Etat, faire de l'Etat son but, son idéal. L'Etat ! l'Etat ! tel fut le cri général et aussitôt l'on chercha la véritable, la meilleure « constitution de l'Etat », enfin la conception supérieure de l'Etat. La pensée de l'Etat entra au cœur de chacun et éveilla l'enthousiasme, servir ce Dieu terrestre, voilà quel fut le nouveau culte ; on voit poindre l'époque politique proprement dite ; servir l'Etat ou la nation, tel fut le suprême idéal, l'intérêt de l'Etat, l'intérêt suprême, le service de l'Etat (qui n'exige aucunement que l'on soit fonctionnaire), l'honneur suprême.

Ainsi donc on chassa l'intérêt particulier, les personnalités, et le dévouement à l'Etat devint un Schiboleth. On doit faire abandon de Soi et vivre seulement pour l'Etat. On doit agir « désintéressé. » Il ne faut pas vouloir être utile à soi, mais à l'Etat. Ainsi l'Etat est devenu proprement une personne devant qui la personnalité isolée disparaît ; ce n'est pas moi qui vis, mais lui qui vit en moi. L'homme étant devenu le désintéressement et l'impersonnalité même fut désormais gardé contre l'égoïsme antérieur. Devant ce Dieu, l'Etat, disparaissait tout égoïsme, devant lui, tous étaient égaux ; ils étaient, en laissant de côté les différences qui existaient entre eux, hommes et rien qu'hommes.

La propriété fut la matière essentiellement inflammable qui fit éclater l'incendie de la Révolution. Le gouvernement avait besoin d'argent, il était mis en demeure de prouver le principe que le gouvernement est absolu, et par conséquent seul maître de toute propriété, seul propriétaire. Il devait reprendre son argent qui se trouvait être la possession mais non la propriété de ses sujets. Au lieu de cela il convoque les États généraux, pour se faire accorder cet argent. On n'osa pas pousser la logique jusqu'au bout et l'illusion du pouvoir absolu fut détruite ; celui qui se fait « accorder » quelque chose ne peut pas être considéré comme absolu. Les sujets reconnurent qu'ils étaient propriétaires véritables et que c'était leur argent qu'on voulait. Ceux qui avaient été jusque-là sujets, parvinrent à la conscience qu'ils étaient propriétaires. Bailly dépeint en peu de mots la situation : « Si vous ne pouvez disposer de ma propriété sans mon consentement, à plus forte raison ne pouvez-vous disposer de ma personne, ni de tout ce qui se rapporte à mon être moral et social. Tout cela est ma propriété comme la pièce de terre que je cultive et j'ai un droit, un intérêt à faire moi-même les lois. » Les paroles de Bailly laissaient entendre que chacun était propriétaire. Cependant à la place du gouvernement, à la place du prince, ce fut la nation qui devint propriétaire et souveraine. Désormais l'idéal s'appellera « Liberté du peuple », « Un peuple libre », etc.

Déjà au 8 juillet 1789, la déclaration de l'évêque d'Autun et de Barrère détruisait l'illusion qu'un chacun, que l'individu pris isolément, eût une importance dans la législation : elle montrait la complète impuissance des commettants ; la majorité des représentants est devenue souveraine. Lorsqu'au 9 juillet on présente le plan de répartition des travaux relatifs à la constitution, Mirabeau fait observer que « le gouvernement a la force, non le droit ; ce n'est que dans le peuple que l'on trouve la source de tout droit ». Le 16 juillet il dit encore : « Le peuple n'est-il pas la source de toute force ? » Ainsi donc source de tout droit et de toute force ? Ici, soit dit en passant, apparaît le contenu du droit, la force. « Celui qui a la force a le droit. »

La bourgeoisie est l'héritière des classes privilégiées. En fait les droits des barons qui leur furent confisqués comme « usurpés » ne firent que passer à la bourgeoisie. Car la bourgeoisie s'appelait maintenant « la nation ». Tous les privilèges furent remis « aux mains de la nation. » Ils cessèrent ainsi d'être des privilèges : ce furent des « droits ». C'est la nation maintenant qui perçoit la dîme, qui exige les corvées, elle a hérité des cours de justice nobles, du droit de chasse, des serfs. La nuit du 4 août fut la nuit de mort des privilèges (Les villes aussi, les communes, les municipalités, étaient privilégiées, pourvues de droits seigneuriaux et féodaux); elle prit fin, une aube nouvelle apparut, celle du Droit, des « droits de l'État », des « droits de la nation ».

Le monarque en la personne du « souverain roi » était un bien misérable monarque, comparé au nouveau, à « la nation souveraine ». Cette monarchie était mille fois plus tranchante, plus sévère et plus conséquente. Contre le nouveau souverain il n'y avait plus aucun droit, plus de privilèges; combien est limité, en comparaison, le « roi absolu » de l'ancien régime. La révolution transforme la monarchie limitée en monarchie absolue. Désormais tout droit qui n'est pas conféré par ce monarque est une « usurpation ». Mais tout privilège qu'il confère est un « droit ». Les temps aspiraient à la monarchie absolue, c'est pourquoi fut renversée cette soi-disant monarchie absolue, qui s'entendait si peu à l'être qu'elle restait limitée par mille petits souverains.

Trouver le seigneur absolu auprès duquel il n'y aurait pas d'autres rois ou roitelets pour amoindrir sa force, fut le désir et l'effort constant des siècles et c'est la bourgeoisie qui fit cette œuvre. Elle a révélé le souverain qui seul confère des « titres », sans l'autorisation duquel rien n'est permis. « Ainsi nous savons maintenant que les Dieux ne sont rien dans le monde et qu'il n'y a pas d'autre Dieu que l'Unique [1] ».

On ne peut plus marcher contre le droit, comme on le fait contre un droit avec l'affirmation qu'il est un non-droit. On peut simplement dire qu'il est une folie, une illusion. Si on l'appelle un non-droit, il faut placer en face un autre droit et le mesurer à celui-ci. Si, au contraire, on rejette le droit comme tel, le droit en soi et pour soi, totalement, on rejette aussi l'idée du non-droit et l'on anéantit toute idée du droit à quoi se rattache l'idée du non-droit.

Que signifie la formule « nous jouissons tous de l'égalité des droits politiques ? » Tout simplement que l'État

1. Aux Corinthiens 8,4.

ne prend nulle garde à ma personne, que moi comme tout autre je ne suis pour lui qu'un homme, sans aucune autre signification pour lui. Je ne lui en impose pas comme noble, comme fils de noble, ou comme héritier d'un fonctionnaire dont l'emploi m'appartient à titre héréditaire (comme au moyen-âge, les comtés, etc... et plus tard sous la royauté absolue où apparaissent les places héréditaires). Aujourd'hui l'Etat a une masse de droits à conférer, par exemple, le droit de commander un bataillon, une compagnie, le droit de professer dans une université, etc...; il a à les conférer parce que ce sont les siens, les droits de l'État, ou des droits « politiques ». Il lui est indifférent à qui il les attribue, quand celui qui les reçoit remplit les devoirs qui résultent des droits cédés. Chacun de nous lui convient et lui est égal, l'un n'a ni plus ni moins de valeur que l'autre. Peu m'importe qui a le commandement de l'armée, dit l'État souverain, pourvu que celui qui en est investi s'entende à la chose. « Égalité des droits politiques » a ainsi pour sens que chacun peut acquérir tout droit conféré par l'État, pourvu qu'il remplisse les conditions qui s'y rattachent, conditions uniquement inhérentes à la nature du droit et qu'il ne faut pas chercher dans une préférence donnée à la personne *(persona grata)*. Le droit d'être officier, par sa nature même, emporte qu'il faut posséder des membres solides et une somme déterminée de connaissances, mais il n'a pas pour condition la naissance ; si, au contraire, le plus méritant des citoyens ne pouvait obtenir cette charge, il y aurait là inégalité des droits politiques ; chez les États d'aujourd'hui, ces principes égalitaires ont été plus ou moins suivis.

La monarchie de classes (je veux indiquer la royauté

absolue, l'époque royale antérieure à la Révolution) maintenait l'individu dans la dépendance de véritables petites monarchies. C'étaient des associations (sociétés) comme les corporations, la noblesse, le clergé, le tiers-état, les villes, les communes, etc... Partout l'individu devait d'abord se considérer comme membre de cette petite société et prêter obéissance absolue à l'esprit de cette société, à l'esprit de corps comme à son monarque absolu. Par exemple l'homme noble doit faire passer avant lui-même sa famille et l'honneur de sa race. C'est seulement par l'entremise de sa corporation, de sa classe, que l'individu se rattache à la grande corporation, à l'État ; de même que dans le catholicisme, l'individu ne communique avec Dieu que par le prêtre. Le tiers-État a mis fin à cela en ayant le courage de se nier comme classe. Il résolut de ne plus être une classe à côté d'autres classes, mais de se généraliser et de se proclamer « la Nation ». Il a créé ainsi une monarchie beaucoup plus parfaite et plus absolue, et le principe des classes, antérieurement dominant, le principe des petites monarchies inférieures à la grande s'effondre entièrement. On ne peut donc dire que la Révolution ait été dirigée contre les deux premières classes privilégiées, mais elle s'attaque principalement aux petites monarchies de classes. Si les classes et leur puissance tyrannique étaient brisées (le roi aussi était un roi de classe, non un roi citoyen), restaient les individus délivrés de l'inégalité des classes. Devaient-ils maintenant subsister réellement sans classe, libres de toute entrave, sans être reliés entre eux par un lien général ? Non, le tiers-État n'eut qu'à se déclarer nation, pour ne pas demeurer une classe à côté des autres, pour devenir la seule classe. Cette seule classe, c'est la nation, « l'État » (status).

Qu'était donc devenu l'individu ? Un protestant de la politique, car il était entré en relation directe avec son Dieu, l'État. Il n'était pas plus que le noble dans la monarchie-noblesse, que l'artisan dans la monarchie-corporation, mais lui et tous les autres reconnaissaient un seul souverain, l'État, qu'ils servaient et dont ils recevaient tous également le titre d'honneur de citoyen.

La bourgeoisie est la noblesse du MÉRITE[1], « au mérite sa récompense », voilà sa devise. Elle combattit contre la noblesse « paresseuse », car suivant elle, — noblesse laborieuse, acquise par l'assiduité et le mérite — ce n'est pas l'homme « né », ce n'est pas non plus moi qui suis libre, mais l'homme de mérite, l'honnête serviteur (de son roi, de l'État, du peuple dans les États constitutionnels). En servant, on acquiert la liberté, c'est-à-dire qu'on acquiert des états de services, quand bien même on servirait Mammon. On doit mériter de l'État, c'est-à-dire du principe de l'État, de son esprit moral. Celui qui sert cet esprit de l'État, est un bon citoyen, quelle que soit la profession qu'il exerce pourvu qu'elle soit conforme à la loi. Aux yeux des bourgeois le « novateur » fait un « métier ingrat » ; seul, le « boutiquier » est « pratique », car c'est le même esprit de boutiquier qui fait la chasse aux places, qui dans le commerce s'efforce de tondre ses brebis, et en général est à la recherche d'utilités pour soi-même et pour les autres.

Mais si les hommes de mérite passent pour libres (pour le bourgeois tranquille, le bon employé, cette liberté vers laquelle son cœur aspire n'est-elle pas complète ?) les « serviteurs » sont les hommes libres.

---

1. Mérite est la traduction de *Verdienst* dérivé de *Dienst*, service.

Le serviteur obéissant, voilà l'homme libre ! contresens insupportable ! Cependant c'est le sens de la bourgeoisie, et son poète Gœthe comme son philosophe Hegel ont su glorifier la dépendance du sujet esclave de l'objet, l'obéissance au monde objectif, etc... Celui qui sert exclusivement la cause, qui « se donne entièrement à elle », celui-là a la vraie liberté. Et la cause, chez les penseurs, ce fut la raison qui, pareille à l'État et à l'Église, donne des lois générales et tient enchaîné l'homme individuel par la pensée de l'humanité. Elle détermine ce qui est « vrai », elle montre la ligne à suivre. Il n'y a pas de gens plus « raisonnables » que les honnêtes serviteurs qui, uniquement pour les services qu'ils ont rendus à l'État, sont appelés bons citoyens.

Sois colossalement riche ou misérablement pauvre, l'État bourgeois t'en laisse la faculté ; sois seulement bien pensant, c'est tout ce qu'il te demande, et il considère comme sa tâche première de donner à tous « de bons principes ». C'est pourquoi il veut te garder des mauvais conseils, en tenant en bride les « gens malintentionnés », en réduisant au silence leur parole provocatrice par la censure, les amendes de presse ou la geôle, tandis que, d'autre part, il instituera censeurs des gens « bien pensants » et emploiera toutes sortes de gens « bien intentionnés » à la tâche d'exercer sur toi une influence morale. S'il a pu te fermer l'oreille aux mauvaises insinuations, il met alors tout son zèle à te l'ouvrir aux bons conseils.

Avec l'époque de la bourgeoisie commence celle du libéralisme. On cherche partout à établir des rapports « conformes à la raison et au temps », etc... La définition suivante du libéralisme, définition qui lui fait honneur, le caractérise entièrement : « Le libéralisme n'est pas autre chose que la connaissance de la raison appliquée à nos rapports existants. » Son but est un « ordre raisonnable », une « règle morale », une « liberté limitée » ; ce n'est pas l'anarchie, l'absence de loi, le règne de l'individu. Si la raison est souveraine, la personne succombe. Depuis longtemps, l'art, non content de laisser subsister le laid, le considère comme indispensable à sa propre existence et l'adopte : il a besoin du scélérat, du traître, etc. Dans le domaine religieux aussi, les libéraux extrêmes vont si loin qu'ils veulent que le plus religieux des hommes, c'est-à-dire le scélérat religieux, soit considéré comme citoyen d'État. Ils ne veulent plus rien savoir des tribunaux d'hérétiques. Mais contre la loi de raison personne ne doit se révolter, autrement on encourt les plus durs châtiments. On veut que ma raison seule — et non pas ma personne ou les miens — se meuve et se manifeste librement; c'est-à-dire qu'on veut la souveraineté de la raison, une souveraineté. Les libéraux sont des zélateurs non précisément de la Foi, de Dieu, etc... mais de la raison, leur souveraine. Ils ne supportent aucun manque d'éducation, et ne peuvent, par suite, supporter aucun développement personnel, aucune détermination personnelle : ils exercent une tutelle aussi soucieuse que celle des souverains les plus absolus.

« Liberté politique », qu'est-ce qu'il faut entendre par là? Sans doute la liberté de l'individu libre de l'État et de ses lois? Non, au contraire, l'assujettissement de l'individu dans l'État et aux lois de l'État. Mais pourquoi « liberté » ? Parce qu'on n'est plus séparé de l'État par des personnes intermédiaires, mais parce qu'on se trouve en rapport direct et immédiat avec lui, parce qu'on est citoyen de l'État, parce qu'on n'est pas le sujet d'un autre, pas même du roi, considéré comme personne, car seule sa qualité de « chef de l'État » nous fait ses sujets. La liberté politique, ce point fondamental du libéralisme, n'est pas autre chose qu'une seconde phase du protestantisme et court parallèlement à la « liberté religieuse [1] ». Faut-il entendre par cette dernière liberté qu'on est libre de toute religion ? Rien moins que cela. On n'est libre que des personnes intermédiaires, des prêtres médiateurs — abolition du « clergé séculier », ainsi — rapport direct et immédiat avec la religion et avec Dieu. Ce n'est que dans l'hypothèse que l'on a une religion, que l'on peut jouir de la liberté religieuse. Liberté religieuse n'est pas absence de religion, mais intériorité de la foi, commerce immédiat avec Dieu. Pour celui qui est libre au sens religieux, la religion est une cause qu'il a à cœur, elle est sa propre cause, elle est pour lui chose grave et sacrée. Ainsi en est-il pour l'homme libre politiquement. L'État est pour lui chose grave et sacrée, il est la cause qu'il a à cœur, sa cause essentielle, sa cause propre.

Liberté politique veut dire que la πολις, l'État est libre, liberté religieuse, que la religion est libre, liberté de conscience, que la conscience est libre, et pas du tout que je suis libre de l'État, de la religion, de la conscience, que j'en suis affranchi. Elle ne signifie pas ma liberté, mais la liberté d'une puissance qui me domine et me contraint ; elle signifie qu'un de nos tyrans, État, religion, conscience, est libre. État, religion, conscience, ces despotes me font leur esclave et leur liberté est ma servitude. Il s'ensuit qu'ils obéis-

---

1. Louis Blanc dit dans son *Histoire de dix ans*, p. 138, parlant du temps de la Restauration : « Le protestantisme devint le fond des idées et des mœurs ».

sent nécessairement au principe que « la fin sanctifie les moyens ». Si le bien de l'État est le but, la guerre est sanctifiée comme moyen ; la justice considérée comme but de l'Etat sanctifie la peine de mort, qui reçoit le nom sacré « d'exécution ». L'État sacré consacre tout ce qui lui profite.

La liberté individuelle sur laquelle le libéralisme bourgeois veille avec un soin jaloux, ne signifie aucunement une détermination personnelle absolument libre, par où mes actions sont entièrement miennes, mais seulement mon indépendance des personnes. Est individuellement libre, qui n'a de responsabilité envers aucun homme. Si l'on prend dans ce sens la liberté politique, et l'on ne peut la comprendre autrement, ce n'est pas seulement le tyran qui est libre comme individu, c'est-à-dire sans responsabilité envers les hommes (car il s'avoue responsable envers Dieu), mais tous ceux qui « ne sont responsables qu'envers la loi. » Cette sorte de liberté, le mouvement révolutionnaire de notre temps l'a conquise, elle nous a faits indépendants de l'arbitraire, du « tel est notre bon plaisir », Par suite le prince constitutionnel a dû être dépouillé de toute personnalité, de toute initiative individuelle, pour ne pas, comme individu, porter atteinte à la « liberté individuelle » des autres. La volonté personnelle du souverain disparaît dans le prince constitutionnel ; aussi, les princes absolutistes, avec un instinct sûr, se tiennent en garde contre le régime constitutionnel. Pourtant, ces princes s'efforcent d'être « des princes chrétiens » dans la meilleure acception du mot ; ils doivent être alors une puissance purement spirituelle, car le chrétien n'est soumis qu'à l'esprit, « Dieu est esprit. » En toute logique, c'est le prince constitutionnel qui peut représenter la puissance spirituelle, car dépourvu de toute signification personnelle, il ne subsiste qu'autant qu'il peut passer pour un pur « esprit », pour une idée. Le roi constitutionnel est le roi véritablement chrétien, pure conséquence du principe chrétien. Dans la monarchie constitutionnelle, il n'y a pas de suprématie individuelle, c'est-à-dire de maître doué d'une volonté réelle ; ici, c'est la liberté individuelle qui domine. Je suis indépendant de tout maître individuel qui pourrait me commander d'un « tel est notre bon plaisir. » La vie chrétienne, la vie spiritualisée est accomplie dans l'Etat constitutionnel.

La bourgeoisie se manifeste absolument libérale. Toute agression personnelle dans la sphère d'action d'un autre révolte le bourgeois : Si le bourgeois voit que l'on dépend de la fantaisie, du caprice, de la volonté d'un homme pris comme individu (c'est-à-dire non autorisé par une « puissance supérieure »), il sort alors son libéralisme et crie « à l'arbitraire. » Bref, le bourgeois-citoyen s'affirme libre de tout ce qu'on appelle ordre (ordonnance) : « Personne n'a rien à m'ordonner ! » Ordre signifie que ce que je dois accomplir est la volonté d'un autre homme, au contraire Loi n'exprime pas la puissance personnelle d'un autre. La liberté du régime bourgeois est celle qui nous fait libres ou indépendants de la volonté d'une autre personne, c'est la soi-disant liberté personnelle ou individuelle ; car être personnellement libre, ce n'est être libre qu'autant qu'aucune autre personne ne peut agir sur la mienne, autrement dit que ce que je puis faire ou ne puis pas faire ne dépend nullement de la détermination personnelle d'un autre.

La liberté de la presse entre autres est une de ces

libertés du libéralisme qui ne combat la contrainte de la censure que comme celle de l'arbitraire personnel, tandis qu'elle se montre extrêmement encline à exercer la tyrannie par « des lois de presse », en d'autres termes c'est pour eux-mêmes que les libéraux bourgeois veulent la liberté d'écrire ; car comme ils sont avec la loi, leurs écrits ne les feront pas tomber sous le coup de la loi. On ne peut imprimer que ce qui est libéral, c'est-à-dire légal ; autrement, les lois, les « pénalités de presse » vous menacent. La liberté personnelle paraît assurée, et l'on ne remarque pas, quand une certaine limite est dépassée, que c'est le règne de la plus criante des servitudes. Certes nous sommes affranchis des ordres et personne n'a plus rien à nous commander, mais nous sommes devenus d'autant plus soumis à la loi. Nous sommes maintenant esclaves selon toutes les formes du Droit.

Dans l'Etat bourgeois il n'y a que des « hommes libres » esclaves de mille contraintes. (Ex. la confession d'une foi, le respect, etc.). Mais qu'est-ce que cela fait ! c'est seulement l'Etat, la loi qui contraint, ce n'est pas un homme quelconque !

Que veut la bourgeoisie quand elle se révolte contre tout ordre personnel, c'est-à-dire contre tout ordre qui n'est pas fondé sur la « cause », sur la « raison », etc. ? Elle ne combat ici que dans l'intérêt de la « cause » contre la domination « des personnes » ! Mais tout ce qui est raisonnable, bon, légal, etc. est « cause » de l'esprit. C'est la « bonne cause ». La bourgeoisie veut une domination impersonnelle.

Si l'on accepte ce principe que seule la cause doit commander l'homme, la cause de la morale, de la légalité, etc., il faut aussi qu'en aucune façon l'amoindrissement d'un individu par un autre ne soit autorisé (comme précédemment, par exemple, quand la bourgeoisie était exclue des emplois de noblesse, la noblesse des professions bourgeoises, etc.), il faut qu'il y ait libre concurrence. C'est seulement par la cause qu'un homme peut dominer l'autre (ainsi c'est par l'argent, une cause, que le riche peut dominer l'homme qui n'a pas de fortune), il n'a pas d'action comme personne. Désormais il n'y a plus qu'une suprématie, celle de l'Etat; personnellement il n'y a plus un individu qui soit maître d'un autre. Déjà dès la naissance les enfants appartiennent à l'Etat, ils n'appartiennent aux parents qu'au nom de l'Etat qui par exemple n'admet pas l'infanticide, exige le baptême des enfants, etc.

Mais aussi pour l'Etat, tous les enfants sont égaux entre eux (égalité civile ou politique) et ils peuvent même voir le point où ils en sont entre eux ; ils peuvent concourir.

Libre concurrence signifie simplement qu'un chacun peut se manifester, se faire valoir, combattre contre un autre. Contre de telles tendances naturellement le parti féodal a lutté, car son existence dépend de la non-concurrence. Tel fut le fond des luttes de la Restauration française ; la bourgeoisie luttait pour la concurrence libre, les féodaux cherchaient à ramener le régime des corporations.

Aujourd'hui la libre concurrence a vaincu, et elle devait vaincre contre les corporations (pour plus de développements, voyez plus loin).

La Révolution aboutit à la réaction, et c'est seulement alors qu'apparut au jour ce qui faisait le fond propre de la Révolution. Car tout effort arrive à la réaction quand il atteint la réflexion ; il ne se précipite tumultueusement en avant dans l'action originelle que tant qu'il est une ivresse, une action irréfléchie. « Réflexion » est le mot sacramentel de la réaction, parce que la réflexion pose des limites et délivre de la licence et de l'indiscipline initiales, ce qui est l'objet même de sa recherche, le principe. D'impétueux compagnons, des étudiants ferrailleurs qui perdent de vue toute considération, sont proprement des philistins, car chez eux comme chez les autres, les considérations forment le fond de toute leur conduite ; comme étudiants rodomonts, ils les nient et s'insurgent contre elles ; plus tard, devenus philistins, ils les affirment et s'y soumettent. Toute leur pensée, toute leur action, dans les deux cas, tourne uniquement autour de « considérations », mais le Philistin en face du compagnon est réactionnaire, c'est l'étudiant turbulent venu à la réflexion, de même que celui-ci n'est qu'un philistin irréfléchi. L'expérience de tous les jours constate la vérité de ce retour et montre que les fiers-à-bras deviennent philistins en vieillissant.

Il en est ainsi de ce qu'on appelle la réaction en Allemagne, qui ne fut pas autre chose que la continuation réfléchie des transports belliqueux de la liberté.

La Révolution ne fut pas dirigée contre l'ordre des choses, mais contre un état de choses déterminé. Elle abolit tel souverain, non le souverain, jamais au contraire les Français ne furent plus impitoyablement dominés ; elle tua le vieux vice, mais voulut réserver à la vertu une situation sûre, c'est-à-dire qu'elle se contenta de remplacer le vice par la vertu (vice et vertu se distinguent l'un de l'autre comme un fougueux étudiant d'un philistin), etc.

Jusqu'aujourd'hui, le principe de la Révolution s'est borné à combattre contre tel ou tel état de choses, c'est-à-dire à être réformateur. Plus l'amélioration est grande, plus grand est le progrès réfléchi : seulement un nouveau maître est toujours mis à la place de l'ancien et la destruction est une reconstruction. On en est toujours à la distinction du jeune et du vieux philistin. La Révolution avec le soulèvement du Tiers, de la classe moyenne, débuta en philistin, elle triompha en philistin (*spiessbürgerlich*). Ce n'est pas l'homme individuel — celui-là seul est l'homme — qui devint libre, mais le bourgeois, le citoyen, l'homme politique, qui n'est pas l'homme mais un échantillon de l'espèce humaine, un exemplaire de l'espèce citoyen, un citoyen libre.

Dans la Révolution, ce n'est pas l'individu, mais un peuple qui joua un rôle historique : la Nation, la Souveraine voulut tout faire. Le moi imaginaire, l'idée qu'est la nation entre en action, c'est-à-dire que les individus se donnent comme instruments de cette idée et agissent comme « citoyens ».

Le régime bourgeois a sa puissance en même temps que ses limites dans la loi fondamentale de l'Etat, dans une charte, dans un prince légitime ou loyal qui se dirige et gouverne d'après « des lois raisonnables », bref dans la légalité. La période de la bourgeoisie est dominée par l'esprit anglais de légalité. Une diète d'états provinciaux a constamment présent à la mémoire que ses prérogatives sont enfermées dans telles ou telles limites, que ce n'est que par faveur qu'elle fut appelée, qu'elle peut par défaveur être licenciée. Elle fait sans cesse retour à sa mission.

Certes il est indéniable que mon père m'a créé; mais maintenant que je suis créé, peu m'importent les intentions qu'il avait en me créant, et à quoi il pouvait bien me destiner; je fais ce que je veux. Ainsi en France, au début de la Révolution, l'assemblée des Etats, dès sa convocation, eut le sentiment très juste qu'elle était indépendante de celui qui l'avait appelée. Elle existait et il eût été stupide de sa part de ne pas faire valoir son droit à l'existence, et de s'imaginer être encore sous la tutelle personnelle. Le mandataire n'a plus à se demander : que voulait le mandant lorsqu'il m'a créé? mais : qu'est-ce que je veux maintenant que j'ai obéi à l'appel qu'on m'a fait? Ni les mandants ou commettants, ni la charte en vertu de laquelle l'assemblée existe, rien n'est pour lui puissance sacrée et inviolable. Tout ce qui est en sa puissance lui est permis; il ne connaît aucun pouvoir restrictif du sien, il ne veut pas être loyal. Cela donnerait, si l'on pouvait attendre d'une Chambre quelque chose de semblable, une Chambre absolument égoïste, délivrée de tout cordon ombilical et sans considération pour rien. Mais les Chambres conservent encore le respect, aussi ne faut-il pas s'étonner de leur « égoïsme » si mitigé, si indécis, si hypocrite.

Les membres d'une classe doivent rester dans les limites qui leur sont assignées par la Charte, par la volonté du roi, etc. S'ils ne le veulent ni ne le peuvent, ils doivent sortir de la Société qui les a accueillis. Quel homme fidèle au devoir pourrait agir autrement et oserait s'imposer comme primant tout sa propre conviction, sa volonté? Qui pourrait être assez immoral pour faire valoir sa personnalité quand il devrait s'ensuivre la ruine de la corporation et de tout? Chacun demeure soucieusement dans la limite de son droit, de son pouvoir parce que personne ne peut plus qu'il ne peut. Certains disent que la puissance ou l'impuissance individuelle des miens doivent être les seules limites de mon pouvoir, la règle unique qui m'enchaîne. Dois-je accepter cette vue qui renverse tout ? Non, je suis un citoyen qui respecte les lois !

Le régime bourgeois suit une morale en relation étroite avec son essence. La première condition c'est que l'on ait une occupation solide, que l'on exerce une profession honorable, un commerce qui ne porte pas atteinte à la morale. A ce point de vue, le chevalier d'industrie, la fille de joie, le voleur, le bandit, le meurtrier, l'homme sans fortune et sans situation, l'homme léger, sont des gens immoraux. Le bon citoyen en les appelant « immoraux » formule la répulsion profonde qu'ils lui inspirent. Il manque à tous ces gens-là la stabilité, le solide, une vie honnête et bien assise, de bons revenus, etc., bref leur existence ne repose pas sur une base stable, et ils forment la catégorie des individus suspects, ils appartiennent à la classe dangereuse du prolétariat. Ce sont des « turbulents » qui n'offrent aucune garantie, n'ont « rien à perdre », et par conséquent rien à risquer. Par exemple, l'homme en s'engageant dans des liens de famille, s'enchaîne, lié, il offre une garantie, il est saisissable ; la fille de joie au contraire n'en fournit aucune. Le joueur risque tout au jeu, il se ruine lui et les autres ; — aucune garantie. On pourrait comprendre sous le nom de « vagabonds » tous les individus qui paraissent douteux, hostiles et dangereux au citoyen ; le vagabondage en tout genre lui déplaît. Car il y a aussi des vagabonds de l'intelligence qui trouvent la demeure héritée de leur père trop étroite et trop basse pour pouvoir s'en contenter ; au lieu de se tenir dans les limites d'une façon de penser modérée et de considérer comme vérités intangibles ce qui donne à des milliers d'hommes la consolation et le repos, ils sautent par dessus les barrières du traditionnalisme, et vagabonds extravagants, ils s'abandonnent sans frein aux fantaisies de leur critique impudente et de leur scepticisme effréné. Ils forment la classe des instables, des inquiets, des inconstants, c'est-à-dire des prolétaires et sont appelés, quand ils donnent libre cours à leur nature, des « mauvaises têtes ».

Tel est le sens vaste que l'on donne au prolétariat ou paupérisme. Comme l'on se tromperait si l'on attribuait à la bourgeoisie l'intention d'employer ses meilleures forces à mettre fin à la misère (paupérisme) ! Au contraire, le bon bourgeois se repose sur la formule consolante que « les richesses sont inégalement réparties et qu'il en sera toujours ainsi, suivant la sage décision du Seigneur. » La misère, qu'il rencontre à tous les coins de rue, l'entraîne tout au plus à faire quelque aumône, ou à procurer du pain et du travail à quelque pauvre homme « honnête et qu'on peut utiliser. » Mais sa jouissance paisible est d'autant plus troublée quand la misère, insatisfaite de son sort, avide de nouveauté, ne veut plus se tenir tranquille, refuse de souffrir, commence à s'agiter et à extravaguer. Emprisonnez le vagabond, enfermez le fauteur de désordres, dans le cachot le plus sombre ! Il veut « provoquer dans l'Etat le mécontentement et renverser l'ordre établi, » lapidez-le, lapidez-le !

Mais le mécontentement même donne lieu au raisonnement que voici : peu importe aux « bons citoyens » qui les protège eux et leurs principes, roi absolu ou constitutionnel, république, etc., pourvu qu'ils soient protégés. Et ils vouent leur « amour » à quiconque défend leur principe. Or quel est ce principe ?

Ce n'est pas celui du travail, ce n'est pas celui de la naissance. C'est le principe de la médiocrité, du juste-milieu : un peu de naissance, un peu de travail, bref une propriété qui porte intérêt. La propriété c'est ici ce qui est solide, donné, hérité (naissance) ; la production de l'intérêt, c'est la récompense de l'effort (travail), c'est donc le capital en travail. Mais pas d'exagération, pas d'ultra, pas de radicalisme ! Certes droit de naissance mais seulement possession innée ; certes travail, mais peu, et même aucun travail propre, mais travail du capital — et des travailleurs esclaves.

Quand une époque est engagée dans une erreur, les uns en tirent profit au détriment des autres. Au moyen-âge ce fut l'erreur commune à tous les chrétiens que l'Église devait avoir sur terre la toute puissance, la suprématie. Les ecclésiastiques non moins que les laïques crurent à cette « vérité » et furent ensemble esclaves d'une même erreur. Seulement cette erreur donnait aux ecclésiastiques l'avantage de la puissance au grand dommage des laïques qui demeuraient sujets. Mais comme « les infortunes nous rendent sages », les laïques parvinrent enfin à la sagesse et ne crurent plus longtemps à la vérité du moyen-âge. — Un rapport identique existe entre la classe bourgeoise et celle des travailleurs. Bourgeois et travailleurs croient à la « vérité » de l'argent ; ceux qui n'en possèdent pas n'y croient pas moins que ceux qui en possèdent ; ainsi les laïques avec les prêtres.

L'argent gouverne le monde, voilà le thème dominant de l'époque bourgeoise : un noble sans propriété, un travailleur qui ne possède rien sont des « meurt-de-faim » qui ne comptent pas au point de vue politique. La naissance et le travail n'y font rien, c'est l'argent seul qui donne à l'homme sa valeur. Ceux qui possèdent exercent la souveraineté, mais l'État prend parmi ceux qui ne possèdent pas, ses « serviteurs »; il les élève à son service et leur donne de l'argent (traitement) suivant la part qu'ils prennent à la souveraineté (gouvernment) qu'ils exercent en son nom.

Je reçois tout de l'État. Ai-je quelque chose sans l'assentiment de l'État ? Ce que j'ai sans qu'il y consente, il me le reprend aussitôt qu'il peut découvrir que je n'y ai pas « titre ». Ainsi donc, tout ce que j'ai, n'est-ce pas sa faveur, son consentement qui me le donne?

C'est là-dessus seulement, sur le titre légal, que s'appuie le régime bourgeois. Le bourgeois est ce qu'il est en raison de la protection, de la faveur de l'État. Il devrait s'attendre à tout perdre du jour où la puissance de l'État serait brisée.

Mais comment en est-il de celui qui n'a rien à perdre, du prolétaire ? Comme il n'a rien à perdre, il n'a pas besoin avec son « rien » de la protection de l'État. Il ne peut au contraire qu'y gagner à ce que la protection de l'État soit enlevée à ses protégés.

Ainsi donc celui qui ne possède pas considère l'État comme la puissance tutélaire du possédant qu'elle comble de privilèges, tandis qu'elle le suce jusqu'à l'épuisement, lui, le non-possédant. L'État, c'est l'État bourgeois, c'est la constitution même de la bourgeoisie. Il protège l'homme non pas suivant son travail, mais suivant son obéissance (« loyalisme »), suivant qu'il exerce les droits qui lui sont conférés par l'État, conformément à la volonté, c'est-à-dire aux lois de l'État.

Dans le régime bourgeois, les travailleurs tombent constamment sous le joug des possesseurs, c'est-à-dire de tous ceux qui ont à leur disposition un bien de l'État quelconque (or tout ce qui est susceptible d'être possédé est bien de l'État, appartient à l'État, et n'est que fief attribué à l'individu) particulièrement l'argent ou des biens territoriaux, ainsi le travailleur tombe aux mains des capitalistes. Le travailleur ne peut faire valoir son travail en raison de la valeur qu'il a pour ceux qui en jouissent. « Le travail est mal payé ! » Le capitaliste en tire le plus grand profit. Exception seulement pour les travaux de ceux qui contribuent à rehausser l'éclat et la domination de l'État, pour les travaux des hauts fonctionnaires qui sont bien, trop bien payés. L'État paye bien afin que ses « bons citoyens », — la classe possédante — puissent sans danger mal payer ; il s'assure par de bons traitements ses serviteurs dont il fait une arme de défense pour les « bons citoyens » une « police » (à la police appartiennent les soldats, les fonctionnaires de toutes sortes, par exemple ceux de la justice, de l'instruction publique, etc., bref toute la « machine de l'État ») et les « bons citoyens » lui versent bien volontiers de forts impôts pour pouvoir payer d'autant moins leurs travailleurs.

Mais la classe des travailleurs en ce qui concerne ses intérêts essentiels n'est pas protégée (car ce n'est pas comme travailleurs qu'ils jouissent de la protection de l'État, mais comme sujets qu'ils jouissent de la protection de la police, une soi-disant protection légale) aussi demeure-t-elle une force hostile à l'État, à cet État des gens qui possèdent, à cette « royauté bourgeoise ». Son principe, le travail, n'est pas reconnu à sa valeur, il est exploité, c'est le butin de guerre des possédants, des ennemis.

Les travailleurs ont entre les mains la puissance la plus formidable, s'ils en prenaient une fois conscience et voulaient la mettre en œuvre, rien ne leur résisterait : ils n'auraient qu'à cesser de travailler, qu'à considérer la matière travaillée comme la leur propre et à en jouir. Tel est le sens des agitations prolétaires qui se manifestent de temps à autre.

L'État repose sur l'esclavage du travail. Si le travail devient libre, l'État est perdu.

§ 2. — Le libéralisme social.

Nous sommes nés libres, or partout où nous jetons les yeux, nous voyons qu'on fait de nous des esclaves au service des égoïstes ! Devons-nous donc être égoïstes aussi ! Dieu nous en garde ! nous voulons plutôt rendre les égoïstes impossibles : nous voulons que tous soient des gueux, nous voulons que tous n'aient rien afin que « tout le monde » possède.

Ainsi parlent les socialistes.

Quelle est cette personne que vous appelez « tout le monde » ? — C'est la « société ». — Mais est-elle douée d'un corps ? — C'est nous qui sommes son corps ! — Vous ? mais vous n'êtes pas un corps ! Toi oui, tu as un corps, toi aussi, toi aussi, mais tous ensemble, vous êtes des corps, vous n'êtes pas un corps. Par conséquent, la société une a des corps à son service, mais elle n'a pas un corps un, en propre. Comme la « Nation » des politiques, elle n'est rien qu' « esprit », le corps en elle n'est qu'une apparence.

Dans le libéralisme politique, on entend par liberté de l'homme la liberté qui le fait libre des personnes, libre de la domination personnelle, libre du Seigneur : assurance de chaque personne prise individuellement contre toutes les autres, liberté personnelle.

Personne n'a à commander, la loi seule commande.

Mais si les personnes sont devenues é g a l e s, il n'en est pas de même de l'eurs p r o p r i é t é s. Et pourtant le pauvre a besoin du riche, le riche du pauvre; celui-ci a besoin de l'argent du riche, celui-là a besoin du travail du pauvre. Ainsi aucun ne recherche en l'autre la p e r s o n n e, mais le d o n n e u r, celui qui a quelque chose à donner, le propriétaire, le possesseur. Ce qui fait l'homme, c'est ce qu'il a. Or, en propriété, en « avoir », les hommes sont inégaux entre eux.

En conséquence, conclut le libéralisme social, personne ne doit a v o i r, de même que dans le libéralisme politique personne ne devait c o m m a n d e r, ici c'est à l'État seul que revient le commandement, là c'est à la s o c i é t é s e u l e que revient la propriété.

L'État en protégeant la personne et la propriété d'un chacun contre l'autre, les sépare l'un de l'autre : chacun est pour soi-même sa part, chacun a pour soi sa part. Celui à qui suffit ce qu'il est et ce qu'il a, trouve son compte à cet état de choses, mais celui qui voudrait avoir plus cherche des yeux ce plus et le trouve au pouvoir d'autres personnes. Il tombe ici sur une contradiction : en tant que personne nul n'est inférieur à un autre et cependant une personne a ce que l'autre n'a pas mais voudrait avoir. Ainsi, conclut-il, telle personne est pourtant plus que telle autre, car celle-ci a ce dont elle a besoin, celle-là ne l'a pas ; celle-ci est riche, celle-là est pauvre.

Mais, continue-t-il, devons-nous laisser revivre ce que nous avons justement enterré, devons-nous laisser régner l'inégalité des personnes rétablie par des voies détournées? Non, nous devons au contraire pousser jusqu'au bout, l'œuvre à moitié accomplie. Nous ne dépendons plus de la personne des autres, mais nous dépendons encore de ce qu'elle a en sa puissance personnelle, bref nous ne sommes pas libres encore de la « propriété personnelle ». Il faut nous en affranchir. Personne ne doit plus rien avoir, nous devons tous être — des gueux. Il faut que la propriété soit impersonnelle, qu'elle appartienne à la Société.

Devant le pouvoir suprême, l'unique autorité, nous étions devenus tous égaux, personnes égales, c'est-à-dire des zéros.

Devant le propriétaire suprême, nous devenons tous, au même titre, des gueux. Pour l'heure, tel est encore à l'estimation de l'autre, un « gueux », un « pauvre diable »; ces estimations ne seront bientôt plus de saison; nous sommes tous des gueux, et si nous considérons la masse totale de la société communiste que nous formons, nous pouvons nous intituler « la canaille ».

Quand le prolétaire aura fondé réellement la société qu'il rêve, où toute distance du riche au pauvre est abolie, alors il sera gueux, il tirera vanité d'être gueux; il pourra même donner au mot gueux l'acception honorable que la Révolution donna au mot « citoyen ». Le gueux est son idéal, nous devons tous devenir des gueux.

Tel est, dans l'intérêt de « l'humanité », le deuxième vol fait à la « personnalité ». On ne laisse à l'individu ni l'autorité ni la propriété: l'État a pris l'une, la Société, l'autre.

Comme c'est dans la Société que se manifestent les

pires misères, les opprimés, c'est-à-dire les membres des régions inférieures de la Société, pensent qu'il faut lui en attribuer la faute et se donnent pour tâche de découvrir la Société juste. C'est toujours l'antique illusion qui nous fait chercher la faute chez les autres et non en nous-mêmes ; c'est ainsi que nous rendons l'État responsable de l'avarice des riches, etc., qui pourtant doivent leur existence précisément à notre faute.

Les réflexions et conclusions du communisme paraissent très simples. Au point où en sont les choses, dans les conditions actuelles de l'État, les uns ont le désavantage sur les autres, et à vrai dire, c'est la majorité qui est en infériorité sur la minorité. Dans cette situation, les uns se trouvent en état de prospérité, les autres en état de nécessité.

Par suite, le présent état de choses, c'est-à-dire l'État (*status* = état) doit être aboli. Et quoi à la place ? A la place de la prospérité isolée — la prospérité générale, la prospérité de tous.

Par la Révolution, la bourgeoisie devint toute puissante, toute inégalité disparut en ce sens que chacun fut élevé ou abaissé à la dignité de citoyen : l'homme du commun fut élevé, le noble abaissé : le Tiers-État devint la seule classe, la classe des citoyens. Le communisme réplique alors : Notre dignité, notre essence véritable, ce n'est pas d'être tous enfants égaux de l'État, notre père, et d'avoir un droit égal à son amour et à sa protection, elle consiste en ceci que nous devons tous exister les uns pour les autres. Voilà notre véritable égalité ; en d'autres termes nous sommes tous égaux en ceci que, moi, toi, nous tous, nous déployons notre activité, nous « travaillons » chacun pour tous, chacun de nous est un travailleur. Cette inégalité ne repose pas sur ce que nous sommes par rapport à l'État, sur notre qualité de citoyens ; elle suppose que chacun de nous n'existe que par l'autre, qui tandis qu'il pourvoit à mes besoins, voit en même temps les siens satisfaits par moi-même. Par exemple il travaille pour mes vêtements (tailleur), moi pour ses plaisirs (auteur dramatique, danseur de corde, etc.), il pourvoit à ma nourriture (aubergiste, etc.), moi à son instruction (savants, etc.). Ainsi le régime du travail, voilà notre dignité et notre inégalité.

Quel avantage nous apporte le régime bourgeois ? Des charges ! Et à quel taux taxe-t-on notre travail ? Aussi bas que possible ! Mais le travail est pourtant notre seule valeur ; ce qu'il y a de meilleur en nous, ce qui fait notre raison d'être dans le monde, nous sommes des travailleurs, voilà quelle doit être notre signification, voilà ce qui doit prévaloir. Que pouvez-vous nous opposer ? — Uniquement du travail. C'est seulement pour du travail, pour des services que nous vous devons une récompense, non pour l'unique fait que vous existez : ce n'est pas pour ce que vous êtes pour vous-mêmes, mais pour ce que vous êtes pour nous. Qu'est-ce donc qui vous donne des droits sur nous ? Votre haute naissance, etc... ? Non. C'est seulement le fait que vous remplissez nos désirs ou que vous nous rendez des services. Ainsi donc, voilà la règle : nous voulons que vous nous estimiez en raison de nos services ; mais la réciproque doit avoir lieu de nous à vous. Les services, du moins les services qui ont pour nous une certaine valeur, déterminent la valeur, ainsi les travaux que nous exécutons les uns pour les autres, les travaux d'utilité générale. Chacun doit être aux yeux des autres un travailleur. Celui qui accomplit une utilité ne le cède à personne, en d'autres termes tous les travailleurs (travailleurs naturellement au sens de travailleurs pour l' « utilité générale », c'est-à-dire travailleurs communistes) sont égaux. Mais comme le travailleur vaut suivant son salaire, il faut donc que les salaires soient égaux.

Tant que la foi a suffi à l'honneur et à la dignité de l'homme, il a accepté sans révolte tout travail si astreignant qu'il fût du moment qu'il n'entravait pas sa foi. Maintenant au contraire où chacun doit se développer et devenir homme, la force qui tenait l'homme enchaîné à un travail machinal disparaît avec l'esclavage. Si un travailleur de fabrique est contraint de travailler à mort douze heures et plus par jour, il est empêché à jamais de devenir homme. Tout travail doit avoir pour but que l'homme en nous soit satisfait. Par conséquent, il faut que l'ouvrier soit passé maître dans chacun des travaux partiels qu'il exécute, qu'il puisse en créer un tout. Celui qui dans une fabrique d'épingles confectionne uniquement la tête, ou étire le fil, etc., travaille comme une mécanique, comme une machine ; il demeure une mazette, il n'est jamais maître : son travail ne peut le satisfaire, et ne fait que le fatiguer. Son travail pris en soi n'est rien, n'a aucun but en soi, n'est rien de fini : il travaille uniquement pour un autre et est utilisé (exploité) par cet autre. Pour ce travailleur au service d'un autre, les jouissances des esprits cultivés n'existent pas, tout au plus y a-t-il pour lui quelques plaisirs grossiers. La culture intellectuelle lui est fermée. Pour être bon chrétien on n'a besoin que de croire, chose qui peut se produire sous le régime le plus oppressif. Il s'ensuit que ceux qui pensent chrétiennement n'ont de souci que de maintenir dans la piété les travailleurs opprimés et ne songent qu'à leur prêcher la patience, la résignation, etc... Les classes opprimées ont pu supporter leur misère tant qu'elles furent chrétiennes, car le christianisme ne laisse pas grossir leurs murmures, ni leurs révoltes. Mais il ne sert plus maintenant de calmer leurs désirs, on veut les assouvir. La bourgeoisie a annoncé l'Évangile de la jouissance terrestre, matérielle, et elle s'étonne à présent que la doctrine trouve des adhérents parmi nous autres, pauvres gens ; elle a démontré que ce n'est pas la foi et la pauvreté, mais l'éducation et la propriété qui font le bonheur : Nous aussi, prolétaires, nous comprenons cela.

Le régime bourgeois a aboli l'autorité et l'arbitraire des individus, seulement il subsiste un arbitraire qui résulte de la conjoncture des circonstances et qui peut être appelé le hasard des choses : il reste le bonheur qui distribue ses faveurs et « les favoris du bonheur ».

S'il arrive par exemple qu'une branche d'industrie disparaisse et que des milliers de travailleurs se trouvent sans pain, il faut avoir la justice de reconnaître que la faute n'en est pas imputable à l'individu, mais que « le mal tient aux circonstances ».

Changeons donc les circonstances, mais changeons-les radicalement et de telle manière que le hasard soit impuissant et que ce soit là une loi ! Ne soyons pas plus longtemps esclaves du hasard ! Donnons-nous un nouvel ordre qui mette fin aux vicissitudes ; que cet ordre soit sacré !

Autrefois il fallait faire droit aux exigences des seigneurs pour réussir à quelque chose ; après la Révolution règne la formule : empare-toi du bonheur !

Chasse au bonheur ou jeu de hasard, voilà en quoi consiste la vie bourgeoise. A côté de cela, exigence nécessaire, quiconque a acquis un profit ne doit pas avoir la légèreté de le remettre en jeu.

Etrange et cependant bien naturelle contradiction. La concurrence au milieu de laquelle se déroule la vie bourgeoise et politique est absolument un jeu de hasard, depuis les spéculations de bourse, jusqu'à la brigue des emplois, la chasse aux clients, les intrigues pour l'avancement, les trafics de brocanteurs, etc... Si l'on réussit à distancer et à surpasser son concurrent, on fait un « beau coup », car il faut déjà considérer comme une chance d'être pourvu de dons, — que l'on a il est vrai, développés avec un soin assidu, — contre lesquels les autres savent ne rien pouvoir, c'est un bonheur de ne pas trouver dans la lutte de mieux doués que soi-même. Et maintenant ceux qui passent leur existence quotidienne au milieu de cette fluctuation constante de la fortune, sont pris sans y voir malice, d'une morale indignation, quand leur propre principe apparaît tout nu et, en tant que jeu de hasard, est cause de « malheurs ». Le jeu de hasard est vraiment une concurrence trop définie, trop dévoilée et blesse, comme une nudité éhontée, les sentiments de pudeur les plus respectables.

A cette loterie, les socialistes veulent mettre fin et former une société dans laquelle les hommes ne soient plus esclaves de la chance, mais soient libres.

Tout d'abord cet effort se manifeste de la façon la plus naturelle comme haine des « malheureux » contre les « heureux », c'est-à-dire de ceux pour qui le bonheur a fait peu ou rien, contre ceux pour qui il a tout fait.

En réalité, cette irritation n'en a pas aux heureux, mais au bonheur, cette plaie du régime bourgeois. Le communisme proclamant que l'activité libre est l'essence de l'homme, a besoin, comme tout sentiment quotidien, d'un dimanche, comme tout effort matériel, d'un Dieu, d'une élévation, d'une édification, à côté de son « travail » dépourvu d'idéalité.

Quand le communiste voit en toi l'homme, le frère, ce n'est là que le dimanche du communisme. Pour tous les jours il ne te considère pas le moins du monde comme homme, mais comme travailleur humain ou comme homme travailleur. Le principe libéral réside dans la première conception, dans la seconde se cache l'antilibéralisme. Si tu étais un « fainéant » certes il ne méconnaîtrait pas l'homme en toi, mais il chercherait à purifier cet homme paresseux qui est en toi de sa paresse et à te convertir à la foi que le travail de l'homme est « sa vocation et sa destinée ».

C'est pourquoi il se montre avec un double visage ; avec l'un, il veille à ce que la spiritualité de l'homme soit satisfaite, avec l'autre il examine les moyens de donner satisfaction à l'homme matériel, corporel. Il donne à l'homme la double fonction d'administrer ses biens et matériels et spirituels.

La bourgeoisie avait donné libre accès aux biens spirituels et matériels et laissé à chacun la faculté de rechercher ce qui excitait ses convoitises. Le communisme les procure réellement à tout homme, il les lui impose, il le contraint à les acquérir. Comme les biens matériels et spirituels peuvent seuls à ses yeux faire de nous des hommes, le communisme considère que sa tâche supérieure est de nous forcer à les acquérir sans objection afin que nous devenions des hommes. Le régime bourgeois avait fait le profit libre, le communisme y contraint et il ne connaît que l'homme qui lutte pour acquérir, l'homme qui exerce un métier. Il ne suffit pas que l'industrie soit libre, il faut t'en saisir.

Il reste à montrer que l'acquisition de ces biens ne fait encore de nous, en aucune façon, des hommes.

Avec le commandement libéral qui ordonne que chacun fasse de soi un homme, la conséquence nécessaire devait être que chacun pût gagner du temps pour pouvoir se livrer à ce travail d' « humanisation », en d'autres termes, qu'il fût possible à chacun de travailler pour soi.

La bourgeoisie crut en avoir donné le moyen en abandonnant toutes choses humaines à la concurrence, et en autorisant l'individu à les convoiter toutes : « Chacun peut aspirer à tout ! »

Le libéralisme social trouve insuffisant ce « peut » parce que peut signifie seulement qu'il n'est défendu à personne, non qu'il soit possible à chacun. En conséquence il affirme que le régime bourgeois n'est libéral qu'en paroles et qu'en fait il est profondément antilibéral. Lui, de son côté, veut nous donner à tous les moyens de pouvoir travailler pour nous-mêmes.

Certes le principe du bonheur ou de la concurrence est dominé par celui du travail. Mais en même temps, le travailleur, dans sa conscience que l'essentiel en lui-même c'est « le travailleur », se tient bien loin de l'égoïsme et demeure soumis à la suprématie d'une société de travailleurs, comme le citoyen dépendait résigné de l'État-concurrence. On continue à faire le beau rêve du « devoir social ». De nouveau on pense que la société nous donne ce dont nous avons besoin, par conséquent que nous lui sommes obligés, nous lui devons tout[1], on en reste donc toujours à vouloir servir un « dispensateur suprême de tous les biens ». Que la société ne soit pas un Moi qui puisse donner, prêter ou garantir, mais un instrument, un moyen que nous pouvons utiliser, dont nous pouvons tirer profit ; que nous n'ayons aucun devoir social, mais exclusivement des intérêts sociaux, que nous n'ayons aucun sacrifice à faire à la société, mais, si nous sacrifions quelque chose, que ce soit à nous-mêmes : voilà des choses auxquelles les socialistes n'ont jamais pensé, parce que, libéraux qu'ils sont, ils demeurent prisonniers d'un principe religieux et aspirent à une société religieuse, comme fut jusqu'ici l'État.

La société dont nous tenons tout, voilà le nouveau maître, le nouveau fantôme, nouvel « être suprême » auquel « nous engageons notre foi. »

Un examen plus serré du libéralisme politique et du libéralisme social trouvera plus loin sa place. Pour le moment nous passons outre pour les soumettre au jugement du libéralisme humain ou critique.

§ 3. — Le libéralisme humain.

Le libéralisme s'achève dans le libéralisme qui fait sa propre critique, le libéralisme « critique », dans lequel le critique demeure un libéral et ne va pas au delà du principe du libéralisme, l'homme ; il peut donc de préférence être nommé d'après l'homme et recevoir le titre « d'humain ».

---

1. Proud'hon, *Création de l'ordre*, p. 414. Dans l'industrie comme dans la science rendre publique une invention est le premier et le plus sacré des devoirs.

Le travailleur passe pour le plus matériel et le plus égoïste des hommes. Il ne fait absolument rien pour l'humanité, il ne travaille que pour lui-même, pour son bien-être.

La bourgeoisie ayant déclaré que l'homme n'était libre que par sa naissance, a dû, pour le reste, le laisser tomber aux griffes du monstre (l'égoïste). Par suite l'égoïsme sous le régime du libéralisme politique a un champ énorme à exploiter librement.

De même que le citoyen utilise l'État, ainsi le travailleur emploie la société pour ses buts égoïstes. « Egoïste tu n'as qu'un but, ton bien-être ! » Jette en reproche le libéral humain au socialiste. « Embrasse un intérêt purement humain et je suis avec toi ». Pour cela il faut une conscience plus forte, plus vaste qu'une conscience de travailleur. « Le travailleur ne fait rien, c'est pourquoi il n'a rien ; mais il ne fait rien parce que son travail reste constamment isolé, borné à ses propres besoins, parce qu'il est quotidien [1] ». On peut en contraste faire cette réflexion que le travail de Gutenberg n'est pas resté stérile, mais a créé une quantité innombrable d'enfants ; il avait en vue le besoin de l'humanité, voilà pourquoi il est éternel, impérissable.

La conscience du libéral humain méprise aussi bien la conscience du bourgeois que celle du travailleur. Car le bourgeois n'a de colère que pour les vagabonds (tous ceux qui n'ont pas « de profession déterminée »), et leur immoralité ; le travailleur s'emporte contre le paresseux (le fainéant) et ses principes « immoraux », parce qu'épuisants et antisociaux. Au contraire l'Humain répond : Si beau-

---

1. Bruno Bauer Lit. Ztg. V 18.

coup n'ont pas de situation stable, c'est ton œuvre, philistin! De ton côté, prolétaire, si tu veux forcer les autres à **peiner**, à faire de la société une galère universelle, c'est que récemment encore tu portais le bât. A vrai dire, en forçant tout le monde à peiner également, tu veux adoucir la peine à tous, et, ce n'est qu'en vertu de ce principe que tous indifféremment doivent gagner des loisirs. Mais qu'en feront-ils de ces loisirs? Que fait la « Société » pour les utiliser **humainement**? Il faut encore qu'elle laisse ces loisirs gagnés au bon plaisir égoïste de l'individu, et justement ce gain que crée ta **société** tombe aux mains de l'égoïste, de même que le gain de la bourgeoisie, l'**indépendance absolue de l'Homme**, ne pouvant être rempli par l'État avec un contenu humain, fut laissé à l'arbitraire.

Certes il est nécessaire que l'Homme n'ait pas de maître, mais il ne faut pas pour cela que l'Egoïste redevienne maître de l'Homme, il faut que l'Homme se rende maître de l'Égoïste. Certes l'Homme doit avoir des loisirs, mais si l'Egoïste les confisque à son profit, ils échappent à l'Homme ; c'est pourquoi vous devez donner à vos loisirs une signification humaine. Mais aussi, travailleurs, vous entreprenez votre travail poussés par des instincts égoïstes, parce que vous voulez manger, boire, vivre ; comment pourriez-vous être moins égoïstes dans vos loisirs ! Vous ne travaillez que pour, le travail accompli, pouvoir vous prélasser à votre aise (fainéantiser) et vous abandonnez au **hasard** le soin de vos loisirs.

Mais s'il faut que toutes les portes soient solidement verrouillées devant l'égoïsme, on doit tendre alors à l'action absolument désintéressée, au désintéressement total. Cela seul est humain, parce que seul l'Homme est désintéressé, l'Egoïste est toujours intéressé.

———

Supposons provisoirement le désintéressement. Alors nous demandons : Ne veux-tu prendre intérêt à rien, rien ne peut-il provoquer ton enthousiasme, Liberté, Humanité, etc... ? Si, certes, mais ce n'est pas un intérêt égoïste, ce n'est pas non plus le désintéressement, c'est un intérêt humain, c'est-à-dire théorique, intérêt qui ne s'attache pas à un individu ou à des individus (à « tous ») mais à une idée, à l'Homme.

Et ne remarques-tu pas que toi aussi tu n'as d'enthousiasme que pour ton idée, ton idée de liberté.

Et encore ne vois-tu pas que ton désintéressement comme le désintéressement religieux, n'est qu'un intérêt céleste ?

Car que t'importe le profit des individus? Tu crierais volontiers : « fiat libertas, pereat mundus ». Tu ne te soucies pas du lendemain, tu n'attaches aucune importance aux besoins des individus, à ton propre bien-être pas plus qu'à celui des autres; mais si tu n'attaches de valeur à rien, c'est parce que tu es un exalté.

Le libéral humain serait-il assez libéral pour considérer comme humain tout ce qui est possible à l'homme? Au contraire! Certes il ne partage pas le préjugé moral du Philistin à l'égard de la prostituée, mais « comme homme » il trouve méprisable que cette femme fasse de son corps « une machine à gagner de l'argent ». Il porte ce jugement : « la prostituée n'appartient pas à l'humanité, » ou bien : « autant une femme est prostituée, autant elle est dénuée du caractère d'humanité. Allons plus loin : le Juif, le chrétien, le privilégié, le théologien, etc. ne sont pas hommes ; tant que tu es Juif, etc. tu n'es pas homme. De nouveau apparaît le postulat impératif : Rejette de toi tout ce qui n'est pas toi après en avoir fait l'examen critique. Ne sois pas Juif, chrétien, etc., mais sois homme et rien qu'homme ! Que ces étroites caractéristiques soient dominées par ton « humanité »; par elle fais-toi homme et libre de tout ce qui veut te limiter, sois un « homme libre » c'est-à-dire reconnais l'humanité comme étant ton être qui détermine tout.

— Moi je dis, certes tu es plus que Juif, plus que chrétien, mais tu es aussi plus qu'homme. Ce ne sont là que des idées, mais toi, tu existes en chair et en os. Penses-tu être jamais « homme » au sens exact du mot ? Penses-tu donc que nos descendants ne trouveront plus de préjugés, ni de bornes à faire disparaître, auxquels nos forces n'ont pas suffi ? Crois-tu, dans quarante ou cinquante ans d'existence, avoir été si loin que les jours qui suivent ne te laisseront plus rien à résoudre, et que tu sois enfin l'Homme ? La postérité aura encore à lutter pour des libertés dont nous ne sentons pas même le besoin. A quoi emploieras-tu ces dernières libertés ? Si tu ne comptes pour rien avant d'être devenu homme, attends alors le jugement dernier, attends le jour où l'homme, l'humanité aura atteint sa perfection. Mais comme tu seras certainement mort avant, où donc sera le prix de ta victoire ?

C'est pourquoi tu feras mieux de chercher ta cause en toi-même et de te dire : je suis homme ! Je n'ai pas besoin de chercher à établir l'homme en moi, car il m'appartient déjà comme toutes mes qualités.

Mais comment peut-on, interroge le critique, être à la

fois Juif et homme ! Je réponds d'abord, on ne peut être ni Juif, ni homme, autrement « on » est Juif, « on » est homme devraient signifier la même chose ; « on » dépasse toujours de pareilles définitions. Schmul peut être aussi Juif qu'on peut l'être, il est impossible pourtant qu'il soit Juif et rien que Juif, parce que déjà il est ce Juif-ci. En second lieu comme Juif on ne peut être homme, si être homme signifie ne pas être quelque chose de particulier. Mais en troisième lieu — et cela dépend de l'individu — je puis comme Juif être entièrement ce que je puis être. Considérez Samuel, Moïse et autres, dans le sens où vous prenez le mot Homme, ceux-là même à votre sens ne furent pas encore « des hommes » et cependant il vous est impossible de concevoir qu'ils auraient dû s'élever au-dessus du judaïsme. Ils furent exactement ce qu'ils pouvaient être. En est-il autrement des Juifs d'aujourd'hui ? Parce que vous avez découvert l'idée d'humanité, s'ensuit-il que tout Juif puisse s'y convertir ? S'il le peut, il n'y manquera pas et s'il y manque — c'est qu'il ne peut pas. Que lui importe votre exigence, que lui importe cette vocation d' « homme » que vous lui imposez ?

La Société humaine, que nous promet l'Humain ne reconnaît rien qui soit particulier à tel ou tel individu, pour elle tout ce qui a un caractère « privé » est sans valeur. De cette façon le cercle du libéralisme s'achève complètement, il trouve dans l'Homme et dans la liberté humaine son bon principe, dans l'égoïste et dans toute chose privée, son mauvais principe — l'un est son Dieu, l'autre est son Diable. La personne particulière ou privée a perdu dans l'État sa valeur (plus de privilèges personnels) ; dans la Société des travailleurs ou des « gueux », la propriété particulière ou privée n'est plus reconnue, alors apparaît la « Société humaine » où tout ce qui est personnel ou privé tombe hors de considération. Alors la « pure critique » ayant accompli son rude labeur, on saura tout ce qui est privé, tout ce que l'homme « dans le sentiment aigu de son néant » devra laisser subsister.

L'État et la Société ne suffisent pas au libéralisme humain, il les nie tous les deux en même temps qu'il les conserve. On dit par exemple que la tâche de l'époque n'est pas « politique, mais sociale » et de nouveau on nous promet pour l'avenir, l' « État libre ». En réalité la « Société humaine » est à la fois l'État le plus général et la Société la plus générale. Quand on affirme que l'État attache trop d'importance aux intérêts privés spirituels (par exemple à la foi religieuse des gens), ce n'est que de l'État restreint qu'il s'agit ; quand on affirme que la Société fait trop d'embarras des intérêts privés matériels, c'est à la Société restreinte uniquement qu'on s'attaque. L'un et l'autre doivent abandonner les intérêts privés aux gens du privé et ne se préoccuper comme société humaine que des intérêts humains généraux.

Les politiques, en voulant abolir la volonté personnelle, l'arbitraire individuel, n'ont pas remarqué que dans la propriété, la volonté personnelle trouvait un sûr refuge.

Les socialistes aussi, quand ils veulent abolir la propriété individuelle, ne remarquent pas qu'elle a une durée assurée dans l'individualité. N'y a-t-il donc comme propriété que l'argent et les biens territoriaux, et toute opinion n'est-elle pas chose mienne, propre ?

Ainsi donc il faut que toute opinion personnelle soit abolie ou rendue impersonnelle. A la personne il n'appartient aucune opinion ; mais de même que l'on a transféré la volonté personnelle à l'État, la propriété à la Société, de même l'opinion individuelle doit être transportée à un être général « à l'homme » et devenir par là une opinion générale.

Si l'opinion personnelle subsiste, alors j'ai mon Dieu, ma foi, ma religion, ma pensée, mon idéal. Dieu en réalité n'est que « mon Dieu », il est ma croyance, il est « ma foi » ; c'est pourquoi une foi humaine générale doit apparaître, « le fanatisme de la liberté », ce sera proprement une foi en harmonie avec « l'essence de l'homme » et comme « l'homme » seul est raisonnable [Moi et Toi pouvons être très déraisonnables !] ce sera une foi raisonnable.

De même que la volonté propre et la propriété sont impuissantes, de même en doit-il être de l'individualité ou de l'égoïsme en général.

Dans ce développement suprême de « l'homme libre », l'égoïsme, la propriété est combattue en principe et des buts aussi secondaires que la « prospérité » sociale des socialistes, etc. disparaissent devant « l'idée supérieure de l'humanité ». Tout ce qui n'a pas de « caractère humain général » est quelque chose à part, ne satisfait que quelques-uns ou un seul, ne les satisfait que comme individus isolés, non comme hommes et est appelé pour cela « égoïstique ».

Pour les socialistes, la prospérité publique est encore le but suprême tandis que les libéraux politiques s'accommodaient du struggle ; elle est libre aussi, et libre de se procurer ce qu'elle veut avoir, comme précédemment celui qui voulait s'engager dans le *struggle* (la concurrence) en avait le libre choix.

Seulement, pour prendre part à la concurrence vous n'avez besoin que d'être citoyens, pour participer à la prospérité il suffit que vous soyez des travailleurs. Jusqu'ici ces deux termes n'ont pas une signification identique au mot « homme ». L'homme n'est véritablement tel que quand il est « spirituellement libre », car l'homme est esprit, c'est pourquoi toutes les puissances étrangères à cet esprit, toutes les puissances inhumaines, surhumaines et célestes doivent être renversées et le nom d' « homme » doit être placé au-dessus de tous les noms.

Ainsi donc au déclin des temps nouveaux comme au début de ces temps, c'est encore la « liberté spirituelle » qui apparaît comme la chose suprême.

Au communiste en particulier le libéral humain dira : Si la Société t'assigne ton activité, sans doute elle est libre de l'influence des individus, c'est-à-dire des égoïstes, mais elle n'a pas encore besoin pour cela d'une « pure activité humaine » et il n'est pas encore nécessaire que tu sois un organe complet de l'humanité. Quelle que soit l'activité que la Société exige de toi, elle demeure encore livrée au hasard ; la Société pourrait te donner la tâche de construire un temple, etc., et quand même elle ne le ferait, tu pourrais de ta propre initiative employer ton activité à une folie, à une monstruosité ; il y a plus, tu ne travailles en réalité que pour te nourrir, enfin pour vivre, par amour pour cette vie et pas du tout pour la glorification de cette humanité. Par conséquent ta libre activité n'est atteinte que lorsque tu te délivres de toutes les sottises, de tout ce qui est inhumain, c'est-à-dire égoïste (de tout ce qui appartient à l'individu, non à l'homme qui existe dans l'individu), que tu résous toutes les pensées fausses qui obscurcissent l'idée-humanité, bref quand il n'y a plus d'entraves à ton activité devenue « essentiellement humaine » et que tu ne vis et n'agis que pour l'humanité. Mais ce n'est pas le cas, tant que le but de ton effort n'est que ta prospérité et celle de tous : ce que tu fais pour une société de gueux n'est encore rien pour une « société d'Hommes ».

Le travail seul ne te fait pas Homme, parce que c'est quelque chose de formel, et que son objet dépend du hasard ; il dépend de ce que toi, le travailleur, tu es. Car en général tu peux travailler par instinct égoïste (matériel) uniquement pour te procurer nourriture, etc. Ce doit être un travail qui fait avancer l'Humanité, établi sur le bien de l'Humanité, contribuant à l'évolution historique c'est-à-dire humaine, bref un travail humain. Pour cela il faut deux choses, d'abord qu'il profite à l'humanité, puis qu'il sorte d'un « homme ». La première condition peut se retrouver dans tout travail, car même les travaux de la nature, par exemple des bêtes, peuvent être utilisés pour l'avancement des sciences, etc. ; la deuxième exige que le travailleur sache le but humain de son travail, et comme il ne peut avoir cette conscience que quand il se sait homme, la condition décisive, c'est la conscience de soi-même.

Certes, il y a déjà progrès, quand tu cesses d'être un « travailleur partiel » mais ta vue ne porte que sur l'ensemble de ton travail, et tu en acquiers une conscience qui est encore loin d'être une conscience personnelle, la conscience de ton vrai « moi », de ton véritable « être », l'homme. Il reste encore au travailleur l'aspiration vers une « conscience supérieure » que son activité de travail ne peut apaiser et qu'il satisfait à l'heure du repos. C'est pourquoi, à côté de son travail, il y a le repos et il se voit contraint de proclamer humains simultanément le travail et la paresse et même de considérer la fainéantise et le chômage comme la véritable noblesse du travail. Il ne travaille que pour se débarrasser du travail, il ne veut faire le travail libre que pour se faire libre du travail.

Bref son travail n'a pas un contenu qui le satisfasse parce que c'est la société seule qui le lui impose, ce n'est qu'un pensum, une tâche, une mission, et inversement sa société ne le satisfait pas parce qu'elle ne lui donne qu'à travailler.

Le travail devrait le satisfaire comme homme: au lieu de cela il satisfait la société; la société devrait le traiter en homme et elle le traite en travailleur gueux ou en gueux travailleur.

Le travail et la société ne sont pour lui que des utilités qui correspondent non pas à ses besoins d'« homme », mais d'« égoïste ».

Telle est la critique contre le régime du travail. Elle fait apparaître l'« esprit », mène le combat de l'« esprit contre la masse »[1] et déclare que le travail communistique est un travail sans spiritualité, accompli par les masses. Paresseuse comme elle l'est, la masse aime à s'alléger le travail. Dans la littérature livrée aujourd'hui à la masse, cette crainte du travail a engendré une évidente superficialité qui ne se donne plus la peine de l'« observation ».

C'est pourquoi le libéral humain vous dit: vous voulez le travail, parfait! nous le voulons également dans toute

---

[1]. Lit. Ztg. v.

son ampleur. Nous ne le voulons pas pour gagner des loisirs mais pour trouver en lui-même toute satisfaction. Nous voulons le travail parce qu'il est notre développement personnel.

Mais le travail alors doit être en rapport avec cette conception! Le travail humain conscient de soi, le travail sans intentions « égoïstes » n'ayant pour but que l'homme, qui permet de dire : *laboro ergo sum*, voilà le seul travail qui honore l'homme. Le libéral humain veut le travail de l'esprit qui met en œuvre toute matière, il veut que l'esprit ne laisse aucune chose tranquillement en l'état, qu'il ne soit jamais en repos, analyse tout et soumette à une nouvelle critique tout résultat acquis. C'est cet esprit continuellement agité qui fait le véritable travailleur, il extirpe les préjugés, anéantit les bornes et barrières et élève l'homme au-dessus de tout ce qui voudrait le dominer, tandis que le communiste ne travaille que pour soi et pas même librement, mais sous l'empire de la nécessité; bref ses travaux sont des travaux forcés.

Un travailleur de ce genre n'est pas égoïste car il ne travaille pas pour des individus, ni pour soi, ni pour d'autres, car il ne travaille pas pour des hommes « privés » mais pour l'humanité et son avancement : il n'admet pas même les douleurs privées et ne se soucie pas des besoins individuels, mais il abaisse les barrières entre lesquelles l'humanité était entassée, dissipe les préjugés qui dominent toute une époque, surmonte les obstacles qui ferment la route de l'humanité, écarte les erreurs où elle était engagée, découvre les vérités qu'il trouve pour tous et pour tous les temps — il ne vit et ne travaille que pour l'humanité.

Avant tout, celui qui découvre une grande vérité sent

bien qu'elle peut être utile aux autres hommes, et, comme une réserve jalouse ne lui procure aucune jouissance, il communique sa découverte; mais bien qu'il ait conscience que sa communication a pour les autres la plus haute valeur, pourtant ce n'est aucunement pour eux qu'il a cherché et trouvé sa vérité, mais pour lui-même parce qu'il y aspirait lui-même, parce que l'obscurité et l'erreur ne lui ont pas laissé de repos qu'il n'eût employé le meilleur de ses forces à se procurer la lumière.

Ainsi c'est pour lui-même qu'il travaille et pour son propre besoin. Que son travail soit utile aux autres et même à la postérité, cela n'en détruit nullement le caractère égoïste.

D'autre part, bien qu'il n'ait travaillé que pour lui-même, pourquoi son acte serait-il humain, alors que celui des autres ne le serait pas, c'est-à-dire serait égoïste? Est-ce parce que ce livre, ce tableau, cette symphonie, etc., est l'œuvre de tout son être, parce qu'il y a mis le meilleur de lui-même, qu'il s'y est donné entièrement et qu'on peut l'y retrouver tout entier, tandis que l'œuvre d'un ouvrier ne reflète que l'ouvrier, c'est-à-dire l'habileté professionnelle, non « l'homme »? Nous avons tout Schiller dans ses poèmes, au contraire des centaines de poêles nous ferons penser au « poêlier », non à l'homme.

Mais cela ne veut-il pas dire: vous me voyez dans telle œuvre aussi complètement que possible, dans telle autre vous ne voyez que mon habileté? N'est-ce pas moi en retour que le fait exprime? et n'est-il pas plus égoïste de se présenter au monde dans une œuvre au sein de laquelle on travaille et l'on développe sa personnalité que de rester caché derrière son travail? Certes tu vas dire que tu manifestes l'homme, seulement l'homme que tu manifestes c'est toi-même; ce n'est que toi-même; mais la différence entre toi et le travailleur est celle-ci: le travailleur ne s'entend pas à comprimer et à enfermer tout son être dans un travail; pour connaître sa personnalité il faut la chercher dans les autres relations de la vie, enfin son besoin qui a causé cette œuvre était purement théorique.

Mais tu répondras que tu révèles un homme plus digne, plus haut, plus grand, un homme qui est plus homme que tel autre. Je veux bien admettre que tu accomplisses l'humainement possible, que tu réussisses ce que d'autres ont manqué. En quoi consiste ta grandeur? En cela précisément que tu es plus que les autres hommes (« la masse »), que tu es plus que ne sont ordinairement les hommes, plus que les « hommes ordinaires », en un mot, ta grandeur consiste dans ta supériorité sur l'homme. Parce que tu es, tu ne te distingues pas des autres hommes, mais parce que tu es un homme « unique ». Tu montres bien ce qu'un homme peut accomplir, mais tandis que toi, homme, tu l'accomplis, d'autres hommes ne le peuvent en aucune manière : ce n'est que comme homme unique que tu as accompli la chose, et en cela tu es unique.

Ce n'est pas l'homme qui fait ta grandeur, mais toi qui la crées, parce que tu es plus qu'homme et plus puissant que les autres hommes.

On ne croit pas pouvoir être plus qu'homme. Bien au contraire on ne peut pas être moins!

De plus on croit que tout résultat obtenu vient au profit de l'Homme. Que je sois Homme ou comme Schiller, Souabe, comme Kant, Prussien, comme Gustave Adolphe, myope, mes supériorités feront de moi un

Homme, un Souabe, un Prussien distingué. Mais cela ne signifie guère plus que la canne de Frédéric le Grand qui était célèbre à cause de Frédéric.

A l'antique formule « rendez hommage à Dieu » correspond la formule moderne « rendez hommage à l'homme. » Mais Moi je pense qu'il vaut mieux conserver pour Moi cet honneur.

La critique en émettant l'exigence que l'homme soit « humain », exprime la condition nécessaire de la société, car ce n'est que comme homme, parmi les hommes, qu'on est sociable. Elle annonce ainsi son but social, l'établissement de la « société humaine ».

Parmi les théories sociales, la Critique est incontestablement la plus achevée, parce qu'elle éloigne et déprécie tout ce qui sépare l'homme de l'homme ; tous les privilèges jusqu'au privilège de la foi. En elle, le principe d'amour du christianisme, le vrai principe social arrive à sa réalisation la plus pure, en elle, est fait le dernier effort possible pour détruire chez les hommes l'exclusivisme et le parti pris de repousser : combat contre l'égoïsme sous sa forme la plus simple et la plus dure, l'exclusivisme, l'individualisme.

« Comment pouvez-vous véritablement vivre en société, tant qu'il existe parmi vous un tel exclusivisme. »

Je demande au contraire comment pouvez-vous vraiment être uniques tant qu'il existe entre vous un seul rapport. Si vous avez ensemble connexion, vous ne pouvez vous séparer, si un « lien » vous attache ensemble, vous n'êtes quelque chose qu'ensemble ; et vos douze font une douzaine, vos mille font un peuple, vos millions l'humanité !

« Ce n'est que quand vous êtes humains que vous pouvez, comme hommes, avoir des relations avec les autres, de même que c'est seulement si vous êtes patriotes, que vous pouvez comme patriotes vous comprendre. » Parfait ! Et moi je réponds : « C'est seulement si vous êtes uniques que vous pouvez comme tels avoir des rapports ensemble. »

C'est précisément le critique le plus impitoyable qui se trouve le plus rudement frappé par la fatalité de son principe, tandis qu'il se débarrasse de tous les exclusivismes les uns après les autres, cléricalisme, patriotisme, etc. Il résout tous les liens les uns après les autres, se sépare du clérical, du patriote, etc., tant qu'enfin, ayant fait éclater tous les liens, — il reste seul. Il doit exclure précisément tous ceux qui ont quelque chose d'exclusif, de privé, et que peut-il y avoir de plus exclusif, que la personne elle-même, l'unique !

Ou bien pensez-vous qu'il vaudrait mieux que tous fussent « hommes » et abandonnassent l'exclusivisme ? justement parce que « tous » signifie « tout individu » il reste là la plus flagrante des contradictions, car l'individu est l'exclusivisme même. Si l'« humain » ne laisse plus rien de privé ou d'exclusif à l'individu, s'il ne lui laisse aucune pensée ou folie privée, s'il le dépouille de tout à son nez à sa barbe, si sa haine pour tout ce qui est privé est absolue et fanatique, s'il ne connaît pour lui aucune tolérance, parce que toute chose privée est inhumaine, sa critique cependant ne peut abolir la personne privée elle-même, car la dureté de la personne individuelle lui fait obstacle et il doit se contenter d'annoncer cette personne comme personne privée, et de lui rendre réellement tous ses attributs privés.

Que va faire la Société qui ne se préoccupe plus du privé ? Le rendre impossible ? Non, mais « le subordonner à ses intérêts et, par exemple, laisser à la volonté privée la faculté d'établir autant de jours de fête qu'elle veut, à la condition qu'elle n'entre pas en conflit avec l'intérêt général [1] ». Toute chose privée est laissée libre, c'est-à-dire n'a pour la Société aucun intérêt.

« L'Église et la religiosité en prohibant toute science ont exprimé ce qu'elles sont, ce qu'elles furent toujours, mais sous une autre apparence, quand on les donnait pour la base et le fondement nécessaire de l'État, — une affaire purement privée. Aussi même quand elles se rattachèrent à l'État, qu'elles firent l'État chrétien, elles prouvèrent par elles-mêmes que l'État n'avait pas encore développé son idée politique générale et se contentait d'établir des droits privés. Elles furent simplement la plus haute expression de ce principe que l'État est chose privée et n'a affaire qu'aux choses privées. Mais quand enfin l'État aura le courage et la force de remplir sa destination générale et d'être libre, quand il sera aussi en situation de donner aux intérêts particuliers et aux affaires privées leur vraie position, — alors l'Église et la religion seront libres comme elles ne l'auront jamais été jusque-là ; elles seront abandonnées à elles-mêmes comme étant choses d'ordre purement privé et satisfaction de besoins purement personnels ; toute individualité, toute municipalité, toute communauté religieuse, pourra pourvoir à la félicité des âmes comme elle l'entendra et de la façon qu'elle jugera nécessaire. Chacun se souciera du salut de son âme, autant que ce sera pour lui un besoin personnel, il reconnaîtra et paiera comme père spirituel celui qui paraîtra lui présenter les meilleures garanties pour la satisfaction des besoins de son âme et finalement la science sera hors de cause [2] ».

1. Bruno Bauer, *Judenfrage*, S. 66.
. Bruno Bauer, *Die gute Sache der Freiheit*, S 62, 63.

Qu'arrivera-t-il pourtant ! La vie sociale prendra-t-elle fin et verra-t-on disparaître toutes relations, toute fraternité, tout ce qu'engendre le principe d'amour ou de société ?

Comme s'il était possible que l'homme ne cherchât pas toujours son semblable, parce qu'il lui est nécessaire, qu'il n'ait pas toujours recours à lui quand il lui sera nécessaire ! Mais la différence, c'est que l'individu s'unira réellement à l'individu, tandis que précédemment il était lié à lui : avant la majorité un lien relie le fils au père, après, ils peuvent aller indépendants, avant la majorité ils étaient rattachés l'un à l'autre comme membres de la famille (ils étaient les serfs de la famille), après, ils s'unissent comme égoïstes, les catégories de père et de fils subsistent, mais le fils et le père ne s'y rattachent plus.

Le dernier privilège, en réalité, c'est « l'Homme » ; par lui tous sont privilégiés ou fieffés.

Comme le dit Bruno Bauer : le privilège subsiste quoique étendu à tous [1].

Ainsi le libéralisme passe par les phases suivantes :

1° L'individu n'est pas l'homme, par conséquent sa personnalité isolée ne compte pour rien, ni volonté personnelle, ni fantaisie, ni ordre ou ordonnance !

2° L'individu n'a rien d'humain, par conséquent ni mien, ni tien, pas de propriété.

3° Comme l'individu n'est pas homme et qu'il n'a rien d'humain, il doit comme égoïste et avec son caractère égoïste être anéanti par la critique et faire place à l'Homme « qui vient seulement d'être découvert ».

Mais bien que l'individu ne soit pas homme, l'homme cependant existe dans l'individu, et, comme tout spec-

[1]. Bruno Bauer, *Judenfrage*, S. 60.

tre, comme toute chose divine, a son existence en lui. Par suite le libéralisme politique attribue à l'individu tout ce qui lui revient comme « homme de naissance » comme homme-né, en quoi l'on compte la liberté de conscience, la propriété, etc., bref les « droits de l'homme » ; le socialisme accorde à l'individu ce qui lui revient comme homme actif, comme « travailleur », finalement le libéralisme humain donne à l'individu ce qu'il a comme « Homme », c'est-à-dire tout ce qui appartient à l'humanité. Par conséquent l'individu n'a absolument rien, l'humanité a tout, et la nécessité de la résurrection prêchée dans le christianisme est exigée sans équivoque et de la façon la plus absolue. Dans une nouvelle créature, deviens « Homme ».

On croirait entendre la parole finale du Pater noster. A l'Homme appartient la domination (la « force » ou Dynamis) ; c'est pourquoi aucun individu ne peut être Seigneur, mais l'Homme est le Seigneur de l'individu — ; le royaume c'est-à-dire le monde est à l'Homme, c'est pourquoi l'individu ne doit pas être propriétaire ; mais l'Homme, c'est-à-dire « tous », règne sur le monde, sa propriété — l'Homme ou l'Humanité est le but de l'individu, c'est pour lui qu'il travaille, vit, pense, c'est pour sa plus grande gloire que l'individu doit devenir « Homme ».

Les hommes se sont toujours efforcés jusqu'ici de trouver une communauté où leurs inégalités seraient « inessentielles » ; ils luttèrent pour l'égalisation par conséquent pour l'égalité et voulurent mettre toutes les têtes sous le même bonnet, ce qui signifie tout uniment qu'ils cherchèrent un seigneur, un lien, une foi. (« Nous croyons tous à un seul Dieu »). Il ne peut y avoir pour les hommes quelque chose de plus général ou de plus égal que l'homme même, et dans cette communauté l'instinct d'amour a trouvé sa satisfaction ; il n'a pas eu de repos qu'il n'eût effectué ce dernier nivellement, aplani toutes les inégalités, et placé tous les hommes cœur à cœur. Dans une communauté plus étroite, on opposait le Français à l'Allemand, le chrétien au Mahométan, etc. Maintenant au contraire l'homme est opposé aux hommes, et comme les hommes ne sont pas l'homme, l'homme est opposé aux non-hommes.

La proposition « Dieu est devenu homme » s'est transformée en celle-ci « l'homme est devenu moi ». Ce moi est le moi humain. Mais nous, nous renversons la proposition et disons : Je n'ai pu me trouver tant que je me suis cherché comme homme ; mais maintenant il apparaît que l'homme cherche à devenir moi et à acquérir en moi une corporalité, je remarque bien pourtant que tout dépend de moi, et que l'homme sans moi est perdu. Mais je ne puis consentir à me faire le tabernacle de ce Très-Saint et ne m'inquiéterai pas à l'avenir de savoir si mon activité réalise l'homme ou le non-homme : qu'on me délivre de cet esprit importun.

Le libéralisme humain procède radicalement. Quand bien même tu prétends n'être ou n'avoir quelque chose de particulier que sur un point unique, quand bien même, entre tous tes privilèges tu n'en voudrais conserver qu'un seul et ne revendiquer qu'un droit unique, qui n'est pas « un droit commun à tous les hommes », tu es un égoïste.

Eh bien ! qu'il en soit ainsi ! Je ne veux rien avoir de particulier sur les autres, je ne veux me distinguer d'eux par rien, je ne revendique sur eux aucun privilège, je ne me mesure pas non plus aux autres et ne veux aucun droit en général. Je veux être tout ce que je puis être, je veux avoir tout ce que je puis avoir. Que m'importe que les autres aient et soient quelque chose de semblable ? Ils ne peuvent avoir également, identiquement, ils ne peuvent être égaux, identiques. Je ne leur porte pas plus atteinte que je ne porte dommage au rocher parce que j'ai sur lui « la supériorité » du mouvement. S'ils pouvaient avoir ce que j'ai, ils l'auraient.

Pour ne léser personne, la condition essentielle est de ne posséder aucun privilège ; renoncer à tout avantage, c'est la pure théorie du renoncement. On ne doit pas se considérer comme « quelque chose de particulier » par exemple comme juif ou chrétien. Quant à moi maintenant je ne me considère plus ainsi, mais je me tiens pour unique. Certes j'ai de l'analogie avec les autres ; mais cette analogie n'a de valeur que pour la comparaison ou la réflexion ; en fait, je suis incomparable, unique. Ma chair n'est pas votre chair, mon esprit n'est pas votre esprit. Si vous les réunissez sous les termes généraux de « chair » et « esprit », ce sont là vos pensées qui n'ont rien à faire avec ma chair et mon esprit, n'ont rien à prétendre sur mon moi.

Je ne veux rien reconnaître ou respecter en toi, ni le propriétaire, ni le gueux, pas même l'homme, mais de toi je veux seulement user. Je trouve que le sel donne du goût à mes aliments, c'est pourquoi je l'y mêle, je reconnais que le poisson est une chair excellente, c'est pourquoi je m'en nourris, en toi je découvre le don de m'égayer la vie, c'est pourquoi je te choisis pour compagnon. Ou bien j'étudie dans le sel la cristallisation, dans le poisson, l'animalité, en toi, l'homme, etc., pour moi tu n'es que ce que tu es pour moi, c'est-à-dire mon objet, et, parce que mon objet, ma propriété.

La gueuserie s'achève dans le libéralisme humain. Il nous faut d'abord nous ravaler à la pire gueuserie, à la pleine misère, si nous voulons atteindre à ce qui est le propre de l'homme, car il faut nous débarrasser de tout ce qui nous est étranger. Or rien ne paraît plus gueux que l'Homme dans sa nudité.

Pourtant je dépasse encore la gueuserie quand je rejette aussi l'homme parce que je sens qu'il m'est étranger et que je ne puis rien m'en imaginer. Ce n'est plus seulement pure gueuserie, car le dernier haillon étant tombé, il reste la nudité vraie, dépouillée de tout ce qui lui est étranger. Le gueux a lui-même dépouillé sa gueuserie et par là cesse d'être ce qu'il était, un gueux.

Je ne suis plus gueux, mais je l'ai été.

Jusqu'ici la dispute ne pouvait aller jusqu'à la rupture, parce qu'en réalité il n'y a combat qu'entre les néo et les vieux-libéraux, entre ceux qui comprennent la liberté « dans une certaine mesure » et ceux qui veulent la « pleine mesure » de la liberté, les modérés et les radicaux. Tout tourne autour de la question : Jusqu'à quel point l'homme doit-il être libre ? que l'homme doive être libre, c'est la foi de tous ; c'est pourquoi aussi tous sont libéraux. Mais l'Inhumain qui est ancré au fond de tout individu comment lui fait-on obstacle ? Comment peut-on admettre qu'il ne faille pas laisser le non-homme libre simultanément avec l'homme ?

Le libéralisme entier a un ennemi mortel, un invincible contraire, comme Dieu a le Diable ; à côté de l'Homme il y a le Non-Homme, l'individu, l'égoïste. L'État, la Société, l'Humanité ne peuvent dompter ce Diable.

Le libéralisme humain poursuit la tâche de montrer aux autres libéraux qu'ils ne sont pas arrivés encore à vouloir la liberté.

Si les autres libéraux n'avaient devant les yeux qu'un côté très restreint de l'égoïsme et étaient aveugles pour le reste, le libéralisme radical a contre soi l'égoïsme « en masse », et rejette dans « la masse » tous ceux qui ne font pas comme lui de la cause de la liberté leur cause propre, et désormais l'homme et le non-homme sévèrement séparés sont ennemis irréductibles : ainsi d'une part « la masse », de l'autre « la critique » ; ainsi la « critique libre, humaine[1] », opposée à la critique grossière (par exemple la critique religieuse).

La critique exprime l'espoir qu'elle triomphera de toute la masse et lui délivrera un « certificat général d'indigence[2]. » Elle veut avoir raison, en fin de compte, et représenter tout conflit entre « lâches et pusillanimes » comme une ergoterie égoïste, comme chose petite et misérable. Toute discorde perd de son importance, tous les petits différends disparaissent, parce que, dans la critique, un ennemi commun entre en lice. « Vous êtes tous égoïstes, l'un ne vaut pas mieux que l'autre ! » Maintenant les égoïstes se tiennent unis contre la critique.

Vraiment les égoïstes ? Non, s'ils combattent contre la critique, c'est précisément parce que celle-ci est cause de l'égoïsme ; ils ne font pas l'aveu de leur

---

1. Judenfrage 6.114.
2. Lit. Ztg. V..

égoïsme. Par conséquent la critique et la masse se tiennent sur la même base : des deux côtés, on combat l'égoïsme, on le renie, chacun des partis le renvoie à l'autre.

La critique et la masse poursuivent le même objet, se libérer de l'égoïsme et leur rivalité se ramène à atteindre ce but.

Les juifs, les chrétiens, les obscurantistes, les politiciens, les communistes, bref tous repoussent énergiquement toute accusation d'égoïsme, or, comme maintenant la critique leur fait ce reproche sans métaphore et dans le sens le plus étendu, tous s'en justifient en combattant l'égoïsme, l'ennemi même auquel la critique fait la guerre.

La critique et la masse sont toutes deux ennemies de l'égoïsme et cherchent toutes deux à s'en libérer aussi bien en s'en lavant et en s'en purifiant, qu'en l'attribuant à la partie adverse.

Le critique est le vrai « porte-paroles de la masse » qui lui donne « l'idée simple et les façons de parler » de l'égoïsme ; en comparaison les porte-paroles auxquels la Lit. Ztg., V. 24, donne la palme, n'étaient que des mazettes. Il en est le prince et le général en chef dans la guerre d'affranchissement qu'elle mène contre l'égoïsme, et elle combat ce qu'il combat. Mais il est en même temps son ennemi, non pas manifestement, mais un ennemi-ami, qui agite le knout derrière les pusillanimes pour les forcer au courage.

En conséquence, l'antagonisme de la critique et de la masse se réduit au dialogue suivant : Vous êtes des égoïstes ! — Non, nous ne le sommes pas ! — Je vous le prouverai ! — Nous nous justifierons !

Prenons-les donc tous deux pour ce qu'ils se donnent, pour non-égoïstes ; et pour quoi ils prennent l'autre, pour égoïstes!

Ils sont égoïstes et ne le sont pas.

— La critique dit proprement : tu dois délivrer ton moi de toutes ses entraves, si totalement qu'il devienne un Moi humain. Je dis moi : délivre-toi autant que tu peux, alors tu auras fait l'œuvre propre qui t'incombe, car il n'est pas donné à chacun de renverser toutes les bornes ou, plus explicitement : ce qui borne l'un ne borne pas l'autre. Conséquemment, ne te mets pas en peine des bornes des autres. Il suffit que tu arraches les tiennes. Qui donc a jamais réussi à faire disparaître une seule borne pour tous les hommes. Aujourd'hui comme de tout temps ne sont-ils pas en nombre immense ceux qui tournent dans « les limites étroites de l'humanité ? » Celui qui renverse une de ses propres limites montre ainsi aux autres la voie à suivre ; leur affaire est de renverser leurs propres limites. Et personne ne fait autre chose : Demander aux gens qu'ils soient tout à fait hommes, c'est exiger le renversement de toutes les limites humaines. C'est impossible parce que l'homme n'a pas de limites. J'en ai certes, mais les miennes seules me conviennent et c'est moi seul qui puis les forcer. Je ne puis devenir un Moi humain, parce que je suis exactement moi et ne suis pas uniquement homme.

Voyons pourtant encore si la critique ne nous a pas enseigné quelque chose que nous puissions prendre à cœur !

Je ne suis pas libre, je ne suis pas homme tant que je suis lié à un intérêt quelconque. Maintenant, bien qu'il m'importe peu d'être libre ou homme, je ne veux cependant laisser passer aucune occasion de m'imposer, de me faire valoir. La critique m'offre cette occasion en m'enseignant que si quelque chose se fixe en moi et devient indestructible, j'en deviens moi le prisonnier et le valet, c'est-à-dire, j'en suis possédé. Un intérêt, qu'il s'attache à ce qu'on voudra, si je ne peux m'en détacher m'a comme esclave, et n'est plus ma propriété ; c'est moi qui suis la sienne. Admettons par suite l'enseignement de la critique : ne laisser aucune parcelle de notre propriété prendre de la stabilité et ne nous trouver à notre aise que dans la décomposition.

La critique dit ainsi : Tu n'es homme qu'autant que tu critiques et que tu décomposes infatigablement ! Nous disons nous : Je suis homme sans cela et je suis aussi moi, c'est pourquoi je ne veux apporter mes soins qu'à assurer ma propriété et, pour l'assurer, je la ramène constamment à moi, j'anéantis en elle toute velléité d'indépendance, et je l'absorbe avant qu'elle puisse se fixer, devenir une « idée fixe » ou « une maladie ».

Je fais cela non pas pour obéir à une « mission humaine, » mais parce que « je m'en donne la mission ». Je ne me vante pas de résoudre tout ce qu'il est possible à un homme de résoudre, et par exemple, tant que je n'ai pas atteint dix ans, je ne m'avise pas de critiquer la stupidité des choses que l'on me commande, mais cependant je suis homme et j'agis humainement en les laissant encore incritiquées. Bref, je n'ai aucune mission et je n'en sais aucune, pas même la mission d'être homme.

Dois-je montrer maintenant ce que le libéralisme dans ses divers efforts a atteint? Certes aucun des résultats acquis n'est perdu ! Seulement l'homme étant désormais libre par le libéralisme, je tourne mes regards sur moi-même et je m'avoue en toute franchise, que ce que l'homme paraît avoir gagné, c'est moi seul qui l'ai gagné.

L'homme est libre quand « l'homme est devenu pour l'homme, l'être suprême ». Pour que le libéralisme s'accomplisse, il faut donc que tout autre être suprême soit anéanti, que la théologie soit renversée par l'anthropologie, que Dieu et sa grâce soient bafoués et que « l'athéisme » devienne général.

L'égoïsme de la propriété a perdu sa dernière ressource quand le « Mon Dieu » même est devenu vide de sens, car Dieu n'existe que s'il a à cœur le salut de l'individu, comme ce dernier cherche en lui son salut.

Le libéralisme politique abolit l'inégalité des maîtres et des serviteurs, il inaugure l'État sans maître, l'anarchie. On éloigne le Seigneur de l'individu, de l' « égoïste » pour en faire un fantôme, la loi ou l'État. Le libéralisme social abolit l'inégalité de la propriété, la distinction des pauvres et des riches, il fait disparaître la propriété. Elle est enlevée à l'individu et transportée au fantôme de la Société. Le libéralisme humain abolit Dieu, il est athée. Il faut donc que le Dieu de l'individu, le « Mon Dieu » disparaisse. La disparition du maître a pour conséquence celle des serviteurs, l'abolition de la propriété entraîne l'insouciance ; l'anéantissement de Dieu est suivi de la ruine des préjugés; avec le maître disparaît le valet, avec la propriété le souci qu'elle donne, avec ce Dieu si fortement enraciné en nous la superstition; mais le maître ressuscitant comme État, le serviteur reparaît comme citoyen ; la propriété individuelle devenant propriété sociale, le soin de la propriété se présente de nouveau sous la forme du travail, et comme l'Homme à la place de Dieu est devenu le préjugé nouveau, une foi nouvelle apparaît, la foi en l'humanité, en la liberté. Le Dieu de tous, « l'Homme », est devenu le Dieu de l'individu : « notre but suprême est d'être homme ! » Mais comme personne ne peut réaliser tout à fait ce qu'il y a dans l'idée d' « homme », l'Homme demeure pour l'individu un au-delà sublime, un être suprême jusqu'ici non atteint. Mais c'est en même temps le « vrai Dieu » parce qu'il nous est complètement adéquat, qu'il est notre propre « Nous-même » : Nous-même, mais non pas séparé de nous et supérieur à nous.

Remarque.

L'examen précédent de la « critique libre de l'homme » ainsi que les autres passages que l'on trouvera plus loin se rapportant aux écrits de même tendance, a été, immédiatement après l'apparition des livres en question, écrit par fragments et je n'ai guère fait que les rassembler ici. Mais la critique pousse toujours infatigablement en avant et m'oblige maintenant que mon livre est écrit jusqu'au bout à revenir encore une fois sur cet examen et à ajouter les remarques qui suivent.

J'ai devant moi le dernier recueil du « Journal général de Littérature » de Bruno Bauer.

Au-dessus de tout on retrouve « les intérêts généraux de la Société », seulement la critique a réfléchi et a fait disparaître la confusion qui existait antérieurement : « l'État » que l'on célébrait encore dans les pages précédentes comme « État libre » est complètement abandonné parce qu'il ne peut en aucune façon remplir la tâche de la « Société humaine ». C'est seulement en 1842 que la critique s'est vue « contrainte à identifier l'être humain à l'être politique », mais enfin elle a trouvé que l'État, même comme « État libre », n'est pas la Société humaine, autrement dit que le peuple n'est pas « l'homme ». Nous avons vu qu'elle en a fini avec la théologie et clairement montré que devant l'Homme, Dieu disparaît ; nous la voyons de même apparaître dans toute sa pureté en politique, établir que devant l'Homme les peuples et les nationalités s'anéantissent et résoudre l'Église et l'État en les déclarant inhumains. Nous verrons encore — elle nous le révèle déjà — quelle preuve elle emploie pour démontrer qu'en face de l'Homme la masse qu'elle nomme elle-même un « être spirituel » se manifeste sans valeur. Comment devant l'Esprit suprême, les « êtres spirituels inférieurs » pourraient-ils tenir ? L'Homme jette à bas les faux dieux et prend leur place.

Ainsi l'intention du critique, c'est d'examiner « la masse » qu'il établit en face de l'homme pour pouvoir la combattre en partant de lui. « Quel est maintenant l'objet de la critique ? » — « La masse, être spirituel ! » Le critique « apprendra à la connaître » et trouvera qu'elle est en contradiction avec l'homme, il établira qu'elle est inhumaine il réussira à faire cette preuve aussi bien qu'il a démontré que Dieu, la Nation, l'Église, l'État n'ont rien d'humain.

La masse est définie comme étant « le produit le plus caractéristique de la Révolution, la foule déçue que les mirages trompeurs de la culture politique et en général de toute la culture du xviii° siècle, ont terriblement indisposée. » La révolution satisfit les uns par ses résultats et laissa les autres insatisfaits ;

la partie satisfaite c'est le Tiers-Etat (Bourgeoisie, Philistins, etc.). La masse est la partie insatisfaite. Dans ces conditions, le critique n'appartient-il pas lui-même à la masse ?

Mais les mécontents n'ont encore qu'un malaise très obscur, et leur mécontentement se borne à s'exhaler en une « mauvaise humeur infinie ». Leur maître à tous sera le critique insatisfait : il ne peut tendre à autre chose qu'à délivrer la masse de sa « mauvaise humeur ». Aussi veut-il « combler le fossé profond qui le sépare de la masse ». Il se distingue de ceux qui « veulent relever les classes inférieures » en ceci qu'il ne veut pas seulement délivrer les autres, mais se délivrer lui-même de son « mécontentement ».

D'ailleurs sa conscience ne le trompe pas quand elle lui dit que la masse est « l'ennemie naturelle de la théorie » et prévoit que plus la théorie se développera, plus elle fera de la masse un tout compacte. Car le critique avec son hypothèse « l'homme » ne peut l'éclairer ni la satisfaire. Si en face de la bourgeoisie, elle n'est que « la classe inférieure », une masse sans signification politique, à plus forte raison, relativement à l'« homme » elle doit être une « masse » pure et simple sans signification humaine, une masse inhumaine, une foule d'êtres qui n'ont rien d'humain.

Le critique fait table rase de tout ce qui est humain et partant de l'hypothèse que l'Humain est le vrai, il travaille contre lui-même en attaquant l'Humain partout où on l'a trouvé jusqu'ici. Il prouve simplement que l'Humain ne peut se trouver nulle part ailleurs que dans sa tête, tandis que l'Inhumain peut être trouvé partout. L'Inhumain c'est le réel, ce qui existe partout, et le critique en prouvant que ce n'est pas « l'Humain » exprime catégoriquement cette tautologie que c'est précisément l'Inhumain.

Mais qu'arriverait-il si l'Inhumain se tournant résolument le dos à soi-même, se détournait aussi du critique qui cherche à l'inquiéter et, sans se laisser ébranler par ses discours, le laissait en plan ? « Tu me nommes l'Inhumain, pourrait-il lui dire, je le suis en effet..... pour toi, mais je ne le suis que parce que tu me poses en contraste avec l'humain, et je ne pouvais me mépriser qu'autant que je subissais cette comparaison. J'étais méprisable parce que je cherchais mon « meilleur moi » hors de moi ; j'étais l'Inhumain, parce que je rêvais de l'Humain ; j'étais pareil aux gens pieux qui ont faim de leur « vrai moi » et restent toujours « de pauvres pécheurs ». Je ne me pensais toujours que par rapport à un autre, bref, je n'étais pas absolument tout pour moi, je n'étais pas l'unique. Mais maintenant je cesse de me présenter à moi-même comme étant l'Inhumain, je ne veux plus me mesurer ni me laisser mesurer à l'homme. Je ne reconnais plus rien au-dessus de moi — et ainsi Dieu l'a ordonné, ô Critique humain. Je n'ai été qu'accidentellement l'Inhumain, je ne le suis plus maintenant, mais je suis l'unique et même, ce qui est pour toi une abomination, je suis l'égoïste, non pas l'égoïste qui se mesure à l'Humain et au Désintéressé, mais l'égoïste dans le sens de — l'Unique. »

Il nous faut encore examiner une autre proposition du même recueil. « Le critique n'établit aucun dogme et ne veut apprendre à connaître que les choses. »

Le critique craint de devenir « dogmatique » ou d'établir des dogmes. Naturellement, il deviendrait par là le contraire du critique ; si bon critique qu'il fût, il deviendrait mauvais, et de désintéressé égoïste.

« Surtout pas de dogme ! » tel est son dogme ! Car le critique reste, avec le dogmatique, sur le même terrain, celui de la pensée. Pareil à ce dernier, il part constamment d'une pensée, mais il en diffère en ce sens qu'il ne perd pas de vue la pensée fondamentale dans le processus de la pensée et ne la laisse pas se fixer. Il fait seulement prévaloir l'évolution de la pensée sur la foi en la pensée, il oppose le progrès à la stagnation. Devant la critique il n'y a pas d'idée qui soit certaine, car la critique est l'acte de penser, l'esprit pensant même.

C'est pourquoi je répète que le monde religieux — qui est précisément le monde des idées — atteint son achèvement dans la critique dont la pensée va au delà de toutes les idées, aucune d'elles ne pouvant se fixer « égoïstement ». Que deviendrait la « pureté de la critique », la pureté de la pensée, si une seule idée échappait au procès général de la pensée ? On s'explique ainsi que le critique plaisante légèrement de temps à autre l'idée d' « homme, d'humanité » ; il pressent qu'il y a là une idée en voie de se fixer dogmatiquement. Mais il ne peut la résoudre avant d'en avoir trouvé une autre « supérieure » en laquelle elle disparaisse, car il ne se meut que dans le monde des idées. Cette idée supérieure pourrait être exprimée comme celle du mouvement de la pensée ou du procès même de la pensée, c'est-à-dire comme la pensée de la pensée ou la critique.

De cette façon la liberté de pensée est devenue absolue en fait ; la liberté de l'esprit célèbre son triomphe : car les pensées isolées, « égoïstes » ont perdu leur violence dogmatique. Il n'est rien resté que le dogme de la libre pensée ou de la critique.

Contre tout ce qui appartient au monde de la pensée, la critique est dans le droit, c'est-à-dire dans la force : elle est triomphatrice. La critique, et la critique seule, « se tient en haut des temps ». Du point de vue de la pensée, il n'y a aucune puissance qui pourrait être supérieure à la sienne, et c'est plaisir de voir avec quelle légèreté et comme en se jouant, ce dragon absorbe comme vermisseaux toutes les autres pensées. Le ver a beau se tortiller il le broie dans tous ses « détours ».

Je ne suis pas l'adversaire de la critique, c'est-à-dire que je ne suis pas dogmatique et ne me sens pas touché par la dent du critique quand il déchire le dogmatique. Si j'étais « dogmatique », je m'imposerais un dogme, c'est-à-dire une pensée, une idée, un principe supérieur que j'achèverais, que je développerais en un système, c'est-à-dire en un édifice de pensées. Si au contraire j'étais critique, c'est-à-dire adversaire du dogmatique, je mènerais le combat de la pensée libre contre la pensée esclave, et défendrais l'acte de penser contre ce qui est pensé. Mais je ne suis ni le champion d'une pensée, ni celui de la pensée : car « Je » pars de Moi ; Je ne suis une pensée pas plus que Je ne consiste dans l'acte de penser. Contre Moi, l'inexprimable, l'empire de la pensée, de la cogitation, de l'esprit, se brise en miettes.

La critique est le combat du possédé contre la possession en elle-même, contre toute possession, un combat fondé sur la conscience qu'il y a partout possession, ou suivant l'expression du critique, état religieux et théologique. Il sait que ce n'est pas seulement envers Dieu, mais encore envers d'autres idées comme le Droit, l'État, la Foi, que l'homme se montre religieux ou croyant ; c'est-à-dire qu'il voit de tous côtés la possession. Il veut ainsi par la cogitation résoudre les pensées, mais moi je dis, seule l'absence de toute pensée me sauve effectivement des pensées. Ce n'est pas la cogitation, mais l'absence de toute pensée en moi, c'est Moi, l'Inconcevable, l'Insaisissable qui me délivre de la possession.

Un geste brusque me délivre de l'esclavage de la pensée la plus soucieuse, il me suffit d'étendre mes membres pour secouer le tourment des pensées, de me lever en sursaut pour lancer en l'air le fantôme du monde religieux qui pèse sur ma poitrine, un bond d'allégresse rejette au loin les fardeaux séculaires ; mais l'importance énorme de l'allégresse sans pensée ne pouvait être reconnue dans la longue nuit de la pensée et de la foi.

« Quelle grossièreté et quelle frivolité que de vouloir par une simple rupture résoudre les problèmes les plus ardus, les tâches les plus vastes ! »

Mais as-tu des tâches si tu ne te les imposes pas? Tant que tu te les imposes, elles ne te lâchent pas, et certes je ne m'oppose aucunement à ce que tu penses et à ce que pensant, tu crées mille pensées. Mais toi, toi qui t'es imposé ces tâches, ne dois-tu pas pouvoir à ta guise les rejeter ? Dois-tu être enchaîné à ces tâches et doivent-elles être pour toi des obligations absolues ?

Pour n'en donner qu'un exemple, on a discrédité le gouvernement parce qu'il emploie contre la pensée la violence, parce qu'il attaque la presse avec les forces policières de la censure et qu'il fait d'un combat littéraire un combat personnel. Comme s'il s'agissait exclusivement de pensées et comme si en face de la pensée, il fallait que le gouvernement se comportât avec un absolu désintéressement, qu'il niât et sacrifiât sa personnalité ! Ces pensées n'attaquent-elles pas les gouvernants eux-mêmes et ne provoquent-elles pas l'égoïsme ? Et les penseurs n'ordonnent-ils pas à ceux qu'ils attaquent de s'incliner devant les exigences de la religion, la puissance de la pensée, de l'idée ? Il faut qu'ils s'abandonnent et succombent volontairement parce que la puissance divine de la pensée, la Minerve, combat du côté de leurs ennemis. Ce serait certes un acte de possédé, un sacrifice religieux. A vrai dire les gouvernants sont prisonniers eux-mêmes d'une religion, et obéissent à la puissance d'une idée ou d'une foi, mais en même temps, ils sont égoïstes, sans se l'avouer, et c'est précisément contre leurs ennemis que leur égoïsme contenu se donne carrière : possédés par la foi ils échappent par là-même à la foi de leurs adversaires, c'est-à-dire qu'ils sont égoïstes à l'égard de ceux-ci. Si l'on veut leur faire un reproche ce ne peut être que le reproche contraire : ils sont possédés par leurs idées.

Contre les pensées, il n'y a pas de puissance égoïste qui tienne, pas de force policière, etc. Ainsi croient les croyants de la pensée. Mais la cogitation et ses pensées n'ont rien de sacré pour moi et même je défends ma peau contre elles. Ce peut être une défense déraisonnable, mais si je suis tenu à la raison, je dois, comme Abraham, lui sacrifier ce que j'ai de plus cher.

Dans le royaume de la pensée qui pareil à celui de la foi est le royaume des cieux il est injuste celui qui, dénué de pensée, emploie la force, de même celui-là est injuste qui, dans le royaume de l'amour, agit sans aimer, ou n'agit pas chrétiennement bien qu'il soit chrétien et vive par suite dans le royaume de l'amour !

dans ces royaumes, auxquels il croit appartenir bien qu'il se soustraie à leurs lois, il est un « égoïste » et un « pécheur ». Mais aussi, il ne peut se soustraire à leur souveraineté qu'en devenant criminel envers elles.

Voilà donc le résultat de tout ceci : le combat des penseurs contre le gouvernement est dans le droit, c'est-à-dire dans la force tant qu'il est mené contre les pensées de ce gouvernement (le gouvernement reste muet, à la lettre, et ne trouve aucun argument d'importance à leur opposer); au contraire, il se trouve en pleine injustice ou impuissance tant qu'il se borne à conduire des pensées à l'assaut d'un pouvoir personnel. (La puissance égoïste ferme la bouche aux penseurs.) Le combat théorique ne peut pas achever la victoire et la puissance sacrée de la pensée succombe sous la force de l'égoïsme. Le combat égoïste seul, le combat des égoïstes des deux camps tire tout au clair.

Maintenant, ce dernier point qui consiste à rabaisser la pensée même à une affaire de bon plaisir égoïste, à une affaire individuelle, à un pur passe-temps, à une fantaisie, à lui enlever l'importance qui en fait la « puissance qui décide en dernier ressort », cet avilissement, cette déconsécration de la pensée, ce rabaissement du moi qui pense au niveau du moi qui ne pense pas, cette grossière mais réelle « égalité », la critique ne peut l'établir parce qu'elle n'est elle-même qu'une prêtresse de la pensée et ne voit rien par delà la pensée que le déluge.

La critique affirme par exemple que, critique libre, elle doit vaincre l'État, mais elle se défend en même temps contre le reproche qui lui est fait par le gouvernement de l'État de n'être qu' « arbitraire et impudence » ; suivant elle « l'arbitraire et l'impudence » ne peuvent pas vaincre, elle seule le peut. C'est plutôt le contraire : l'État ne peut être vaincu réellement que par l'arbitraire impudent.

Pour conclure il apparaît que le critique dans sa nouvelle posture ne s'est pas transformé, mais qu'il s'est borné à « redresser une erreur », il est « parvenu à voir clair dans un sujet », mais il va trop loin quand il dit que « la critique se critique elle-même » ; elle ou plutôt lui, le critique, a simplement critiqué son erreur et l'a libérée de « ses inconséquences », s'il voulait critiquer la critique, il devait voir s'il y avait quelque chose dans son hypothèse.

Moi de mon côté Je pars d'une hypothèse en Me prenant pour hypothèse ; mais mon hypothèse ne lutte pas pour son achèvement, comme le fait l'homme ; Je m'en sers uniquement pour en jouir et m'en repaître ; Je me nourris uniquement de mon hypothèse et Je n'existe que tant que Je m'en nourris. C'est pourquoi cette hypothèse n'en est pas une, car comme Je suis l'Unique, je ne sais rien de la dualité d'un moi supposant et supposé (d'un moi ou homme « parfait » et « imparfait ») mais le fait que Je M'absorbe, signifie que J'existe. Je ne Me suppose pas parce qu'à tout instant Je Me pose ou Me crée, mais seulement parce que Je suis, que Je ne suis pas supposé, mais posé, et seulement dans le moment où Je Me pose, c'est-à-dire que Je suis créateur et créature dans la même personne.

Si les hypothèses jusqu'ici existantes doivent disparaître complètement elles ne peuvent de nouveau se résoudre en une hypothèse supérieure, c'est-à-dire en une pensée ou en la pensée même, en la critique. Cette dissolution doit se produire à mon profit, autrement elle rentrerait dans la série innombrable des dissolutions qui agissant au profit d'autres « vérités » telles que l'Homme, Dieu, l'État, la Morale pure, ont annoncé comme non-vérités de vieilles vérités et aboli des hypothèses longtemps admises.

DEUXIÈME PARTIE

MOI

Au seuil de l'ère nouvelle se tient l'Homme-Dieu. A son issue le Dieu seul se réfugiera-t-il dans l'Homme-Dieu et l'Homme-Dieu meurt-il effectivement quand il n'y a que le Dieu qui meurt en lui ? On n'a pas pensé à cette question. De nos jours on a cru la tâche accomplie quand on eut mené à bonne fin l'œuvre d'éclairement et vaincu Dieu; on n'a pas remarqué que l'homme a tué le Dieu pour devenir à son tour « le seul Dieu qui est aux cieux ». Certes l'au delà qui existe hors de nous a été balayé au loin et la grande entreprise des réformateurs est accomplie, seulement l'au delà en nous est devenu un nouveau ciel et nous sommes appelés à livrer à ce ciel un nouvel assaut. Dieu a dû céder la place non pas à nous, mais à l'Homme. Comment pouvez-vous croire que l'Homme-Dieu soit mort quand le Dieu étant mort, l'Homme vit encore en lui ?

LA PROPRIÉTÉ

« L'esprit n'a-t-il pas soif de liberté ? » Ah ! ce n'est pas mon esprit seulement, mais aussi mon corps qui aspire vers elle à tout instant ! Quand mon nez hume les fumets appétissants qui montent de la cuisine du château et conte à mon palais les plats délicieux qui s'y préparent, il ressent devant son pain sec de terribles désirs ; quand mes yeux parlent à mon dos calleux de coussins moelleux sur lesquels il reposerait autrement mieux que sur la paille où il s'étend d'habitude, une âpre fureur le saisit ; quand..... mais ne poussons pas plus loin la torture. Et tu appelles cela aspiration à la liberté ? De quoi veux-tu donc être libre, de ton pain noir et de ta litière ? Jette-les au loin ! Mais cela ne paraît pas faire ton affaire ; tu voudrais plutôt avoir la liberté de jouir d'une nourriture succulente et de lits voluptueux. Les hommes doivent-ils te donner cette « liberté », doivent-ils t'en donner la permission ? Tu n'espères pas cela de leur philanthropie, parce que tu sais qu'ils pensent tous comme toi : chacun est à soi-même le prochain ! Ainsi donc comment veux-tu arriver à jouir de ces mets et de ces lits ? — Pas autrement qu'en en faisant ta propriété !

Si tu réfléchis bien, ce que tu veux, ce n'est pas la liberté d'avoir toutes ces bonnes choses, car ayant cette liberté, tu ne les as pas encore ; tu veux les avoir réellement, tu veux les nommer tiennes et les posséder comme ton bien propre. A quoi bon une liberté qui ne te rapporte rien. Si tu étais libre de tout, tu n'en aurais rien de plus, car la liberté n'a pas de contenu. Elle est sans valeur pour qui ne sait pas l'utiliser, elle est une permission inutile ; l'utilité que j'en puis tirer dépend de mon individualité.

Je n'ai rien contre la liberté, mais je te souhaite plus que de la liberté ; tu ne devrais pas seulement être affranchi de ce que tu ne veux pas ; tu devrais aussi avoir ce que tu veux, tu ne devrais pas seulement être un homme « libre », mais un « propriétaire ».

Libre de quoi ? N'avons-nous pas à nous libérer de tout ? Le joug de la servitude, du pouvoir suprême, de l'aristocratie et des princes, l'empire des désirs et des passions et même la domination de la volonté propre, de l'obstination, autant d'esclavages à secouer ! Or le renoncement à soi-même le plus complet n'est rien que liberté, c'est-à-dire liberté qui nous affranchit de la détermination personnelle, du moi propre ; ainsi donc cette impulsion irrésistible qui nous porte vers la liberté, comme vers un Absolu digne de tous les sacrifices, nous a dépouillés de notre individualité : elle a créé l'abnégation.

Plus je deviens libre et plus l'édifice de la contrainte s'élève à mes yeux, plus je me sens impuissant. L'enfant du désert qui ignore la liberté est encore exempt de toutes les entraves qui enserrent l'homme civilisé.

il se trouve plus libre que celui-ci. A mesure que je me conquiers de la liberté, je me crée de nouvelles bornes et de nouvelles tâches : ai-je inventé les chemins de fer, de nouveau je me sens faible parce que je ne puis encore comme l'oiseau voguer à travers les airs. Ai-je résolu un problème dont l'obscurité m'angoissait l'esprit, il m'en attend une infinité d'autres dont l'énigme fait obstacle à mon progrès, obscurcit ma vue libre des choses et me fait sentir douloureusement les limites de ma liberté. « Aujourd'hui vous êtes affranchis du péché, mais vous êtes devenus les valets de la justice [1]. » Les républicains, dans leur vaste liberté, ne sont-ils pas les valets de la loi? De tout temps, les vrais cœurs chrétiens ont désiré « être libres », ils ont aspiré à être « délivrés des liens de cette existence terrestre », de tout temps leurs yeux furent tournés vers la terre de la liberté. « La Jérusalem qui est là-haut ; voilà la terre libre, notre mère à tous [2]. »

Etre libre de quelque chose signifie seulement en être affranchi ou dépourvu. « Il est libre du mal de tête » est identique à : il en est quitte. « Il est libre de ce préjugé » veut dire : il ne l'a jamais eu ou s'en est délivré. Dans le mot « sans » nous accomplissons la liberté prêchée par le christianisme : ainsi, sans péché, sans Dieu, sans mœurs, etc...

La liberté est la doctrine du christianisme : « Vous êtes, mes chers frères, appelés à la liberté [3]. » « Ainsi parlez et agissez comme des hommes qui doivent être jugés par la loi de liberté [4]. »

---

1. Aux Romains, 6, 18.
2. Aux Galiléens, 4, 26.
3. Ev. selon Saint Pierre, 2, 16.
4. Selon Saint Jacques, 2, 12.

Devons-nous abandonner la liberté parce qu'elle se trahit comme un idéal chrétien. Non, il faut que rien ne se perde, pas même la liberté ; mais elle doit devenir notre chose propre et elle ne le peut sous forme de liberté.

Quelle différence entre liberté et propriété! On peut être libre de bien des choses, on ne peut cependant être libre de tout. Intérieurement on peut être libre même dans la condition d'esclave, et là encore on peut être libre de diverses choses, mais non de tout, car, en tant qu'esclave, on n'est pas libre du fouet ou des impérieuses fantaisies du maître. « La liberté n'existe que dans le royaume des rêves. » Au contraire, la propriété c'est tout mon être, c'est ce que je suis moi-même. Je suis libre de ce dont je suis affranchi, je suis propriétaire de ce que j'ai en mon pouvoir, des choses dont je suis maître. Je suis ma propriété en tout temps et en toute circonstance quand je m'entends à me posséder et ne me commets pas aux autres. Je ne peux vraiment vouloir l'état de liberté parce que je ne puis le faire, je ne puis le créer, je puis seulement le désirer et y tâcher — car il demeure un idéal, un fantôme. A tout instant les chaînes de la liberté me meurtrissent douloureusement le corps. Mais je reste mon être propre; livré en esclavage à un maître, je ne pense qu'à moi et à mon avantage ; je reçois ses coups, il est vrai, je n'en suis pas libre, mais je les supporte uniquement dans mon intérêt, pour l'illusionner en quelque sorte par l'apparence de ma résignation et le rassurer, ou encore pour ne pas m'attirer par ma résistance quelque chose de pire. Mais comme j'ai toujours en vue moi et mon intérêt, je saisis aux cheveux la première bonne occasion qui s'offre à moi de fouler aux pieds le propriétaire d'esclaves. Si plus tard je suis libre de lui et de son fouet, ce n'est que la conséquence de mon égoïsme antérieur. On objectera peut-être que j'étais « libre » même en état d'esclavage, libre « en moi » ou « intérieurement ». Seulement être « libre en soi » ce n'est pas être « réellement libre » et « intérieurement » n'est pas « extérieurement ». Tandis qu'au contraire, quoique esclave, j'étais un être propre, mon bien propre absolument à moi, intérieurement et extérieurement. Mon corps n'est pas libre des tourments de la question et des coups de fouet quand il est l'esclave d'un maître cruel, mais ce sont mes os qui gémissent dans la torture, c'est ma chair qui palpite sous le fouet et je gémis parce que mon corps gémit. Si je soupire et si je tremble, cela prouve que j'ai encore conscience de moi-même, que je suis encore mon maître. Ma jambe n'est pas « libre » du bâton du maître, mais elle est ma jambe et ne peut m'être arrachée. Qu'il me l'arrache et voyez s'il a encore ma jambe ! Il n'a entre les mains que le cadavre de ma jambe, qui est aussi peu ma jambe qu'un chien mort n'est un chien. Un chien a un cœur qui bat, ce qu'on appelle un chien mort n'en a pas et pour cette raison n'est plus un chien.

Si on laisse entendre qu'un esclave peut être libre intérieurement, on ne dit là en fait que la plus indiscutable et la plus triviale des vérités ? Car qui donc ira affirmer qu'un homme quelconque est absolument sans liberté ? Si je suis un courtisan, ne puis-je être libre d'une infinité de choses, par exemple de la foi à Zeus, de la soif de gloire, etc. De même pourquoi un esclave fouetté ne pourrait-il aussi être libre intérieurement de sentiments non-chrétiens, libre de haine pour ses ennemis, etc. Il est alors « chrétiennement libre », ce qu'il y a en lui de non-chrétien est aboli ; mais est-il absolument libre, libre de tout, par exemple de l'illusion chrétienne ou de la douleur corporelle ?

Tout cela paraît s'attaquer au nom plutôt qu'à la chose. Mais le nom est-il indifférent et n'est-ce pas toujours un mot, un Shiboleth qui a enthousiasmé et affolé les hommes ? Cependant entre la liberté et la propriété il y a encore un fossé plus profond qu'une simple différence de mots.

Tout le monde aspire à la vérité, tous désirent son règne. O beau rêve enchanteur qui entrevoit resplendissante « l'ère de la liberté », l'avènement « d'une souche d'hommes libres » ! Qui ne l'eût rêvé? Ainsi les hommes doivent être libres, entièrement libres de toute contrainte ? De toute contrainte, vraiment de toute ? Ne doivent-ils plus jamais se faire à eux-mêmes de contrainte ? « Ah ! oui, parfaitement, mais ce n'est pas là une contrainte ! » Il faut pourtant qu'ils deviennent libres de la foi religieuse, des devoirs sévères de la morale, de l'inflexibilité de la loi, de... — « Quelle terrible méprise »! Alors de quoi doivent-ils donc être libres et de quoi pas ?

L'aimable rêve s'est évanoui, l'homme s'éveille, se frotte les yeux et regarde d'un air hébété le prosaïque questionneur. « De quoi les hommes doivent-ils être libres ? » — De la foi aveugle, crie l'un. Eh ! quoi, crie un autre, toute foi est une foi aveugle, ils doivent être libres de toute foi. Non, non, pour l'amour de Dieu, poursuit le premier, ne rejetez pas loin de vous toute foi, autrement la force bestiale fera irruption. Nous devons, dit un troisième, avoir la République et être libres de tous les maîtres. Cela ne sert à rien, répond un quatrième, nous y gagnons un nouveau maître, « une majorité souveraine » ; délivrez-nous plutôt de l'affreuse inégalité existante. — « O lamentable égalité, voilà donc que j'entends encore les hurlements de la plèbe ! Quel beau rêve je faisais, je voyais un paradis de liberté ! Je m'éveille et je n'entends que les clameurs sauvages de l'impudence et de la licence effrénée ! » Ainsi se lamente le premier et il se redresse pour saisir son épée et se ruer sur la « liberté illimitée ». Et bientôt, nous n'entendons plus que le cliquetis des armes des rêveurs de liberté désunis.

De tout temps l'instinct de liberté a abouti au désir d'une liberté déterminée, par exemple, la liberté de la foi, c'est-à-dire que l'homme croyant a voulu être libre et indépendant ; de quoi ? de la foi peut-être ? — Non, mais des inquisiteurs de la foi ! Aujourd'hui c'est le tour de « la liberté politique et civile ». Le citoyen veut être libre, non du régime bourgeois, mais de la domination des fonctionnaires, de l'arbitrage des princes, etc. Le prince de Metternich disait un jour qu'il avait trouvé une voie qui, en toutes circonstances, conduirait à la vraie liberté. Le comte de Provence s'enfuit de France dans le temps même où l'on s'occupait de fonder « le royaume de la liberté », il disait : « Mon esclavage m'était devenu insupportable, je n'avais qu'une seule passion, le désir de la liberté, je ne pensais qu'à elle. »

Le désir d'une liberté déterminée enferme constamment l'intention d'une nouvelle domination. Ainsi la Révolution put donner à ses défenseurs le sentiment exaltant qu'ils combattaient pour la liberté, mais en réalité on tendait à une liberté déterminée, c'est-à-dire à une nouvelle domination, celle de la Loi.

Tous vous voulez la liberté. Pourquoi marchandez-vous pour un peu plus ou un peu moins de liberté ? La liberté ne peut être que toute la liberté ; un morceau de liberté n'est pas la liberté. Vous doutez que la liberté totale, la liberté de tous soit une chose à acquérir, vous tenez même pour folie de seulement la désirer ? Cessez donc de poursuivre le fantôme et tournez votre effort vers quelque chose de meilleur que vers l'inaccessible.

« Oui, mais il n'y a rien de meilleur que la liberté ! »

Qu'avez-vous donc quand vous avez la liberté, — quand vous avez la liberté absolue (car de vos miettes de liberté je ne veux pas entendre parler). Alors vous êtes libres de tout, débarrassés de tout ce qui vous gêne, et il n'y a plus rien au cours de la vie qui puisse vous causer de l'embarras ou vous incommoder. Et pour qui donc voulez-vous être libres ? Mais pour vous-mêmes, parce que cela vous va.

Mais si quelque chose loin de vous être désagréable vous plaisait infiniment — par exemple, le regard de votre bien-aimée, irrésistiblement impérieux quoique doux — vous ne voudriez pas vous en défaire ni vous en libérer. Pourquoi ne voudriez-vous pas ? Encore pour vous-mêmes ! Ainsi vous vous prenez comme mesure et comme juge sur toute chose. Vous laissez volontiers de côté la liberté, quand la non-liberté, « le doux esclavage d'amour » est à votre goût, et il peut se faire que vous partiez de nouveau à la recherche de votre liberté si elle recommence à mieux vous convenir, en supposant, ce qui n'est pas le cas ici, que vous n'ayez pas à redouter pour d'autres raisons (religieuses, par exemple) un tel *Repeal of union*.

Pourquoi n'avez-vous pas le courage de vous faire

entièrement point central et objet essentiel de votre recherche ? Pourquoi chercher à saisir la liberté, votre rêve ? Etes-vous votre rêve ? N'interrogez pas vos rêves, vos imaginations, vos pensées, car tout cela n'est que « théorie creuse ». N'interrogez que vous-mêmes et ne vous informez que de vous-mêmes. Cela seul est pratique et vous consentez volontiers à être « pratiques ». Mais comme l'un est anxieux de ce que son Dieu dira (naturellement ce qu'il s'imagine sous le nom de Dieu est Dieu), qu'un autre examine quel sera le jugement de son sentiment moral, de sa conscience, de son instinct du devoir, et qu'un troisième se demande ce que les gens penseront, quand ainsi chacun a interrogé son Dieu (les gens sont un souverain maître aussi bon et plus saisissable que la fantasmatique et imaginaire *vox populi, vox Dei*), il s'accommode alors aux volontés de son seigneur et n'écoute plus ce que lui-même pourrait dire et conclure.

C'est pourquoi tournez-vous plutôt vers vous-mêmes que vers vos Dieux et vos idoles. Tirez de vous-mêmes ce qui est caché en vous, portez-le au jour, manifestez-vous.

Les chrétiens nous ont montré dans leur Dieu comment un être peut n'agir que par soi-même et n'avoir d'autre but que soi-même. Il agit « comme il lui plaît ». Et l'homme insensé, alors qu'il pourrait en faire autant, doit agir « comme il plaît à Dieu ». Quand on dit que Dieu même procède suivant des lois éternelles, cela s'applique encore à moi, car je ne puis m'échapper à moi-même, mais j'ai dans ma nature entière, c'est-à-dire en moi-même, ma loi.

Mais il suffit que l'on vous rappelle à vous-mêmes pour vous plonger dans le désespoir. Que suis-je ? se demande chacun de vous. Un abîme de passions, de convoitises, d'instincts, de désirs effrénés, déréglés, un chaos sans lumière et sans étoile directrice ! Comment, ne tenant pas compte des ordres de Dieu, des devoirs que la morale prescrit, de la voix de la raison qui, après les dures expériences de l'histoire, a érigé en loi ce qu'il y a de meilleur et de plus raisonnable, comment, ne consultant que moi-même, puis-je obtenir une réponse convenable? Mes passions me conseilleraient précisément les choses les plus folles. Ainsi chacun se tient pour le diable, car, en admettant que l'homme ne se souciât nullement de la religion et autres imaginations, s'il se tenait seulement pour une bête, il trouverait facilement que la bête qui pourtant ne suit que ses instincts (sa réflexion pour ainsi dire) ne se détermine pas aux choses les plus folles, mais au contraire agit très sensément. Seulement les façons de penser de la religion ont tellement pénétré notre esprit que nous avons horreur de nous voir dans notre nudité et notre naturel ; elles nous ont abaissés au point que nous nous tenons pour entachés du péché originel et pour des des diables nés. Naturellement il vous vient en même temps à la pensée que votre mission exige que vous fassiez ce qui est bien, ce qui est moral, ce qui est juste. Mais comment maintenant, si vous vous demandez ce qu'il y a à faire, tirer de vous-même la juste voix qui vous dira le chemin du bien, du juste, du vrai, etc.? Comment accorder Dieu et Bélial?

Mais que penseriez-vous si quelqu'un vous répondait : Dieu, la conscience, les devoirs, les lois sont des bourdes dont on vous a bourré la cervelle et le cœur, et avec lesquelles on vous a rendus fous? Et s'il vous demandait d'où vous savez si sûrement que la voix naturelle est nécessairement trompeuse ? Et s'il prétendait renverser les choses et tenir pour œuvre diabolique précisément les voix de Dieu et de la conscience ? Il existe de tels impies ; comment en viendrez-vous à bout ? Vous ne pouvez en appeler à vos prêtres, à vos parents, aux hommes bons, car ils sont précisément caractérisés par ces impies comme étant vos corrupteurs, les vrais séducteurs et corrupteurs de la jeunesse qui sèment assidûment en vous l'ivraie du mépris de soi-même et de l'adoration divine, qui embourbent les jeunes cœurs et abêtissent les jeunes têtes.

Ceux-là maintenant poursuivent et demandent : Pourquoi vous inquiétez-vous de Dieu et des commandements ? Vous ne pensez pas pourtant que ce soit uniquement pour plaire à Dieu. Non, vous faites cela pour vous-mêmes. Ici encore vous êtes la chose principale et chacun doit se dire : Je suis tout pour moi et je fais tout par amour pour moi. Si jamais vous aviez la vision nette que Dieu, les commandements, etc., vous portent dommage, qu'ils vous amoindrissent et vous corrompent, certes vous les rejetcriez loin de vous, absolument comme autrefois les chrétiens condamnèrent Apollon, Minerve et la morale païenne. A vrai dire, ils mirent à la place, Christ, la Vierge Marie et une morale chrétienne ; mais ils firent cela pour le salut de leur âme et ainsi par égoïsme et en vue de leur être particulier.

Et ce fut par cet égoïsme, par cette affirmation de l'individualité propre ou « propriété » qu'ils se débarrassèrent et s'affranchirent du vieux monde.

La propriété créa une nouvelle liberté, car elle est créatrice de tout, comme déjà depuis longtemps la génialité (une propriété déterminée) qui est constamment originalité est considérée comme la créatrice des nouvelles productions de l'histoire du monde.

Si pourtant par vos efforts « la liberté » doit prévaloir, épuisez alors vos exigences. Qui doit être libre ? Toi, moi, nous. Libre de quoi ? De tout ce qui n'est pas toi, moi, nous. Je suis ainsi le noyau qui doit être débarrassé de toutes ses enveloppes, de toutes les écales qui l'enserrent. Que reste-t-il quand je suis délivré de tout ce que je ne suis pas ? Moi seul et rien que moi. Que doit-il advenir maintenant que je suis libre ? Là-dessus la liberté fait silence, comme font nos gouvernants qui, le temps de détention écoulé, se bornent à relâcher le prisonnier en l'abandonnant à son sort.

Pourquoi maintenant si on lutte pour la liberté par amour pour le moi, ne pas le choisir comme commencement, milieu et fin ? Est-ce que je ne vaux pas plus que la liberté ? N'est-ce pas moi qui me fais libre ? Ne suis-je pas la chose première ? Même sans liberté, même entravé de mille liens, je suis pourtant, et je n'existe pas en devenir et en espérance comme la liberté, mais même si je suis le plus méprisé des esclaves, je suis présentement.

Réfléchissez bien à ceci et décidez si vous voulez inscrire sur votre bannière le rêve de la « liberté » ou les résolutions de l'égoïsme », de « la propriété ». La « liberté » éveille votre fureur contre tout ce que vous n'êtes pas ; l'égoïsme vous appelle à vous réjouir de vous-même, vous invite au contentement de vous-même. La « liberté » est et demeure une aspiration, une élégie romantique, un espoir chrétien d'au-delà et de futur ; « la propriété » est une réalité qui de soi-même écarte toutes les non-libertés qui lui barrent la route. Vous ne voulez pas être déclaré libre d'une chose qui ne vous dérange pas, mais si elle commence à vous incommoder, sachez alors que « vous devez obéir à vous-même plus qu'aux hommes ! »

La liberté vous dit seulement : « Libérez-vous, délivrez-vous de tout ce qui vous est à charge ! » Elle ne vous apprend pas qui vous êtes vous-même. Libre, libre ! ainsi résonne la parole de délivrance et vous vous délivrez de vous-même, « vous vous niez vous-même ». Mais la propriété vous rappelle à vous-même, elle dit : Viens à toi ! Sous l'égide de la liberté, vous devenez libre de toutes sortes de choses, mais vous tombez sous le joug de nouvelles : « Vous êtes libre des mauvais, le mauvais est resté. » Comme être propre, vous êtes effectivement libre de tout et si quelque chose vous attache c'est que vous l'acceptez, c'est votre choix, votre bon plaisir qui le veut ainsi. L'être propre est libre de naissance, il est libre par sa nature même ; l'homme libre au contraire n'est qu'un chercheur de liberté, un rêveur, un visionnaire.

Le premier est originellement libre, parce qu'il ne reconnaît rien que soi-même ; il n'a pas besoin de commencer par se délivrer, parce qu'il n'estime rien plus que soi, qu'il ne met rien au-dessus, bref parce qu'il part de soi pour « arriver à soi ». Prisonnier de ses respects d'enfant, il cherche à s'en libérer. La propriété travaille dans le petit égoïste et lui procure la liberté désirée.

Des milliers d'années de civilisation vous ont obscurci la notion de ce que vous êtes et vous ont fait croire que vous n'étiez pas de vocation des égoïstes mais des idéalistes, des « hommes bons ». Secouez ces idées fausses. Ne cherchez pas dans le renoncement à vous-mêmes une liberté qui vous prive précisément de vous-mêmes, mais cherchez-vous vous-mêmes, soyez égoïstes, que chacun de vous soit un moi tout-puissant. Ou plus précisément bornez-vous à vous reconnaître, à reconnaître ce que vous êtes réellement et laissez vos efforts hypocrites, votre tentative insensée d'être autre chose que ce que vous êtes. Je dis efforts hypocrites parce que des milliers d'années vous êtes demeurés égoïstes, mais des égoïstes qui sommeillaient et se trompaient eux-mêmes, atteints de folie, héautontimoroumènes, bourreaux d'eux-mêmes ! Jusqu'ici aucune religion n'a pu se passer de faire des promesses pour au delà et pour ici-bas (une « longue vie », etc.). Car l'homme a l'âme mercenaire et ne fait rien gratis. — Mais « quand on fait le bien pour le bien » sans avoir en vue une récompense ? — Comme si, même ici, dans la satisfaction qu'un tel acte procure la récompense n'était pas contenue. Ainsi même la religion est fondée sur notre égoïsme et l'exploite ; calculée sur nos passions, elle en étouffe beaucoup d'autres pour une seule. Il semble que l'égoïsme soit déçu quand au lieu de me satisfaire, je ne satisfais qu'une de mes passions, par exemple l'instinct de béatitude. La religion me promet le « bien suprême », pour y atteindre, je n'apporte plus attention à aucune autre de mes passions, et ne les satisfais plus. Tous vos actes ne sont qu'un égoïsme inavoué, secret, couvert, caché. Mais parce que c'est un égoïsme que vous ne voulez pas vous avouer à vous-mêmes, que vous vous dissimulez à vous-mêmes, et ainsi ni manifeste, ni notoire, par conséquent inconscient, il n'est pas égoïsme mais servitude, service, abnégation ; vous êtes égoïstes et ne l'êtes pas en niant l'égoïsme. C'est quand vous paraissez l'être le plus que le mot « égoïste » est l'objet de votre horreur et de votre mépris.

J'assure ma liberté en face du monde dans la mesure où je m'approprie le monde, c'est-à-dire où je le gagne et m'en empare, quelles que soient les forces que j'emploie, la persuasion, la prière, l'impératif catégorique et même l'hypocrisie, la tromperie, etc., car les moyens dont je me sers se règlent sur ce que je suis. Suis-je faible, je n'ai que de faibles moyens comme les sus-nommés qui cependant sont suffisants pour une bonne part du monde. D'ailleurs la tromperie, l'hypocrisie, le mensonge, paraissent pires qu'ils ne sont. Qui donc n'a pas quelque peu trompé la police, la loi ; qui, devant les sbires ne prend aussitôt la mine d'un citoyen honnête et loyal pour cacher quelque illégalité commise. Celui qui ne le fait se laisse faire violence, il est lâche — par conscience. Je sais déjà ma volonté amoindrie de ce fait que ma volonté ne peut aller à travers autrui (que cet autre soit dépourvu de volonté, comme un rocher, ou que ce soit un être doué de volonté comme un gouvernement, un individu, etc.), je nie mon individualité quand — à l'égard d'un autre — je m'abandonne moi-même, c'est-à-dire que je cède, que je me désiste, que je me rends ; ainsi ma volonté est amoindrie par la soumission, la résignation. Car autre chose est d'abandonner ma conduite antérieure quand je m'aperçois qu'elle ne conduit pas au but, et de sortir ainsi d'une fausse voie, autre chose, de me rendre. Si un rocher se trouve sur ma route, je le contourne tant que je n'ai pas de poudre pour le faire sauter ; je contourne les lois d'un peuple jusqu'à ce que j'aie pu rassembler toutes mes forces pour les renverser. Parce que je ne puis prendre la lune, doit-elle être « sacrée » pour moi, une Astarté ? Si seulement je pouvais te saisir, je te saisirais vraiment. Et si seulement je trouve un moyen d'arriver jusqu'à toi, tu ne m'effraieras plus. Inconcevable, tu ne resteras pour moi inconcevable que jusqu'à ce que j'aie acquis la force de la conception, que je puisse te nommer mon bien propre ; je ne me retire pas devant toi, j'attends seulement que mon temps soit venu. Je me contente pour le moment de t'en vouloir, tu me le paieras pourtant !

De tout temps les hommes forts ont agi ainsi. Quand les vaincus eurent fait de la force indomptable leur souveraine, qu'ils l'eurent adorée et exigé de tous les autres l'adoration, il vint un fils de la nature qui refusa de se rendre et chassa la force adorée de son Olympe inaccessible. Il cria au soleil « arrête ta course » et laissa la terre décrire son orbite ; les « vaincus » durent approuver ; il planta sa hache dans le chêne sacré et ils s'étonnèrent qu'aucun feu céleste ne vînt le foudroyer, il jeta le pape à bas de la chaire de Saint-Pierre et ils ne surent l'en empêcher ; il renversa le trafic des indulgences et les « vaincus » poussèrent des hurlements, mais, impuissants, ils finirent par se taire.

Ma liberté n'est parfaite que lorsqu'elle est ma force ; mais, par celle-ci je cesse d'être un simple homme libre, je deviens un propriétaire. Pourquoi la liberté des peuples est-elle un « mot creux ». Parce que les peuples n'ont aucune puissance ! D'un souffle du moi vivant je renverse les peuples, que ce soit le souffle d'un Néron, d'un empereur de Chine ou d'un simple écrivain. Pourquoi donc les chambres de... aspirent-elles vainement à la liberté et sont-elles menées à la baguette par les ministres ? La force est une belle chose et sert dans bien des cas, car « on va plus loin avec une main pleine de force qu'avec un sac plein de droit ». Vous aspirez à la liberté, insensés ! Si vous preniez la force, la liberté viendrait d'elle-même. Voyez, celui qui a la force « est au-dessus des lois ». Comment goûtez-vous cette manière de voir messieurs les « amis des lois ? » Mais vous n'avez pas de goût !

L'appel à la « liberté » sonne éclatant autour de nous. Mais sent-on, comprend-on ce que peut signifier une liberté donnée ou octroyée? On ne reconnaît plus le mot dans toute son abondance qui signifie essentiellement toute liberté, libération par soi-même, c'est-à-dire que j'ai autant de liberté que, par mon être particulier, je puis m'en procurer. Que sert aux brebis que personne ne leur restreigne la liberté de la parole, elles en sont encore à bêler ; donnez à quelqu'un qui intérieurement est musulman, juif ou chrétien la permission de parler comme il pourra : il n'aura que des niaiseries à vous débiter. Au contraire, que certains autres vous suppriment la liberté de parler et d'entendre, ils tireront le meilleur parti de leur avantage temporaire, car vous pourriez peut-être dire et entendre des choses qui feraient perdre leur crédit à ces certaines personnes.

Si pourtant ils vous donnent la liberté, ce sont des coquins qui vous donnent plus qu'ils n'ont. Ensuite ils ne vous donnent rien qui leur appartienne, mais de la marchandise volée, ils vous donnent votre propre liberté, la liberté que vous devriez prendre vous-mêmes, et ils vous la donnent à seule fin que vous ne la preniez pas et que vous ne demandiez en outre des comptes aux voleurs et aux imposteurs. Dans leur malice ils savent bien que la liberté (donnée, octroyée) n'est pas une liberté, car, seule, la liberté que l'homme prend, celle de l'égoïste, vogue à pleine voile. La liberté octroyée cargue la voile aussitôt que l'orage ou le calme plat commence, — il faut toujours qu'il souffle une brise douce et modérée.

C'est en cela que réside la différence entre la libération par soi-même et l'émancipation ou affranchissement. Celui qui aujourd'hui « se tient dans l'opposition » aspire à l'émancipation et clame vers elle. Les princes doivent « déclarer les peuples majeurs », c'est-à-dire les émanciper ! — Comportez-vous en hommes majeurs, vous n'avez pas besoin d'être émancipés, comportez-vous en mineurs, vous n'êtes pas dignes de l'émancipation et ce n'est pas elle qui vous rendra jamais majeurs. Les Grecs majeurs chassèrent leurs tyrans et le fils majeur se rend indépendant du père. Si ceux-ci avaient attendu qu'on voulût bien de bonne grâce leur accorder l'émancipation, ils pouvaient attendre longtemps. Un père intelligent met dehors son fils quand il ne veut pas être majeur et conserve la maison pour lui seul, tant pis pour le nigaud !

L'homme à qui l'on donne la liberté n'est rien qu'un affranchi, un *libertinus,* un chien qui emporte avec soi un bout de sa chaîne : c'est un esclave accoutré en homme libre, comme l'âne dans la peau du lion. Le juif émancipé n'est pas le moins du monde modifié en soi-même, il n'est qu'allégé en tant que juif, quoique celui qui soulage cette situation soit, certes, plus qu'un chrétien d'église qui ne pourrait agir ainsi sans être taxé d'inconséquence. Mais que le juif soit émancipé ou non, il reste juif ; celui qui ne se libère pas soi-même, n'est qu'un émancipé. Certes, l'Etat protestant peut donner aux catholiques la liberté (les émanciper), mais comme ils ne peuvent se libérer eux-mêmes, ils restent catholiques.

Il a été parlé plus haut d'égoïsme et de désintéressement. Les amis de la liberté s'emportent contre l'égoïsme, parce que dans leur lutte religieuse pour la liberté, ils ne peuvent se libérer du sublime « renoncement à soi-même ». L'égoïste s'attire les fureurs du libéral parce qu'il défend une cause non pour la cause en soi, mais pour lui-même : c'est la cause qui doit le servir. Parmi les traits les plus révoltants du procédé égoïstique on entend souvent citer l'étude professionnelle en vue du pain quotidien comme la plus haute profanation de la science : mais à quoi bon la science si elle ne sert à cela ? Si quelqu'un n'en sait rien tirer de plus que son pain quotidien son égoïsme est mince, parce que le pouvoir de cet égoïste est borné, mais il n'y a qu'un possédé qui puisse reprocher là-dedans l'égoïsme et la profanation de la science.

Le christianisme, en se montrant incapable de faire prévaloir l'individu comme unique, en le concevant comme dépendant, ne fut pas autre chose qu'une théorie sociale, une théorie de la vie en commun de l'homme avec Dieu aussi bien que de l'homme avec l'homme ; pour lui, tout ce qui appartenait en propre à l'individu devait tomber dans le pire discrédit : intérêt personnel, opinion personnelle, volonté personnelle, individualité, amour-propre, etc. La conception chrétienne a peu à peu flétri des mots qui à l'origine étaient très honorables, pourquoi ne les remettrait-on pas en honneur ? Ainsi le mot *schimpf* (insulte), avait anciennement le sens de *scherz* (raillerie), car le sérieux chrétien ignore l'esprit folâtre et ne comprend pas la plaisanterie ; *frech* (impudent), signifiait autrefois hardi, vaillant ; *frevel* (méfait), voulait dire seulement action téméraire. On sait quelle apparence louche eut longtemps le mot « raison ».

Ainsi notre langue s'est assez bien formée au point de vue chrétien et la conscience générale est encore trop chrétienne pour ne pas reculer effrayée devant tout ce qui n'est pas chrétien, comme devant une chose imparfaite ou mauvaise. D'où le courroux contre l' « intérêt personnel ».

« Intérêt personnel » au sens chrétien signifie à peu près ceci : je m'occupe seulement de savoir si telle chose peut me servir comme homme matériel. Mais la matérialité renferme-t-elle tout ce qui m'est propre ? Suis-je à moi-même quand je m'y abandonne ? Quand je lui obéis, est-ce à moi-même que j'obéis, à ma propre détermination ? Je suis ma propriété quand ce n'est ni la matérialité, ni autre chose (Dieu, les hommes, les chefs, la loi, l'Etat, l'Eglise, etc.) qui m'a en son pouvoir, mais moi-même ; mon intérêt personnel poursuit ce qui est utile à moi, mon maître, à moi qui m'appartiens en propre.

D'ailleurs on se voit à chaque instant obligé de croire à l'égoïsme qui de tout temps fut honni, comme à une puissance qui domine tout. Dans la séance du 10 février 1844, Welcker soutint une motion sur l'indépendance des juges et représenta en un discours circonstancié que des juges déplaçables, remerciables, remplaçables et pensionnables, bref que tous les membres d'un tribunal exposés, par la seule voie administrative, à des réductions de traitement et à la disgrâce, ne présentent aucune garantie et perdent entièrement l'estime et la confiance du peuple. Le corps entier de la magistrature est absolument démoralisé par cette dépendance. Autrement dit, les juges trouvent mieux leur compte à porter leurs sentences dans le sens ministériel que dans le sens de la loi. Comment y remédier ? Donner aux magistrats conscience de l'ignominie de leur vénalité ? Rentreront-ils aussitôt en eux-mêmes et estimeront-ils la justice supérieure à leur intérêt ? Non, le peuple ne s'envole pas vers ces chimériques espoirs, car il sent que l'égoïsme est plus puissant que tout autre motif. C'est pourquoi les mêmes hommes peuvent demeurer juges qui l'ont été jusque-là, tellement on est convaincu qu'ils agissent en égoïstes; seulement il ne faut pas que leur égoïsme soit plus longtemps favorisé par la vénalité du droit, ils doivent être assez indépendants du gouvernement pour ne pas mettre dans l'ombre leur propre cause, « leur intérêt bien compris » par un jugement impartial, bien plus pour parvenir à concilier commodément un gros traitement avec la considération des citoyens.

Ainsi Welcker et les citoyens du duché de Bade ne se trouvent en sûreté que lorsqu'ils peuvent compter sur l'égoïsme. Que doit-on, par suite, penser des innombrables paroles de désintéressement qui sortent de leur bouche ?

Mon rapport avec la cause que je défends est tout autre suivant que je la sers en égoïste ou avec désintéressement. On pourrait le caractériser ainsi : dans le dernier cas, je puis pécher ou commettre un péché contre la cause, dans le premier cas, je ne puis que la négliger, m'en écarter, m'en priver, etc., je ne puis que commettre une maladresse. Ces deux conceptions se retrouvent dans la liberté du commerce car elle est considérée tantôt comme susceptible d'être maintenue ou retirée, suivant les circonstances, tantôt comme un dépôt sacré qui doit être conservé intact quelles que soient les circonstances. Si une chose prise en soi et pour soi ne me convient pas et si je ne la désire pas pour elle-même, je la recherche alors exclusivement pour son utilité, parce qu'elle sert un autre but, exemple, les huîtres pour leur bon goût. Maintenant toute cause prise comme moyen ne peut-elle servir l'égoïste dont le but dernier est lui-même, et doit-il défendre une cause qui ne lui rapporte rien, ainsi, le prolétaire doit-il défendre l'Etat?

La propriété enferme tout ce qui est individuel, particulier en soi et remet en honneur ce que la langue chrétienne a déshonoré. Mais elle n'a aucun terme de comparaison étranger, elle n'est pas non plus une idée, comme la liberté, la moralité, l'humanité, etc., elle n'est qu'une description du propriétaire.

II

LE PROPRIÉTAIRE

Puis-je par le libéralisme parvenir à Moi et à ce qui est Mien?

Qui donc le libéral considère-t-il comme son égal? L'homme! Sois seulement homme — et tu l'es certes — le libéral te nomme son frère. Il s'inquiète très peu de tes opinions et divagations personnelles, s'il peut apercevoir « l'homme » en toi.

Mais comme il s'inquiète peu de ce que tu es comme être privé, et même, s'il est strictement conséquent avec son principe, qu'il n'y attache aucune importance, il ne voit en toi que ce que tu es comme espèce : ce n'est pas toi qu'il voit mais l'espèce, non pas Hans ou Kunz, mais l'homme, non pas l'être réel ou unique, mais ton essence, ton concept, non pas l'être corporel, mais l'esprit.

Hans, tu ne serais pas son égal, parce qu'il est Kunz et par conséquent n'est pas Hans; comme homme tu es la même chose qu'il est; et comme, en tant que Hans, tu n'existes pas pour lui, — s'il est vraiment libéral et n'est pas un égoïste inconscient — il se rend ainsi la fraternité très facile : ce n'est pas Hans duquel il ne sait rien et ne veut rien savoir qu'il aime en toi, mais l'Homme.

Ne pas voir autre chose entre toi et moi que des « hommes » c'est pousser à l'extrême la conception chrétienne suivant laquelle chacun n'est rien qu'un concept pour l'autre (par exemple, un être appelé à la félicité, etc.).

Le christianisme proprement dit nous rassemble encore sous une autre conception moins générale : Nous sommes « les enfants de Dieu » et « l'esprit de Dieu nous anime ». Tous cependant ne peuvent se vanter d'être enfants de Dieu, mais « ce même esprit qui témoigne à notre esprit que nous sommes enfants de Dieu manifeste aussi quels sont les enfants du Diable[1] ». Par conséquent un homme pour être enfant de Dieu ne devrait pas l'être du Diable ; la filiation divine exclurait certains hommes. Au contraire pour être enfants de l'Homme, c'est-à-dire être hommes, nous n'avons besoin que d'appartenir à l'espèce humaine, nous n'avons besoin que d'être des spécimens de cette espèce. Mon moi t'importe peu à toi, bon libéral, il n'est que ma cause privée ; il te suffit que nous soyons tous deux enfants d'une même mère, l'espèce humaine ; comme enfant de l'homme, je suis ton égal.

Que suis-je maintenant pour toi ? Ce moi corporel, ce moi qui va et qui marche ? Rien moins que cela. Ce moi corporel avec ses pensées, ses résolutions, ses passions est à tes yeux une cause privée, qui ne te regarde pas, elle est « cause pour soi ». En tant que cause pour toi, il n'existe que mon concept, mon concept de

---

1. Aux Romains 8, 14.

l'espèce ; l'homme qui aussi bien qu'il s'appelle Jean, pourrait être Pierre. Ce n'est pas moi que tu vois, l'homme corporel, mais un Irréel, le fantôme, c'est-à-dire un Homme.

Nous avons reconnu comme nos égaux, au cours des siècles chrétiens, les hommes les plus dissemblables, mais chaque fois en prenant pour mesure l'esprit que nous cherchions en eux ; ainsi l'égalité eut pour condition l'esprit de délivrance, plus tard l'esprit d'honnêteté, enfin l'esprit humain et un visage humain : telles furent les transformations du principe d'égalité.

Ainsi, en considérant désormais l'égalité comme égalité de l'esprit humain, on a découvert une égalité qui comprend tous les hommes, car qui pourrait nier que nous autres hommes, nous avons un esprit humain, c'est-à-dire pas d'autre esprit qu'un esprit humain !

Mais sommes-nous plus avancés qu'au commencement du christianisme ? Alors nous devions avoir un esprit divin, maintenant notre esprit doit être humain ; mais si le divin n'a pas épuisé ce qu'il y a en nous, comment l'humain pourrait-il exprimer entièrement ce que nous sommes ? Feuerbach par exemple pense qu'en humanisant le divin, il a trouvé la vérité. Non, si l'idée de Dieu nous a tourmentés, « l'Homme » est plus encore en état de le faire. Nous pouvons résumer ainsi : nous sommes hommes, mais c'est en nous la moindre des choses et cela n'a de signification qu'autant que c'est une de nos qualités, c'est-à-dire notre propriété. A vrai dire, je suis un homme par exemple comme je suis un être vivant, une bête, un Européen, un Berlinois, etc. Mais celui qui m'estimerait seulement comme homme ou comme Berlinois m'accorderait une estime qui me laisserait bien indifférent.

Et pourquoi? parce qu'il n'estimerait qu'une de mes qualités, non Moi.

Il en va exactement de même de l'esprit. Un esprit chrétien, un esprit loyal et honnête peut bien être ma qualité acquise, ma propriété, mais je ne suis pas cet esprit : il est mien, je ne suis pas sien.

Par suite nous n'avons dans le libéralisme que la continuation de l'antique mépris du moi. Au lieu de me prendre comme je suis, on ne voit que ma propriété, ma caractéristique et l'on conclut avec moi une honnête union pour ma seule propriété ; c'est ce que j'ai qu'on épouse, non ce que je suis. Le chrétien s'en tient à mon esprit, le libéral à mon humanité.

Mais si l'esprit que l'on ne considère pas comme la propriété du moi corporel, mais comme le moi propre lui-même, est un fantôme, l'homme aussi qui n'est pas reconnu comme ma propriété, mais comme le moi propre, n'est qu'un fantôme, une pensée, un concept.

C'est pourquoi le libéral tourne dans le même cercle que le chrétien. Parce que l'esprit de l'humanité, c'est-à-dire l'homme habite en toi, tu es un homme, comme tu es un chrétien quand l'esprit de Christ habite en toi; mais parce qu'il n'habite en toi que comme un second moi, bien qu'étant ton moi propre ou « le meilleur » de ton moi, il reste au-delà de toi, et tu dois t'efforcer de devenir entièrement l'Homme. Effort aussi infructueux que celui du chrétien pour devenir entièrement esprit béat!

Maintenant donc que le libéralisme a proclamé l'Homme, on peut dire que les conséquences dernières du christianisme sont accomplies et qu'en réalité le christianisme ne s'est pas donné originairement d'autre tâche que de réaliser « l'Homme », « l'Homme vrai ». Nous voyons alors que nous étions le jouet d'une illusion quand nous croyions que le christianisme attribuait au moi une valeur infinie, par exemple dans les doctrines de l'immortalité, du salut de l'âme, etc. Non, cette valeur il ne la confère qu'à l'Homme. L'Homme seul est immortel, et c'est seulement parce que je suis Homme, que je suis immortel. En fait, le christianisme devait aussi enseigner que personne ne meurt tandis que le libéralisme égalise tous les êtres humains comme Hommes ; mais cette éternité comme cette égalité, n'intéresse que l'Homme en moi, non moi. C'est seulement parce que je porte et héberge l'Homme en moi que je ne meurs pas, car on sait que « le roi ne meurt pas ». Louis meurt, mais le roi reste ; je meurs, mais mon esprit, l'Homme, subsiste. Maintenant pour m'identifier entièrement à l'Homme, on a inventé et établi la prétention suivante : Je dois devenir « un être réel de l'espèce »[1].

La religion HUMAINE n'est que la dernière métamorphose de la religion chrétienne. Car le libéralisme est religion parce qu'il sépare mon être de moi-même et le place au-dessus de moi, parce qu'il exalte « l'Homme » autant qu'une religion quelconque exalte son Dieu ou son idole, parce qu'il en fait un au-delà, parce qu'il fait généralement de tout ce qui est mien, de mes qualités, de ma propriété, quelque chose d'étranger à moi, une « essence », bref parce qu'il me place parmi les hommes et me crée par là une « mission » ; mais le libéralisme se manifeste encore comme religion quand il exige le zèle de la foi pour cet être suprême, « l'Homme », une foi qui prouvera enfin son zèle ardent, un zèle que rien

---

1. P. ex. Marx dans les deutsch-franz. Iahrb., p. 197.

ne pourra vaincre[1]. Mais comme le libéralisme est religion humaine, celui qui confesse cette religion se montre tolérant envers le confesseur de toute autre (catholique, juive, etc.), comme faisait Frédéric à l'égard de quiconque accomplissait ses devoirs de sujet, à quelque genre de béatitude qu'il se rattachât. Cette religion doit être élevée maintenant au rang de culte public et être distincte des autres qui sont « pures niaiseseries d'ordre privé » à l'égard desquelles, en raison de leur insignifiance, on pratique le libéralisme le plus large.

On peut la nommer la religion de l'État, la religion de « l'État libre », non pas, dans le sens admis jusqu'ici, qu'elle soit préférée ou privilégiée de l'État, mais comme une religion que « l'État libre » est autorisé, bien plus, astreint à exiger de chacun des siens, qu'il soit dans le privé, juif, chrétien ou ce qu'on voudra. Elle rend à l'État le même service que la piété filiale à la famille. Pour que la famille soit reconnue et maintenue par chacun des siens dans toute son intégrité, il faut que le lien du sang soit sacré et que le sentiment d'un quelconque de ses membres soit celui de la piété, du respect pour les liens du sang, de telle sorte que tous ceux qui tiennent à lui par le sang lui soient sacrés. Ainsi, pour tout membre de la communauté de l'État, cette communauté doit être sacrée et l'idée qui, pour l'État, est l'idée suprême, doit l'être aussi pour le membre.

Mais quelle est pour l'État la conception la plus haute? Être une société réellement humaine en laquelle peut être accueilli comme membre quiconque est réellement homme, c'est-à-dire n'est pas Inhumain. Si

---

1. B. Bauer-Iudenfrage, S. 61.

loin que puisse aller la tolérance d'un État elle cesse en face du non-homme, en face de l'inhumain. Et pourtant ce non-homme est un homme; « l'inhumain » même contient quelque chose d'humain, possible seulement à un homme, impossible à une bête, quelque chose « d'humainement possible ». Mais bien que tout non-homme soit un homme, l'État l'exclut pourtant, c'est-à-dire l'enferme et fait d'un membre de l'État un prisonnier (sous le régime communiste, la prison devient la maison de fous ou la maison de santé).

Il n'est guère difficile de dire en termes frustes ce qu'est un non-homme : c'est un homme qui ne correspond pas au concept de l'homme, de même que l'inhumain est de l'humain qui ne répond pas au concept de l'humain. La logique appelle cela un « jugement contradictoire ». Pourrait-on exprimer ce jugement qu'un homme peut être sans être homme, si on ne faisait pas valoir l'hypothèse que le concept d'homme peut être séparé de l'existence, l'être de l'apparence? On dit : il a l'apparence de l'homme, mais n'est pas un homme.

Pendant de longues suites de siècles, on a porté ce « jugement contradictoire ». Bien plus encore, en ces temps il n'y eut que des non-hommes. Quel individu aurait correspondu au concept ? Le christianisme ne connaît qu'un homme et cet homme unique — Christ — est en même temps au sens inverse du mot un non-homme, c'est-à-dire un surhomme, un Dieu. L'homme réel n'est que le non-homme.

— Des hommes qui ne sont pas des hommes qu'est-ce sinon des fantômes? Tout homme réel, parce qu'il ne correspond pas au concept « homme », ou parce qu'il n'est pas l' « homme-espèce » est un fantôme. Mais suis-je encore un non-homme, quand cet homme qui se dressait devant moi comme mon idéal, ma mission, mon essence, mon concept et m'apparaissait dans un au-delà, je le rabaisse à mon moi propre, à ma propriété inhérente, de sorte que l'homme n'est pas autre chose que mon humanité, mon état d'homme, et que tout ce que je fais est humain parce que je le fais et non parce que cela correspond au concept « homme » ? Je suis réellement l'homme et le non-homme en une seule personne ; car je suis homme et je suis en même temps plus qu'homme, c'est-à-dire que je suis le moi qui possède cette qualité en bien propre.

Finalement on devait en arriver à ceci que l'on exigeât de nous non plus d'être chrétiens, mais hommes ; car quoique nous n'eussions jamais pu devenir réellement des chrétiens et que nous fussions toujours restés de « pauvres pécheurs » (le chrétien étant un inaccessible idéal), cependant l'absurdité n'en était pas si manifeste et l'illusion était plus facile qu'aujourd'hui où, à nous qui sommes hommes et agissons en hommes et qui ne pouvons faire autrement que d'être tels et d'agir ainsi, on impose la condition que nous soyons hommes, de « vrais hommes ».

Les États d'aujourd'hui, encore tout imprégnés de leur mère l'Église, imposent aux leurs toutes sortes d'obligations — comme par exemple le devoir religieux — qui ne les concerne nullement comme États ; mais ils n'en nient pas d'une manière générale l'importance quand ils veulent être considérés comme des sociétés humaines dont l'homme en tant qu'homme peut être membre, quand bien même il est moins privilégié que d'autres membres participants ; la plupart admettent les adhérents de toute secte religieuse et reçoivent les gens sans distinction de race ou de nationalité : Juifs, Turcs, Maures, etc. peuvent devenir citoyens Français. L'État avant de vous accueillir demande seulement si vous êtes hommes. L'Église qui était une société de croyants ne pouvait accueillir tous les hommes dans son sein ; l'État société d'hommes le peut. Mais quand l'État suit au pied de la lettre son principe de ne pas imposer aux siens d'autre condition que d'être homme (jusqu'ici les Américains du Nord eux-mêmes ont exigé encore que chacun de leurs citoyens eût une religion, du moins la religion de la probité, de l'honnêteté), il creuse sa tombe. Tandis qu'il s'imagine posséder dans ses citoyens des hommes véritables, ceux-ci sont devenus, dans l'intervalle, de purs égoïstes et chacun d'eux l'exploite suivant ses forces et au mieux de ses intérêts égoïstes. Par les égoïstes la « société humaine » va à sa ruine, car ils ne se comportent plus comme des hommes entre eux : chacun d'eux s'avance égoïstement comme un moi contre d'autres moi absolument différents et antagonistes de son moi.

Dire que l'État doit compter sur notre humanité revient à dire qu'il doit compter sur notre moralité. Voir dans autrui l'homme et le traiter comme homme s'appelle agir moralement. C'est absolument ce qu'on appelait « l'amour spirituel » du christianisme. Si en toi et en moi je ne vois que l'homme et rien que l'homme, j'ai souci de toi comme j'aurais souci de moi, car nous ne représentons tous deux que la proposition mathématique. $A = C$ et $B = C$ conséquemment $A = B$, c'est-à-dire que toi et moi ne sommes rien autre chose qu'hommes et par suite que toi et moi sommes la même chose. La morale ne peut s'entendre avec l'égoïsme parce que ce n'est pas moi, mais seulement l'homme en moi qu'elle veut faire valoir. Mais si l'État est une société d'hommes et non une réunion de moi dont chacun n'a que soi en vue, il ne peut subsister sans morale et doit être établi sur la morale.

C'est pourquoi nous sommes tous deux, l'État et moi, ennemis. Moi, l'égoïste, je ne m'inquiète guère du bien de « cette société humaine »; je ne lui sacrifie rien, je l'utilise seulement; mais pour pouvoir l'utiliser complètement, je la transforme aussitôt en ma propriété, en ma créature, c'est-à-dire que je l'annihile et crée à sa place une association d'égoïstes.

Ainsi l'État trahit son hostilité envers moi en exigeant que je sois homme, ce qui suppose que je puis aussi ne pas l'être et passer à ses yeux pour un « non-homme »; il m'impose l'état d'homme comme un devoir. Ensuite il exige que je ne fasse rien qui porte atteinte à son existence qui doit être sacrée pour moi. Je ne dois pas être égoïste mais un homme « honnête et droit », c'est-à-dire un homme moral. Bref, il faut que je sois impuissant et respectueux devant l'État et la constitution, etc.

Cet État qui certes n'est pas l'État présent, mais attend encore sa création, est l'idéal du libéralisme progressif. Une véritable « société humaine » doit apparaître dans laquelle tout « homme » trouvera place. Le libéralisme veut réaliser « l'homme », c'est-à-dire créer pour lui un monde qui serait le monde humain ou la société humaine générale (communistique). On a dit : l'Église n'a pu prendre en considération que l'esprit, l'État doit avoir égard à l'homme tout entier [1] ». Mais « l'homme » n'est-il pas « esprit » ? La substance de l'État est précisément « l'homme », cette irréalité et

1. Hess, Triarchie, p. 76.

lui-même n'est qu'une « société d'hommes ». Le monde que crée le croyant (l'esprit croyant) s'appelle l'Église, le monde que crée l'homme (l'esprit humain) s'appelle l'État.

— Mais ce n'est pas mon monde. Mon action n'est jamais humaine in abstracto, mais elle m'est toujours propre, c'est-à-dire qu'elle diffère de toutes les autres actions humaines et que c'est seulement par cette différence qu'elle est un fait réel et qui m'est propre. L'humain, en elle, est une abstraction et comme tel est esprit, c'est-à-dire un être abstrait.

Bruno Bauer, dans sa « Question juive », exprime les mêmes idées ; il dit par exemple que la vérité de la critique est la dernière de toutes et qu'elle est la même vérité que cherche le christianisme : l'Homme. « L'histoire du monde chrétien est l'histoire du combat suprême pour la vérité, car en elle — et seulement en elle ! — il s'agit de la découverte de la première ou dernière vérité — de l'homme et de la liberté. »

Eh bien ! acceptons ce point acquis et prenons l'homme pour le résultat définitif de l'histoire chrétienne et généralement de tout effort idéal ou religieux de l'humanité. Maintenant qui est homme ? Moi ! L'homme fin et résultat du christianisme est, en tant que Moi, le commencement et la matière à utiliser de la nouvelle histoire, histoire de la jouissance après l'histoire du sacrifice, histoire non de l'homme ou de l'humanité, mais de moi. L'homme est la chose générale. Et maintenant moi et l'égoïste sommes réellement la chose générale, car chacun est égoïste et se met au-dessus de tout. Le judaïsme n'est pas purement égoïste parce que le Juif s'abandonne encore à Jéhovah, de même pour ce qui est chrétien, parce que le Chrétien vit par la grâce de Dieu et se soumet à lui. Un homme pris comme juif ou comme chrétien, voit satisfaits seulement certains de ses besoins, non lui-même : c'est un demi-égoïsme, parce que c'est l'égoïsme d'un demi-homme, qui est moitié lui-même et moitié juif ou moitié son propre maître et moitié esclave. C'est pourquoi le juif et le chrétien s'excluent toujours à moitié, c'est-à-dire qu'ils se reconnaissent comme hommes et s'excluent comme esclaves, parce qu'ils servent deux maîtres différents. S'ils pouvaient être absolument égoïstes, ils s'excluraient entièrement et seraient d'autant plus unis. Leur faute n'est pas de s'exclure mais de ne le faire qu'à moitié. Au contraire, Bruno Bauer pense que juifs et chrétiens ne pourront se considérer et se traiter réciproquement comme des hommes que lorsqu'ils renonceront à l'être particulier qui les sépare et les oblige à une séparation éternelle, qu'ils reconnaîtront l'essence générale de « l'homme » et la considéreront comme « leur être vrai ».

D'après lui, la faute des juifs et des chrétiens c'est qu'ils veulent être et avoir quelque chose « d'à-part » au lieu d'être hommes et de lutter pour atteindre l'humain, « les droits de l'homme ». Il pense que leur erreur fondamentale consiste dans la foi qu'ils ont d'être « privilégiés », de posséder des « privilèges », dans la foi au privilège. Il leur présente en revanche les droits de l'homme communs à tous. Les Droits de l'homme !

L'homme est l'homme au sens général du mot, et en tant que chacun soit homme. Désormais chacun doit avoir les éternels droits de l'homme, et dans la « démocratie » parfaite — ou plus exactement dans l'anthropocratie — il doit en jouir suivant la conception communiste. Mais c'est moi seul qui ai tout ce que je me procure : en tant qu'homme, je n'ai rien. On voudrait voir affluer à l'homme tous les biens, uniquement parce qu'il a le titre « d'homme ». Mais Moi, c'est sur Moi que je mets l'accent et non sur l'homme que je suis.

L'homme est quelque chose comme ma qualité (ma propriété), de même la virilité, la féminité. L'idéal des anciens fut d'être homme au sens absolu du mot ; leur vertu c'est virtus ou αρητη, c'est-à-dire virilité. Que penser d'une femme qui ne voudrait être qu'absolument « femme ». La chose n'est pas donnée à toutes et plus d'une s'imposerait ainsi une tâche impossible. Au contraire, elle est dans tous les cas féminine par sa nature même, la féminité est sa qualité et elle n'a pas besoin de la « pure féminité ». Je suis homme absolument comme la terre est une étoile. Il serait aussi ridicule d'imposer à la terre d'être une « étoile véritable » que de me charger de la mission d'être un homme véritable.

Quand Fichte dit « Le moi est tout » cette parole paraît absolument en harmonie avec ce que j'avance. Seulement, le moi n'est pas tout mais il détruit tout, et c'est seulement le moi qui se résoud soi-même, le moi qui n'est jamais à venir, le moi fini, qui est seul réel. Fichte parle du moi « absolu » mais je parle de moi, du moi périssable.

Les conceptions homme et moi paraissent bien près d'être la même chose, cependant on voit, dans Feuerbach par exemple, que l'expression « homme » doit caractériser le moi absolu, l'espèce, non le moi périssable, individuel. Egoïsme et humanité devraient signifier la même chose, mais d'après Feuerbach, l'être isolé (« l'individu ») peut seulement « s'élever au-dessus des bornes de son individualité, non au-dessus des lois, qui déterminent essentiellement et positivement son espèce [1]. » Mais l'espèce n'est rien et quand l'individu s'élève au-dessus des bornes de son individualité c'est bien plutôt lui-même comme individu qu'il élève, et il n'est que tant qu'il s'élève, et il n'est que tant qu'il ne reste pas ce qu'il est, autrement il serait fini, mort. L'homme n'est qu'un idéal, l'espèce n'existe que dans la pensée. Etre un homme ne signifie pas remplir l'idéal de l'homme, mais se manifester soi, l'individu. Ma tâche n'est pas de réaliser le concept général de l'homme, mais de me suffire à moi-même. C'est moi qui suis mon espèce, je n'ai ni norme, ni loi, ni modèle, ni autres bornes du même genre. Possible qu'avec mon seul moi je puisse très peu de chose, mais ce peu est tout, ce peu vaut mieux que ce que je ferais de moi par la force des autres, par le dressage des mœurs, de la religion, des lois, de l'État, etc. Mieux vaut — s'il faut qu'il soit question du mieux — mieux vaut un enfant sans éducation qu'un enfant savant avant l'âge, un homme rétif qu'un autre qui se plie docilement à tout. L'homme sans éducation, l'homme qui se cabre, a encore le moyen de se former suivant sa propre volonté, l'homme mûri avant l'âge et docile est déterminé par l'espèce et par ses exigences, elle est pour lui la loi. Elle le détermine; car qu'est pour lui l'espèce, sinon « sa détermination », « sa mission ». Que je considère l'humanité, « l'espèce » comme un idéal vers lequel je dois tendre, ou que je fasse le même effort vers Dieu ou Christ: où est la différence essentielle? Tout au plus peut-on dire que l'un des idéaux est plus déformé que l'autre. De même que

1. Wesen des Christenthums, p. 401.

l'individu est toute la nature, de même il est toute l'espèce.

Tout ce que je fais, pense, etc., bref mon expression, la manifestation de moi-même est conditionnée parce que je suis. Le juif par exemple ne peut vouloir que de telle et telle façon et ne « se donner » que comme tel ou tel ; le chrétien ne peut se donner, se manifester, etc., que comme chrétien. S'il t'était possible d'être chrétien ou juif, tu ne montrerais au jour que du juif ou du chrétien ; seulement ce n'est pas possible, tu restes, dans le sens le plus étroit du mot, un égoïste, et tu péches contre ce concept, c'est-à-dire que tu n'es pas = au Juif, au Chrétien.

Comme toujours l'égoïstique réapparaît ; on a demandé un concept plus parfait qui exprimât réellement ce que tu es, et qui étant ta véritable nature contînt toutes les lois de ton activité. « L'homme » est ce qu'on a trouvé de plus parfait dans ce genre. Comme juif tu es trop peu et ta mission ne se borne pas au judaïsme. Etre un Grec, un Allemand est insuffisant. Sois un homme, alors tu as tout ; donc considère l'humain comme ta mission.

Je sais maintenant ce que je dois être et le nouvel évangile peut être écrit. De nouveau, le sujet est subordonné au prédicat, l'individu au général ; de nouveau l'autorité est assurée à une idée et la base est posée d'une nouvelle religion. C'est là un progrès dans le domaine religieux et spécialement dans le domaine chrétien, mais on n'a pas fait un pas hors de ce domaine.

Si on le tente l'on tombe dans l'indicible. Pour Moi la langue misérable n'a pas de mots, et « le mot », le logos, n'est pour moi qu'un mot « pur et simple ».

On cherche mon être, comme ce n'est pas le Juif,

l'Allemand, etc., c'est l'homme. « L'homme est mon être. »

Je suis contraire ou hostile à moi-même ; j'ai horreur et dégoût de moi-même ; je m'exècre ou tout au moins je ne me suffis pas à moi-même, je ne me contente pas de moi-même. De tels sentiments jaillit l'analyse du moi ou l'autocritique. L'abnégation de soi-même est le commencement de la religiosité, la critique achevée en moi en est la conclusion.

Je suis possédé et veux me délivrer du « mauvais esprit », comment commencerai-je ? Je commets en toute assurance le péché qui paraît au chrétien le pire de tous, le blasphème contre le Saint-Esprit. « Quiconque blasphème le Saint-Esprit ne trouvera éternellement aucune rémission et sera reconnu coupable au tribunal de Dieu ». Je ne veux aucune rémission et ne redoute pas le tribunal de Dieu.

L'homme est le dernier esprit mauvais ou fantôme, c'est le menteur qui fait le plus illusion, qui inspire le plus confiance, habile entre tous, la mine honnête, le père de tous les mensonges.

L'égoïste en se tournant contre les prétentions et les idées du présent, accomplit impitoyablement une immense déconsécration. Rien n'est sacré pour lui.

Il serait fou d'affirmer qu'il n'y a aucune puissance au-dessus de la mienne. Seulement la position que je me donne en face de celle-ci sera tout autre qu'au moyen âge. Je serai l'ennemi de cette puissance supérieure alors que la religion nous enseigne de faire d'elle notre amie et d'être humble envers elle.

Le déconsacré boute sa force contre toute crainte de Dieu, car la crainte de Dieu le déterminerait dans ce qu'il laisserait subsister de sacré. Que dans l'Homme-

Dieu ce soit Dieu ou l'Homme qui exerce la puissance divine, qu'il subsiste, en faveur de Dieu ou de l'Homme quelque chose de sacré, cela n'altère pas la crainte de Dieu, car l'homme est vénéré comme « être suprême, » comme Dieu l'est au point de vue spécialement religieux, et réclame à ce titre notre crainte et notre respect; tous deux nous en imposent.

Depuis longtemps la crainte de Dieu est bien ébranlée, et un « athéisme » plus ou moins conscient, extérieurement reconnaissable à un « anticléricalisme » de plus en plus étendu est devenu involontairement la note dominante. Seulement ce que l'on a pris à Dieu a été conféré à l'homme et la puissance de l'humanité s'est accrue proportionnellement à ce que la piété a perdu: « l'homme » est le Dieu d'aujourd'hui, et la crainte de « l'homme » a pris la place de l'antique crainte de Dieu.

Mais parce que l'homme ne représente qu'un autre être suprême, l'être suprême n'a fait que se métamorphoser et la crainte de l'homme n'est qu'une autre forme de la crainte de Dieu.

Nos athées sont des gens pieux.

Si à l'époque dite féodale nous recevions tous un fief de Dieu, nous avons dans la période libérale le même rapport féodal avec l'Homme. Dieu était le Seigneur, maintenant c'est l'Homme; Dieu était le médiateur, maintenant c'est l'Homme; Dieu était l'esprit, maintenant c'est l'Homme.

Dans ce triple rapport, le régime féodal a subi une déformation. Aujourd'hui nous recevons d'abord de l'Homme tout-puissant notre puissance qui, venant d'un être supérieur, ne s'appelle pas puissance ou force mais « droit ». Ensuite nous recevons de lui en fief notre position dans le monde, car lui, le médiateur s'entremet pour arranger notre vie sociale qui ne peut être autre qu' « humaine »; finalement nous recevons de lui en fief notre propre valeur en tout ce que nous valons, car nous ne valons rien quand il n'habite pas en nous, quand et partout où nous ne sommes pas « humains ». — La puissance est à l'Homme, le monde est à l'Homme, j'appartiens à l'Homme. Mais comment ne m'est-il pas permis de M'annoncer le suzerain, le médiateur, de Me déclarer mon moi propre! Car alors je dirai :

Ma puissance est ma propriété.

Ma puissance me donne ma propriété.

Je suis moi-même ma puissance et je suis par elle ma propriété.

1. — MA PUISSANCE

Le droit est l'esprit de la société. Si la société a une volonté, cette volonté est précisément le droit: elle ne subsiste que par le droit. Mais comme elle ne subsiste que parce qu'elle exerce une souveraineté sur les individus, le droit est sa VOLONTÉ SOUVERAINE. Aristote dit que la justice est le fruit de la société.

Tout droit existant est droit étranger, c'est un droit qu'on me « donne » qu'on me « fait ». Aurais-je donc droit, si tout le monde me donnait droit. Et cependant qu'est-ce, ce droit que j'obtiens dans l'Etat, dans la société, sinon un droit qui m'est conféré par des étrangers. Si un imbécile me fait droit, mon droit m'inspire de la défiance; sa justice m'est insupportable. Mais aussi quand un sage me fait droit, je n'ai pas encore ce droit. Il est absolument indépendant de la justice du fou ou du sage que j'aie droit.

Pourtant, jusqu'ici nos regards ont été tournés vers ce droit. Nous cherchons le droit et dans ce but nous nous tournons vers le tribunal. Quel tribunal? Royal, pontifical, populaire, etc. Un tribunal du Sultan peut-il exprimer un autre droit que celui que le Sultan a ordonné? Si je cherche un droit qui ne soit pas d'accord avec le droit du Sultan, me donnera-t-il droit? M'accordera-t-il la haute trahison comme un droit, quand dans le sens du Sultan elle n'en est pas un? M'accordera-t-il comme un droit la libre expression de mon opinion, si le Sultan ne veut rien savoir de ce droit qui est mien. Que cherché-je donc devant ce tribunal? Je cherche le droit du Sultan, non mon droit; je cherche un droit étranger. Tant que ce droit étranger sera d'accord avec le mien, certes, je trouverai dans ce droit, mon droit.

L'État ne permet pas que l'on en vienne aux mains d'homme à homme; il s'oppose au duel. Même une simple bastonnade, quand même aucun des combattants n'appelle la police, est punie, sauf quand c'est un chef de famille qui administre une correction à son enfant. La famille y est autorisée et en son nom le père, mais la chose ne m'est pas permise à moi, en tant qu'individu.

La « Vossische Zeitung » nous dépeint l' « Etat du droit ». Là, tout doit être décidé par le juge et par un tribunal. Le tribunal supérieur de censure est pour elle un « tribunal où se prononce le droit ». Quel droit? Le droit de la censure. Pour reconnaître les sentences de ce tribunal comme étant le droit, il faut tenir la censure pour droit. Cependant on pense que ce tribunal présente une garantie. Certes, garantie contre l'erreur d'un seul censeur; il donne au législateur la garantie que sa volonté ne sera pas faussement interprétée, mais il emploie « la sainte puissance du droit » à rendre d'autant plus formidables ses lois contre les écrivains.

— Il n'y a pas d'autre juge que moi-même qui puisse décider si j'ai raison ou non. Les autres peuvent seulement examiner et juger s'ils sont d'accord avec mon droit et s'il est aussi droit pour eux.

Prenons encore autrement la chose. Je dois dans le sultanat, honorer le droit du Sultan, le droit du peuple dans les républiques, le droit commun dans les communautés catholiques, etc. Je dois me soumettre à tous ces droits, les tenir pour sacrés. Un « sens légal » un « sens du droit » est gravé si profondément en nous que de nos jours les plus révolutionnaires veulent nous soumettre à un nouveau « droit sacré », au « droit de la société », au « droit de l'humanité », au « droit de tous » etc. Le droit de « tous » doit passer avant mon droit. Certes, le droit de tous serait aussi mon droit, parce que j'appartiens à tous; seulement ce n'est pas parce que c'est le droit des autres, de tous les autres, que je désire son maintien. Je ne le défendrai pas parce que c'est le droit de tous, mais parce que c'est mon droit, et chacun n'a qu'à faire comme moi et à s'en assurer la garantie. Le droit de tous (par exemple, manger) est le droit de tout individu. Que chacun maintienne inviolé ce droit pour soi, tous les autres en font autant d'eux-mêmes; mais qu'il ne s'inquiète pas des autres, qu'il n'aille pas s'enflammer pour ce droit par la raison que c'est le droit de tous.

Mais les réformateurs socialistes nous prêchent un

« droit de la Société ». Alors l'individu devient l'esclave de la Société et n'a droit que si la Société lui donne droit, c'est-à-dire s'il vit suivant les lois de la Société, s'il est loyal. Que je sois loyal sous un tyran ou dans la « Société » de Weitling, c'est la même absence de droit ici et là, car dans les deux cas, ce n'est pas mon droit, mais un droit étranger que j'ai.

A propos de droit on demande toujours : « De qui ou de quoi tiens-je tel droit ? » Réponse : de Dieu, de l'amour, de la raison, de la nature, de l'humanité, etc. — Non, c'est seulement ta force, ta puissance qui te donne le droit (ta raison, par exemple, peut te le donner).

Le communisme qui admet que les hommes « ont, de nature, des droits égaux » est en contradiction avec le principe propre que les hommes n'ont, de nature, aucun droit. Par exemple il ne veut pas reconnaître que la nature donne aux parents des droits sur leurs enfants ou que ceux-ci en aient sur leurs parents : il abolit la famille. Somme toute ces principes absolument révolutionnaires, babouvistes, reposent sur une conception religieuse, c'est-à-dire fausse. Qui donc peut, s'il ne se place pas à un point de vue religieux, réclamer « le droit ? » « Le droit » n'est-il pas un concept religieux, c'est-à-dire quelque chose de sacré ? « L'égalité des droits » comme la Révolution l'a établie, n'est qu'une forme nouvelle de « l'égalité chrétienne », l'égalité des frères, des enfants de Dieu, des chrétiens, etc., bref la fraternité. Toutes les questions que l'on se pose en face du droit méritent cette raillerie de Schiller :

> Voilà de longues années que je me sers de mon nez.
> Puis-je démontrer que j'y ai un droit réel ?

La Révolution en donnant à l'égalité l'estampille du « droit » se réfugia dans le domaine religieux, dans la région du sacré, de l'idéal. De là, par suite, la lutte pour « les droits sacrés, inaliénables de l'homme. » En face du « droit éternel de l'homme » se pose tout naturellement et à titre égal le droit bien acquis du fait établi : droit contre droit où naturellement chacun reproche à l'autre d'être un « non-droit. ». Tel est le conflit de droits qui existe depuis la Révolution.

Vous voulez contre les autres « être dans le droit », vous ne le pouvez pas ; pour eux vous êtes toujours dans le « non-droit » ; car ils ne seraient pas vos adversaires, s'ils n'étaient aussi « dans leur droit », toujours ils vous « donneront tort ». Mais votre droit en face de celui des autres est un droit supérieur, plus grand, plus puissant, n'est-ce pas ? Pas le moins du monde ! Votre droit n'est pas plus puissant, si vous n'êtes pas plus puissants. Les sujets chinois ont-ils un droit à la liberté ? Donnez-la leur donc et vous verrez combien vous vous serez mépris : ne sachant pas utiliser la liberté, ils n'y ont aucun droit, ou plus explicitement, n'ayant pas la liberté, ils n'y ont pas droit. Les enfants n'ont pas droit à l'émancipation parce qu'ils ne sont pas majeurs, c'est-à-dire parce qu'ils sont des enfants. Les peuples qui se laissent maintenir en tutelle n'ont aucun droit à l'émancipation ; s'ils cessaient d'être mineurs, alors ils auraient droit d'être majeurs. Cela ne veut pas dire autre chose que ceci : tu as droit d'être ce que tu as la force d'être.

Je tire tout droit et toute justification de moi. J'ai le droit de faire tout ce que j'ai la puissance de faire. J'ai le droit de renverser Zeus, Jéhovah, Dieu, etc. si je le puis ; si je ne le puis pas, ces Dieux subsisteront en droit et en puissance à l'encontre de moi ; mais moi, je tremblerai devant leur droit et devant leur force, anéanti par la « crainte de Dieu », j'observerai leurs commandements et je croirai agir suivant le droit en agissant suivant leur droit, comme les sentinelles de Sibérie qui se croient justifiées de tuer les forçats qui s'enfuient, puisqu'ils tuent sur ordre « de l'autorité supérieure », c'est-à-dire à bon droit. Mais moi, je suis par moi-même autorisé au meurtre quand je ne me le défends pas à moi-même, quand moi-même je ne redoute pas le meurtre comme un « non-droit ». Cette conception est l'idée fondamentale du poème de Chamisso « das Mordthal » où le vieil indien meurtrier contraint au respect le blanc dont il a tué les frères. Les seules choses que je n'ai pas le droit de faire sont celles que je ne fais pas d'un esprit libre, c'est-à-dire que je n'ai pas droit aux choses auxquelles je ne me donne pas droit.

Je décide si en moi c'est le droit ; hors de moi, il n'y a pas de droit. Si c'est juste pour moi, c'est juste. Il est possible, pour cette raison, que ce ne soit pas juste pour les autres ; c'est leur affaire et non la mienne : qu'ils se défendent. Et si quelque chose n'étant pas le droit pour le reste du monde, l'était pour moi, c'est-à-dire si je le voulais ainsi, je n'irais pas interroger le monde. Ainsi agit quiconque sait s'estimer, ainsi agit chacun dans la mesure où il est égoïste, car la force passe avant le droit — et cela de plein droit.

Etant « de nature » un homme, j'ai un droit égal à la jouissance de tous les biens, dit Babœuf. Ne devait-il pas dire aussi : étant de nature un prince aîné, j'ai droit au trône ? Les droits de l'homme et « les droits acquis » ont la même chose en vue, la nature, c'est-à-dire la naissance (et plus tard l'héritage, etc.) qui me donne un droit. Je suis né homme est identique à : je suis né fils de roi. L'homme naturel n'a qu'un droit naturel, parce qu'il a la puissance et des prétentions naturelles : il a un droit de naissance et des prétentions de naissance. Mais la nature ne peut pas me donner le droit, c'est-à-dire la capacité, la force des choses auxquelles je n'ai droit que par mon acte seul. Quand le fils du roi se place au dessus des autres enfants, c'est déjà son acte qui lui assure la préférence, quand les autres enfants approuvent et reconnaissent cet acte, c'est aussi leur acte qui les fait dignes d'être des sujets.

Que ce soit la nature, Dieu, le suffrage populaire, etc. qui me donne un droit, tout cela est le même droit étranger, ce n'est pas un droit que je prends, ou que je me donne à moi-même.

Les communistes disent aussi : travail égal donne droit à jouissance égale. Antérieurement on a agité la question de savoir si « l'homme vertueux » devait être « heureux » sur terre. Les Juifs tirèrent de la vertu cette conséquence réelle: « Afin que tu vives heureux sur cette terre ». Non, ce n'est pas le travail égal, mais la jouissance égale seule qui te donne droit à la jouissance égale. Jouis, tu as alors droit à la jouissance. Mais as-tu travaillé et t'es-tu laissé ravir la jouissance, — « ce qui t'arrive est juste. »

Si vous prenez la jouissance, elle est votre droit ; si au contraire vous soupirez après elle, sans oser vous en saisir, elle demeure, après comme avant, le « droit bien acquis » de ceux qui ont le privilège de la jouissance. Elle est leur droit comme elle serait le vôtre si vous vous en saisissiez de vive force.

La discussion sur « le droit de propriété » fait apparaître, dans toute sa violence, le conflit des conceptions.

Les communistes affirment[1] que « la terre appartient de droit à celui qui la cultive » et que « ses produits reviennent à celui qui les tire du sol ». Je pense qu'ils appartiennent à celui qui sait les prendre ou à celui qui ne se les laisse pas prendre, qui ne s'en laisse pas déposséder. S'il se les approprie, ce n'est pas seulement la terre qui lui appartient, mais le droit. Tel est le droit égoïstique, c'est-à-dire que c'est le droit pour Moi et par conséquent c'est le Droit.

Autrement le droit est une duperie. Le tigre qui bondit sur moi a droit, et moi qui l'abats, j'ai droit aussi. Ce n'est pas mon droit que je défends contre lui, mais moi-même.

Comme le droit humain est toujours quelque chose de donné, il roule toujours sur le droit que les hommes se sont donné entre eux, c'est-à-dire se sont concédé. Si l'on accorde aux nouveau-nés le droit à l'existence, ils ont ce droit; si on le leur refuse, comme ce fut le cas chez les vieux Romains et chez les Spartiates, ils ne l'ont pas. Car c'est la société seule qui peut le leur donner ou « concéder », ce n'est pas eux-mêmes qui peuvent le prendre ou se l'octroyer. On objectera : les enfants avaient cependant « de par la nature » droit à l'existence ; seulement les Spartiates refusaient de reconnaître ce droit. Mais ils n'avaient pas plus de droit à cette reconnaissance qu'ils n'en avaient à ce que les bêtes fauves auxquelles ils étaient jetés en pâture reconnussent leur droit de vivre.

On parle à tout instant du droit inné et l'on se plaint que :

> Du droit qui est né avec nous
> Il n'est malheureusement pas question.

---

1. Becker, Volksphilosophie, p. 22.

Quel droit serait donc né avec moi? Le droit d'aînesse, le droit d'hériter d'un trône, de jouir d'une éducation de prince ou de seigneur, ou encore si je suis fils de pauvres gens, de recevoir l'instruction gratuite, d'être habillé par la caisse des pauvres et enfin de gagner une pitance de pain et de hareng au travail des mines ou sur le métier du tisserand? Ne voilà-t-il pas des droits innés, des droits qui me sont venus de mes parents par la naissance? Vous pensez que non ; vous pensez que c'est abusivement qu'on les appelle des droits, et ce sont précisément ces droits que vous cherchez à abolir au moyen du droit inné réel. Pour fonder ce droit vous réduisez l'homme à sa plus simple expression et vous affirmez que chacun par la naissance est égal à l'autre, parce que chacun est homme. Je veux bien vous concéder que chacun naisse homme et par conséquent que les nouveau-nés soient égaux entre eux. Mais pourquoi le sont-ils? Uniquement parce qu'ils ne se manifestent pas autres que de simples enfants des hommes ; ce sont purement et simplement de petits hommes. Mais par là aussi ils sont différents de ceux qui ont déjà fait quelque chose de leur personnalité, et qui ne sont plus seulement « enfants des hommes » mais encore enfants de leur propre création. Ces derniers possèdent plus que des simples droits innés : ils ont acquis des droits. Quelle opposition, quel champ de bataille! C'est la vieille lutte des droits innés à l'homme et des droits acquis ; on ne manquera pas de vous opposer ces droits acquis. Les deux parties se tiennent sur « le terrain du droit » car chacun des deux a un droit contre l'autre ; l'un a le droit inné ou naturel, l'autre le droit acquis, c'est-à-dire bien acquis.

Si vous restez sur le terrain du droit, vous en restez à la chicane de basoche [1]. On peut ne pas vous faire droit, ne pas vous « rendre justice ». Celui qui a la force a le droit ; si vous n'avez pas l'une, vous n'avez pas non plus l'autre. Cette sagesse est-elle difficile à atteindre. Voyez donc les puissants de la terre, ce qu'ils font? Naturellement nous ne parlons ici que de la Chine ou du Japon. Cherchez donc un peu, Chinois et Japonais, à ne pas leur faire droit, et vous verrez comme ils vous jetteront aux fers. (N'allez pas confondre par là les conseils bien intentionnés qui — en Chine et au Japon — sont permis, parce qu'au lieu d'être une entrave à la force, ils la favorisent, au contraire, autant qu'il est possible). Celui qui voudrait leur donner tort n'aurait qu'une voie ouverte devant lui, celle de la force. Si, par elle, il a pu leur enlever la leur, alors il leur a donné réellement tort, il leur a fait perdre leur droit ; autrement, il n'a qu'à serrer silencieusement les poings, à moins que, fou présomptueux, il ne se rue au sacrifice.

Bref, Chinois et Japonais, ne réclamez pas le droit, et surtout ne réclamez pas « le droit qui vous est inné » vous n'avez pas besoin non plus de réclamer les droits bien acquis.

Vous reculez effrayés devant les autres parce que vous croyez voir près d'eux l'ombre du droit, qui comme dans les combats homériques paraît combattre à leurs côtés comme déesse auxiliatrice. Que faites-vous? Lancez-vous votre javelot? Non, vous rampez tout autour pour chercher à gagner à votre cause le spectre et le persuader de combattre à vos côtés : vous

---

1. « Je t'en prie, épargne mes poumons ! Celui qui veut avoir le droit pour lui, et a seulement une langue, l'aura certainement ».

briguez les faveurs d'un fantôme. Un autre demanderait simplement : Est-ce que je veux ce que veut mon adversaire ? « Non ! » Eh bien ! que mille Dieux ou diables combattent pour lui, je fonds dessus !

« L'État légal » comme nous le montre entre autres la *Gazette de Voss*, demande que les fonctionnaires ne puissent être destitués que par le juge, non par l'administration. Vaine illusion ! Si la loi décide qu'un fonctionnaire qu'on a vu ivre doit perdre sa place, le juge devra le condamner sur le dire de témoins, etc. Bref, le législateur devra donc indiquer très exactement tous les cas entraînant la perte de la place, si ridicules qu'ils puissent être (par exemple, celui qui rit au nez de son supérieur, qui ne va pas tous les dimanches à la messe, qui ne va pas tous les mois communier, qui fait des dettes, qui a de mauvaises fréquentations, qui manque d'initiative, etc., doit être destitué. Le législateur pourrait encore confier le règlement de ces choses à un tribunal d'honneur), ainsi le juge aurait uniquement à rechercher si le prévenu s'est rendu coupable de cette faute et, la preuve obtenue, n'aurait plus uniquement qu'à prononcer « par les voies légales » la destitution.

Le juge est perdu s'il cesse d'être mécanique, s'il n'est plus « soutenu par les règles établies pour obtenir la preuve », car s'il a encore une opinion, comme les autres, et s'il décide d'après cette opinion, ce n'est plus un acte administratif ; comme juge il ne peut prendre une décision que suivant la loi : aussi louerai-je les vieux parlements français qui voulaient rechercher eux-mêmes ce qui devait être le droit et ne codifier que ce qu'ils trouvaient conforme à leur opinion propre. Ils jugeaient du moins suivant leur droit propre et ne voulaient pas s'abandonner jusqu'à n'être que des machines du législateur, bien que, comme juges, ils ne fussent que des machines mises en action par eux-mêmes.

On dit que la peine est le droit du criminel. Seulement l'impunité est aussi son droit. Si son entreprise lui réussit, c'est justice, si elle ne lui réussit pas, c'est encore justice. Comme on fait son lit, on se couche. Si quelqu'un se précipite follement dans les dangers et y périt, nous disons bien, il a son droit, c'est-à-dire il a ce qu'il mérite, il n'a pas voulu autre chose. Mais s'il triomphait des dangers, c'est-à-dire si la force triomphait, il aurait aussi son droit. Si un enfant joue avec un couteau et se coupe, il a ce qu'il mérite ; mais s'il ne se coupe pas, il a encore ce qu'il mérite. Par suite on fait droit au criminel en lui faisant souffrir ce qu'il a risqué ; pourquoi aussi risquait-il quand il connaissait les conséquences possibles ! Mais la peine que nous suspendons au-dessus de sa tête est notre droit et non le sien. Notre droit réagit contre le sien, et « il n'est pas dans le droit » — parce que nous avons le dessus.

Mais ce qui est juste, ce qui est de droit dans une Société vient aussi en expression dans la loi ; quelle que soit la loi, elle doit être respectée — par le citoyen loyal ; on vante sous ce rapport le sens légal de la vieille Angleterre. Cette parole d'Euripide y correspond absolument : « Nous servons les Dieux quels qu'ils puissent être. » La loi par dessus tout, Dieu par dessus tout, voilà où nous en sommes aujourd'hui.

On s'efforce de distinguer la loi de l'ordre arbitraire, d'une ordonnance : elle serait issue d'une autorité reposant sur le droit. Seulement une loi concernant des actes humains (loi morale, loi d'État, etc.), est toujours une **déclaration de volonté**, par conséquent un ordre. Oui, même si je ne donnais la loi qu'à moi-même, ce ne serait cependant que mon propre ordre auquel dans l'instant suivant je puis refuser l'obéissance.

— Chacun peut bien déclarer ce qu'il entend consentir et par conséquent s'interdire le contraire par une loi, et traiter l'infracteur comme son propre ennemi ; personne n'a à commander mes actions, personne n'a à me prescrire ma manière d'agir ni à me donner les lois de mes actes. J'accepte qu'un homme me traite en ennemi, mais non qu'il se serve de moi comme de **sa créature**, et qu'il fasse de sa raison et de sa déraison ma règle de conduite.

Les États ne durent qu'autant qu'il y a une **volonté souveraine** et que cette volonté souveraine est considérée comme équivalente à la volonté propre. La volonté du maître est loi. Que te servent tes lois si personne ne les suit, tes ordres si personne ne se laisse commander? L'État ne peut abandonner la prétention de déterminer la valeur de l'individu, de spéculer et de compter sur elle. Pour lui, il est absolument nécessaire que personne n'ait une **volonté propre** : si un individu avait une volonté propre, l'État devrait l'exclure (la prison, le bannissement, etc.). Si tous avaient une volonté propre, ils aboliraient l'État. L'État ne peut être conçu sans domination et sans servitude, car il doit vouloir être le maître de tout ce qu'il contient, et l'on nomme cette volonté « la volonté de l'État. »

Celui qui, pour subsister, doit compter sur le manque

de volonté des autres n'est que leur rebut, comme le maître l'est du serviteur. Si la soumission cessait, c'en serait fait de la domination. La volonté propre du moi est la perte de l'État, elle est stigmatisée par elle du nom d' « obstination ». La volonté individuelle et l'État sont ennemis mortels, entre ces puissances, il n'y a pas de « paix éternelle » possible. Tant que l'État s'affirme, il représente la volonté individuelle, son adversaire qui jamais ne désarme, comme déraisonnable et mauvaise, etc., et celle-ci se le laisse persuader, elle l'est même déjà réellement puisqu'elle se le laisse persuader : elle n'est pas encore venue à la conscience de sa dignité et par conséquent est encore imparfaite, facile à tromper, etc.

Tout État est une tyrannie, que ce soit la tyrannie d'un ou de plusieurs, ou, comme cela se passe dans une république, que tous soient seigneurs, c'est-à-dire que l'un soit le tyran de l'autre. Tel est notamment le cas quand la loi, que nous donnent chaque jour nos législateurs, quand la loi, expression de la volonté nationale, devient ensuite loi pour l'individu, à laquelle il doit obéissance, envers laquelle il a le devoir d'obéissance. En supposant même que tout individu pris isolément dans le peuple eût exprimé la même volonté et que par suite la loi fût l'expression parfaite de « la volonté générale », la chose resterait au même point. Ne serais-je pas, aujourd'hui et plus tard, lié à ma volonté d'hier. Ma volonté dans ce cas serait cristallisée. Stabilité maudite ! Ma créature, expression déterminée de volonté, serait devenue mon maître. Mais alors par le fait de ma volonté, moi créateur, je verrais arrêtés l'écoulement et les transformations de mon être. Si je fus un fou hier, dois-je le rester ma vie durant ? Je suis donc, dans l'État, au meilleur des cas, — je pourrais aussi bien dire au pire — un valet de moi-même. Si je fus hier un être de volonté, je suis aujourd'hui sans volonté, hier volontaire, aujourd'hui involontaire.

Comment changer? il n'y a qu'un moyen, ne reconnaître aucun devoir, c'est-à-dire ne me lier ni me laisser lier. Si je n'ai aucun devoir, je ne connais aussi aucune loi.

« Seulement on me liera ! » — Personne ne peut enchaîner ma volonté; ma volonté contraire est libre.

« Tout irait sens dessus dessous, si chacun pouvait faire ce qu'il voulait ! » — Qui donc a jamais dit que chacun pût tout faire? Pour quoi donc comptes-tu, toi qui ne veux pas subir le bon plaisir des autres! Défends ta volonté on ne te fera rien! Celui qui veut briser ta volonté a affaire à toi et est ton ennemi. Traite-le comme tel. S'il y a derrière toi quelques millions d'autres pour te protéger, vous formez ensemble une puissance imposante et vous aurez facilement la victoire. Mais bien que vous en imposiez comme puissance à l'adversaire, vous n'êtes pas néanmoins pour lui une autorité sacrée, attendu qu'il serait un bandit. Il ne vous doit ni respect ni considération, bien qu'il doive se tenir en garde contre votre puissance.

Nous avons l'habitude de classer les États suivant les différentes façons dont le pouvoir suprême est réparti. Si c'est un seul qui le possède — monarchie, si c'est tous — démocratie, etc. Tel est le pouvoir suprême ! Pouvoir contre qui? Contre l'individu et sa volonté propre » ; l'État exerce le pouvoir, l'individu ne le peut pas. Le rôle de l'État, c'est l'exercice du pouvoir, et il

appelle son pouvoir « droit », celui de l'individu
« crime ». Ainsi le crime, c'est le pouvoir de l'individu,
et c'est seulement par le crime qu'il brise le pouvoir de
l'État quand il a pour opinion que ce n'est pas l'État
qui est au-dessus de lui, mais lui qui est au-dessus de
l'État.

Maintenant je pourrais pour comble de ridicule, vous
adjurer bienveillamment de ne pas nous donner des
lois qui portent préjudice à mon développement personnel, à mon activité personnelle, à ma création
personnelle. Mais je ne veux pas vous donner ce
conseil. Car vous seriez imprudents en le suivant et je
serais, moi, frustré dans mes espérances. De vous je
n'exige rien, car quoi que je réclame, vous êtes
et serez toujours des législateurs autoritaires, parce
qu'on ne fait pas chanter un corbeau et qu'un voleur
ne peut vivre sans voler. Bien plus, à ceux
qui veulent être égoïstes, je demande quelle est des
deux choses la plus égoïste, ou se laisser donner des lois
par vous et respecter les lois données, ou opposer résistance, et refuser absolument d'obéir. De braves gens
pensent que les lois ne devraient prescrire que ce qui,
au sens du peuple, est juste et raisonnable. Mais que
m'importe à moi le sens populaire ? Le peuple sera
peut-être contre les blasphémateurs ; d'où, loi contre
le blasphème. Dois-je pour cela ne plus blasphémer ?
Cette loi doit-elle être pour moi plus qu'un « ordre ».
Je le demande !

C'est exclusivement du principe que tout droit et
toute force appartient à la totalité du peuple que
sont issues toutes les formes de gouvernement. Car
toutes se réclament de la totalité, et le despote comme
le président d'une république, comme un gouvernement

aristocratique quelconque, etc., agit et ordonne « au nom de l'État ». Ils sont en possession de l' « autorité » et il est complètement indifférent que ce soit le peuple, totalité des individus, ou les représentants de cette totalité, qu'ils soient plusieurs comme dans une aristocratie ou un comme dans la monarchie, qui exercent l'autorité. Toujours la totalité est au-dessus des individus et a un pouvoir que l'on dit justifié, c'est-à-dire qui est le Droit.

En face de la Sainteté de l'État, l'individu n'est qu'un vase de déshonneur qui ne contient plus qu'arrogance, méchanceté, envie de railler et d'insulter, frivolité, etc. », aussitôt qu'il refuse de reconnaître le Saint des Saints, l'État. La morgue religieuse du serviteur de l'État et du sujet a des peines raffinées pour « l'arrogance » impie.

Quand le gouvernement signale comme punissable tout jeu de l'esprit contre l'État, les libéraux modérés apparaissent et disent : « Laissez mousser la fantaisie, la satire, la pointe, l'humour, etc., et que le génie jouisse de la liberté. » Ainsi ce n'est pas l'homme comme individu, mais le génie qui doit être libre. Alors, entièrement dans son droit, l'État ou, en son nom, le gouvernement prend la parole : Celui qui n'est pas pour moi est contre moi. La fantaisie, l'esprit, etc., bref tout ce qui tourne en ridicule l'essence même de l'État, voilà ce qui mine depuis longtemps la chose publique ; la raillerie n'est pas innocente. Allons plus loin, comment tracer la limite entre l'esprit innocent et l'esprit pernicieux ? Cette question met les modérés dans un grand embarras et tout se ramène à cette prière adressée à l'État de ne pas être si susceptible, si chatouilleux. Dans les choses « inoffensives », il n'a pas à craindre la méchanceté et peut se montrer un peu plus « tolérant ». La susceptibilité exagérée est certes une faiblesse, il est peut-être très méritoire de l'éviter; seulement, en temps de guerre, on ne peut être modéré et ce qui est permis aux époques calmes, cesse de l'être aussitôt que l'état de siège est déclaré. Les libéraux bien pensants qui sentent cela parfaitement s'empressent de déclarer qu'en raison de « la fidélité du peuple » il n'y a aucun danger à craindre. Mais le gouvernement est plus prudent et ne se laisse pas ainsi persuader. Il sait trop bien comme on vous donne en pâture de belles paroles et ne se contente pas de cette viande creuse.

Mais on veut une place pour s'ébattre, on est encore enfant et on ne peut pas être aussi posé qu'un vieillard. Jeunesse n'a pas de vertu.

C'est seulement sur l'emplacement de ces jeux, sur ces quelques heures d'ébats joyeux que l'on discute. On demande seulement que l'État ne soit pas un papa grognon, il devra permettre quelques fêtes de l'Ane et du Fou, comme fit l'Église au Moyen-Age. Mais les temps sont passés où il pouvait faire cela sans danger. Maintenant les enfants qui goûtent une fois la liberté et qui vivent une heure sans recevoir le fouet ne veulent plus retourner en cellule. Car la liberté n'est plus maintenant pour eux le complément de la cellule, ce n'est plus une échappée momentanée de la prison ; mais c'est son contraire, un *aut... aut*: ou bien l'État ne doit plus rien supporter, ou il doit tout subir et aller à sa ruine ; ou bien il doit être sensible à l'extrême, ou bien insensible comme un mort. C'en est fait de la tolérance. Si on lui présente le doigt, elle happe la main tout entière. Il n'y a plus à « plaisanter » ; plaisanterie, caprice, humour, etc., tout se transforme en un sérieux amer.

Les clameurs des libéraux en faveur de la liberté de la presse vont contre leur propre principe, leur volonté propre. Ils veulent ce qu'ils ne veulent pas, c'est-à-dire, ils désirent, ils voudraient bien. Mais ils font bien vite défection quand la liberté de la presse fait son apparition ; alors ils voudraient bien la censure. Naturellement ! l'État est toujours aussi sacré pour eux, les mœurs également, etc. Ils se comportent envers lui comme des marmots mal élevés, de rusés gamins qui cherchent à exploiter les faiblesses de leurs parents. Papa l'État doit leur permettre de dire maintes choses qui lui déplaisent, mais il a le droit d'arrêter d'un regard sévère leurs caquetages impertinents. S'ils reconnaissent en lui le papa, il faudra qu'ils se résignent à laisser le papa censurer les paroles de ses enfants.

Si tu te laisses donner raison par un autre, tu dois également te laisser donner tort par lui ; si ta justification et ta récompense te viennent de lui, attends aussi de lui l'accusation et le châtiment. Le juste et l'injuste vont de pair, le crime marche à côté de la légalité. Qu'es-tu ? Un criminel !

« Le criminel est le crime propre de l'État ! » dit Bettina [1]. On peut accepter cette parole, bien que Bettina ne la prenne pas absolument dans le sens actuel. Dans l'État, le moi délivré de toute entrave, le moi tel qu'il appartient à moi-même, ne peut atteindre à son développement, à sa réalisation. Tout moi est déjà de naissance un criminel contre le peuple, contre l'État. C'est pourquoi aussi l'État a l'œil sur tous, il voit en

1. Dies Buch gehœrt dem Kœnig. p. 376.

chacun un égoïste qu'il redoute. Il suppose de chacun le pire et il a soin — un soin policier — « qu'il n'arrive pas dommage à lui-même » *ne quid respublica detrimenti capiat*. Le moi effréné — et nous sommes ainsi à l'origine et le demeurons toujours dans notre for intérieur — est, dans l'État, le perpétuel criminel. L'homme que son audace, sa volonté, son manque de scrupules et son intrépidité conduisent, est par l'État, par le peuple, entouré d'espions. Je dis par le peuple ! Ce peuple dont, bonnes gens, vous vous imaginez merveilles, est policier jusqu'au fond de l'âme. Celui-là seul qui renie son moi, qui pratique l' « abnégation de soi-même » est agréable au peuple.

Bettina, dans le livre cité, est assez indulgente pour tenir l'État seulement pour malade, et espérer la guérison, guérison qu'elle opérera au moyen des « démagogues » ; mais il n'est pas malade, au contraire, il est en pleine force quand il veut chasser loin de lui les démagogues qui veulent pour les individus, pour « tous » gagner quelque avantage. Ses croyants sont pour lui ses meilleurs démagogues — conducteurs du peuple. Suivant Bettina [1], l' « État doit développer la liberté en germe dans l'humanité, autrement l'État est une mère corbeau qui n'a pour objet que sa pâture ». Il ne peut faire autrement car s'il a souci de l' « humanité » (ce qui d'ailleurs devrait déjà être le cas de l'État « humain » ou « libre), « l'individu » est pâture à corbeaux. Avec quelle justesse, au contraire, s'exprime le bourgmestre [2] : « Comment ? L'État n'a pas d'autre obligation que de donner ses soins à des malades incurables ? Ça n'est pas sérieux. De tout temps l'État sain s'est débarrassé de

1. P. 374.
2. P. 381.

ses éléments malades et ne s'est pas par suite mêlé à eux. Il n'a pas besoin d'être si économe de la sève. Il peut couper sans hésitation les branches folles afin que les autres portent des fleurs. Il n'y a pas à trembler de la dureté de l'État, c'est sa morale, sa politique, sa religion qui lui indiquent la voie à suivre ; il n'y a pas à l'excuser de manquer de sentiment, sa pitié se révolte, mais son expérience lui fait trouver l'unique salut dans la sévérité. Il y a des maladies contre lesquelles les moyens drastiques sont seuls efficaces. Le médecin qui diagnostique une telle maladie, mais qui, timoré, recourt aux palliatifs ne guérira jamais le mal, le patient mourra après avoir langui plus ou moins longtemps ». La question de Madame la conseillère : « Si vous employez la mort comme moyen drastique, comment y remédier » n'est pas sérieuse. Ce n'est pas à soi-même que l'État applique la mort, mais à un membre qui le contrarie, il arrache l'œil qui l'irrite, etc.

« Pour l'État malade, la seule voie de salut est de laisser prospérer l'homme en lui [1] ». Si comme Bettina on entend par homme le concept « Homme », on a raison : l'État malade guérira par l'épanouissement de « l'Homme », car plus les individus sont fous de « l'Homme » mieux s'en trouve « l'État ». Mais si l'on entendait par l'homme, l'individu (et c'est ce que fait quelque peu notre auteur qui ne s'explique pas clairement sur ce point), cela signifierait à peu près : si une bande de voleurs est malade, son seul moyen de salut est d'accueillir et de faire prospérer dans son sein un bon citoyen. De la sorte, la bande de voleurs, en tant que bande de voleurs, irait à sa ruine, mais comme

1. P. 385.

elle flaire la chose, elle trouve qu'il vaut mieux se débarrasser de tel qui aurait tendance à devenir « un honnête homme ».

Bettina est dans ce livre une patriote ou ce qui est un peu mieux, une philanthrope ; elle aspire au bonheur des hommes. Son mécontentement de l'état de choses existant est absolument de même sorte que celui du fantôme qui sert de titre à son livre, comme de tous ceux qui voudraient ramener les bonnes vieilles croyances et tout ce qui s'y rattache, seulement elle pense que les politiques, les serviteurs de l'État, les diplomates corrompent l'État alors que ceux-ci mettent le reproche sur le dos des méchants, des « corrupteurs du peuple ».

Le criminel ordinaire est-il autre chose qu'un qui a commis la fatale méprise de tendre vers ce qui appartient au peuple, au lieu de chercher ce qui est sien. Il a cherché un bien méprisable et étranger, il a fait ce que font les croyants qui convoitent ce qui est à Dieu. Que fait donc le prêtre qui morigène le criminel ? Il lui reproche d'avoir profané par ses actes une grande injustice consacrée par l'État, la propriété (il faut y comprendre la vie de ceux qui appartiennent à l'État) ; il ferait mieux de lui représenter qu'il s'est souillé en ne méprisant pas le bien d'autrui et le considérant comme digne d'être volé, il le pourrait s'il n'était prêtre. Causez avec celui qu'on appelle « un criminel » comme avec un égoïste et il aura honte non pas d'avoir attenté à vos lois, à vos biens, mais d'avoir tenu vos lois pour dignes d'être tournées, vos biens pour digne d'être désirés ; il aura honte de ne pas vous avoir méprisés vous et les vôtres et d'avoir été trop peu égoïste. Mais vous ne pouvez parler avec lui sur le ton égoïste, car vous n'êtes pas aussi grands qu'un criminel, vous n'attentez à rien. Vous ne savez pas qu'un moi propre, ne peut être autre chose que criminel, que le crime est sa vie. Et cependant vous devriez le savoir, car vous croyez « que nous sommes tous pécheurs ». Mais vous pensez vous étourdir sur le péché, vous ne concevez pas — car vous êtes peureux en diable — que la faute fait la valeur de l'homme. O si vous étiez coupables ! Mais vous n'êtes que des « justes ». Alors contentez-vous de satisfaire votre maître !

Si la conscience chrétienne ou l'homme chrétien dresse un code de justice criminelle, l'idée du crime peut-elle être autre chose que « le manque de cœur ». C'est un crime de porter atteinte aux rapports du cœur, de se comporter en homme sans cœur à l'égard d'une chose sacrée. Plus le rapport lésé touche intimement aux choses du cœur, plus criante est l'insulte et le crime commis mérite d'autant plus d'être châtié. Quiconque est sujet du Seigneur doit l'aimer : nier cet amour est une haute trahison qui mérite la mort. L'adultère est un manque de cœur qui mérite d'être puni : c'est qu'on n'a pas de cœur, pas d'enthousiasme, pas de transport pour la sainteté du mariage. Tant que le cœur ou le sentiment dicte les lois, l'homme de cœur ou de sentiment jouit de la protection des lois. Dire que l'homme de sentiment donne des lois, c'est dire en réalité que l'homme moral les donne : l'un et l'autre repoussent ce qui est en opposition avec « leur sentiment moral ». Comment, par exemple, l'infidélité, la désertion, l'adultère, bref tout déchirement, toute rupture radicale de liens vénérables ne seraient-ils pas à leurs yeux funestes et criminels ? Celui qui rompt avec ces exigences du sentiment a tous les gens moraux, tous les gens de sentiment pour ennemis. Seuls les Krummacher et consorts sont les gens qu'il faut pour établir avec conséquence un code pénal du cœur; un certain projet de loi le montre suffisamment. La législation de l'État chrétien, pour être conséquente, doit être remise entièrement aux mains des **prêtres** et ne sera jamais pure et logique tant qu'elle sera élaborée par des **serviteurs de prêtres**, qui ne seront jamais que des **demi-prêtres**. Alors seulement tout manque de sentiment sera reconnu comme un crime impardonnable, alors seulement l'homme proprement dit sera convaincu devant la conscience chrétienne d'être jusqu'au plus profond de lui-même un criminel.

Les hommes de révolution ont souvent parlé de « la juste vengeance » du peuple comme de son « droit ». Ici vengeance et droit coïncident. Est-ce là comme se comporte un moi envers le moi? Le peuple crie que le parti contraire a commis un crime envers lui. Puis-je admettre qu'un homme peut commettre un crime envers moi, sans admettre aussi qu'il doive agir comme je le juge bon? Et cette action je l'appelle juste, bonne, etc.; agir différemment est un crime. Par conséquent, je pense que les autres devraient marcher avec moi vers le même but, c'est-à-dire que je ne les traite pas comme des êtres uniques qui portent leurs lois en eux-mêmes et y conforment leur vie, mais comme des êtres qui doivent obéir à une loi quelconque « raisonnable ». Je définis ce que « l'homme » est et ce que signifie agir « en homme véritable » et j'exige de chacun que la loi soit pour lui la norme et l'idéal, et que, dans le cas contraire, il soit déclaré « pécheur et criminel ». Mais le « châtiment de la loi » frappe le « coupable ».

On voit comment on est ramené à « l'homme » qui remet en question l'idée du crime, du péché en même temps que celle du Droit. Un homme en qui je ne reconnais pas « l'homme » est « un pécheur, un coupable ».

C'est seulement contre les choses sacrées qu'il y a des criminels : Vis-à-vis de moi tu ne peux jamais être un criminel, mais seulement un adversaire. Mais ne pas haïr celui qui a porté atteinte à une chose sacrée est déjà un crime, c'est le cri de Saint-Just contre Danton : « N'es-tu pas un criminel, coupable de n'avoir pas haï les ennemis de la patrie ? »

Si, comme dans la Révolution, on conçoit « l'homme » sous la forme du « bon citoyen », cette conception entraîne les fautes et crimes politiques que l'on connaît.

Somme toute, l'individu, l'homme individuel est considéré comme un rebut, au contraire, l'homme en général, « l'homme » est honoré. En face de ce fantôme, quel que soit le nom qu'on lui donne, chrétien, juif, musulman, bon citoyen, sujet loyal, homme libre, patriote, etc., on voit succomber et ceux qui voudraient réaliser une conception différente de l'homme, et ceux qui veulent s'affirmer eux-mêmes à l'encontre de « l'homme » victorieux.

Et, avec quelle onction ici on les immole, au nom de la loi, du peuple souverain, de Dieu, etc.

Et maintenant si les persécutés ont l'astuce de se cacher et de se garder de ces juges sévères et jésuitiques, on leur jette à la face l'injure « d'hypocrites », comme Saint-Just par exemple à ceux qu'il accuse dans son discours contre Danton. Il faut avoir la sottise de se livrer sans résistance à leur Moloch.

De l'idée fixe naît le crime. La sainteté du mariage est une idée fixe. De cette sainteté il suit que l'infidélité est un crime, et là-dessus une certaine loi du mariage établit contre l'adultère des pénalités plus ou moins sévères. Mais ce châtiment doit être considéré par ceux qui proclament sacrée la liberté comme un crime contre la liberté, et c'est uniquement pour cela que l'opinion publique a flétri la loi du mariage.

Certes, la société accepte que chacun obtienne son droit, mais ce droit doit être social, sanctionné par la société et ce n'est pas réellement son droit. Mais moi, j'use de la plénitude de ma force et je prends, je m'octroie le droit et en face de toutes les forces supérieures, je suis le plus incorrigible des criminels. Propriétaire et créateur de mon droit, je ne reconnais pas d'autre source du droit que moi-même ; ni Dieu, ni l'État, ni la nature, ni l'homme même avec ses « éternels droits de l'homme », ni le droit divin, ni le droit humain.

« Droit en soi et pour soi. » Ainsi sans rapport avec moi-même ! « Droit absolu. » Ainsi donc séparé de moi-même ! Un être qui n'existe qu'en soi et pour soi ! un absolu ! un droit éternel comme une vérité éternelle !

Suivant la conception libérale, le droit doit être pour moi obligatoire parce qu'il est institué ainsi par la raison humaine, contre laquelle ma raison est déraison. Autrefois on tonnait contre la faible raison humaine, au nom de la raison divine, maintenant c'est au nom de la forte raison humaine que l'on rejette la raison égoïste, comme déraison. Et cependant, il n'y a pas d'autre raison réelle que précisément cette « déraison ». Ce n'est ni la raison humaine, ni la raison divine, mais seulement ta raison, ma raison particulières qui existent réellement, quoi que toi et moi puissions être.

La pensée du droit est originairement ma pensée, elle a son origine en moi. Mais dès qu'elle est sortie de moi, dès que le « mot » est prononcé, « elle devient chair », idée fixe. Je ne me délivre plus de la pensée ; où que je me trouve, je l'ai devant moi. Ainsi les hommes ne sont plus les maîtres de la pensée « droit » qu'ils créèrent eux-mêmes : leur créature leur a échappé. Tel est le droit absolu, absolu ou résolu par par moi : Nous ne pouvons plus, en le révérant comme absolu, le réabsorber, et il nous enlève la force créatrice ; la créature est plus que le créateur, elle est « en soi et pour soi ».

Ne donne plus le champ libre au droit, retiens-le en sa source, en toi, alors seulement ce sera ton droit et ton droit sera le droit.

Le droit (Recht) a dû subir une attaque dans son sein même, c'est-à-dire au point de vue même du droit, lorsque le libéralisme a déclaré la guerre au privilège (Vorrecht).

Privilège, égalité de droits, autour de ces deux concepts se livre un combat acharné. Exclusion ou admission signifierait la même chose. Mais où y aurait-il une puissance, qu'elle soit imaginaire comme Dieu, la loi, réelle comme moi, toi, devant laquelle tous ne seraient égaux en droit, pour qui il n'y aurait aucune considération de personne ? Tous ceux qui adorent Dieu lui sont également agréables, tous ceux qui observent la loi lui sont également bienvenus. Que l'ami de Dieu ou de la loi soit bossu ou paralytique, riche ou pauvre, peu importe à Dieu et à la loi ; si tu es sur le point de te noyer, un nègre te sera aussi agréable comme sauveur que le plus pur spécimen de la race caucasique ; un chien même, dans ces circonstances, ne vaut pas moins qu'un homme. Mais inversement, pour qui un chacun n'est-il ou privilégié ou réprouvé? Dieu frappe les méchants de sa colère, la loi châtie ceux qui ne se conforment pas aux lois ; tu laisseras les uns te parler à tout instant, tu montreras aux autres la porte.

« L'égalité du droit » est également un fantôme, parce que le droit n'est rien moins qu'une autorisation, c'est-à-dire une chose de faveur, que d'ailleurs on peut acquérir aussi par le mérite ; car le mérite et la faveur ne sont pas en opposition ; la faveur veut aussi être « méritée » et notre sourire favorable ne va qu'à celui qui sait nous l'arracher.

Ainsi l'on rêve que « tous les citoyens soient égaux en droits ». En tant que citoyens de l'État, ils sont tous égaux pour l'État ; mais déjà il les répartira suivant ses buts particuliers, il les favorisera ou les mettra à l'arrière-plan ; plus encore, il les divisera en bons et mauvais citoyens.

Bruno Bauer résout la question juive en se plaçant au point de vue que le « privilège » n'est pas reconnu. Comme le juif et le chrétien ont chacun un avantage sur l'autre et qu'ils sont exclusifs sur cet avantage, il s'en suit qu'ils s'effondrent dans leur néant sous l'œil de la critique. Par là même son blâme atteint aussi l'État qui autorise leur avantage et en fait un « privilège » qui porte atteinte à sa mission d'être un « État libre ».

Mais maintenant un homme a toujours quelque avantage sur un autre, notamment l'avantage de soi-même, de son individualité, et là-dessus il demeure exclusif.

En outre, chacun, auprès d'un tiers, fera valoir autant que possible sa personnalité et cherchera, s'il veut le gagner, à la montrer sous son jour le plus attrayant.

Ce tiers en face des différences qui existent entre l'un et l'autre restera-t-il insensible ? Réclame-t-on cela de l'État libre ou de l'humanité ? Il faudrait donc qu'ils fussent absolument sans intérêt propre, et incapables d'avoir une sympathie quelconque pour quelqu'un. Or on n'imagine pas une telle indifférence de Dieu qui sépare les siens des méchants, ni de l'État qui fait la sélection des bons et des mauvais citoyens.

Et pourtant on recherche ce tiers qui ne connaît pas les « passe-droits ». Il s'appellera l'État libre, l'humanité ou autrement.

Si Bruno Bauer a rabaissé le juif et le chrétien, c'est parce qu'ils affirment leurs privilèges ; s'ils faisaient abnégation d'eux-mêmes, s'ils étaient désintéressés, ils pourraient et devraient se libérer de ce point de vue étroit. S'ils dépouillaient leur « égoïsme », l'injustice réciproque cesserait et avec elle la religiosité chrétienne et judaïque : il suffirait que l'un et l'autre ne s'obstinassent plus à être quelque chose d'à part.

Mais leur exclusivisme cessant, le terrain où s'exercent leurs hostilités n'en serait pas encore pour cela abandonné. Ils trouveraient en tout cas une base commune, une « religion commune », une « religion de l'humanité », bref une égalisation qui ne vaudrait pas mieux que celle qui consisterait à faire de tous les juifs des chrétiens, alors que le « privilège » de l'un serait aboli au profit de l'autre. Certes la tension qui existe entre eux disparaîtrait, mais ce qui la constituait, ce n'était pas leur essence même à chacun, mais le seul fait d'être voisin. Etant distincts, ils devaient nécessairement être en désaccord et l'inégalité subsistera toujours. Vraiment ce n'est pas ta faute si tu te raidis contre moi et affirmes ta particularité, ta personnalité : car tu ne peux pas t'abandonner, te renier.

C'est ne voir l'opposition que dans la forme et en réduire singulièrement l'importance que de vouloir simplement la « résoudre » pour faire place à un troisième terme « conciliateur ». Bien au contraire, il faut qu'elle soit rendue plus aiguë. Juifs et Chrétiens votre antagonisme est trop faible, car vous vous bornez à disputer sur la religion, à peu près comme vous disputez sur la barbe de l'empereur et autres balivernes. Ennemis en religion, vous demeurez sur le reste bons amis, et, par exemple, vous êtes égaux comme hommes les uns aux autres.

Pourtant vous êtes aussi différents dans le reste et vous ne dissimulerez pas plus longtemps vos contrastes quand vous les aurez entièrement reconnus et que chacun de vous se sera affirmé de la tête aux pieds unique. Alors certes, l'opposition antérieure sera résolue, mais seulement pour être absorbée en une autre plus puissante.

Notre faiblesse n'est pas d'être en antagonisme avec les autres mais de ne pas l'être complètement, de ne pas être complètement séparés d'eux, nous cherchons une « affinité », un lien, et nous trouvons dans la communauté notre idéal. Une foi, un Dieu, une idée, toutes les têtes sous le même chapeau. S'il n'y avait qu'un chapeau pour tout le monde, l'on n'aurait plus besoin de retirer son chapeau devant un autre.

L'opposition dernière et catégorique, celle de l'individu contre l'individu, dépasse au fond ce qu'on appelle opposition mais sans retomber dans « l'unité » et l'harmonie. Comme être unique tu n'as plus rien de commun avec un autre, plus de séparation ou d'hostilité ; tu ne cherches pas devant un tiers à avoir raison contre lui et vous n'avez ensemble aucun terrain commun pas plus celui du « droit » qu'aucun autre. L'opposition disparaît dans la séparation absolue, dans l'individualité. Celle-ci pourrait être considérée comme étant le nouvel élément commun, et prise comme nouvelle égalité, seulement l'égalité consiste ici précisément dans l'inégalité et n'est même rien qu'inégalité ; une égale inégalité et qui n'existe à vrai dire que pour celui qui établit une « comparaison ».

Les polémiques contre le privilège forment une caractéristique du libéralisme qui frappe contre le « passe-droit » parce qu'il se réclame du « droit ». Mais il ne fait pas autre chose que de frapper, car les « passe-droits » ne tombent pas avant que le droit ne tombe, parce que ce ne sont que des variétés du droit. Le droit retourne à son néant quand il est englouti par la force, c'est-à-dire quand on comprend ce que veut dire la force prime le droit. Tout droit se déclare alors comme privilège et tout privilège lui-même comme puissance, — comme puissance supérieure.

Mais la force en lutte contre la puissance supérieure, ne doit-elle pas présenter un autre aspect que le modeste combat contre le privilège, qui doit se décider devant un premier juge « le droit » et dans le sens du juge?

Pour conclure il me faut encore employer l'expression imparfaite dont je fis si longtemps usage quand je fouillais les entrailles du droit ; du moins j'avais laissé subsister le mot. Mais en fait, en même temps que le concept disparaît, le mot perd son sens. Ce que je nommais « mon droit » n'est plus du tout « droit » parce que seul un esprit peut distribuer le droit, que ce soit l'esprit de la nature, celui de l'espèce, de l'humanité ou l'esprit de Dieu, celui de Sa Sainteté ou de son Altesse. Ce que j'ai sans un esprit qui m'y autorise, je l'ai sans droit, je l'ai seulement et uniquement par ma puissance.

Je ne réclame aucun droit, c'est pourquoi je n'ai besoin d'en reconnaître aucun. Ce que je peux acquérir par la force, je me l'acquiers : sur le reste, je n'ai aucun droit, quand bien même j'irais faire jactance de mon droit imprescriptible.

Avec le droit absolu disparaît le droit lui-même, le règne de « l'idée du droit » est en même temps aboli. Car il ne faut pas oublier que, jusqu'à ce jour, des concepts, des idées ou des principes nous ont dominés, et que parmi ces maîtres, le concept du droit ou le concept de la justice a joué un rôle des plus importants.

Que j'aie droit ou non, peu m'importe ; si seulement j'ai la force, je suis par là même autorisé et je n'ai besoin d'aucune autre autorisation.

Le droit, c'est la fêlure, c'est le coup de hache dont un fantôme nous a gratifiés ; — la force c'est moi-même, je suis le fort et propriétaire de la force. Le droit est au-dessus de moi, absolu, il existe dans un être supérieur, qui me le distribue comme une faveur : le droit est un don gracieux du juge ; force et puissance n'existent qu'en moi, le fort, le puissant.

2. — MES RELATIONS

Dans la société, les exigences humaines peuvent tout au plus être satisfaites, tandis que celles de l'égoïsme n'y trouvent jamais leur compte.

Il est indéniable qu'entre toutes les questions actuelles, c'est la question « sociale » qui intéresse le plus notre époque; c'est donc sur la société que nous avons à porter plus particulièrement notre attention. Si l'intérêt qu'on y apporte était moins passionné et moins aveugle, la Société ne nous ferait pas perdre de vue les individus et nous reconnaîtrions qu'une Société ne peut se rajeunir tant que ceux qui la composent et la constituent restent vieux. Par exemple, s'il devait naître dans le peuple juif une Société appelée à propager sur terre une nouvelle foi, ses apôtres ne pourraient rester des pharisiens.

Tu te donnes et te comportes envers les hommes comme tu es: hypocrite, tu agis en hypocrite, chrétien, en chrétien. C'est pourquoi le caractère des associés détermine celui de la Société: ils en sont les créatures. C'est tout au moins ce qu'il faut reconnaître, même quand on se refuse à examiner le concept « Société » en lui-même.

Bien loin d'être parvenus à se mettre en valeur et à se développer complètement, les hommes n'ont même pas pu jusqu'ici fonder leurs Sociétés sur eux-mêmes, ou plutôt ils n'ont pu que fonder des « sociétés » et vivre en société. Ces sociétés furent toujours des personnes, et des personnes puissantes, des « personnes morales », c'est-à-dire des fantômes, qui frappaient l'individu de terreur et de folie. En qualité de fantômes, les noms de « peuple » et de « peuplade », les caractérisent le mieux du monde : le peuple des patriarches, des Hellènes, etc. et finalement le peuple des hommes, l'humanité (Anacharsis Clootz rêvait d'une nation-humanité), puis toute subdivision de ce peuple qui pouvait et devait avoir ses sociétés particulières, le peuple espagnol, le peuple français, etc., à l'intérieur duquel on trouve les classes, les villes, les corporations de tout genre, et enfin le petit peuple de la famille. Au lieu de dire que la personne fantôme de toutes les sociétés existantes a été le peuple, on pourrait nommer les deux extrêmes, soit l'humanité soit la famille qui sont toutes deux « les unités les plus naturelles ». Nous choisissons le mot « peuple » parce qu'on a reconnu son origine dans le mot grec πολλοι, « plusieurs » ou « la masse », mais surtout parce qu'aujourd'hui les « tendances nationales » sont à l'ordre du jour et parce que les dernières vues des révolutionnaires n'ont pas encore renversé cette personnalité décevante. Pourtant, en dernier examen, on devrait donner la préférence au concept « humanité », car c'est là que sont les enthousiasmes de demain.

Ainsi le peuple — humanité ou famille — a jusqu'à ce jour fait l'histoire. Aucun intérêt égoïste ne devait réussir dans ces sociétés, mais exclusivement des intérêts généraux, nationaux ou populaires, des intérêts de classes ou de famille, et généralement « des intérêts humains ». Mais qui a causé la ruine des peuples dont l'histoire raconte la décadence, qui, sinon l'égoïste qui cherchait à se satisfaire ? Quand, au sein de la Société un intérêt égoïste se glissait, la société était corrompue et tombait en dissolution. Rome en donne la preuve avec son droit privé, si achevé, le christianisme avec la « spontanéité raisonnable » dont l'action est irrésistible, « la conscience personnelle », « l'autonomie de l'esprit », etc.

Le peuple chrétien a créé deux sociétés dont la durée est liée à l'existence de chaque nation : ces deux sociétés sont : l'État et l'Église. Peut-on les nommer des associations d'égoïstes, poursuivons-nous en elles un intérêt égoïstique, personnel, propre, ou poursuivons-nous un intérêt populaire (de peuple, c'est-à-dire de peuple chrétien) autrement dit, l'intérêt de l'État et de l'Église ? Puis-je et dois-je être moi-même en eux ? Puis-je penser moi-même comme je veux, puis-je me manifester, vivre, agir ? Ne dois-je pas laisser intacte la majesté de l'État, la sainteté de l'Église ?

Ainsi je ne puis faire comme je veux. Mais trouverai-je dans une Société quelconque une liberté d'action aussi démesurée ? Certes non ! Par conséquent, avons-nous lieu d'être contents ? Pas du tout ! C'est tout autre chose, suivant que je me choque à un moi, ou à un peuple, à une généralité. Là je suis l'adversaire égal de mon adversaire, ici je suis un adversaire méprisé, lié, en tutelle, là je lutte d'homme à homme, ici je suis un écolier qui ne peut rien contre son camarade parce que celui-ci a appelé sa maman et s'est réfugié dans ses jupes, tandis qu'on m'appelle garçon mal élevé et qu'on ne me permet pas de « raisonner »; là je combats un ennemi en chair et en os, ici l'humanité, une chose générale, une « majesté », un spectre. Mais, pour moi, il n'y a pas de majesté, pas de sainteté, pas de bornes, il n'y a rien dont je ne puisse avoir raison ; il n'y a que ce que je ne puis dompter qui limite encore ma puissance ; si elle est bornée, je suis borné, non par la puissance qui m'est extérieure, mais par la puissance propre qui me manque encore, par ma propre impuissance. Seulement, « la garde meurt mais ne se rend pas! » Avant tout donnez-moi un adversaire corporel.

> Contre tout adversaire je combats
> Que je puis voir et fixer dans les yeux
> Qui lui-même plein de courage, provoque aussi le mien, etc.

Certes beaucoup de privilèges ont été extirpés avec le temps, mais exclusivement au profit du bien commun, de l'État et du bien de l'État, et pas du tout pour fortifier mon moi. La servitude héréditaire, par exemple, ne fut abolie que pour renforcer un seul maître héréditaire, le maître du peuple, la puissance monarchique. La servitude héréditaire sous un seul devint d'autant plus absolue. C'est seulement en faveur du monarque, « prince » ou « loi » que sont tombés les privilèges. En France si les citoyens ne sont plus sujets héréditaires du roi, ils sont sujets héréditaires « de la loi » (La Charte). La subordination a été conservée, seulement l'État chrétien a reconnu que l'homme ne pouvait servir deux maîtres (le Maître de la terre et le prince, etc.), c'est pourquoi un seul a obtenu tous les privilèges : et aujourd'hui, comme autrefois, un maître unique peut placer les uns au-dessus des autres et créer des « haut placés ».

Mais que m'importe le bien commun? Le bien commun n'est pas mon bien, ce n'est que le renoncement au moi porté à la dernière extrémité. Le bien commun peut chanter d'allégresse alors qu'il me faut baisser la tête, l'État éclater de santé tandis que je meurs de faim. Les libéraux politiques opposent le peuple au gouvernement et parlent de droits du peuple, n'est-ce pas folie? Ainsi le peuple doit être majeur, c'est-à-dire parler par lui-même, etc. Or comment pourrait être majeur (*mündig*) qui n'a pas de bouche *(mund)*? L'individu seul peut être majeur. Ainsi toute la question de la liberté de la presse est prise à l'envers quand elle est revendiquée comme un « droit du peuple ». Elle n'est que le droit, ou mieux la puissance de l'individu; si un peuple a la liberté de la presse, je ne l'ai pas, bien que placé au milieu de ce peuple : une liberté du peuple n'est pas ma liberté, et une liberté de la presse en tant que liberté du peuple doit être accompagnée d'une loi sur la presse dirigée contre moi.

Cette loi doit s'appliquer surtout aux tendances actuelles de liberté.

Liberté du peuple n'est pas ma liberté.

Acceptons les catégories liberté du peuple et droit du peuple, par exemple, le droit du peuple qui permet à chacun de porter les armes. Puis-je encourir la perte d'un tel droit? Ce n'est pas mon propre droit que je suis exposé à perdre, mais un droit qui appartient non à moi, mais au peuple. Je puis être emprisonné pour la liberté du peuple ; je puis, comme malfaiteur, être privé du droit de porter les armes.

Le libéralisme apparaît comme la dernière tentative à faire pour créer la liberté du peuple, la liberté de la communauté, de la Société, de l'humanité, il rêve d'une humanité majeure, d'un peuple majeur, d'une communauté majeure, d'une « Société » majeure.

Un peuple ne peut être libre autrement qu'aux dépens de l'individu ; car ce n'est pas l'individu qui dans cette liberté est la chose essentielle, mais le peuple. Plus libre est le peuple, plus esclave est l'individu : c'est précisément à l'époque de la plus grande liberté que le peuple athénien créa l'ostracisme, bannit les athées et fit mourir par la ciguë le plus pur des penseurs.

A-t-on assez loué Socrate pour sa conscience qui le fit résister à ceux qui lui conseillaient de s'évader de sa prison. Ce fut folie de sa part d'avoir reconnu aux Athéniens le droit de le condamner. C'est pourquoi il eut son droit. Mais aussi, pourquoi être resté sur le même terrain que les Athéniens? Pourquoi n'avoir pas rompu avec eux? S'il avait su et pu savoir ce qu'il était, il n'eût reconnu à de tels juges aucune de leurs prétentions, aucun droit. En ne fuyant pas, il montra sa faiblesse, il montra qu'il conservait encore l'illusion d'avoir encore avec les Athéniens quelque chose de commun, et qu'il ne croyait pas être autre chose qu'un citoyen de ce peuple. Mais il était bien plutôt ce peuple même en personne et lui seul pouvait être son propre juge. Il n'y avait aucun juge au-dessus de lui; il avait d'ailleurs porté ouvertement un jugement sur lui-même et s'était déclaré digne du Prytanée. C'est à cela qu'il devait s'en tenir et n'ayant porté contre lui-même aucune condamnation, il devait mépriser celle des Athéniens et s'enfuir. Mais il se soumit et reconnut dans le peuple son juge et se crut infime devant la majesté du peuple. En se soumettant à la force, sous laquelle il ne pouvait que succomber, comme à un droit, il fut traître à lui-même : ce fut de la vertu. Christ qui, paraît-il, s'abstint de mettre en mouvement ses légions célestes, encourt, du fait de ses narrateurs, la même critique. Luther agit très bien et très sagement en se faisant donner par écrit ses sûretés pour son voyage à Worms, et Socrate aurait dû savoir que les Athéniens étaient ses ennemis et lui seul son juge. L'illusion qu'il avait d'une « justice », d'une « loi », devait céder devant la considération que les rapports des hommes entre eux sont des rapports de force.

La liberté grecque finit dans les chicanes et dans les intrigues. Pourquoi? Parce que les gens du commun, bien moins encore qu'un héros de la pensée comme Socrate, pouvaient atteindre à ces conséquences. La chicane est-elle donc autre chose qu'un moyen d'exploiter une chose existante sans l'abolir? Je pourrais ajouter: « à son propre profit », mais cela se trouve déjà dans le mot « exploiter ». De tels chicaneurs sont les théologiens qui ergotent et subtilisent sur la parole de Dieu; qu'auraient-ils à ergoter si la parole divine « établie » n'était pas? De même pour ces libéraux qui se contentent de secouer et de retourner ce qui est établi. Tous ils sont des ergoteurs comme les chicaneurs de procédure. Socrate reconnut le droit, la loi; les Grecs conservèrent continuellement l'autorité de la loi et du droit. S'ils voulaient dans cette reconnaissance faire prévaloir leurs intérêts, si chacun voulait affirmer les siens, ils devaient les chercher dans les détours de la procédure ou dans l'intrigue. Alcibiade, intrigant génial, inaugure la période de la « décadence » athénienne. Les Spartiates, Lysandre et d'autres, sont la preuve que l'intrigue était devenue générale en Grèce. Le droit grec sur lequel reposaient les États grecs devait, au sein de ces États, être faussé et miné par les égoïstes, et les États allèrent à la ruine afin que les individus devinssent libres, le peuple grec tomba parce que les individus se souciaient moins de ce peuple que d'eux-mêmes. En général, tous les États, constitutions, églises, etc. se sont effondrés dès que l'individu s'est montré; car l'individu est l'ennemi irréconciliable de toute généralité, de tout lien, c'est-à-dire de toute chaîne. Cependant on s'est imaginé jusqu'aujourd'hui que l'homme avait besoin de liens sacrés, lui, l'ennemi juré de toute attache. L'histoire du monde montre qu'il n'y a pas encore eu de lien qui n'ait été arraché, que l'homme rejette infatigablement toutes les entraves ; et cependant toujours et toujours on en imagine de nouvelles et vous croyez en avoir trouvé une convenable en lui imposant une soi-disant constitution libre, une solide chaîne constitutionnelle. Les cordons, décorations, etc. paraissent quelque peu usés, mais on n'a pas été plus loin que de changer les lisières pour des bretelles et des cravates.

Tout ce qui est sacré est un lien, une chaîne.

Tout ce qui est sacré est et doit être dénaturé par les chicaneurs ; c'est pourquoi notre époque a tant de gens de cette sorte dans toutes les sphères. Ils préparent la banqueroute du droit, l'arbitraire.

Pauvres Athéniens qu'on accuse d'ergoterie et de sophistique, pauvre Alcibiade qu'on accuse d'intrigue ! Ce fut précisément le meilleur de vous-mêmes, votre premier pas vers la liberté. Vos Eschyle, Hérodote, etc. voulaient seulement faire de vous un peuple libre ; vous seuls avez eu quelque pressentiment de votre liberté.

Un peuple réprime ceux qui veulent s'élever au-dessus de sa majesté, par l'ostracisme contre les citoyens supérieurs, par l'inquisition contre les hérétiques de l'Eglise, par l'inquisition contre les criminels de haute trahison dans l'État, etc.

Car, ce qu'il importe au peuple c'est de s'affirmer ; il exige de chacun « le sacrifice patriotique ». Par conséquent, pour lui, chacun en soi est chose indifférente, un néant et il ne peut pas faire, il ne peut pas même supporter ce qu'il appartient à l'individu et à l'individu seul de faire, sa mise en valeur. Tout peuple, tout État est injuste envers l'Egoïste.

Tant qu'il restera une seule institution ne dégageant pas complètement l'individu, il sera encore loin de vivre de sa vie propre et de s'appartenir réellement. Comment par exemple puis-je être libre si je dois m'assermenter à une constitution, à une charte, à une loi et me lier par serment, corps et âme, à mon peuple? Comment puis-je proprement exister quand mes facultés ne peuvent se développer qu'autant qu'elles ne troublent pas « l'harmonie de la Société » (Weitling).

Le crépuscule des peuples et de l'humanité annonce mon aurore.

Ecoutez! au moment où j'écris, les cloches commencent à sonner pour, au jour prochain, annoncer la fête du millénaire de notre chère Allemagne. Sonnez, sonnez son glas! Votre voix est solennelle comme si elle avait le pressentiment qu'elle accompagne un mort. L'Allemagne et les peuples allemands ont derrière eux une histoire de mille ans; quelle longue vie! Entrez donc dans la paix éternelle d'où l'on ne revient pas, afin que tous soient libres que vous avez si longtemps tenus enchaînés. Mort est le peuple! — Bonjour moi!

O toi, mon peuple allemand si tourmenté, quelle fut ton obsession? Ce fut l'angoisse d'une pensée qui ne peut se donner un corps, l'angoisse d'un esprit-fantôme qui s'anéantit au chant du coq et cependant aspire ardemment à la délivrance et à l'accomplissement. Aussi as-tu longtemps vécu en moi, chère pensée, cher fantôme. Déjà je m'imaginais presque avoir trouvé la parole qui doit te délivrer, avoir découvert un corps pour l'esprit vagabond, et voici que j'entends sonner les cloches qui t'appellent au repos éternel, je quitte alors le foyer désert du défunt et je retourne aux vivants :

Car seuls les vivants ont raison.

Adieu, rêve de tant de millions d'hommes, adieu, toi qui fus tant de siècles, le tyran de tes enfants !

Demain, on te mène au tombeau et bientôt suivront tes filles, les nations. Quand elles auront toutes passé, l'humanité sera ensevelie et je serai alors bien à moi, je serai l'héritier joyeux !

Le mot « Gesellschaft » a son origine dans le mot « saal ». Quand une salle contient beaucoup d'hommes, la salle fait que les hommes sont en société. Ils sont en Société et constituent au cas le plus favorable un salon, quand ils emploient les formes traditionnelles du langage de salon. Quant on vient au commerce réel entre les hommes, il faut le considérer comme indépendant de la Société, il peut exister ou manquer sans que la nature de ce que l'on appelle Société en soit altérée. Des gens qui se trouvent dans une salle, même s'ils sont personnages muets ou s'ils se bornent à échanger en mangeant quelques phrases de politesse constituent une Société. Commerce est réciprocité, c'est le *commercium* des individus ; Société n'est que le fait d'occuper en commun une salle ; les statues d'une salle de musée sont en société, elles sont « groupées ». On a coutume de dire que nous avons une salle en commun, mais c'est bien plutôt la salle qui nous a en elle. Il en résulte que la société n'est pas créée par toi et par moi, mais par un tiers qui fait de nous des sociétaires, et que c'est précisément ce tiers qui constitue, qui crée la Société.

De même d'une société-prison, d'un compagnonnage de prison (ceux qui jouissent de la même prison). Ici le tiers est d'un contenu plus réel que le précédent, la salle qui n'avait qu'une signification purement locale. La prison ne signifie plus seulement un espace, mais un lieu ayant un rapport déterminé avec ceux qui l'occupent : car elle n'est prison que parce qu'elle est destinée aux prisonniers, autrement ce ne serait qu'un édifice quelconque. Qu'est-ce donc qui donne une empreinte générale à ceux qui y sont rassemblés? Manifestement la prison, car ce n'est que par la prison qu'ils sont prisonniers. Qu'est-ce qui détermine leur mode d'existence dans la société-prison ? La prison ! Qu'est-ce qui détermine leurs relations? La prison encore sans doute? Certes, ils ne peuvent entrer en relations entre eux que comme prisonniers, c'est-à-dire autant seulement que les règlements de la prison l'autorisent ; mais qu'ils commercent d'eux-mêmes, entre eux, c'est ce que la prison ne peut faire, au contraire elle doit réellement veiller à ce que des relations égoïstes, purement personnelles (et seulement comme telles, elles sont réellement relations de toi à moi) ne s'établissent. Que nous exécutions en commun un travail, que nous fassions ensemble manœuvrer une machine, la prison s'y prête bien volontiers ; mais que j'oublie que je suis un prisonnier et que je lie commerce avec toi qui l'oublies aussi : voilà qui met la prison en danger, il ne faut pas que cela se fasse, il ne faut pas que cela soit permis. Pour ces raisons, la Chambre française, animée des sentiments les plus moraux, a imaginé d'introduire le

« régime cellullaire ». D'autres saintes assemblées feront la même chose pour faire cesser « des relations démoralisantes ». Le régime de la prison est chose établie, sacrée, et l'on ne doit pas chercher à y porter atteinte. Toute attaque, toute révolte si légère soit-elle contre une chose sacrée, dont l'homme est et doit être esclave, est punissable.

Comme la salle, la prison forme bien une société, un compagnonnage, une communauté (le travail en commun en est un exemple), mais elle ne constitue pas un commerce, une réciprocité, une association. Au contraire, toute association en prison porte en soi le germe dangereux d'un « complot » qui pourrait éclater et porter ses fruits à la faveur des circonstances.

Cependant, habituellement, ce n'est pas de son plein gré que l'on va en prison, il est rare aussi que l'on y reste volontairement, mais l'on nourrit un désir égoïste de liberté. C'est pourquoi il apparaît plutôt ici que le commerce personnel se manifeste en hostilité avec la société-prison, et tend à dissoudre cette société, à faire cesser la captivité commune.

Considérons donc de telles communautés dans lesquelles il semble que nous demeurions de plein gré, volontairement, sans vouloir les mettre en danger par la manifestation de nos instincts égoïstes.

La famille nous en offre un exemple. Vieux parents, époux, enfants, frères et sœurs, constituent une famille à l'extension de laquelle contribuent encore les parents alliés. La famille n'est réellement une communauté que lorsque la loi de la famille, la piété filiale ou l'amour de la famille en est observé par les membres. Un fils à qui parents, frères et sœurs sont devenus indifférents a été fils; car la filiation n'apparaît plus réellement, elle ne signifie guère plus que l'union depuis longtemps oubliée de la mère au fils par le cordon ombilical. Que ce lien corporel ait autrefois existé, c'est une chose arrivée et l'on ne peut faire qu'elle soit non avenue ; on demeure irrévocablement le fils de cette mère, le frère de ses autres enfants ; mais c'est seulement par une piété filiale persistante, par l'esprit de famille que l'on arrive à une union durable. C'est seulement quand les individus s'imposent la tâche de maintenir la famille qu'ils se manifestent conservateurs et se gardent bien de douter de la famille qui est leur base, enfin qu'ils sont, au plein sens du mot, membres de la famille. Pour chacun de ses membres une chose doit être inébranlable et sacrée, la famille même ou plus explicitement la piété. Pour tout membre qui demeure libre de l'égoïsme hostile à la famille, c'est une vérité intangible qu'elle doit subsister. En un mot si elle est sacrée, personne de ceux qui en font partie ne peut s'en défaire sans devenir « criminel » envers elle ; il ne peut jamais poursuivre un intérêt qui lui soit contraire ; par exemple, conclure une mésalliance. Celui qui le fait « déshonore sa famille », « lui fait honte », etc.

Si maintenant l'instinct égoïste n'a pas assez de force dans l'individu, celui-ci se soumet, conclut un mariage qui convient aux prétentions de sa famille, embrasse une carrière en harmonie avec sa position, etc., bref « fait honneur » à sa famille.

Si au contraire un sang égoïste bouillonne furieusement dans ses veines, il préfère être « criminel » envers la famille et se soustraire à ses lois.

Des deux choses qu'ai-je le plus à cœur, du bien de la famille, ou du mien ? En un nombre infini de cas, les deux intérêts marcheront amicalement à côté l'un de l'autre et l'avantage de la famille sera aussi le mien et inversement. Il est difficile alors de décider si je pense en homme intéressé ou si j'ai en vue le bien commun et peut-être me flattai-je complaisamment de mon désintéressement. Mais il vient un jour où l'alternative me fait trembler, et où je me sens sur le point de jeter le déshonneur sur mon arbre généalogique et d'offenser père, mère, frères, sœurs et alliés. Qu'arrivera-t-il ? On verra alors ce que j'ai au fond du cœur et si ma piété filiale fut jamais plus profonde que mon égoïsme ; et l'homme intéressé ne pourra pas plus longtemps se cacher sous le masque du désintéressement. Un désir naît dans mon âme et croissant d'heure en heure devient une passion. Qui donc alors ira s'imaginer que la plus légère pensée qui s'élève contre la piété filiale, l'esprit de famille, soit déjà une atteinte à cette religion, qui donc, au premier instant, aura absolument conscience de la chose ? La Juliette de Shakespeare en est un exemple. La passion déchaînée ne se laisse plus réfréner et sape l'édifice de la piété filiale. Certes vous allez dire que c'est par son obstination que la famille rejette de son sein ces obstinés qui prêtent plus l'oreille à leur passion qu'à leur piété ; les bons protestants ont usé avec succès des mêmes arguments contre les catholiques et même y ont cru. Seulement c'est un prétexte pour se décharger de la faute, et rien de plus. Les catholiques tenaient à une union générale des églises et ne repoussaient les hérétiques que parce que ceux-ci n'allaient pas jusqu'à sacrifier leurs convictions à cette union ; les premiers maintenaient solidement cette union parce qu'elle leur était sacrée en tant qu'église catholique, c'est-à-dire générale et une ; les protestants au contraire faisaient passer l'union après leurs convictions.

De même pour les hommes qui n'ont pas le sentiment de la famille. Ils ne sont pas exclus, mais ils s'excluent eux-mêmes, en estimant leur passion, leur volonté, au-dessus de l'union familiale.

Mais parfois le désir couve dans un cœur moins passionné et moins volontaire que celui de Juliette. L'amant s'offre sans résistance en sacrifice à la paix de la famille. On pourrait dire qu'ici encore l'intérêt personnel domine, car sa résolution vient de ce qu'elle trouve plus de satisfaction dans l'union de la famille que dans l'accomplissement de son désir. Peut-être ; pourtant, si l'on avait la certitude que l'égoïsme fût bien sacrifié à la piété ? Si le désir, qui était dirigé contre la paix de la famille, même après son sacrifice, demeure, dans le souvenir, un « holocauste » offert au lien sacré ? Si la docile créature était consciente d'avoir laissé insatisfaite sa volonté et de s'être soumise humblement à une puissance supérieure ? Soumise et sacrifiée parce que la superstition a exercé sur elle sa domination !

Ici l'égoïsme a vaincu, là triomphe la piété et le cœur égoïste saigne ; ici l'égoïsme était fort, là il est faible. Mais les faibles, nous le savons depuis longtemps, sont les désintéressés. Pour eux, les faibles, la famille a souci ; parce qu'ils appartiennent à la famille, ils ne s'appartiennent pas et n'ont pas le souci d'eux-mêmes. Hegel, par exemple, approuve cette faiblesse, quand il veut que le choix des époux soit laissé à la décision des parents.

La famille étant une communauté sainte à laquelle l'individu doit aussi obéissance, les fonctions de juge lui incombent aussi, par exemple, dans le *Cabanis* de Willibald Alexis, on trouve la description d'un de ces

« tribunaux de famille ». On y voit le père au nom « du conseil de famille » forcer son fils à s'engager et le chasser du milieu familial et par ce châtiment purifier la famille qu'il avait souillée. Le droit chinois développe cette responsabilité de la famille jusqu'à ses conséquences extrêmes et fait expier à tous ses membres la faute d'un seul.

Aujourd'hui pourtant le bras de la famille ne s'étend pas assez loin pour pouvoir châtier sérieusement les apostats (l'Etat même empêche dans la plupart des cas l'exhérédation). Celui qui est criminel envers la famille se réfugie sur le domaine de l'Etat et est libre, comme celui qui est criminel contre l'Etat s'enfuit en Amérique pour n'être plus atteint par les lois de son pays. Celui qui a jeté la honte sur la famille, le fils dénaturé est protégé contre le châtiment des siens, parce que l'Etat, ce suzerain, enlève au châtiment familial « son caractère sacré » et le profane en décrétant qu'il n'est qu'une « vengeance »; il empêche le châtiment, ce droit sacré de la famille, parce que, devant la sainteté de l'Etat, celle de la famille pâlit et perd sa consécration aussitôt qu'elle entre en conflit avec cette sainteté supérieure. S'il n'y a pas de conflit, l'Etat laisse subsister la sainteté inférieure de la famille ; mais, dans le cas contraire, il va jusqu'à ordonner le crime envers elle, quand, par exemple, il enjoint au fils de refuser obéissance aux parents dès qu'ils veulent l'entraîner à un crime contre l'Etat.

Aujourd'hui l'égoïste a brisé les liens de la famille et trouvé dans l'Etat un protecteur contre l'esprit de famille gravement atteint. Mais où est-il tombé maintenant? Dans une nouvelle société où ces mêmes rets auxquels il vient d'échapper sont tendus à son égoïsme;

car l'Etat est pareillement une société et non une association, c'est la famille plus étendue (terre maternelle, enfants du pays, etc).

Ce qu'on nomme Etat est un tissu serré de dépendance et d'attachement, c'est un tout homogène, un assemblement où les éléments combinés entre eux s'accordent, bref sont dépendants les uns des autres : l'Etat est l'ordonnancement de cette dépendance. Supposez que vienne à disparaître le roi dont l'autorité prête autorité à tous jusqu'au dernier valet du bourreau ; tous ceux cependant chez qui le sens de l'ordre serait éveillé, maintiendraient l'ordre contre les désordres de la bestialité. Si le désordre était vainqueur, l'Etat disparaîtrait.

Mais cette pensée d'amour qui rêve de nous accorder, de nous unir, de nous rattacher les uns aux autres est-elle réellement capable de nous gagner? L'Etat serait ainsi l'amour réalisé où chacun existe et vit pour les autres. Devant ce sens de l'ordre, le caprice individuel disparait-il donc ? N'est-on pas satisfait quand on a pourvu à l'ordre par la force, c'est-à-dire quand on a pris soin qu'un citoyen « ne marche pas trop près de l'autre », quand, par suite, le troupeau est intelligemment disloqué ou disposé? Tout est alors dans « l'ordre le plus parfait », et cet ordre parfait s'appelle précisément 'Etat.

Nos sociétés et Etats sont, sans que nous les fassions ; ls sont rassemblés, sans que ce soit notre fait, ils sont prédestinés et subsistent ; autrement dit, ils ont une constitution propre, indépendante, ils sont contre nous, les égoïstes, l'indissolublement existant. La lutte contemporaine est, dit-on, dirigée contre « l'état de choses existant ». Cependant on a coutume de faire là une méprise ; on suppose toujours qu'il s'agit de changer l'état de choses existant contre un meilleur. On devrait plutôt déclarer la guerre à la constitution même c'est-à-dire à l'Etat (*status*), non à un Etat déterminé, à une situation passagère de l'Etat, ce n'est pas un autre Etat que l'on a en vue (ainsi « l'Etat du peuple ») mais l'union qui en est le principe, l'association constamment modifiée de ses éléments. — Un Etat existe même sans que j'y participe. Je suis né, élevé en lui, j'ai envers lui des obligations et je dois lui « rendre hommage ». Il me prend sous sa protection et je vis par sa « faveur ». Ainsi l'existence indépendante de l'Etat fonde ma dépendance ; son développement naturel, son organisme, exigent que ma nature ne s'épanouisse pas librement, mais soit façonnée à son goût. Afin de pouvoir se développer naturellement, il passe sur moi les ciseaux de la culture, il me donne une éducation appropriée à lui, non à moi, et m'enseigne par exemple à respecter les lois, à me garder de porter atteinte à la propriété de l'Etat (c'est-à-dire à la propriété privée), à honorer une majesté divine et terrestre, bref il m'enseigne à être irréprochable en « sacrifiant » ma propriété à la « sainteté « (sainte est toute chose possible, par exemple, la propriété, la vie des gens, etc.). C'est en cela que consiste le genre d'éducation que l'Etat peut nous donner : il fait de moi un « instrument utile », un « membre utile de la société ».

C'est ce que doit faire tout Etat, qu'il soit démocratique, absolu ou constitutionnel. Il doit le faire tant que nous commettrons l'erreur de croire qu'il est un Moi, tant qu'il s'attribue comme tel les noms de « personne morale, mystique, publique. » Cette peau de loup du Moi, moi qui suis réellement Moi, je dois l'arracher à ce mangeur de chardons qui fait le beau avec. Que de fois dans l'histoire du monde, je me suis laissé ravir mon moi ! C'est le soleil, la lune, les étoiles, les chats et les crocodiles que je laisse mettre en honneur et passer pour des Moi, c'est Jéhovah, Allah, notre Père, qui sont gratifiés du moi, c'est les familles, les souches, les peuples et l'humanité, c'est l'Etat, l'Eglise qui prétendent au Moi et que je leur laisse prendre tranquillement. Quoi d'étonnant alors quand, dans la suite, un Moi réel apparaît et vient m'affirmer en plein visage qu'il n'est pas mon Toi, mais mon propre Moi. Si le Fils de l'Homme par excellence avait fait pareille chose, pourquoi ne pouvais-je, moi aussi, un fils de l'homme, faire de même? Ainsi je voyais toujours mon Moi au-dessus et en dehors de moi et je ne pouvais jamais parvenir réellement à moi.

Au moyen-âge, l'Eglise avait parfaitement admis que toutes sortes d'Etats vécussent en elle ; après la Réforme et particulièrement après la Guerre de 30 ans, les Etats apprirent à tolérer que toutes sortes d'Eglises (confessions) se réunissent sous une même couronne. Mais tous les Etats sont religieux et, respectivement, des « Etats chrétiens » ; ils mettent leur tâche à contraindre les indisciplinables, les égoïstes, sous le joug de la *Non-Nature*, c'est-à-dire à les christianiser. Toutes les institutions de l'Etat ont pour but de christianiser le peuple. Ainsi l'objet des tribunaux est de forcer les gens à la justice, l'école doit les forcer à l'éducation de l'esprit, bref leur but est de protéger l'homme qui agit chrétiennement contre celui qui ne le fait pas, de rendre l'action chrétienne puissante et dominatrice. Parmi ces moyens de contrainte, l'Etat comptait aussi l'Eglise, il exigeait de chacun une religion déterminée. Dupin disait récemment (1842) : « L'instruction et l'éducation appartiennent à l'Etat ». Assurément tout ce qui intéresse le principe de la morale est affaire d'Etat. C'est pourquoi l'Etat chinois se mêle tant des choses de la famille ; on n'est rien en Chine si on n'est avant tout un bon fils. La famille est aussi, chez nous, une chose d'Etat, sauf que nous plaçons notre confiance dans la famille et n'exerçons pas sur elle une surveillance inquiète ; la famille est liée par le lien du mariage et, sans l'Etat, ce lien ne peut être délié.

Mais que l'Etat me fasse responsable de mes principes, m'en impose de certains, je demanderai alors : que vous importe ma marotte (mes principes)? — Beaucoup, parce que c'est un **principe dominant**. En matière de divorce et généralement de droit matrimonial, on pense qu'il s'agit uniquement de déterminer la mesure du droit entre l'Église et l'Etat. Il s'agit bien plutôt de savoir si une chose sainte doit dominer les hommes, qu'elle s'appelle croyance religieuse ou loi morale (Morale). L'État joue le même rôle dominateur que l'Église. Celle-ci repose sur la piété, l'État sur la morale.

On parle de la tolérance, de la liberté absolue laissée aux tendances opposées, caractéristique des États civilisés. Certes quelques États sont assez forts pour tolérer les meetings les plus tumultueux, d'autres au contraire entretiennent leurs sbires pour donner la chasse aux fumeurs de pipe. Seulement pour un État comme pour l'autre, le jeu des individus entre eux, leur activité bourdonnante, leur vie quotidienne, tout cela n'est que contingences qu'il est bien obligé de leur laisser n'en pouvant rien tirer. Certes, il y en a encore plus d'un qui se montre tracassier et tâtillon, mais d'autres sont plus sages. Chez ces derniers, les individus sont « plus libres » parce qu'on ne leur impose plus de chaussures trop étroites. Mais dans aucun État je ne suis libre. Leur fameuse tolérance n'est simplement que la tolérance de « l'insignifiant », de « l'inoffensif », l'État s'élève au-dessus de l'esprit de mesquinerie, il devient un despotisme de plus grande allure, plus estimable, plus fier. Un certain État parut quelque temps vouloir être supérieur aux combats littéraires qu'il laissait mener avec toute la fureur possible ; l'Angleterre, de son côté, est au-dessus des agitations populaires.... et de la fumée de tabac. Mais malheur à la littérature qui s'attaque à l'État même, malheur aux factions populaires qui le « mettent en danger ». Dans cet État auquel je fais allusion on rêve « d'une science libre », en Angleterre on rêve d'une « vie populaire libre ».

L'État laisse autant que posible les individus s'ébattre librement, seulement ils ne peuvent agir sérieusement et oublier l'État. L'homme ne peut à son aise avoir des rapports avec l'homme, il doit subir la surveillance et la médiation de l'autorité supérieure. Je ne puis faire tout ce que mes facultés me permettent mais seulement ce que l'État me permet, je ne puis mettre en valeur mes pensées, mon travail et généralement rien de ce qui est à moi.

L'État n'a toujours qu'un but, borner, lier, subordonner l'individu, l'assujettir à la chose générale ; il ne dure qu'autant que l'individu n'a pas sa plénitude et n'est que l'expression bornée de mon moi, ma limitation, mon esclavage. L'État cherche à établir non pas l'activité libre de l'individu, mais une activité qui soit liée au but de l'Etat. L'État ne crée rien qui ait un caractère commun, pas plus qu'on ne peut dire d'un tissu qu'il est le travail commun de toutes les parties intégrantes de la machine : c'est plutôt le travail de toute la machine, considérée dans son unité, c'est un travail de machine. De la même façon, tout est fait par la machine de l'État, car elle fait marcher le mécanisme des esprits individuels dont aucun ne suit son impulsion propre. L'État cherche par sa censure, par sa surveillance, sa police, à faire obstacle à toute activité libre et tient cette répression pour son devoir, parce qu'elle lui est imposée comme un devoir par l'instinct de sa conservation personnelle. L'État veut faire quelque chose des hommes, c'est pourquoi l'homme est dans l'État quelque chose d'artificiel, de fabriqué ; celui qui veut être Lui-même est son adversaire et « n'est rien ». « Il n'est rien » veut dire simplement que l'État ne l'emploie pas, ne lui laisse prendre aucune situation, aucune fonction, aucune profession, etc...

E. Bauer rêve encore dans ses *Tendances libérales* (II, 50) d'un gouvernement qui sortirait du peuple et qui ne pourrait être en opposition avec lui. A la vérité, il retire le mot même de « gouvernement ».[1] « Dans la République, il n'y a pas de gouvernement, il n'y a qu'un pouvoir exécutif. Un pouvoir qui est issu du peuple, purement et simplement, qui, en face du peuple, n'a pas

---

1. Je répéterai à propos des réflexions qui vont suivre la remarque que j'avais faite à la suite du chapitre : *le libéralisme humain* ; ces réflexions furent écrites aussitôt l'apparition du livre en question. *Stirner*.

une force indépendante, des principes indépendants, des fonctionnaires indépendants, mais qui a sa base, la source de sa force et de ses principes dans le pouvoir unique et souverain de l'État, dans le peuple. Ainsi l'idée de gouvernement ne convient pas du tout à l'État populaire ». Seulement la chose demeure la même. Tout ce qui est issu « du peuple, tout ce qui y a sa base et sa source » devient indépendant et comme un enfant sorti du sein de sa mère, il est aussitôt en opposition avec ses origines. Le gouvernement, s'il n'était indépendant et opposant, n'existerait pas.

« Dans l'État libre, il n'y a pas de gouvernement » (p. 94). Cela veut dire que le peuple, quand il est souverain, ne se laisse pas conduire par une puissance supérieure. En est-il autrement de la monarchie absolue. Y a-t-il pour le souverain un gouvernement au-dessus de lui? Au-dessus du souverain, qu'il s'appelle prince ou peuple, il n'y a jamais de gouvernement, cela s'entend de soi. Mais au-dessus de moi, il y aura toujours un gouvernement dans tout « État », qu'il soit absolu, républicain ou « libre ». Je suis aussi mal sous un régime que sous un autre.

La république n'est pas autre chose que la monarchie absolue, car peu importe que le monarque soit prince ou peuple, quand tous deux sont une « majesté ». Le constitutionnalisme prouve précisément que personne ne peut se borner à être instrument. Les ministres dominent leur maître, le prince, les députés leur maître, le peuple. Ici, du moins, les partis sont déjà libres, ainsi le parti des fonctionnaires (soi-disant le parti populaire). Le prince doit se conformer à la volonté des ministres et le peuple est tenu de danser quand la Chambre se met à siffler. Le constitutionnalisme va plus loin que la République, parce qu'il est l'État conçu dans la dissolution.

E. Bauer nie (p 56) que le peuple dans l'État constitutionnel soit une « personnalité ». En est-il ainsi au contraire, dans la république? Aujourd'hui, dans l'État constitutionnel, le peuple est un parti, et un parti est pourtant bien une « personnalité » si l'on veut parler d'une personne morale, d'une personne politique. Le fait est qu'une personne morale, qu'elle s'appelle parti populaire ou peuple ou même « le maître », n'est en aucune manière une personne, mais un fantôme.

E. Bauer poursuit (p. 69) : « La tutelle est la caractéristique d'un gouvernement. » A la vérité, elle est plus encore celle d'un peuple et « d'un état populaire », elle est la caractéristique de toute souveraineté. Un État populaire qui « réunit en soi l'ensemble des pouvoirs », le « maître absolu » ne peut pas me laisser devenir puissant. Et quelle puérilité de ne plus vouloir nommer les « fonctionnaires du peuple », « serviteurs », « instruments » parce qu'ils « exécutent la volonté légale, libre et raisonnable » du peuple (p. 73). Il ajoute (p. 74) : « C'est seulement parce que tous les groupes de fonctionnaires se subordonnent aux intentions du gouvernement que l'unité peut être établie dans l'État » ; mais son « État du peuple » doit avoir aussi « l'unité ». Comment alors la subordination pourrait-elle ne plus exister, — la subordination à la volonté populaire?

« Dans l'État constitutionnel, c'est sur celui qui règne et sur son opinion que repose en fin de compte tout l'édifice du gouvernement » (id. p. 130). Comment en serait-il autrement dans « l'État du peuple? » Ne suis-Je pas aussi alors gouverné par l'opinion du peuple et cela fait-il pour moi une différence de me voir dépendant de l'opinion du prince ou de l'opinion du peuple, de ce qu'on appelle « l'opinion publique ? » Si dépendance a la même signification que « rapport religïeux », comme E. Bauer l'établit justement, le peuple reste pour moi dans l'État populaire, le pouvoir suprême, la « majesté » (car Dieu et prince ont dans la majesté leur essence propre) avec laquelle je suis en « rapport religieux ». De même que le prince souverain, le peuple souverain ne pourrait être non plus atteint par aucune loi. Toute la tentative de E. Bauer se ramène donc à un changement de maître. Au lieu de vouloir faire le peuple libre, il aurait dû songer à la seule liberté réalisable, la sienne.

Dans l'État constitutionnel, l'absolutisme est enfin venu en lutte avec lui-même, car il est tiraillé par deux alternatives : le gouvernement veut être absolu, le peuple aussi. Ces deux absolus en contact constant s'useront l'un l'autre.

E. Bauer s'indigne que ce soit la naissance, le hasard qui fasse le prince. Mais si maintenant « le peuple est devenu la seule puissance de l'État » (p. 132) n'avons-nous pas là encore un seigneur de hasard ? Qu'est-ce donc que le peuple ? Le peuple n'a jamais été que le corps du gouvernement : c'est un grand nombre de têtes sous le même chapeau (un chapeau de prince) ou bien un grand nombre sous une constitution unique. Et la constitution, c'est le prince. Prince et peuple subsisteront tant qu'ils ne tomberont pas tous deux ensemble. S'il existe sous une seule constitution toutes sortes de « peuples », par exemple dans la vieille monarchie persane, ces « peuples » n'ont de valeur que comme « provinces ». Pour moi, en tout cas, le peuple est une puissance de hasard, une force de la nature, un ennemi, que je dois vaincre.

Comment se représente-t-on un peuple « organisé » ? (p. 132). Un peuple « qui n'a plus aucun gouvernement », qui se gouverne lui-même, où aucun moi n'est dominant, un peuple organisé par l'ostracisme. Le bannissement des Moi, l'ostracisme fait le peuple maître de lui-même.

Si vous parlez du peuple, vous devez parler du prince; car le peuple, s'il doit avoir un rôle subjectif et faire l'histoire, a nécessairement comme tout être agissant une tête, un « chef ». Weitling en donne l'idée dans le « Trio » et Proudhon déclare « qu'une société pour ainsi dire acéphale, ne peut vivre ».

La *vox populi* nous est maintenant toujours présentée, et « l'opinion publique » doit régner sur les princes. Certes la *vox populi* est en même temps *vox dei*, mais sont-elles l'une et l'autre de quelque utilité et la *vox principis* n'est-elle pas aussi *vox dei*.

Ici rappelons-nous « les nationalistes ». Demander que les 38 États de l'Allemagne agissent comme une seule nation est aussi fou que de vouloir que 38 essaims d'abeilles conduites par 38 reines-abeilles se réunissent en un seul essaim. Toutes restent abeilles, mais elles ne sont pas de même nature et ne peuvent agir en commun, seulement les abeilles-sujettes sont obligées de suivre les abeilles-mères. Les peuples comme les abeilles sont sans volonté et c'est l'instinct de leur abeille-mère qui les conduit.

Que si l'on renvoie les abeilles à leur caractère national d'abeilles, en quoi elles sont toutes égales, on ferait comme on fait aujourd'hui avec tant de passion en rappelant les Allemands au caractère national allemand. La nation allemande a ceci de commun avec la nation-abeille, qu'elle porte en elle la nécessité des divisions et des séparations, sans pour cela, pousser jusqu'à la séparation dernière, où, ayant atteint son achèvement, la séparation prend fin par là même : je veux dire, sans aller jusqu'à ce que l'homme soit séparé de l'homme. Certes, la nation allemande se divise en différents peuples, en diverses souches, etc. c'est-à-dire en ruches d'abeilles, mais l'individu qui a la qualité d'Allemand est aussi impuissant que l'abeille isolée. Et cependant, seuls les individus peuvent entrer ensemble en association, car toutes les alliances et unions de peuple sont et demeurent des assemblages mécaniques, parce que les parties associées, autant du moins que les peuples peuvent être considérés comme associés, sont sans volonté. C'est seulement avec la dernière séparation que la séparation même prend fin et tourne en association.

Maintenant les nationalistes s'efforcent de rétablir l'unité abstraite et sans vie du peuple-abeille, mais les particularistes [1] combattent pour l'unité propre qu'ils poursuivent, pour l'association. C'est la caractéristique de tous les vœux réactionnaires qu'ils doivent représenter quelque chose de général, d'abstrait, un concept vide et inanimé. Au contraire, les particularistes cherchent à dégager les individus vigoureux et pleins de vie du chaos des généralités. Les réactionnaires voudraient bien en pétrissant la terre pouvoir façonner un peuple, une nation ; les particularistes n'ont qu'eux-

1. Ne pas prendre le mot particularisme dans le sens politique qui lui a été donné. Nous n'avons qu'un mot pour « l'individu ». L'Allemand en a plusieurs qui ont chacun des nuances très appréciables. Ici particularisme est la tendance au triomphe à l'épanouissement de l'individu particulier. (*Note du traducteur*).

mêmes en vue. Au fond les deux tendances qui occupent aujourd'hui l'ordre du jour sont : le rétablissement des droits provinciaux, des anciennes divisions de races (Franconie, Bavière, Lusace, etc...), le rétablissement de la nationalité totale, unique. Mais les Allemands ne seront unis, c'est-à-dire ne s'uniront que lorsqu'ils auront renversé et leurs groupements d'abeilles et leurs ruches, en d'autres termes, quand ils seront plus qu'Allemands, c'est seulement alors qu'ils pourront fonder une union allemande. Ce n'est pas dans leur nationalité, ce n'est pas dans le corps maternel qu'ils doivent désirer retourner pour renaître ; il faut que chacun retourne à soi.

Un Allemand prend la main d'un autre et la serre avec un saint frémissement, parce que « lui aussi, il est Allemand ! » Ce sentimentalisme n'est-il pas d'un grotesque achevé ? Pourtant ce geste passera pour touchant tant que l'on « rêvera de la fraternité », c'est-à-dire tant que l'on aura le sentiment de la famille. Les nationalistes qui veulent faire des Allemands une grande famille ne peuvent se libérer de la superstition de la piété filiale, de la fraternité, bref de l'esprit de famille.

D'ailleurs ceux qui se nomment nationalistes devraient d'abord être d'accord pour échapper à l'alliance avec les germanistes sentimentaux. Car l'association qu'ils réclament des Allemands pour des buts et des intérêts matériels, ne va pas à autre chose qu'à une association volontaire. Carrière (*Kölner Dom*, page 4) s'écrie enthousiasmé : « Pour l'œil clairvoyant, les chemins de fer sont la voie ouverte vers la vie nationale qui jamais nulle part ne s'était manifestée avec une telle force. » Très juste : on verra une vie nationale comme il n'en est apparu nulle part, parce que ce n'est pas une vie nationale. Carrière se combat lui-même page 10 : « La pure humanité ne peut être mieux représentée que par un peuple remplissant sa mission. » Mais ce n'est que le caractère national qui se manifeste ainsi. « L'universalité vague est inférieure à une forme déterminée, circonscrite en soi, constituant un tout et qui est un membre vivant de la chose vraiment universelle, de la chose organisée ». Or c'est précisément le peuple qui est « universalité vague » et c'est seulement l'homme qui est « la forme circonscrite en soi ».

L'impersonnalité de ce qu'on appelle « peuple » « nation » éclate encore dans ce fait qu'un peuple qui veut de son mieux manifester son moi, place à sa tête un souverain sans volonté. Il se trouve dans l'alternative ou bien d'être soumis à un prince qui ne réalise que soi et son bon plaisir individuel — et alors c'est cet arbitraire qu'il reconnaît dans le « maître absolu » et non sa propre volonté, la volonté du peuple — ou de placer sur le trône un prince qui ne manifeste pas de volonté propre ; il a alors un prince sans volonté qui pourrait parfaitement être remplacé par une horloge bien réglée. Si l'on regarde plus loin, il apparaît évident que le moi-peuple, est une puissance impersonnelle, « spirituelle », la loi. Il s'ensuit nécessairement que le moi du peuple est un fantôme, non un moi. Je ne suis moi que parce que je me fais moi, c'est-à-dire qu'aucun autre ne me fait ; je dois être mon œuvre propre. Mais comment en va-t-il avec le moi-peuple ? C'est le hasard qui fait les destinées du peuple, qui lui donne tel ou tel seigneur de par la naissance, qui lui procure ses maîtres élus ; « le peuple souverain » n'est pas son propre produit, comme je suis le mien. Imagine-toi qu'on veuille te persuader que tu n'es pas ton moi, mais que c'est Hans et Kunz qui sont ton moi ! Ainsi en est-il du peuple, et pour lui la chose est juste. Car un peuple a aussi peu un moi que les onze planètes comptées ensemble n'ont un moi, bien qu'elles tournent ensemble autour d'un point commun.

Les paroles de Bailly sont caractéristiques des sentiments d'esclave que l'on a pour le peuple souverain, comme pour le prince. « Je n'ai plus de raison particulière quand la raison générale s'est exprimée. Ma loi première a été la volonté de la nation : aussitôt qu'elle se fut rassemblée, je n'ai plus rien connu que sa volonté souveraine. » Il ne veut pas avoir de raison particulière et cependant c'est elle seule qui fait tout. Même zèle chez Mirabeau : « Aucune puissance de la terre n'a le droit de dire aux représentants de la nation : Je veux ! »

Comme du temps des Grecs on voudrait faire aujourd'hui de l'homme un zoon politicon, un citoyen de l'État, un homme politique, de même qu'il fut longtemps « citoyen du ciel ». Mais, au contraire d'eux, nous ne voulons pas disparaître dans le peuple, la nation, la nationalité, nous ne voulons pas être seulement des hommes politiques ou des politiciens. Depuis la Révolution, on tend au « bonheur du peuple » et en faisant le peuple heureux, grand, etc., on nous fait malheureux ! Le bonheur du peuple est mon malheur.

Le livre de Nauwerk « sur la participation à l'État » nous montre encore quel vide et quel emphatique verbiage fait le fond de la doctrine des libéraux politiques. Nauwerk gémit sur les indifférents et les abstentionnistes, qui ne sont pas au plein sens du mot des citoyens de l'État ; il va même jusqu'à dire, qu'on n'est pas homme si l'on ne prend pas part d'une façon active à la vie de l'État, si l'on n'est pas un politicien. En cela il a raison, car s'il est admis que l'État est le gardien de tout ce qui est « humain », nous ne pouvons rien avoir d'humain sans y prendre part. Mais qu'est-ce que cela dit contre l'égoïste ? Absolument rien, car l'égoïste est pour lui-même le gardien de ce qui est humain, il ne dit à l'État que cette parole : ôte-toi de mon soleil. C'est seulement quand l'État, par ce qui lui est propre, entre en contact avec lui, que l'égoïste a en lui un intérêt actif.

Si la situation de l'État ne pèse pas sur l'homme d'étude qui vit renfermé dans son cabinet, doit-il s'en occuper parce que c'est « son devoir le plus sacré ? » Tant que l'État satisfait ses désirs, qu'a-t-il besoin de lever les yeux de son travail ? Cependant ceux qui sont personnellement intéressés à ce que les circonstances deviennent autres, peuvent s'en occuper. Ce n'est jamais « le devoir sacré » qui portera les gens à méditer sur l'État, pas plus qu'ils ne seront hommes de science, artistes, etc., par « devoir sacré ». C'est l'égoïsme seul qui les y pousse et qui les y poussera toujours quand les circonstances politiques paraîtront devenir mauvaises pour eux. Si vous démontriez aux gens que c'est leur égoïsme qui exige qu'ils s'occupent des affaires de l'État, vous n'auriez pas à les adjurer longtemps; si, au contraire, vous faites appel à leur amour de la patrie, etc., il vous faudra longtemps prêcher leurs cœurs sourds pour leur persuader cette obligation d'amour. Assurément, dans votre sens, les égoïstes ne prendront aucune part aux choses de l'État.

Nauwerk nous donne une parole type du libéralisme.

« L'homme ne remplit complètement sa mission que lorsqu'il se sent et se sait membre de l'humanité, et qu'il agit comme tel. L'individu ne peut réaliser l'idée de l'humanité s'il ne s'appuie sur l'humanité entière, s'il n'y puise sans cesse de nouvelles forces, comme Antée ».

On y lit encore : « Le rapport de l'homme à la chose publique est, au point de vue théologique, rabaissé à une pure affaire privée, ce qui est sa négation. » Comme si, au point de vue public, il en était autrement de la religion ! En politique la religion est une affaire privée.

Si au lieu du « devoir sacré », de la « destination de l'homme », de sa « mission d'humanité » et autres commandements, on représente aux hommes qu'en laissant l'État aller comme il va, ils portent atteinte à leurs intérêts personnels, ils seront persuadés sans tirades, et c'est là le moyen qu'il faudra employer au moment décisif, si l'on veut atteindre son but. Au lieu de cela notre auteur ennemi des théologiens dit : « S'il y eut jamais un temps où l'État ait revendiqué tous les siens, c'est bien le nôtre. » — « L'homme qui pense voit dans la participation à la théorie et à la pratique de l'État, un devoir, un des devoirs les plus sacrés qui lui incombent » et ensuite il examine de plus près « la nécessité absolue que chacun participe à l'État ».

Politique est et demeure de toute éternité celui qui a l'État dans la tête ou dans le cœur, ou dans les deux, celui qui est possédé de l'État, celui qui croit à l'État.

« L'État est l'instrument indispensable au développement total de l'humanité. » — Certes, tant que nous avons voulu développer l'humanité ; mais, si nous voulons nous développer, il ne peut être pour nous qu'un obstacle.

Peut-on maintenant encore réformer et améliorer l'État ou la Nation? Aussi peu que la noblesse, le clergé, l'Église, etc.; on peut les abolir, les anéantir, les supprimer, non les réformer. Puis-je par une réforme faire d'un non-sens un sens, ou dois-je le faire disparaître?

Il ne s'agit plus désormais de l'État (constitution de l'État, etc.), mais de moi. Toutes les questions relatives au pouvoir du prince, à la constitution, etc. disparaissent dans leur abîme, dans leur néant véritable. Moi qui suis ce néant, je tirerai de moi mes créations.

Au chapitre de la Société il convient aussi de parler du « parti » dont on chantait tout récemment la louange.

Le parti fleurit dans l'État. « Parti, parti, qui ne doit prendre parti? » Mais l'individu est isolé et n'est pas membre du parti. Il s'unit librement et se sépare de nouveau librement. Le parti n'est rien qu'un État dans l'État, et dans cette ruche plus petite, la « paix » doit régner comme dans la grande. Ce sont précisément ceux qui crient le plus fort qu'il doit y avoir une opposition dans l'État, qui grondent le plus lorsqu'il y a manque d'unité dans le parti. C'est une preuve qu'ils ne veulent aussi qu'un État. Ce n'est pas contre l'État mais contre l'individu que viennent échouer et se briser tous les partis.

On entend sans cesser exhorter à demeurer fidèle au parti, et les hommes de parti ne méprisent rien tant qu'un transfuge. On doit avec son parti affronter tout, en approuver entièrement les principes et les défendre. A vrai dire, la situation n'est pas aussi mauvaise que dans une société fermée dont tous les membres sont enchaînés aux lois et statuts (par exemple, les ordres, la Société de Jésus, etc.), mais le parti cesse d'être une association dans l'instant même où il rend obligatoires certains principes et veut les savoir assurés contre les attaques, c'est à cet instant précis que naît le parti. Il est déjà comme parti une Société née, il est une association morte, une idée devenue fixe. En tant que parti de l'absolutisme, il ne peut vouloir que ses membres doutent de l'immuable vérité du principe ; car ils ne pourraient nourrir ce doute que s'ils étaient assez égoïstes pour vouloir être encore quelque chose hors de leur parti, c'est-à-dire impartiaux. Ils ne peuvent être impartiaux comme hommes de parti, mais comme égoïstes. Si tu es protestant et appartient au parti protestant, tu ne peux que censurer le protestantisme, en tout cas le « purifier », non le rejeter ; si tu es chrétien et es classé parmi les hommes dans le parti chrétien, comme membre de ce parti, tu ne peux en sortir, à moins que ton égoïsme, c'est-à-dire ton impartialité t'y pousse. Quels efforts ont faits les chrétiens jusqu'à Hegel et les communistes pour renforcer leur parti ! Ils demeuraient convaincus que le christianisme devait contenir la vérité éternelle et qu'il fallait seulement l'en extraire, puis l'établir solidement et la justifier.

Bref le parti ne supporte pas l'impartialité et en lui apparaît bientôt l'égoïsme.

Mais que m'importe le parti ? J'en trouverai suffisamment qui s'uniront à moi, sans prêter serment à mon drapeau.

Celui qui passe d'un parti à un autre est traité aussitôt de « transfuge ». Car la morale exige que l'on tienne à son parti, et le déserteur est flétri du nom de « Renégat. » Seule l'individualité ne connaît aucun commandement de fidélité, de dépendance, elle permet tout, même l'abjuration, l'apostasie. Inconsciemment les gens moraux eux-mêmes se laissent conduire par ce principe, lorsqu'il s'agit de juger la conduite de ceux qui se convertissent à leur parti ; ils n'ont pas scrupule de faire des prosélytes ; seulement ils devraient avoir conscience que pour agir par soi-même il faut agir immoralement, c'est-à-dire ici, qu'il faut devenir infidèle, rompre même son serment, afin de prendre soi-même une détermination au lieu de se laisser déterminer par des considérations morales. Aux yeux des gens d'une moralité sévère, le converti a toujours une couleur équivoque et ne gagne pas facilement la confiance, il porte toujours la tare « d'infidélité », c'est-à-dire qu'il est taxé d'immoralité. Dans la basse classe, cette manière de voir est presque générale ; les gens éclairés sont, comme toujours, incertains et embarrassés, et en raison de la complexité de leurs idées, ils n'ont pas une conscience très claire de la contradiction issue nécessairement du principe de moralité. Ils ne se risquent pas à appeler carrément immoral, l'apostat, parce que l'on est induit à l'apostasie, à l'abandon d'une religion, par une autre religion, et cependant ils ne peuvent abandonner le point de vue moral. Ici pourtant ce serait l'occasion de franchir les limites de la morale.

Mais les êtres uniques, s'appartenant en propre, sont-ils un parti ? Comment pourraient-ils s'appartenir en propre, s'ils appartenaient à un parti ?

Ou bien doit-on n'appartenir à aucun parti ? En y

adhérant, en entrant dans son cercle, on contracte avec lui une association qui dure tant que le parti et moi poursuivons un seul et même but. Mais si aujourd'hui j'en suis encore les tendances, il se peut que demain je les abandonne et lui sois « infidèle ». Pour Moi le parti n'a rien d'astreignant (d'obligatoire) et je ne le respecte pas ; s'il ne me convient plus, je lui fais la guerre.

Dans tout parti qui tient à soi et à son existence, les membres sont assujettis ou mieux, privés de vie propre, d'égoïsme, dans la mesure où ils servent ses désirs. L'indépendance du parti suppose la dépendance de ses membres.

Un parti ne peut jamais, de quelque nature qu'il soit, se passer d'une profession de foi. Car ses adhérents doivent croire au principe du parti ; ce principe ne peut être contesté par eux et mis en question, il doit être pour chaque membre la chose certaine, indubitable ; c'est-à-dire que l'on doit appartenir au parti corps et âme, autrement on n'est pas véritablement homme de parti, mais égoïste plus ou moins. Aies un doute sur le christianisme, tu n'es déjà plus un vrai chrétien, tu as eu « l'impudence » de questionner sur ce sujet, de citer le christianisme au tribunal de ton égoïsme, tu as péché contre le christianisme, la cause de ton parti (car il n'est pas la cause d'un autre parti, des juifs, par exemple) ; mais je te félicite si tu ne te laisses pas effrayer : ton impudence t'aidera à affirmer ton individualité.

Ainsi un égoïste ne pourrait jamais adhérer à un parti ou prendre parti ? Si pourtant, sauf qu'il ne peut pas se laisser prendre et accaparer par le parti. Le parti n'est toujours pour lui qu'une partie, il est de la partie, il y prend part.

Le meilleur État est évidemment celui qui a les citoyens les plus loyaux ; plus l'esprit de dévouement à la légalité se perd, plus l'État, système de morale, vie morale par excellence, est réduit en force et en bonté. Le bon État disparaît avec les « bons citoyens » et se résout en dérèglement, en anarchie. « Respect à la loi ! » La loi est le ciment qui fait de l'État un tout cohérent. « La loi est sacrée et celui qui la viole est un criminel. » Sans crime pas d'État. Le monde moral, et c'est l'État, est rempli de coquins, de fourbes, de menteurs, de voleurs, etc. Comme l'État est « la domination de la loi » qu'il en est la hiérarchie, il en résulte que l'égoïste dans tous les cas où son intérêt va à l'encontre de celui de l'État, ne peut se satisfaire que par la voie du crime.

L'État ne peut abandonner la prétention que ses lois et ses ordres ne soient sacrés. L'individu aux yeux de l'État, c'est le profane (barbare, homme naturel, égoïste), l'Église le considérait autrefois de la même façon ; aux yeux de l'individu, l'État se nimbe de sainteté. Ainsi il publie une loi sur le duel. Deux individus qui sont d'accord pour jouer leur vie pour une cause (peu importe laquelle) ne doivent pas le pouvoir parce que l'État ne le veut pas : il établit des pénalités à cet égard. Où reste alors la liberté de détermination personnelle ? Il en est tout autrement quand, comme en Amérique, la Société se décide à laisser les duellistes supporter certaines conséquences fâcheuses de leurs actes, par exemple, la perte du crédit acquis jusque-là. Refuser le crédit est l'affaire de chacun et quand une Société le retire pour telle ou telle raison, celui qui est frappé ne peut se plaindre d'un préjudice causé à la liberté. La Société ne fait précisément valoir que sa propre liberté. Ce n'est pas le châtiment du péché, la punition du crime. Le duel n'est pas un crime mais seulement un fait, contre lequel la Société prend des mesures préventives, établit une défense. L'État flétrit le duel comme un crime, une atteinte portée à sa loi sacrée : il en fait un cas criminel. Tandis que cette Société laisse l'individu examiner s'il veut assumer les ennuis et les tristes conséquences de ses actes, reconnaissant par là sa libre détermination, l'État procède précisément en sens inverse, il refuse à l'individu tout droit à la détermination libre et ne reconnaît que la sienne propre, la loi de l'État, comme l'unique droit, de sorte que celui qui manque aux commandements de l'État est considéré comme enfreignant les commandements de Dieu, point de vue emprunté encore à l'Église. Dieu est le saint en soi et pour soi, et les commandements de l'Église comme de l'État, sont les commandements de ce saint qui les impose au monde par l'entremise de ses oints et de ses souverains (souverains par la grâce de Dieu). L'Église avait le péché mortel, l'État a le crime qui mérite la mort, elle avait ses hérétiques, il a ses criminels de haute trahison, elle avait ses peines ecclésiastiques, il a ses peines criminelles, elle avait ses procès d'inquisition, il a ses procès fiscaux, bref, ici péché, là crime, ici pécheurs, là criminels, ici inquisition et là inquisition. La sainteté de l'État ne tombera-t-elle pas comme celle de l'Église ? La crainte de ses lois, le respect de sa grandeur, l'humilité de ses « sujets » tout cela demeurera-t-il ? Ce « visage sacré » ne prendra-t-il jamais de rides ?

Quelle folie d'exiger du pouvoir souverain qu'il lutte à armes courtoises avec l'individu, et, comme on le demande pour la liberté de la presse, qu'il distribue également le soleil et le vent. Si l'État, cette pensée, doit être puissance prépondérante, c'est précisément à l'égard de l'individu. L'État est « sacré » et ne peut supporter ses attaques impudentes. Si l'État est sacré, la censure doit exister. Les libéraux politiques admettent le premier point, mais en combattent la conséquence. Ils lui accordent en tout cas les mesures répressives, car ils en demeurent toujours là, que l'État est plus que l'individu, et qu'il exerce des représailles justifiées, appelées des peines.

La peine n'a de sens que si elle est l'expiation de l'offense faite à la chose sacrée. Celui qui tient une chose pour sacrée mérite absolument d'être châtié s'il s'y attaque. Un homme qui laisse durer une existence humaine parce qu'elle lui est sacrée, et qu'il a horreur d'y porter atteinte est un homme religieux.

Weitling impute les crimes au « désordre social » et vit dans l'espérance que sous le régime communiste ils seront impossibles, leurs mobiles, l'argent par exemple, ayant disparu. Pourtant comme sa Société organisée devient ainsi que les autres, cause sainte et inviolable, il se trompe dans ses prévisions qui prouvent une bonne âme. Car il n'en manquerait pas qui adhèreraient des lèvres à la Société communistique et travailleraient en sous-main à sa ruine.

Weitling doit s'en tenir aux « remèdes contre le résidu naturel des maladies et des faiblesses humaines ». Et remède (Heilmittel) indique déjà qu'il faut considérer les individus comme « appelés à un salut » (Heil) déterminé, et les traiter en conséquence de cette « mission humaine ». Le remède ou la guérison n'est que le côté inverse de la peine, la théorie du salut court parallèlement à la théorie du châtiment;

si celle-ci considère une action comme un péché contre le droit, pour celle-là, c'est un péché de l'homme contre lui-même. C'est un appauvrissement de santé. Mais la vérité c'est que je dois la considérer soit comme juste pour moi, soit comme injuste, comme m'étant favorable ou contraire, c'est-à-dire que je dois la traiter comme une propriété que je puis, à ma guise, cultiver ou dilapider. « Crime » ou « maladie » ne sont, ni l'un ni l'autre, une vue égoïste des choses, ce n'est pas un jugement qui part de moi mais qui a son origine dans un autre que moi, que ce soit l'atteinte au droit, la chose générale, que ce soit le dommage fait à la santé, soit de l'individu (le malade), soit de la communauté (la Société). Le crime est traité sans pitié, la maladie avec une douceur charitable, avec compassion, etc.

Le châtiment suit le crime. La chose sacrée disparaissant, le crime tombe, et le châtiment dans ce cas disparaît à la suite du crime, car il n'a de signification qu'à l'égard de la chose sacrée. On a aboli les peines ecclésiastiques. Pourquoi? Parce que c'est l'affaire de chacun de savoir comment il doit se comporter à l'égard du « Saint Dieu ». Toutes les peines doivent tomber comme celle-ci. De même que le péché à l'égard du soi-disant Dieu de l'homme est affaire particulière, de même en est-il pour toute espèce de chose sacrée. D'après nos théories pénales qu'on cherche en vain à améliorer et à adapter à notre époque, on veut punir les hommes pour telle ou telle atteinte portée à l'humanité »; or la stupidité de ces théories apparaît nettement dans leur logique qui fait pendre les petits voleurs et laisse courir les grands. Contre la violation de la propriété on a « la prison », contre « l'oppression de la pensée » et la suppression des « droits naturels de l'homme » on n'a que des remontrances et des prières.

Le code criminel n'existe que par la chose sacrée et meurt de soi-même quand on abandonne la peine. Partout aujourd'hui on veut créer de nouvelles lois pénales sans avoir le moindre doute sur la peine considérée en elle-même. Or précisément, la peine doit faire place à la réparation qui doit chercher non pas à donner satisfaction au droit et à la justice, mais à nous-mêmes. Si quelqu'un nous fait quelque chose que nous n'acceptons pas, nous brisons sa force et faisons valoir la nôtre. Nous nous satisfaisons sur lui et ne tombons pas dans la sottise de vouloir satisfaire le droit (le fantôme). Ce n'est pas la chose sacrée qui doit se défendre contre l'homme, mais l'homme contre l'homme, de même qu'aujourd'hui Dieu ne se défend plus contre l'homme, quand autrefois et même encore de nos temps, tous les serviteurs de Dieu lui offraient leur bras pour châtier l'impie, comme ils le prêtent aujourd'hui à la cause sacrée. Cette soumission à la chose sainte fait que sans intérêt vivant, particulier, on se borne à livrer les malfaiteurs à la police et aux tribunaux : remise impitoyable aux autorités « qui administrent aussi bien que possible la chose sacrée », le peuple pousse furieusement la police sur tout ce qui lui paraît immoral ou simplement inconvenant, et cette furie populaire pour la morale protège plus l'institution de la police que ne pourrait le faire jamais le gouvernement.

Depuis, l'égoïste s'est affirmé dans le crime et s'est moqué du très-saint, la rupture avec la chose sacrée ou plutôt de la chose sacrée est devenue générale. Ce n'est pas une révolution qui revient, c'est le crime qui se prépare, un crime énorme, sans considération pour rien, sans pudeur, sans conscience, fier ; n'entends-tu pas dans le lointain gronder le tonnerre et ne vois-tu pas maintenant le ciel, chargé de pressentiments, s'emplir de silence et s'obscurcir ?

Celui qui se refuse à gaspiller ses forces pour des Sociétés aussi étroites que la famille, le parti, la nation, aspire toujours à une société supérieure, il pense avoir trouvé, dans la société humaine ou dans l'humanité, le véritable objet de son amour et il mettra son honneur à s'y sacrifier : désormais, « il vit pour servir l'humanité ».

Le peuple est le corps, l'État, l'esprit de la personne souveraine qui jusqu'ici m'a opprimé. On a voulu annoncer aux peuples et aux États qu'on voulait les développer jusqu'à être l'humanité et la « raison générale » ; seulement, la servitude, du fait de cette extension deviendrait encore plus intense, car les Philanthropes et les Humains sont des maîtres aussi absolus que les politiciens et les diplomates.

De récents critiques s'emportent contre la religion parce qu'elle place Dieu, le Divin, l'Humain, hors de l'homme et en fait quelque chose d'objectif, tandis qu'eux placent ces sujets dans l'homme. Seulement ces critiques commettent la même faute que la religion, comme elle, ils donnent à l'homme « une destination » en voulant qu'il soit divin, humain, etc., que son essence soit la moralité, la liberté, l'humanité, etc., etc. Comme la religion, la politique a voulu « élever » l'homme, l'amener à la réalisation de son « être », de sa « destination », faire quelque chose de lui, un « homme » véritable », l'une sous la forme du « vrai croyant », l'autre sous la forme du « vrai citoyen » ou du « vrai sujet ». En fait, il ne s'agit que de savoir si c'est le divin ou si c'est l'humain qu'on appelle la destination de l'homme.

Politique et religion considèrent l'homme au point de vue du devoir : il doit être ceci et cela, il doit être tel et tel. Avec ce postulat, avec ce commandement, on marche en avant des autres, mais aussi de soi-même. Ces critiques disent : tu dois être un homme complet, un homme libre. Et ils sont encore tentés de proclamer une nouvelle religion, d'établir un nouvel absolu, un idéal, la liberté. Les hommes doivent devenir libres. Et il pourrait surgir des missionnaires de la liberté comme ces missionnaires de la foi que le christianisme répandit dans le monde, convaincu que tous les hommes étaient par leur essence même destinés à être chrétiens. La liberté alors, comme antérieurement la foi sous forme d'Église, la moralité sous forme d'État, se constituerait comme une nouvelle communauté qui serait le foyer d'une semblable « propagande ». Certes, rien ne s'oppose à ce qu'on agisse en commun, mais il faut d'autant plus combattre tout rajeunissement de la vieille Providence, faire obstacle aux doctrines de développement, bref à ce principe qu'il faut faire quelque chose de nous, des chrétiens, des sujets, des hommes libres ou des hommes, peu importe.

On peut bien dire, avec Feuerbach et les autres, que la religion a fait sortir l'humain de l'homme et l'a refoulé dans un au-delà où, devenu inaccessible, il mène l'existence de l'Individu en soi, d'un Dieu ; mais l'erreur de la religion n'est par là nullement épuisée. On peut très bien abolir la personnalité de cet humain qui nous est soustrait, on peut faire de Dieu le divin, on n'en reste pas moins religieux, car la caractéristique de ce qui est religieux consiste dans le mécontentement que l'on a de l'homme actuel, c'est-à-dire dans l'affirmation d'une perfection vers laquelle il faut s'efforcer ; l'homme religieux, c'est l'homme qui lutte en vue de son achèvement (c'est pourquoi vous devez être parfaits, comme votre Dieu au ciel est parfait. Matthieu V. 48) : être religieux, c'est fixer un idéal, un absolu. La perfection est le « bien suprême », la *finis bonorum;* l'idéal d'un chacun, c'est l'homme parfait, l'homme vrai, l'homme libre, etc.

La tendance des temps nouveaux vise à instituer l'idéal de « l'homme libre ». Si on le pouvait trouver, il y aurait une nouvelle religion, parce qu'un nouvel idéal entraînerait de nouvelles aspirations, de nouvelles mortifications, une nouvelle dévotion, une nouvelle divinité, une nouvelle contrition.

Avec l'idéal de « la liberté absolue », mêmes désordres qu'avec tout « absolu ». Suivant Hess, par exemple « cette liberté doit être réalisable dans la société humaine absolue. » Aussitôt après, il appelle « mission » la réalisation de cet idéal ; de même il définit la liberté comme étant la « morale » ; le règne de la « justice » (c'est-à-dire l'égalité) et de la morale (c'est-à-dire la liberté) doit arriver, etc.

Celui que le mérite de ses compagnons de race, de famille, de nation, remplit d'orgueil alors qu'il n'est rien lui-même, est ridicule, mais celui qui ne veut être qu' « homme » est aveugle. Ce n'est pas dans l'exclusivisme, mais dans l'union, qu'il met sa propre valeur, dans le « lien » qui le rattache aux autres, dans les liens du sang, les liens nationaux, les liens d'humanité.

Les « nationalistes » d'aujourd'hui ont réveillé la lutte entre ceux qui ne croient avoir que du sang humain et des liens humains, et ceux qui se targuent d'avoir un sang spécial et des liens du sang spéciaux.

Sans considérer que l'orgueil puisse entraîner aux surestimations, prenons-en seulement conscience ; il y a une énorme différence entre l'orgueil « d'appartenir » à une nation, et ainsi d'être sa propriété, et l'orgueil d'appeler une nationalité sa propriété. La nationalité est propriété, mais la nation est ma propriétaire, ma souveraine. Si tu as la force corporelle, tu peux l'appliquer à l'endroit approprié, et tu as alors le sentiment personnel, l'orgueil de ta force ; si c'est au contraire la force corporelle qui te possède, ton corps qui te possède avec sa force, il te tracasse partout et au moment qui convient le moins : tu ne peux serrer la main à personne sans la lui broyer.

L'idée que l'on est plus qu'un membre de la famille, de la race, de la patrie, a finalement conduit à dire que l'on est plus que tout cela parce que l'on est homme ou : que l'homme est plus que le Juif, l'Allemand, etc. « C'est pourquoi chacun est entièrement et uniquement — homme ! » Ne dirait-on pas mieux : Comme nous sommes plus que la chose donnée, nous voulons être à la fois et cette chose et ce « plus ». Ainsi, homme en même temps qu'Allemand ; homme en même temps que Guelfe. Les nationalistes ont raison, on ne peut nier sa nationalité ; et les humains ont raison, on ne doit pas en rester à l'étroitesse des nationalistes. La contradiction se résout dans l'unique ; la chose nationale est ma propriété. Mais moi, je ne disparais pas dans ma propriété, l'humain est aussi ma propriété, mais c'est seulement parce que je suis unique que je donne à l'homme l'existence.

L'histoire cherche l'homme : mais il est moi, toi, nous. On le cherche comme un être mystérieux, divin ; on cherche le Dieu, puis l'homme et l'on trouve l'individu, l'être fini, l'unique.

Je suis propriétaire de l'humanité, je suis l'humanité et ne fais rien pour le bien d'une autre humanité. Tu es fou, toi qui es une humanité unique, de faire ostentation de vivre pour une autre humanité que toi-même.

Le rapport jusqu'ici considéré du moi au monde des hommes offre une telle richesse de manifestations, qu'il faut sans cesse y revenir quand les circonstances se modifient ; mais ici où il ne s'agit que d'avoir une vue générale de ce rapport, il faut le briser pour permettre de percevoir les deux autres faces suivant lesquelles il rayonne. Comme je me trouve en rapport non-seulement avec les hommes, en tant qu'ils représentent le concept « hommes » en soi ou qu'ils sont enfants des hommes (l'enfant de l'homme est pris dans le même sens qu'enfant de Dieu), mais encore avec ce qu'ils ont de l'homme et nomment leur propriété et qu'ainsi je ne me rapporte pas seulement à ce qu'ils sont par l'homme, mais encore à leur avoir humain : ainsi en dehors du monde des hommes, le monde des sens et des idées devra être mis en discussion et il y aura quelque chose à dire de ce que les hommes appellent leur propriété, qu'il s'agisse des biens sensibles ou des biens spirituels.

A mesure que l'on a développé le concept de l'homme et qu'on se l'est représenté, on nous l'a donné à vénérer comme telle ou telle « personnalité de respect », et de la conception la plus vaste de cette idée est sorti finalement le commandement : « en tout homme respecte l'homme ». Mais si je respecte l'homme, mon respect doit s'étendre également à l'humain ou à ce qui vient de l'homme.

Tout homme a un bien propre et je dois reconnaître et considérer comme sacré ce bien propre. Il consiste partie en avoir extérieur, partie en avoir intérieur. D'un côté, des choses, de l'autre, spiritualité, pensées, convictions, nobles sentiments, etc... Mais toujours je ne dois respecter que l'avoir légitime ou humain ; et je n'ai pas besoin d'épargner l'illégitime et l'inhumain, car il n'y a que ce qui est véritablement le propre des hommes qui soit véritablement propriété de l'homme. La religion, par exemple, est un bien intérieur de ce genre ; comme la religion est libre, c'est-à-dire appartient à l'homme, je ne puis pas y toucher. De même pour l'honneur ; il est libre et je ne puis y porter atteinte (plaintes en diffamation, caricatures, etc.) La religion et l'honneur sont « propriété spirituelle ». Dans la propriété des choses, ma personne est au premier plan : ma personne est ma première propriété. Par suite, liberté de la personne ; mais c'est seulement la personne légitime ou humaine qui est libre, on tient l'autre prisonnière. Ta vie est ta propriété, mais elle n'est sacrée aux hommes que si ce n'est pas celle d'un non-homme.

Ce que l'homme en tant qu'homme ne peut défendre de ses biens corporels, nous pouvons le lui prendre : tel est le sens de la concurrence, de la liberté de l'industrie. Ce qu'il ne peut défendre de ses biens spirituels nous échoit également : voilà jusqu'où va la liberté de la discussion, de la science, de la critique.

Mais intangibles sont les biens consacrés. Consacrés et garantis par qui? Tout d'abord par l'État, la société, mais proprement par l'homme ou « l'idée », « l'idée de la cause » : car l'idée fondamentale des biens consacrés est qu'ils soient véritablement humains ou plutôt que leur détenteur les possède à titre d'homme et non de non-homme.

Au point de vue spirituel, de tels biens, ce sont la foi de l'homme, son honneur, ses sentiments de morale, de décence, de pudeur, etc. Des actions attentatoires à l'honneur (paroles, écrits) sont punissables; de même des attaques dirigées contre ce qui est « la base de toutes les religions », des attaques poussées contre la foi politique, bref contre tout ce qu'un homme a « de plein droit ».

Le libéralisme critique n'a pas encore décidé jusqu'où il étendrait le caractère sacré des biens, et s'imagine d'ailleurs être hostile à toute sainteté ; seulement comme il combat l'égoïsme, il doit lui imposer des bornes et il ne peut laisser le non-homme se ruer sur l'homme. S'il avait un jour le pouvoir, à son mépris théorique de la « masse » correspondrait un refoulement pratique.

Quelle extension reçoit le concept « homme », ce qu'il en échoit à l'individu, ce que c'est ainsi que l'homme et l'humain, autant de questions sur lesquelles se divisent les différentes nuances du libéralisme, car l'homme politique, l'homme social, l'homme humain y prétendent toujours l'un plus que l'autre. Celui qui a le mieux saisi ce concept sait le mieux de tous ce qui revient à l'« homme ». L'État ne le conçoit encore que dans ses limites politiques, la société dans ses limites sociales; seule l'humanité, semble-t-il, saisit le concept dans toute son étendue, en d'autres termes, « l'histoire de l'humanité constitue son développement ». Mais si l'homme est trouvé, nous connaissons aussi alors ce qui est le propre de l'homme, sa propriété, l'humain.

Mais si l'homme individuel peut prétendre à tant de droits, parce que l'homme ou le concept homme, c'est-à-dire parce que son état d'homme lui en « donne le droit » : que m'importe à Moi son droit et sa prétention ? S'il ne tient son droit que de l'homme et s'il ne le reçoit pas de Moi, il n'a pour Moi aucun droit ; sa vie par exemple, ne m'importe que si elle a pour moi de la valeur. Je n'ai aucun respect pour son soi-disant droit de propriété, c'est-à-dire un droit qu'il aurait sur des biens matériels. Je ne respecte aucunement le droit qu'il prétend avoir sur « le sanctuaire de son être intérieur », en d'autres termes, le droit de conserver inviolables ses biens spirituels, ses divinités, ses dieux. Ses biens matériels comme spirituels sont miens et j'en dispose comme propriétaire dans la mesure de ma force.

La question de propriété recouvre un sens plus vaste en soi, qu'on ne peut voir en se bornant à la question telle qu'elle est posée. Appliquée seulement à ce qu'on appelle notre avoir, nos biens, elle n'est susceptible d'aucune solution ; il nous faut remonter jusqu'à celui « duquel nous tenons tout » pour trouver la solution. C'est du propriétaire que dépend la propriété.

La Révolution a dirigé ses armes contre tout ce qui provenait « de la grâce de Dieu », par exemple contre le droit divin à la place duquel le droit humain a été établi, on oppose aux biens octroyés par la grâce de Dieu, les biens qui découlent de « l'essence même de l'homme. »

Maintenant, en opposition au dogme religieux qui nous ordonne de nous aimer les uns les autres « pour l'amour de Dieu », le rapport des hommes entre eux prend position humaine et devient « aimez-vous les uns les autres pour l'amour de l'homme » ; ainsi la théorie révolutionnaire, pour ce qui concerne le rapport des hommes avec les choses de ce monde, n'a pas fait autre chose que de décréter que le monde qui jusque-là était institué suivant l'ordre de Dieu, appartiendrait désormais à l'homme.

Le monde appartient à « l'homme » et doit être respecté par moi comme sa propriété.

Propriété est ce qui est Mien !

Propriété au sens bourgeois signifie propriété sacrée, de sorte que je dois respecter ta propriété. « Respect à la propriété ! » Par suite les politiques voudraient que chacun possédât sa petite part de propriété, et ils ont contribué par cette tendance à créer un incroyable morcellement. Il faut que chacun ait un os à ronger.

La chose se présente autrement au point de vue égoïste. Je ne m'écarte pas timidement de ta ou de votre propriété, mais je la considère constamment comme mienne. J'estime que je n'ai rien à « respecter » en elle. Faites-en de même avec ce que vous appelez ma propriété !

En nous plaçant à ce point de vue, nous nous entendrons les uns et les autres le mieux du monde.

Les libéraux politiques ont souci d'abolir autant que possible toutes les servitudes et de faire que chacun soit libre maître de son fonds, pourvu que la contenance de ce fonds n'excède pas l'étendue du terrain qui peut être saturée par l'engrais d'un seul homme. Autrefois tout paysan se mariait « afin de profiter des excréments de sa femme ». Que la propriété soit si petite que l'on voudra pourvu qu'on l'ait en propre, que ce soit une propriété respectée ! Plus il existe de tels propriétaires, de tels métayers, plus l'État a « d'hommes libres et de bons patriotes. »

Le libéralisme comme tout ce qui est religieux compte sur le Respect, l'humanité, les vertus de l'amour. C'est pourquoi il vit dans un incessant soupçon. Car dans la pratique les gens ne respectent rien et, tous les jours, les petits biens sont rachetés par les grands propriétaires et des « hommes libres » deviennent des journaliers.

Si au contraire les « petits propriétaires » avaient pensé que la grande propriété était aussi la leur, ils ne s'en seraient pas exclus eux-mêmes respectueusement et n'en auraient pas été exclus.

La propriété, comme les libéraux bourgeois la comprennent, mérite les attaques des communistes et de Proudhon : elle est insoutenable parce que le propriétaire bourgeois n'est véritablement qu'un sans-propriété ; il n'est partout qu'un exclu. Bien loin que le monde lui appartienne, le misérable point sur lequel il s'agite ne lui appartient même pas.

Proudhon ne veut plus du propriétaire qu'il remplace par le possesseur, l'usufruitier. Qu'est-ce que cela signifie ? Il ne veut pas que l'individu ait la propriété du sol ; il lui en accorde seulement les fruits ; ne lui en reconnaîtrait-on que la 100e partie, il en est cependant le propriétaire et peut en disposer à sa guise. Celui qui n'a que la jouissance d'un champ n'en est certes pas le propriétaire, encore moins celui qui doit, ainsi que le veut Proudhon, abandonner de son profit la part excédant ses besoins ; il n'est propriétaire que du reste. Ainsi Proudhon nie telle et telle propriété, non la propriété. Si nous ne voulons pas laisser plus longtemps le fonds aux propriétaires du fonds, si nous voulons nous l'approprier, nous nous unissons dans ce but, nous formons une association, une société qui s'institue propriétaire. Si la chose réussit, ceux-là cessent d'être propriétaires du sol. Et cela ne se borne pas au fonds et au sol, nous pouvons encore les chasser de mainte autre propriété que nous faisons nôtre, qui devient propriété des conquérants. Les conquérants forment une société que l'on peut s'imaginer si grande qu'elle embrasse de proche en proche l'humanité tout entière ; mais aussi, ce qu'on appelle humanité, n'est qu'une pensée, un fantôme ; sa réalité, ce sont les individus, et ces individus pris en masse ne traitent pas moins arbitrairement le fonds et le sol que l'individu isolé, autrement dit, le propriétaire. Ainsi la propriété subsiste, elle est même « exclusive », parce que l'humanité, cette grande société, exclut l'individu de sa propriété (tout au plus lui en alloue-t-elle une parcelle à bail, en fief) de même qu'elle en exclut absolument tout ce qui n'est pas l'humanité, par exemple, elle ne laisse pas le monde des animaux y accéder. — Ainsi en sera-t-il toujours. Une chose à laquelle tous veulent participer, sera enlevée à l'individu qui la veut pour soi seul et deviendra bien commun. A un bien commun chacun a sa part, et cette part est sa propriété. Ainsi dans nos vieilles coutumes une maison qui appartient à cinq héritiers est bien indivis ; mais le cinquième du revenu est propriété de chacun d'eux. Proudhon pourrait s'épargner ses démonstrations diffuses s'il disait : il y a des choses qui appartiennent à quelques-uns et que dès maintenant nous autres nous revendiquons, que nous poursuivons. Prenons, parce que ce n'est que par la prise qu'on arrive à la propriété, car la propriété dont nous sommes aujourd'hui frustrés, n'est venue que par ce moyen entre les mains des propriétaires. Il est d'un plus grand profit qu'elle soit dans les mains de nous tous, au lieu que ce soient seulement ces quelques-uns qui en disposent. Associons-nous par suite en vue de ce vol. — Au lieu de cela il s'amuse à nous montrer que la société est le possesseur originel et qu'elle est seule propriétaire de droits imprescriptibles. C'est à son préjudice que le soi-disant propriétaire est devenu voleur (la propriété c'est le vol) ; si maintenant elle retire au propriétaire actuel sa propriété, elle ne lui vole rien, elle se borne à faire valoir son droit imprescriptible. — Voilà jusqu'où l'on va avec le fantôme d'une société considérée comme personne morale. Au contraire, ce que l'homme peut désirer lui appartient : le monde m'appartient. Dites-vous autre chose avec la proposition inverse : « Le monde appartient à tous ? » Tous, c'est moi et encore moi, etc... Mais vous faites de « tous » un fantôme, vous le faites sacré, de sorte que les « tous » deviennent le terrible maître de l'individu. A vos côtés alors vient se placer le fantôme du « droit ».

Proudhon et les communistes combattent l'égoïsme. Ils sont, par suite, la conséquence et la continuation du principe chrétien, du principe de l'amour, du sacrifice pour un être général, pour un être étranger. Par exemple, ils n'achèvent dans la propriété que ce qui existe depuis longtemps en fait, la dépossession de l'individu. Quand la loi dit : *Ad reges potestas omnium pertinet, ad singulos proprietas ; omnia rex imperio possidet, singuli dominio,* cela veut dire : le roi est propriétaire car il peut user et disposer de « tout », il a sur les choses *potestas et imperium*. Les communistes le disent plus clairement encore quand ils confèrent cet imperium à la « société de tous ». Ainsi, étant ennemis de l'égoïsme, ils sont chrétiens, ou plus généralement, ils sont religieux, adorateurs de fantômes, sous la dépendance et au service d'un être général quelconque (Dieu, la Société, etc.). Ainsi Proudhon est égal aux chrétiens en ceci que ce qu'il refuse aux hommes, il l'attribue à Dieu. Il l'appelle (par exemple, p. 90 : Qu'est-ce que la propriété) le propriétaire de la terre. Il prouve par là qu'il ne peut imaginer le propriétaire comme n'existant pas ; en fin de compte, il aboutit à un propriétaire, mais il le relègue dans l'au-delà.

— Ni Dieu, ni l'homme (la société humaine) n'est propriétaire, mais l'individu.

Proudhon (Weitling aussi) croit dire de la propriété la pire des choses en l'appelant un vol. A part la question captieuse de savoir s'il existe contre le vol une objection fondée, nous dirons : L'idée du vol n'est possible que si on laisse subsister l'idée de « propriété ». Comment peut-on voler si la propriété n'existe déjà. Ce qui n'appartient à personne ne peut être volé : on ne vole pas l'eau que l'on puise dans la mer. Par conséquent ce n'est pas la propriété qui est vol, mais c'est seulement par la propriété que le vol est possible. Weitling doit aussi y aboutir car il considère tout comme la propriété de tous. Si une chose est « la propriété de tous » celui qui se l'approprie commet à coup sûr un vol.

La propriété privée vit par la grâce du droit. C'est seulement dans le droit qu'elle a sa garantie. Possession n'est pas encore propriété, elle ne devient « chose mienne » qu'avec l'assentiment du droit ; — ce n'est pas un *fait,* comme dit Proudhon, mais une fiction, une pensée. C'est la propriété du droit, propriété légale, propriété garantie. Ce n'est pas par moi qu'elle est mienne, mais par le droit.

Pourtant propriété est l'expression employée pour définir la souveraineté illimitée sur une chose, une bête, un homme dont « je puis user et abuser absolument à ma guise ». D'après le droit romain : *jus utendi et abutendi re suâ quatenus juris ratio patitur ;* droit exclusif et illimité, mais propriété conditionnée par la force. Ce que j'ai en ma puissance m'est propre. Tant que je m'affirme comme possesseur, je suis le propriétaire de la chose ; si elle m'est retirée, peu importe par quelle force, par exemple par ma reconnaissance du droit d'un autre à la chose — la propriété disparaît. Ainsi propriété et possession tombent en même temps, ce n'est pas un droit extérieur à ma force qui me légitime, mais exclusivement ma force : si je ne l'ai plus, la chose m'échappe. Les Romains n'ayant plus la force contre les Germains, l'empire de Rome appartint à ceux-ci, et il serait ridicule de soutenir que les Romains étaient demeurés les vrais propriétaires de l'Empire.

La chose appartient à celui qui sait la prendre et l'affirmer sienne, — jusqu'à ce qu'elle lui soit de nouveau reprise, de même la liberté appartient à qui se l'adjuge.

C'est la force seule qui décide de la propriété et si l'État, que ce soit l'État des citoyens, des gueux ou des hommes tout court, est le seul qui ait la force, il est le seul propriétaire ; Moi l'Unique je n'ai rien, je ne suis que fieffé et comme tel, un vassal. Sous la suzeraineté de l'État, il n'y a pas de propriété pour Moi.

Je veux élever la valeur du moi, la valeur de ce qui a une existence propre, dois-je rabaisser la propriété? Non. De même que jusqu'ici on n'avait pas estimé le moi parce qu'on plaçait au-dessus de lui, le peuple, l'humanité et mille autres généralités, de même en est-il de la propriété qui n'a pas encore été reconnue dans sa pleine valeur. La propriété, elle aussi, n'était que la propriété d'un fantôme, par exemple la propriété du peuple; toute mon existence « appartenait à la patrie ». J'appartenais à la patrie, au peuple, à l'État et aussi à tout ce que je nommais mon bien propre. On réclame des États qu'ils fassent disparaître le paupérisme. C'est demander, il me semble, que l'État se coupe la tête et la jette à nos pieds; car tant que l'État est le moi, le moi individu doit être un pauvre diable, un non-moi. L'État n'a qu'un intérêt, être riche lui-même; que Michel soit riche et Pierre pauvre, cela lui est égal; Pierre pourrait aussi bien être riche et Michel pauvre. Il voit d'un œil indifférent l'un s'appauvrir, l'autre s'enrichir, insouciant de leurs vicissitudes. Comme individus, ils sont à ses yeux réellement égaux, en cela il a raison; devant lui, nous sommes tous deux rien, comme devant Dieu, « nous sommes tous pécheurs »; au contraire, il a un très grand intérêt à ce que les individus qui font de lui leur moi participent à sa richesse : il les fait participer à sa propriété. Il les apprivoise par la propriété qu'il leur donne en récompense; mais elle reste sa propriété et chacun n'en a l'usufruit que tout le temps qu'il porte en soi le moi de l'État, ou qu'il est « un membre légal de la Société »; dans le cas contraire, la propriété est confisquée ou réduite à néant par des procès onéreux. La propriété est et demeure ainsi propriété de l'État, non pas propriété du moi. Si l'État n'enlève pas arbitrairement à l'individu ce qu'il tient de l'État, c'est seulement parce que l'État ne se vole pas lui-même. Quiconque est un moi d'État (Staats-Ich), c'est-à-dire un bon citoyen, ou un bon sujet, jouit tranquillement, comme tel et non comme moi propre, de son fief. Le code dit ainsi : propriété c'est ce que j'appelle mien « de par Dieu et de par la loi ». Mais elle n'est mienne de par Dieu et de par la loi que tant que l'État n'a rien contre.

Dans les expropriations, remises d'armes et choses analogues (quand par exemple le fisc s'empare des héritages lorsque les héritiers ne se sont pas annoncés à temps), le principe jusqu'ici caché que c'est seulement le peuple, « l'État » qui est propriétaire tandis que l'individu n'est que le vassal, saute immédiatement aux yeux.

Je dirai ici que l'État ne peut avoir pour intention que chacun soit pour soi-même propriétaire, riche ou seulement dans l'aisance ; à moi, en tant que moi il ne peut rien reconnaître, céder ou garantir. L'État ne peut mettre un terme au paupérisme parce que la pauvreté de biens est une pauvreté du moi. Celui qui n'est rien que ce que le hasard ou un autre, l'État, par exemple, fait de lui, n'a aussi en toute rigueur que ce que lui donne cet autre. Et cet autre ne lui donnera que ce qu'il mérite, c'est-à-dire ce qu'il vaut en raison de ses mérites, de ses services. Ce n'est pas lui qui s'utilise, c'est l'État qui l'utilise.

L'économie nationale s'occupe beaucoup de ce sujet. Il est pourtant situé bien au-dessus de la nation et va bien au-delà des conceptions et de l'horizon de l'État, qui ne connaît et ne peut distribuer que la propriété de l'État. C'est pourquoi il lie la possession de la propriété à la réalisation de certaines conditions ; il fait de même pour toutes choses, pour le mariage, par exemple, car il ne laisse subsister que le mariage sanctionné par lui et l'arrache à mon pouvoir. Mais la propriété n'est ma propriété que si je la possède sans condition : moi seul, pris comme moi inconditionné, j'ai une propriété, je noue une liaison amoureuse où j'exerce librement un commerce.

L'État ne se préoccupe pas de moi et de ce qui est mien, mais de soi et de ce qui est sien. Pour lui je suis comme son enfant, quelque chose comme « l'enfant du pays » ; en tant que moi, je ne suis absolument rien pour lui. Ce qui m'arrive, à moi en tant que moi, est pour l'intelligence de l'État quelque chose de contingent, ma richesse comme ma misère. Mais si je suis avec tout ce qui est mien, un hasard pour l'État, cela prouve qu'il ne peut pas me comprendre. Je passe sa conception, et son intelligence est trop restreinte pour me saisir. C'est pourquoi aussi il ne peut rien faire pour moi.

Le paupérisme est l'absence de valeur du moi, la manifestation évidente de mon impuissance à me réaliser. C'est pourquoi l'État et le paupérisme sont une seule et même chose ; l'État ne me laisse pas parvenir à ma valeur et ne subsiste que par ma non-valeur : il cherche en tout temps à tirer profit de moi, c'est-à-dire à m'exploiter, me dépouiller, à user de moi, quand bien même cet usage ne consisterait qu'à m'employer à reproduire (*proles*, prolétariat) ; il veut que je sois « sa créature ».

C'est seulement quand je me réalise comme moi,

quand je me donne ma valeur, que je m'attribue mon prix moi-même, c'est seulement alors que le paupérisme peut être aboli. Je dois me révolter, me soulever pour m'élever.

Ce que je produis, farine, toile, ce que je tire péniblement de la terre, fer, charbon, etc., c'est mon travail et je veux le mettre en valeur. Mais je peux me plaindre longtemps que mon travail ne soit pas payé à sa valeur : le payeur ne m'écoutera pas et l'État demeurera apathique jusqu'à ce qu'il croie devoir me soulager afin que je ne me manifeste pas soudain violemment et que je ne fasse pas usage de ma force redoutée. Mais il s'en tiendra à ce « soulagement » et s'il me vient à l'idée de demander plus, l'État me fera sentir de toute sa force sa patte de lion et sa griffe d'aigle : car il est le roi des animaux, il est lion et aigle. Si je ne suis pas satisfait du prix qu'il fixe pour ma marchandise et pour mon travail, si je cherche plutôt à déterminer moi-même le prix de mon produit ; autrement dit, si je cherche à « me faire payer », je tombe aussitôt en conflit avec l'acheteur. Si ce conflit se résolvait par un accord des deux parties, l'État ne ferait guère d'objection, car peu lui importe comment les individus s'arrangent entre eux, tant qu'ils ne se mettent pas en travers de sa route. Pour lui, le mal et le danger commencent seulement quand ils ne s'accordent plus et qu'ils se prennent aux cheveux, n'ayant pu s'entendre. L'État ne peut pas supporter que l'homme soit en rapport direct avec l'homme ; il faut qu'il marche entre eux comme intermédiaire, il faut qu'il intervienne. Il est devenu ce que fut le Christ, ce que furent les Saints, l'Église, il est l'intermédiaire : il sépare l'homme de l'homme pour se placer au milieu comme

« esprit ». Les travailleurs qui demandent un plus haut salaire sont traités comme des criminels aussitôt qu'ils veulent l'obtenir par la force. Que doivent-ils faire ? Sans contrainte ils ne l'obtiendront pas et dans la contrainte, l'État voit un *self-help*, une détermination de prix établie par moi, une estimation libre et réelle de sa propriété, ce qu'il ne peut permettre. Que doivent donc faire les travailleurs ? S'en rapporter à eux-mêmes et ne rien demander à l'État ?...

Il en est de mon travail intellectuel comme de mon travail matériel. L'État me permet de tirer de mes pensées toute leur valeur et de les communiquer aux hommes (cette valeur, je la réalise déjà par l'honneur que je tire de mes pensées en les faisant écouter), seulement en tant que mes pensées sont les siennes. Si, au contraire, je nourris des pensées qu'il ne peut approuver, c'est-à-dire qu'il ne peut faire siennes, il ne me permet absolument pas d'en tirer parti, de les échanger, de les mettre en circulation. Elles ne sont libres que si elles me sont permises par l'État, si ce sont des pensées d'État. Il ne me laisse philosopher librement qu'autant que je m'affirme « philosophe d'État ». Contre l'État, je ne puis philosopher ; il me pardonne d'ailleurs volontiers de lui signaler « ses lacunes » et de le « seconder ».

Ainsi, comme je ne me reconnais que comme un moi gracieusement autorisé par l'État, comme un moi muni de témoignages de légitimité et de papiers de police, il ne m'est pas permis par l'État de mettre en valeur ce qui est mien, à moins que ce mien ne s'affirme comme sien, que je ne le reçoive de lui en fief. Mes voies doivent être les siennes, autrement il se saisit de moi ; mes pensées, ses pensées, sinon il me ferme la bouche.

Le danger le plus redoutable pour l'État c'est que la valeur du moi vienne à apparaître, et il n'a pas de plus grand souci que de chercher à écarter toutes les occasions qui s'offrent à moi de me mettre en valeur. Je suis l'ennemi mortel de l'État qui flotte constamment dans l'alternative : lui ou moi. C'est pourquoi il tient sévèrement la main à ce que je ne me fasse pas valoir et même il cherche à refouler tout ce qui est mien. Dans l'État, il n'y a pas de propriété, c'est-à-dire pas de propriété de l'individu, il n'y a que propriété de l'État. Ce n'est que par l'État que j'ai ce que j'ai, que je suis ce que je suis. Ma propriété privée n'est que ce que l'État m'abandonne de la sienne, en rognant sur celle des autres membres de l'État : elle est propriété de l'État.

Mais, au contraire, en face de l'État, je sens toujours plus nettement qu'il me reste encore une grande force, le pouvoir sur moi-même, c'est-à-dire sur tout ce qui n'appartient qu'à moi et n'existe qu'en étant à moi en propre.

Que faire si mes voies ne sont plus ses voies, si mes pensées ne sont plus ses pensées ? Je m'en tiens à moi et ne lui demande rien ! Dans mes pensées que je ne soumets plus à la sanction d'une détermination, d'une autorisation, d'une grâce, j'ai ma propriété réelle, propriété dont je puis trafiquer. Car étant miennes ce sont mes créatures, et je suis en état de les céder pour d'autres pensées ; je les abandonne et les échange pour d'autres qui sont alors ma nouvelle propriété.

Ainsi qu'est-ce que Ma propriété ? Rien que ce qui est en ma puissance ! A quelle propriété ai-je droit ? A celle que je m'arroge ! Je me donne le droit de propriété en m'emparant de la propriété, en d'autres termes, je me donne le **pouvoir** du propriétaire, le plein pouvoir, la licence.

Ce dont on ne peut m'arracher la puissance demeure ma propriété; or ça! que ce soit donc la force qui décide de la propriété, je veux attendre tout de ma force! La force étrangère, celle que je laisse à un autre fait de moi un serf; que ma propre force fasse de moi un propriétaire! Donc je reprends la puissance que j'avais accordée aux autres quand j'ignorais la force de ma **propre** puissance. Je me dis: ma propriété va jusqu'où s'étend mon pouvoir, je revendique comme propriété tout ce que je me sens la force d'atteindre, et je laisse ma propriété réelle s'étendre jusqu'où je me le permets, c'est-à-dire jusqu'où je m'en donne le droit.

Ici, c'est l'égoïsme, l'intérêt personnel qui doit décider, non le principe d'**amour**, non des motifs de cœur, comme la pitié, la douceur, la bonté ou même la justice et l'équité (car la justice aussi est un phénomène de l'amour, un produit de l'amour: l'amour ne connaît que le **sacrifice** et exige le **sacrifice**.)

L'égoïsme ne pense pas à sacrifier quelque chose, il décide simplement ceci: je dois avoir ce dont j'ai besoin et je veux me le procurer.

Toutes les tentatives d'établir des lois raisonnables sur la propriété ont coulé du sein de l'**amour** dans un océan désolé de règlementation; on ne peut en excepter non plus le socialisme et le communisme. Chacun doit être pourvu de moyens, d'existence suffisants; par suite peu importe si, socialistiquement, on les trouve encore dans une propriété personnelle ou si, communistiquement, on les puise à la communauté des biens. L'esprit des individus demeure le même, c'est toujours l'esprit de dépendance. L'autorité, équitablement répartitive, ne me laisse échoir que ce que le sens de l'équité, son souci charitable de tous lui prescrit; pour moi, l'individu, la fortune commune n'est pas un moindre obstacle que celle d'autrui, ni l'une ni l'autre n'est mienne : que la fortune appartienne à la totalité, qui m'en abandonne une part ou à des possesseurs isolés, la contrainte est pour moi la même, ne pouvant disposer librement ni de l'une ni de l'autre. De son côté, le communisme, par l'abolition de toute propriété individuelle, me rejette encore plus sous la dépendance d'autrui — la généralité ou la totalité — et malgré qu'il attaque violemment l'État, son intention est d'établir aussi son État, un *status*, un état de choses qui paralyse mon activité libre, une autorité souveraine sur moi. Contre l'oppression que je subis de la part des propriétaires individuels, le communisme se soulève de plein droit, mais plus terrible encore est la puissance qu'il met aux mains de la totalité.

L'égoïsme prend une autre voie pour faire disparaître la plèbe des non-possédants. Il ne dit pas : Compte sur ce que les autorités équitables voudront bien t'accorder au nom de la totalité (car de tout temps, les États ont accordé de telles récompenses aux hommes en retour de leurs mérites, c'est-à-dire en proportion des services rendus), mais empare-toi de ce dont tu as besoin ! Ainsi la guerre de tous contre tous est déclarée. Je détermine moi seul ce que Je veux avoir.

« Mais ce n'est pas une vérité nouvelle, car de tout temps les égoïstes ont pensé ainsi ! » Il n'est pas nécessaire que la chose soit neuve, pourvu seulement que la conscience en existe. D'ailleurs ces procédés ne peuvent revendiquer la haute antiquité, si l'on ne compte les lois égyptienne et spartiate; ils sont encore d'un usage bien peu courant comme le prouve la précédente objection qui donne au mot « égoïste » une acception méprisante. Il faut pourtant que l'on sache que cette façon de voler n'est pas méprisable et qu'elle annonce le fait pur d'un égoïste conséquent avec soi.

C'est seulement quand je n'attends ni des individus, ni de la masse ce que je puis me donner à moi-même, c'est seulement alors que je m'échappe des lacets de l'amour ; la plèbe cesse d'être la plèbe dès qu'elle prend. Ce n'est que la peur de prendre, la peur du châtiment corrélatif qui la fait plèbe. La seule sentence : « Voler est un péché, un crime » la crée, et si elle reste ce qu'elle est, c'est sa faute, parce qu'en laissant prévaloir cette sentence, elle agit à l'instar de ceux qui ont un intérêt égoïste (pour leur renvoyer leur mot) à exiger qu'elle soit respectée. Bref c'est l'inconscience où nous sommes de cette vérité, c'est la vieille conscience du péché qui porte toute la faute.

Si les hommes arrivent à perdre le respect de la propriété, chacun aura de la propriété, de même que tous les esclaves deviendront hommes libres aussitôt qu'ils n'estimeront plus le maître comme un maître. En cette affaire, les associations multiplieront les moyens de l'individu et établiront solidement sa propriété contre les attaques.

Dans l'idée des communistes, la communauté doit être propriétaire. Mais au contraire, Je suis propriétaire et Je me borne à m'entendre avec les autres sur ma propriété. Je suis propriétaire, mais la propriété n'est pas sacrée. Serais-je simplement possesseur ? Non, jusqu'ici on n'était que possesseur, assuré de la possession d'une parcelle, par la raison qu'on laissait les autres en possession d'une parcelle ; mais maintenant, tout m'appartient, je suis propriétaire de tout ce dont j'ai besoin et de tout ce que je puis prendre. Quand le socialiste me dit : la société me donne ce dont j'ai besoin, l'égoïste répond : je prends ce dont j'ai besoin. Si les communistes vivent comme des gueux, l'égoïste se comporte en propriétaire.

Tous les projets qui ont pour but le bonheur de la plèbe, toutes les fraternités doivent échouer, ayant leur principe dans l'amour. C'est seulement dans l'égoïsme que la plèbe peut trouver son salut, et ce salut, il faut que ce soit à elle-même qu'elle le doive, et c'est à elle-même qu'elle le devra. Si elle ne se laisse pas réduire par la crainte, elle sera une puissance. « Les hommes perdraient tout respect si on ne les domptait pas par la crainte », dit le croquemitaine la Loi dans le Chat botté.

Ainsi la propriété ne doit ni ne peut être abolie, il faut plutôt l'arracher aux mains fantasmatiques qui la détiennent et en faire ma propriété ; alors disparaîtra des consciences cette idée fausse que je ne puis m'autoriser à prendre autant que j'ai besoin.

« Pourtant, il y a des limites aux besoins de l'homme ! » Quoi donc ! celui qui a de grands besoins et qui est capable de les satisfaire, ne s'est-il pas de tout temps procuré ce qu'il désirait, ainsi Napoléon le continent, les Français l'Algérie ? Il ne s'agit donc plus maintenant que d'une chose, c'est que la « plèbe » respectueuse apprenne à se procurer ce dont elle a besoin. Si elle allonge le bras vers vous, défendez-vous. Il ne sert à rien que vous lui donniez de bon cœur quelque chose. Qu'elle apprenne à se connaître, que le moindre plébéien apprenne à se connaître, qu'il rejette son enveloppe plébéienne, et vous verrez s'il vous sera reconnaissant de vos aumônes. Il est drôle que vous le déclariez « pécheur et criminel » quand il ne veut pas vivre à votre guise, parce qu'il trouve moyen de se procurer par lui-même quelque bien. Vos présents le trompent et le contiennent. Défendez votre propriété, vous serez fort ; si, au contraire, vous voulez continuer votre tactique de présents et obtenir d'autant plus de droits politiques que vous pouvez donner plus d'aumônes (taxe des pauvres) cela marchera tant que vos obligés laisseront aller la chose [1].

D'ailleurs la question de la propriété ne se résoud pas aussi facilement que les socialistes et même les communistes le rêvent. Elle n'a de solution que dans la guerre de tous contre tous. Les pauvres ne deviennent propriétaires que quand ils se lèvent, se soulèvent, s'élèvent. Donnez-leur en deux fois autant, ils voudront encore et toujours avoir plus ; car ce qu'ils veulent, c'est qu'il n'y ait plus rien à leur donner.

On demande : qu'arrivera-t-il quand les non-possédants prendront une résolution virile ? De quelle façon se fera le nivellement ? Demandez-moi aussi bien de prédire dans quelles circonstances naîtra un enfant. Que fera l'esclave quand il aura brisé ses chaînes, attendez et vous verrez.

Dans sa brochure, dont la forme n'a pas plus de valeur que le fond (« Personnalité du propriétaire en face du socialiste et du communiste »), Kaiser espère que l'État opérera lui-même un nivellement des fortunes. Toujours l'État, le papa ! On considérait l'Église comme la mère des fidèles ; aujourd'hui c'est l'État qu'on nous présente sous les traits d'un père prévoyant.

1. Dans un *Registrationsbill* pour l'Irlande, le gouvernement anglais émit le projet de donner la qualité d'électeur à ceux qui paieraient cinq livres sterlings comme taxe des pauvres.

Du principe de la bourgeoisie découle immédiatement la concurrence. N'est-elle pas autre chose que l'égalité? Et l'égalité n'est-ce pas précisément une création de cette même révolution qui fut faite par la bourgeoisie ou la classe moyenne ? Comme il est permis à chacun de rivaliser avec tous dans l'État (le prince excepté parce qu'il représente l'État), de tâcher d'atteindre à leur hauteur, de les renverser et de les dépouiller à son propre profit, de les distancer et de déployer un effort supérieur pour leur ravir leur aisance, c'est là la preuve évidente que devant le tribunal de l'État chacun n'a que la valeur d'un « simple individu » et ne peut compter sur aucune faveur. Rivalisez entre vous à plaisir, renchérissez les uns sur les autres tant qu'il vous plaira, cela ne doit pas me toucher moi, l'État. Vous être libres de concourir entre vous, vous êtes des concurrents, c'est votre situation dans la société. Mais pour moi l'État vous n'êtes rien que de « simples individus »[1].

Ce qui avait été établi sous forme de principe ou de théorie comme l'égalité de tous, a trouvé précisément dans la concurrence, sa réalisation et son exécution pratique, car l'égalité c'est la concurrence libre. Tous devant l'État sont de simples individus, dans la société ou relativement les uns aux autres, ils sont concurrents.

Je n'ai besoin de rien de plus que d'être un simple individu et de pouvoir concourir avec tout autre, à l'exception du prince et des siens, liberté impossible anté-

---

[1]. Le ministre Stein employa cette expression à l'égard du comte de Reisach quand froidement il livra celui-ci au gouvernement bavarois, « car disait-il, un gouvernement comme la Bavière doit valoir plus qu'un simple individu ». Reisach avait sur l'ordre de Stein écrit contre Montgelas. Pour cet écrit Montgelas exigea l'extradition de Reisach que Stein accorda aussitôt.

rieurement parce qu'on ne jouissait de la liberté de la lutte que par la corporation et seulement dans la corporation.

Dans la caste et le régime féodal l'État se montre intolérant et fait des sélections par ses privilèges ; sous le régime de la concurrence et du libéralisme il pratique la tolérance et le laissez-faire en bornant son rôle à patenter (reconnaissance écrite du droit d'exercer publiquement d'une manière patente une industrie) ou à « concéder ». Si maintenant l'État a tout abandonné aux concurrents, il doit venir en conflit avec tous, parce que tous sont autorisés à la concurrence. Il sera assailli par la tempête et disparaîtra dans la tourmente.

La « libre concurrence » est-elle donc réellement « libre », est-elle même une « concurrence » entre les personnes, ainsi qu'elle se donne parce qu'elle fonde son droit sur ce titre ? Certes elle est issue de ce principe que les personnes sont libres contre toute domination personnelle. Une concurrence est-elle « libre » quand l'État, ce souverain du régime bourgeois, l'enserre de mille liens ? Voici un riche industriel qui fait de brillantes affaires, je voudrais entrer en concurrence avec lui. « Libre à toi, dit l'État, je n'ai rien à objecter ». Oui mais il me faut pour cela un terrain où je puisse construire et j'ai besoin d'argent. « C'est fâcheux, mais si tu n'as pas d'argent, tu ne peux concourir. Tu ne peux en prendre à personne car je défends et je favorise la propriété ». La libre concurrence n'est pas « libre » parce que LA CHOSE objet de la concurrence me fait défaut. Contre ma personne pas d'objection, mais comme je ne possède pas la chose, ma personne aussi doit se retirer du concours. Or qui donc a la chose nécessaire ? Ce fabricant peut-être ? Alors je puis la lui enlever ! Non pas, elle est la propriété de l'État, le fabricant l'a seulement comme fief, comme possession.

Comme cela ne marche pas avec le fabricant, je vais concourir avec ce professeur de droit. L'homme est un niais et moi qui en sais cent fois plus long que lui, je vais lui faire salle vide. « As-tu étudié, ami, et es-tu promu » ? Non, mais qu'est-ce que cela fait ? Je sais surabondamment les matières enseignées dans cette branche. « Je regrette beaucoup. Mais ici la concurrence n'est pas « libre ». Contre ta personne il n'y a rien à dire, mais la chose te manque, le diplôme de docteur. Et ce diplôme, moi l'Etat, je l'exige. Demande-le moi bien gentiment, alors nous verrons ce qu'il y « à faire ».

Telle est la « liberté » de la concurrence. L'État mon souverain, se borne à m'y habiliter.

Mais les personnes concourent-elles réellement ? Non, je le répète, il n'y a que les choses ! En première ligne, l'argent, etc.

Dans cette lutte, il y en aura toujours un qui restera en arrière de l'autre (par exemple un poétaillon derrière un poète). Mais il y a une différence suivant que les moyens qui font défaut au concurrent malheureux sont personnels ou matériels et aussi suivant que les moyens matériels peuvent être gagnés par la force personnelle ou seulement par la faveur, comme présents même, quand, par exemple, le plus pauvre doit laisser au riche sa richesse, c'est-à-dire lui en faire cadeau. Mais si je dois attendre d'être agréé par l'État pour obtenir ou pour employer ces moyens (exemple, les promotions), c'est alors de la faveur de l'État que je les tiens [1].

[1]. Dans les collèges, universités, etc... les pauvres concourent avec les

Ainsi, libre concurrence signifie seulement : tous sont pour l'État ses enfants qu'il aime également, et chacun peut faire tous les efforts possibles pour mériter les biens et avoir part aux faveurs de l'État. C'est pourquoi aussi tous font la chasse aux biens, à l'avoir, à la possession, à la chose (qu'il s'agisse d'argent, d'emplois ou de titres honorifiques).

Au sens bourgeois, chacun est « propriétaire ». D'où vient alors que la plupart n'ont quasiment rien ? Cela vient de ce que la plupart se réjouissent déjà à l'idée d'être propriétaires de quelques guenilles, comme des enfants, tout joyeux dès qu'on leur met leur première culotte ou qu'on leur donne leurs premiers pfennigs. La chose s'explique plus exactement comme suit : le libéralisme est entré en lice avec la déclaration qu'il était de l'essence de l'homme d'être non pas propriété mais propriétaire. Comme il s'agissait de « l'homme » et non de « l'individu », la question du « combien » qui précisément constituait l'intérêt spécial de l'individu, était abandonnée à celui-ci. L'égoïsme de l'individu conservait dans ce « combien » un champ d'action des plus vastes et menait une infatigable concurrence.

Pourtant l'égoïsme heureux devait venir se heurter à l'égoïsme moins favorisé, et celui-ci, se fondant toujours sur le principe d'humanité, posait la question du « combien » au sujet de la possession et répondait que « l'homme doit avoir avoir autant qu'il a besoin ».

riches, mais c'est la plupart du temps grâce à des bourses dont la fondation, chose remarquable, remonte à une époque où la libre concurrence était encore bien loin d'être un principe dominant. Le principe de la concurrence ne fonde aucune subvention, mais il dit : aide-toi toi-même, c'est-à-dire procure toi les moyens. Ce que l'État sacrifie dans un tel but il le place à intérêt pour se créer des serviteurs.

Mon égoïsme y trouvera-t-il son compte ? Ce dont « l'homme » a besoin n'est aucunement ma mesure pour moi et mes besoins, car je peux consommer plus ou moins. Je dois plutôt avoir autant que je puis m'approprier.

La concurrence souffre de ce que chacun n'a pas à sa disposition les moyens de concourir parce que ces moyens ne sont pas tirés de la personnalité mais proviennent du hasard. C'est pourquoi la grande majorité est sans moyens et par conséquent sans fortune.

En conséquence les socialistes veulent que tous aient des moyens et cherchent à réaliser une société qui en donnera à tous. Nous ne reconnaissons plus ton capital argent comme ta fortune, tu dois en montrer une autre : ta force de travail. Sans doute, possédant un avoir, « possesseur », l'homme apparaît encore homme, c'est pourquoi nous avons accepté si longtemps le possesseur que nous nommions « propriétaire ». Seulement tu ne possèdes les choses qu'autant « que tu n'en est pas mis dehors ».

Le propriétaire est fortuné mais seulement autant que les autres sont sans fortune. Comme tes marchandises ne constituent ta fortune que tout le temps que tu les affirmes tiennes, c'est-à-dire tant que nous ne pouvons rien sur elles, préoccupe-toi d'avoir d'autres moyens car maintenant notre force l'emporte sur ce que tu appelles tes moyens.

Ce fut un point immense acquis quand on parvint à être considéré comme propriétaire. La servitude ainsi fut abolie et chacun qui jusque-là avait travaillé à corvée pour le maître et avait été plus ou moins sa propriété devint « maître » à son tour. Seulement, aujourd'hui ton avoir, tes biens ne suffisent plus et ne sont plus reconnus ; au contraire, ton travail et tes œuvres montent en valeur. Nous considérons maintenant ta victoire sur les choses comme autrefois ta possession des choses. C'est ton travail qui est ta richesse ! Tu n'es maître ou propriétaire que de la chose acquise par le travail, non de la chose acquise par l'héritage. Mais comme en ce temps toute chose est héritée et que chaque groschen que tu possèdes porte l'empreinte non du travail mais de l'héritage, il faut que tout soit refondu.

Mais ma fortune, suivant l'opinion des communistes, se borne-t-elle à mon travail, et ne consiste-t-elle pas plutôt dans tout ce que je puis faire ? Et la société des travailleurs ne le reconnaît-elle pas expressément quand elle assume l'entretien des malades, des vieillards, des enfants, bref de tous ceux qui sont incapables de travailler. Ceux-là peuvent encore bien des choses, par exemple conserver la vie au lieu de se l'enlever. S'ils ont le pouvoir de vous faire désirer qu'ils continuent à vivre, c'est qu'ils ont un pouvoir sur vous. Car vous n'avez rien à accorder à qui littéralement n'a aucune action sur vous, et il peut bien disparaître sans que vous en ayez souci.

Ainsi, tout ce que tu peux, voilà ta fortune. Si tu peux procurer du plaisir à des milliers, des milliers t'honoreront pour cela, car il serait en ton pouvoir de ne pas le faire, c'est pourquoi ils doivent t'acheter ce plaisir. Mais si tu ne peux faire plaisir à personne, tu peux mourir de faim.

Ne dois-je pas maintenant, moi qui ai beaucoup de moyens, avoir quelque avantage sur les moins capables ?

Nous vivons dans la totalité ; ne puis-je alors me

servir à ma guise et me faut-il attendre seulement la part qui me revient d'une égale répartition ?

En face de la concurrence se dresse le principe de la société des gueux, la répartition.

L'individu ne peut supporter d'être considéré comme une simple partie de la société, parce qu'il est plus, son caractère unique lui défend cette acception limitée.

C'est pourquoi il n'attend pas que sa fortune lui soit attribuée par les autres car, dans la société des travailleurs, naît déjà le soupçon qu'une égale répartition entraînera l'exploitation des forts par les faibles ; il attend bien plutôt sa fortune de soi et dit alors: ce que je puis avoir, voilà ma fortune, quels moyens ne possède pas l'enfant dans son sourire, dans ses jeux, dans ses cris, bref dans tout son petit être ? Peux-tu résister au moindre de ses désirs, mère lui refuseras-tu le sein, père ne lui donneras-tu pas de ton bien, autant qu'il a besoin ? Il vous contraint, c'est pourquoi, il possède ce que vous nommez vôtre. Si je m'intéresse à ta personne tu me paies déjà avec ton existence ; si j'ai seulement affaire à une de tes qualités, ta complaisance ou ton assistance a pour moi une valeur (valeur d'argent) et je l'achète.

Si tu ne sais te donner à mes yeux qu'une valeur d'argent, le cas peut alors se présenter, comme nous l'enseigne l'histoire, que des enfants de la terre d'Allemagne soient achetés et envoyés en Amérique. Ceux qui s'offraient en vente devaient-ils avoir plus de prix pour l'acheteur? Pour lui, les espèces sonnantes valaient mieux que cette denrée vivante qui ne savait pas se rendre précieuse à ses yeux. Qu'il ne découvrît pas d'autre valeur en elle, c'était là certes une lacune dans ses facultés; mais un rustre ne peut donner plus qu'il n'a. Comment pouvait-il montrer de l'estime quand il n'en avait pas, quand d'ailleurs il n'en pouvait guère avoir pour une telle canaille !

Vous vous comportez en égoïstes quand vous ne vous considérez les uns les autres ni comme possédants, ni comme gueux, ni comme travailleurs, mais comme une partie de vos moyens, comme « sujets utilisables ». Alors vous ne donnez ni au possédant (propriétaire) pour ce qu'il possède, ni à celui qui travaille, mais seulement à celui dont vous avez besoin. Avons-nous besoin d'un roi ? se demandent les Américains, et ils répondent : lui et son travail ne valent pas pour nous un liard.

On dit : la concurrence ouvre tout à tous ; l'expression n'est pas exacte et il vaut mieux dire : elle fait que tout s'achète. En mettant toute chose à prix, elle l'abandonne à l'estimation et en exige un prix.

Seulement ceux qui convoitent d'acheter sont privés, la plupart du temps, des moyens d'acheter ; ils n'ont pas d'argent. Ainsi les choses vénales ne peuvent être obtenues que contre argent (« on a tout pour de l'argent »), mais précisément l'argent manque. D'où tirer cette propriété circulante ? Sache donc que tu as autant d'argent que tu as de force, car tu vaux autant que tu te donnes de valeur.

Nous ne payons pas avec de l'argent qui peut venir à manquer, mais avec nos moyens qui seuls nous donnent la fortune ; car nous ne sommes propriétaires que jusqu'où notre bras peut atteindre.

Weitling a imaginé une nouvelle valeur d'échange, le travail. Mais la vraie valeur d'échange reste toujours comme avant, la fortune, les moyens. Tu paies avec tes moyens. Par conséquent cherche à les accroître.

En concédant cela on ne fait que revenir à la formule : « à chacun suivant ses moyens ! » Qui doit me donner suivant mes moyens ? La société ? Je devrais donc subir son estimation. Je préfère prendre suivant mes moyens.

« Tout appartient à tous ! » Cette proposition sort de la même théorie creuse. A chacun appartient seulement ce qu'il peut avoir. Si je dis : le monde m'appartient, ce n'est aussi que phraséologie vide qui n'a de sens qu'à la condition que je ne respecte aucune propriété étrangère. Mais je ne possède qu'autant que je peux ou qu'il est dans mes moyens.

On ne mérite pas d'avoir ce qu'on se laisse prendre par faiblesse, on ne mérite pas parce qu'on n'est pas capable.

On fait grand bruit de « l'injustice séculaire » commise par les riches contre les pauvres. Comme si les riches étaient responsables de la misère, comme si les pauvres n'étaient pas également responsables de la richesse ! Y a-t-il entre les uns et les autres une autre différence que celle qui existe entre la puissance et l'impuissance, entre les puissants et les impuissants ? En quoi consiste le crime des riches ? « Dans leur dureté de cœur ». Mais qui donc a entretenu les pauvres, qui donc a eu souci de les nourrir, quand ils ne pouvaient plus travailler, qui donc a distribué des aumônes, ces aumônes qui tirent leur nom de la compassion (eleemosyne) ? Les riches n'ont-ils pas été de tout temps « compatissants » ; n'ont-ils pas été jusqu'aujourd'hui « bienfaisants » comme le prouvent les taxes des pauvres, les hôpitaux, les fondations de toutes sortes, etc. ?

Mais tout cela ne vous suffit pas ! Il faut encore qu'ils partagent avec les pauvres, car vous exigez qu'ils abolissent la misère! Sauf qu'on en pourrait trouver parmi vous tout au plus un agissant ainsi, et que cet un-là serait un fou, demandez-vous donc pourquoi les riches doivent y laisser leurs plumes et se sacrifier, quand le plus clair du profit en revient aux pauvres. Toi qui as tous les jours ton thaler, tu es riche relativement à des milliers qui vivent avec quatre groschen. Est-il de ton intérêt de partager avec ces milliers, n'est-ce pas plutôt le leur?

Avec la concurrence, on a bien moins en vue de faire la chose le mieux possible que d'en tirer tout le profit possible. On étudie, par suite, en vue d'un emploi, on apprend à plier l'échine et à dire des flatteries, on apprend la routine et « la connaissance des affaires », on travaille « pour la montre ». Tandis qu'en apparence on ne semble chercher qu'à faire « un bon travail », on ne poursuit en réalité qu' « une bonne affaire », un gain d'argent. On accomplit la chose soi-disant pour la chose en elle-même, mais, en fait, à cause du gain qu'elle rapporte. On voudrait bien ne pas faire partie de la censure, mais on veut de l'avancement; on voudrait diriger, administrer, etc., suivant ses convictions, mais on craint d'être déplacé ou destitué et il faut pourtant vivre avant tout.

Ainsi tout cela n'est qu'une lutte pour se faire la vie douce, pour acquérir graduellement un certain bien-être.

Et cependant, à la plupart, tous leurs efforts, tous leurs soins ne rapportent que la « vie amère » et l' « âpre misère ». Tel est le fruit de leur persévérance acharnée!

La poursuite incessante du bonheur ne nous laisse pas le temps de respirer et d'arriver à une jouissance paisible : nous ne sommes jamais satisfaits de ce que nous possédons.

Mais l'organisation du travail a trait seulement à des travaux que d'autres peuvent faire pour nous, par exemple, combattre, labourer, etc. ; les autres travaux conservent leur caractère égoïstique parce que personne ne peut faire à ta place tes compositions musicales ou exécuter tes tableaux, etc. Personne ne pourrait nous restituer les travaux de Raphaël. Ce sont des œuvres d'un être unique, que seul cet être unique peut accomplir, tandis que les autres méritent d'être appelées « humaines » parce que l'individualité a peu d'importance et que l'on peut y dresser à peu près « tout homme ».

Comme aujourd'hui la société ne prend en considération que les travaux d'utilité commune ou travaux humains, il s'ensuit que celui qui exécute une chose unique reste privé de sa sollicitude, et même qu'il peut être gêné par son intervention. L'Unique arrivera bien à se dégager de la société, mais la société ne peut créer aucun Unique.

Par suite il est toujours utile que nous soyons d'accord sur les travaux humains afin qu'ils ne prétendent pas, comme dans la concurrence, absorber tout notre temps et toute notre peine. C'est seulement dans ce sens que le communisme portera ses fruits. Même ces choses dont tous les hommes sont ou peuvent-être faits capables étaient, avant l'ère de la bourgeoisie, l'apanage de quelques-uns et interdites aux autres : c'était le privilège. Il sembla juste à la bourgeoisie de laisser en pleine liberté tout ce qui lui parut exister pour tout « homme ». Mais la chose étant libre ne fut donnée à personne, et fut plutôt laissée à la disposition de quiconque avec ses forces humaines pouvait s'en saisir.

Par là l'esprit fut tourné à acquérir l'humain vers lequel désormais tous furent attirés, et il en est résulté ce courant qui sous le nom de « matérialisme » a suscité tant de critiques.

Le socialisme a essayé de le barrer en répandant l'idée que l'humain ne vaut pas qu'on se donne pour lui tant de peine, et qu'on peut y atteindre par une sage organisation sans qu'il soit besoin d'une grande dépense de temps et de forces, comme il avait paru jusque-là nécessaire..

Mais pour qui ce temps gagné? Pourquoi l'homme a-t-il besoin de plus de temps qu'il ne lui en faut pour renouveler sa force de travail? Ici le communiste se tait.

Pourquoi? pour jouir de soi comme Unique, après qu'il a fait sa tâche comme homme.

Dans sa première joie de pouvoir étendre la main vers toute chose humaine, l'homme y a tendu toutes ses forces et a oublié de vouloir autre chose, comme si le but de tous nos vœux devait être de posséder les choses humaines.

Mais on a fini par se fatiguer de courir et peu à peu on remarque que « ce n'est pas la richesse qui fait le bonheur ». C'est pourquoi on pense à se procurer à meilleur prix le nécessaire, et à n'y employer que juste ce qu'il faut de temps et de peine. La richesse se déprécie, et la misère satisfaite, la gueuserie insouciante devient un idéal séduisant.

Toutes ces activités humaines dont chacun se croit capable méritent-elles tant d'honneur et faut-il qu'on y emploie toutes ses peines, toutes ses forces vitales? Déjà dans la formule banale « si seulement j'étais ministre, etc., il faudrait que cela marchât autrement » s'exprime la confiance que l'on se tient pour capable de remplir de telles dignités, on voit parfaitement qu'il n'est pas nécessaire ici d'être unique et qu'il suffit d'une éducation qui, à vrai dire, n'est pas accessible à tous, mais à beaucoup, c'est-à-dire que pour de telles choses il n'est besoin que d'être un homme ordinaire.

De même que l'ordre tient à l'essence même de l'État, admettons que la subordination y ait aussi sa base, nous voyons que ceux que l'on refoule en arrière sont refaits et rançonnés outre mesure par les subordonnés ou privilégiés. Cependant les vaincus prennent courage, ils partent aujourd'hui du point de vue communiste, mais plus tard ils atteindront à la conscience égoïste, leurs discours en ont déjà la couleur comme on peut voir. Ils demanderont ainsi : par quoi donc votre propriété est-elle assurée, privilégiés ? — Ils se font la réponse : par le fait que nous nous gardons de l'attaquer ! Donc par notre protection ! Et que nous donnez-vous en retour ? des coups de pied au derrière et du mépris pour le « bas peuple », le contrôle de la police et un catéchisme contenant cette maxime fondamentale : « Respecte ce qui n'est pas à toi, ce qui appartient aux autres ! respecte les autres et particulièrement les chefs ! » Mais nous, nous répondrons : Si vous voulez notre respect, vous devrez l'acheter un prix convenable. Nous voudrons bien vous laisser votre propriété si vous payez cette licence un juste prix. Que nous vaut le général en compensation des milliers de louis que lui rapporte en temps de paix son traitement et cet autre personnage qui en touche annuellement des centaines de mille et des millions ? Par quoi donc l'emportez-vous qu'il nous faille mâcher nos pommes de terre et vous regarder tranquillement gober vos huîtres ? Achetez-nous les huîtres aussi cher qu'il nous faut payer les pommes de terre, alors vous pourrez en manger. Ou bien pensez-vous que les huîtres ne nous appartiennent pas à nous, aussi bien qu'à vous ? Vous crierez à la violence si nous allongeons le bras pour les saisir et vous aurez raison. Sans violence nous ne les aurons pas, de même que vous ne les avez qu'en nous faisant violence.

Cependant gardez vos huîtres et laissez-nous atteindre à une propriété plus immédiate (car l'autre n'est que possession), à la propriété de notre travail. Nous peinons douze heures à la sueur de notre visage et vous nous offrez en retour quelques groschen. Prenez-en donc autant pour votre travail. Vous ne pouvez ? Vous vous imaginez que notre travail est suffisamment payé de ce salaire, quand le vôtre vous en vaut des millions. Si vous n'estimiez pas votre salaire si haut et si vous laissiez le nôtre s'améliorer, nous pourrions, s'il était nécessaire, fournir des travaux beaucoup plus considérables que vous pour vos milliers de thalers, et si vous ne receviez qu'un salaire égal au nôtre, vous seriez bientôt plus assidus au travail pour être plus payés. Que si vous exécutez des choses qui nous paraissent avoir dix et cent fois plus de valeur que notre travail, vous devrez recevoir dix et cent fois plus ; nous pensons à établir aussi des choses qu'il vous faudra nous payer plus cher que le salaire habituel. Nous serons déjà d'accord ensemble s'il est entendu que l'un n'a plus de cadeau à faire à l'autre. Puis nous irons jusqu'à payer nous-mêmes aux infirmes, aux malades et aux vieillards une somme suffisante pour qu'ils ne meurent pas de faim ; si nous tenons à ce qu'ils vivent, il est légitime que nous achetions l'accomplissement de notre volonté. Je dis « acheter » parce que je n'entends pas par là une misérable « aumône ». Car tous ceux qui ne peuvent travailler ont encore la propriété de leur vie ; si nous voulons (peu importe pour quelles raisons) qu'ils ne nous privent pas de leur vie, nous ne pouvons l'obtenir qu'en l'achetant, peut-être même voudrons-nous leur assurer l'aisance, parce que nous aimons avoir autour de nous des visages heureux. Bref, nous ne voulons pas de présents de vous, nous ne voulons pas non plus vous en faire. Des siècles, nous avons fait l'aumône par une bienveillante stupidité, nous avons donné au pauvre son obole et aux seigneurs ce qui n'était pas aux seigneurs ; et maintenant ouvrez vos sacoches, car dès aujourd'hui nos denrées vont monter à un prix énorme. Nous ne voulons rien vous prendre, absolument rien, il faudra seulement que vous payiez mieux ce que vous voulez avoir. Que possèdes-tu donc? « J'ai un bien de mille arpents ». Moi, je suis ton valet de ferme, eh bien ! désormais je ne travaillerai ton champ qu'à raison d'un thaler par jour. « Je prendrai un autre valet ». Tu n'en trouveras pas car nous autres, valets de ferme, nous ne travaillerons pas à moins et s'il s'en présente un qui offre moins, gare à lui ! Voici la fille de ferme qui en demande autant, tu n'en trouveras pas d'autre à plus bas prix. « Mais c'est ma ruine ! » Pas si vite ! Tu recevras autant que nous, et si ce n'est pas, nous abandonnerons sur notre salaire autant qu'il te faudra pour vivre comme nous. « Mais je suis habitué à mieux vivre ! » Nous n'y contredisons pas, mais nous n'en avons cure. Tu seras plus économe, voilà tout. Faut-il donc nous louer au-dessous du prix pour que tu vives à l'aise? Mais le riche n'a pour le pauvre que ces paroles : « Que me font à moi, tes besoins, vois à te débrouiller dans le monde, c'est ton affaire, non la mienne. » Maintenant donc, il faut que notre cause arrive et ne nous laissons pas chaparder par les riches les moyens que nous avons de réaliser ce que nous valons. « Mais, gens incultes, vous n'avez pas tant de besoins ! » Eh bien ! nous prenons un peu plus afin de pouvoir nous procurer l'éducation qui nous manque. « Mais si vous ruinez les riches qui donc soutiendra les arts et les sciences ? » Ce sera la masse ; si nous nous cotisons, elle donnera une jolie petite somme, au surplus, à l'heure actuelle, vous employez vos richesses à vous offrir les livres les plus ineptes ou de ridicules tableaux de sainteté ou des jambes de danseuses. « O misérable égalité ! » Non, mon bon vieux maître, pas d'égalité. Nous ne voulons qu'être pris pour ce que nous valons, et si vous valez plus, vous serez estimés plus. Nous voulons simplement valoir notre prix et nous ne pensons qu'à nous montrer dignes du prix que vous nous paierez.

L'État peut-il éveiller chez le valet de ferme un courage aussi sûr et un sentiment personnel aussi fort ? Peut-il faire que l'homme se sente soi-même, peut-il même s'imposer un tel but ? Peut-il vouloir que l'individu reconnaisse et réalise sa propre valeur. Disjoignons cette double question et examinons d'abord si l'État peut faire quelque chose de semblable ! L'unanimité des valets de ferme étant exigée, c'est cet accord unanime seul qui agira, car une loi d'État serait mille fois éludée soit par la concurrence, soit secrètement. Mais peut-il tolérer cela ? Il est impossible qu'il supporte que les gens soient contraints par d'autres que par lui, aussi ne permettra-t-il plus le self-help des garçons de ferme d'accord contre ceux qui veulent s'employer pour un salaire moindre. Supposons pourtant que l'État donne la loi et que, de ce fait, tous les valets de ferme soient d'intelligence, pourra-t-il supporter cela ?

Dans un cas isolé, — oui ; seulement le cas isolé est plus que cela en lui-même, il contient en lui la question de principe, il s'agit là de toute la conception de la mise en valeur du moi, et par suite du sentiment personnel en face de l'État. Les communistes vont jusque-là, mais la mise en valeur du moi se dresse nécessairement non seulement contre l'État, mais encore contre la société, et va par delà le communisme et le régime communistique pour atteindre à l'égoïsme.

Le communisme fait de ce principe de la bourgeoisie que chacun doit être possédant (« propriétaire »), une vérité inébranlable, une réalité ; on n'a plus le souci d'acquérir et chacun a de naissance ce dont il a besoin. L'homme a sa fortune dans sa force de travail, et s'il n'en fait pas usage, c'est sa faute. La poursuite acharnée du gain prend fin, la concurrence ne reste plus sans résultat comme c'est aujourd'hui le cas si fréquent, parce que tout nouvel effort apporte à la maison un surcroît de bien-être. Maintenant seulement l'homme est véritablement propriétaire, parce que ce qu'il a dans sa force de travail ne peut plus lui échapper comme il en était menacé à tout instant dans le régime de la concurrence. On est propriétaire sans souci et assuré. Et cela parce qu'on ne cherche plus sa fortune dans une denrée, mais dans son propre travail, dans sa capacité de travail, en d'autres termes, parce que l'on est un gueux, un homme qui ne possède que des richesses idéales. — Moi pourtant, je ne me contente pas du peu que je gagne péniblement par mes moyens de travail, parce que mes moyens ne consistent pas uniquement dans mon travail.

Par le travail je puis arriver à remplir les fonctions de président, de ministre, etc.; elles n'exigent qu'une éducation générale, c'est-à-dire une éducation généralement accessible à tous (car l'éducation générale, ce n'est pas seulement celle que chacun a atteint, mais que chacun peut atteindre, il en est ainsi de toute éducation spéciale, comme les études médicales, militaires, philologiques, qu'aucun « homme cultivé » n'ira croire au-dessus de ses forces) ou seulement enfin une habileté possible à tous.

Mais si chacun peut revêtir ces fonctions, la force unique, particulière à l'individu qui les assume leur donne pour ainsi dire leur vie et leur signification. S'il les remplit non pas comme un « homme ordinaire », mais en y apportant tous les moyens de son individu, voilà ce qu'on ne lui paiera pas si on le rétribue seulement comme fonctionnaire ou comme ministre ? S'il s'est attiré votre gratitude et que vous veuillez conserver à votre service cette force unique qui mérite votre reconnaissance, vous ne pourrez pas le payer simplement comme un homme qui n'exécute que des choses humaines, mais comme un qui accomplit des choses uniques. Faites-en donc autant avec votre travail !

On ne peut sur ce que j'accomplis en tant qu'Unique établir une taxe comme c'est le cas pour ce que j'exécute en tant qu'homme. Seul le travail humain peut être taxé.

Ainsi établissez peu à peu une estimation générale des travaux humains, mais ne privez pas votre individualité de ce qu'elle mérite.

Les besoins humains ou généraux peuvent être satisfaits par la société ; mais c'est toi seul qui dois chercher la satisfaction de tes besoins uniques. La société ne peut te procurer un ami, un service amical, même un service individuel. Et cependant à tout instant tu as besoin d'un tel service, dans les moindres occasions il te faut l'assistance d'un individu. C'est pourquoi ne t'en remets pas à la société, mais vois ce qu'il te faut payer pour que ton vœu soit satisfait.

L'argent doit-il être conservé dans les rapports entre égoïstes? La possession héritée se raccroche désespérément au vieux coin monétaire. Si vous ne voulez plus de cette monnaie en paiement, elle n'a plus de valeur; si vous ne voulez rien faire pour elle, elle perd toute sa puissance. Rayez l'héritage et vous aurez ainsi brisé le sceau que la justice y appose. Tout maintenant est héritage, soit déjà hérité, soit à hériter. Si c'est votre héritage, pourquoi y laissez-vous mettre les scellés et respectez-vous ces scellés?

Mais pourquoi ne pas créer une nouvelle monnaie? Anéantissez-vous donc vos denrées parce que vous leur enlevez l'effigie héréditaire? Aujourd'hui l'argent est une marchandise et un moyen essentiel, une fortune. Car il empêche que la fortune ne se cristallise; il la maintient toujours à l'état fluide et favorise sa circulation. Connaissez-vous un meilleur moyen d'échange? Tant mieux, mais ce sera toujours une « monnaie ». Ce n'est pas l'argent qui vous fait préjudice, mais votre impuissance à vous en emparer. Mettez en action vos moyens, assemblez vos forces et vous ne manquerez pas d'argent — d'argent frappé à votre coin. Mais travailler, je n'appelle pas cela « mettre en action ses moyens. » Ceux qui se bornent à chercher du travail et qui veulent « travailler de toutes leurs forces » se préparent inévitablement à eux-mêmes le manque de travail.

De l'argent dépendent le bonheur et le malheur. Dans la période bourgeoise il est une puissance. Tous le recherchent comme une jeune fille, mais personne ne peut s'unir à lui en mariage indissolublement. On voit revivre dans la concurrence toute la chevalerie et tout le romantique de la brigue pour un objet si cher. L'argent, l'objet de la flamme, est séduit par de hardis chevaliers « d'industrie ».

Celui qui a la chance ramène la fiancée au logis. Le gueux a la chance ; il la conduit dans sa demeure « la Société » et lui prend sa virginité. Chez lui, elle n'est plus sa fiancée mais sa femme, et elle perd aussi, avec sa virginité, son nom de famille. La pucelle argent devenue dame du logis s'appelle « travail » car « travail » est le nom de l'homme. Elle est la propriété de l'homme. Pour pousser l'image jusqu'au bout, l'enfant qui naît du travail de l'argent est encore une vierge, l'argent, mais ayant pour origine certaine le travail son père. La forme de son visage, « l'effigie » porte une autre empreinte.

Finalement, pour en revenir à la concurrence, elle doit son existence à l'incompréhension générale de ce qui est la cause de tous et au manque absolu d'entente. Le pain, par exemple, est le besoin de tous les habitants d'une ville ; c'est pourquoi ils pourraient facilement s'entendre pour créer une boulangerie publique. Au lieu de cela, ils laissent pourvoir à ce besoin par des boulangers concurrents. — Ils laissent de même la viande aux bouchers, le vin aux vignerons, etc.

Abolir la concurrence ne signifie pas autant que favoriser la corporation. La distinction est celle-ci : dans la corporation, la boulangerie, etc., est l'affaire des membres de la corporation ; dans la concurrence, elle est celle de concurrents quelconques ; mais dans l'association, elle est la chose de ceux qui ont besoin de pain ; la boulangerie est ma chose, ta chose, elle n'est plus celle des boulangers concessionnés ou membres de la corporation, elle est celle des associés.

Si je ne m'inquiète pas de ma cause, je dois m'accommoder de ce que les autres veulent bien me laisser avoir. Avoir du pain, voilà ma cause, mon vœu, mon droit, et cependant on abandonne l'affaire aux boulangers et c'est tout au plus si l'on compte sur leurs querelles, leur émulation, leur rivalité, bref sur leur concurrence pour obtenir un avantage sur lequel on ne pourrait compter avec des boulangers en corporation qui ont en pleine propriété et exclusivement le droit de cuisson. Chacun devrait prendre part à la confection et à la production de ce dont il a besoin. C'est sa chose, sa propriété, ce n'est pas la propriété du maître boulanger, qu'il appartienne à une corporation ou soit concessionné.

Jetons encore un coup d'œil en arrière. Le monde appartient aux enfants de ce monde, aux enfants des hommes, le monde n'est plus à Dieu mais à l'homme. Tout homme appelle sien tout ce qu'il peut tirer de ce monde ; seulement l'homme vrai, l'État, la société humaine, l'humanité, veille à ce que chacun ne fasse pas sien autre chose que ce qu'il s'approprie comme homme, c'est-à-dire d'une façon humaine. L'appropriation inhumaine est celle que l'homme n'autorise pas, c'est-à-dire qu'elle est criminelle, comme inversement l'appropriation humaine est celle qui se fait « légalement » par les voies de droit.

Ainsi parle-t-on depuis la Révolution.

Mais ma propriété ce n'est pas la chose, car toute chose a une existence indépendante de moi ; ma force seule est ma propriété. Ce n'est pas cet arbre, mais le pouvoir, l'action que j'ai sur lui, qui est ma propriété.

Comment arrive-t-on aujourd'hui à donner pour expression à cette force ce qui est exactement son contraire? On dit: j'ai un droit sur cet arbre, il est de droit ma propriété. Et je l'ai acquis par la force. On oublie que la force doit persister afin que le moi lui aussi soit affirmé, ou mieux, que la force n'est pas une chose en soi, mais qu'elle existe exclusivement dans le moi puissant, en moi, l'être qui a la puissance. La force est comme toute autre de mes qualités, par exemple, l'humanité, la majesté, etc., élevée à une entité existant en soi, de sorte qu'elle existe encore quand elle n'est plus depuis longtemps ma force. Transformée de la sorte en un fantôme, la force, c'est le droit. Cette force rendue éternelle ne s'efface pas même avec ma mort, mais elle est transmise ou « héritée. »

Aujourd'hui les choses n'appartiennent plus réellement à moi, mais au droit.

D'autre part, tout cela n'est rien de plus qu'un trompe-l'œil. Car la force de l'individu n'est permanente et n'est un droit que par ce fait que d'autres associent leur force à la sienne. L'illusion consiste en ceci qu'ils ne croient plus pouvoir retirer leur force. Il semble de nouveau que ma force soit séparée de moi. Je ne puis plus reprendre la force que j'ai donnée au possesseur ; on a donné « pleins pouvoirs », on s'est dessaisi de la puissance ; on a renoncé à imaginer quelque chose de mieux.

Le propriétaire peut abandonner son pouvoir et son droit à une chose en la donnant, en la gaspillant. Et nous ne pourrions en faire autant des pouvoirs que nous lui avons prêtés !

L'homme droit, le juste, ne convoite pas d'appeler sien ce qu'il n'a pas de droit, ou ce à quoi il n'a pas droit, il ne veut qu'une propriété légitime.

Qui maintenant sera juge et lui attribuera son droit? — L'homme qui lui confère les droits de l'homme, Et il peut dire dans un sens infiniment plus vaste que Térence: *humani nihil a me alienum puto*, c'est-à-dire l'humain est ma propriété. Qu'il retourne comme il voudra la question, placé à ce point de vue il ne se débarrassera pas du juge, et tous ces juges qu'il s'est choisis se sont de notre temps groupés en deux personnes mortellement ennemies, Dieu et l'homme. Les uns se réclament du droit divin, les autres du droit humain, des droits de l'homme.

Dans les deux cas il est clair que l'individu ne s'investit pas lui-même du droit.

Trouvez-moi donc aujourd'hui une action qui ne serait pas une atteinte au droit? A tout instant les uns foulent aux pieds les droits de l'homme, tandis que leurs adversaires ne peuvent ouvrir la bouche sans proférer un blasphème contre le droit divin. Donnez une aumône, vous faites injure à un droit de l'homme parce que le rapport du mendiant au bienfaiteur est inhumain; exprimez un doute, vous péchez contre un droit divin. Déclarez-vous satisfaits de manger du pain sec, vous blessez les droits de l'homme par votre résignation ; mangez-le à contre-cœur, vous offensez le droit divin parce que vous n'êtes pas résignés. Il n'y en a pas un parmi vous qui ne soit à tout instant criminel. Vos paroles sont des crimes et tout obstacle à votre liberté de parole n'en est pas moins un crime. Vous êtes tous ensemble des criminels.

Cependant vous ne l'êtes que lorsque vous vous tenez sur le terrain du droit, c'est-à-dire lorsque ne le sachant même pas, vous avez la conscience d'être criminels.

La propriété, inviolable ou sacrée a poussé sur ce terrain, c'est une idée de droit.

Un chien voit un os dans la gueule d'un autre et ne se retient que s'il se sent trop faible. Mais l'homme respecte le droit de l'autre à son os. L'un agit en humain, l'autre en brute ou en « égoïste ».

Et comme c'est ici le cas, on agit en « humain » quand on voit dans toute chose son caractère spirituel, (ici c'est « le droit »), quand on fait de toute chose un fantôme, qu'on la traite comme un spectre que l'on peut en vérité mettre en fuite, mais non pas tuer. Il est humain de ne pas considérer l'individu comme individu, mais comme un être général.

Je ne respecte plus rien de la nature en elle-même, mais je me sais autorisé à tout contre elle ; en revanche, dans l'arbre de ce jardin, je dois respecter le bien d'autrui (dans un sens limité : « la propriété »), je dois en écarter ma main. Cela ne prend fin que si je puis céder cet arbre à un autre, comme je lui cède ma canne, etc..., mais à condition que je ne considère pas par avance cet arbre comme m'étant étranger, c'est-à-dire sacré. Bien au contraire, je ne me fais nullement un crime de l'abattre quand je veux et il demeure ma propriété aussi longtemps que je puis en écarter les autres ; il est et demeure mien. La fortune du banquier me paraît aussi peu le bien étranger qu'à Napoléon les territoires des autres souverains. Nous n'avons aucune vergogne à la « conquérir » et nous nous enquérons des moyens. Nous en chassons l'esprit étranger qui nous effrayait tant avant.

C'est pourquoi il est nécessaire que je ne revendique plus rien comme homme, mais que je réclame tout en qualité de Moi, ce Moi que voilà ; par conséquent je ne dois rien revendiquer d'humain, mais seulement ce qui est mien, je ne dois pas rechercher ce qui me revient comme homme, mais ce que je veux et parce que je le veux.

La propriété d'un autre n'est à bon droit et légitimement sa propriété que s'il te convient qu'il en soit ainsi. Si cela ne te convient plus, elle perd sa légitimité et tu te moques du droit absolu de son possesseur.

En dehors de la propriété discutée jusqu'ici dans un sens étroit, il y a une autre propriété à présenter à nos âmes respectueuses contre laquelle nous devons pécher bien moins encore. Cette propriété consiste dans les biens spirituels, dans le « sanctuaire de l'être intérieur ». Ce qu'un homme tient pour sacré ne doit pas être en butte aux plaisanteries des autres, si absurde que soit cette chose sacrée ; quel que soit le zèle que l'on déploie pour amener en douceur cet adorateur, ce croyant d'une superstition, à reconnaître le vrai saint, on doit cependant, en tout temps, honorer la chose sacrée : s'il est dans l'erreur, il croit cependant à la chose sacrée, et si elle est fausse, on doit du moins respecter sa foi.

Dans des temps plus barbares que les nôtres, c'était une règle d'exiger une foi déterminée, l'adoration d'un Dieu déterminé et les rapports avec les croyants d'une autre religion n'étaient pas des meilleurs ; pourtant à mesure que la liberté de conscience s'est propagée, le Dieu jaloux, l' « unique maître » s'est peu à peu résolu en un « Être Suprême » assez général et il a suffi à la tolérance humaine que chacun crût à quelque chose.

Ramenée à son expression la plus humaine, cette chose sainte c'est « l'homme » même, l'humain.

D'après l'apparence trompeuse qui nous montre l'humain comme étant absolument notre chose propre, et libre de tout l'au-delà inhérent au divin, comme étant autant que moi ou toi, la fière illusion peut naître qu'il ne va plus être longtemps question de la chose sainte et que nous nous sentirons partout chez nous et non plus dans un monde étrange, c'est-à-dire en pleine sainteté et dans les transes sacrées : dans l'enchantement que l'on éprouve « d'avoir enfin découvert l'homme » on n'entend pas l'appel douloureux de l'égoïste, et l'on prend pour son vrai moi le fantôme avec lequel on est devenu si familier.

Mais « Humanus signifie le saint » a dit Gœthe. L'humain, c'est la chose sainte arrivée à son dernier degré de pureté.

L'égoïste s'exprime exactement en sens inverse. C'est précisément parce que tu tiens quelque chose pour sacré que je te crible de mes sarcasmes et si j'estime tout en toi, je n'ai aucune considération pour ta sainteté.

Ces points de vue opposés entraînent des attitudes antagonistes en face des biens spirituels : l'égoïste les insulte, l'homme religieux (c'est-à-dire quiconque place au-dessus de soi « son être ») doit conséquemment les défendre. Quels sont les biens spirituels que l'on défend, quels sont ceux qu'on doit laisser sans défense ? cela dépend entièrement de l'idée que l'on se fait de l' « Être suprême », et celui qui craint Dieu par exemple a plus à défendre que celui qui craint l'homme (le libéral).

Ce qui différencie les biens spirituels des biens sensibles, c'est que dans les premiers nous ne pouvons subir qu'une offense spirituelle et le péché commis contre eux consiste dans une profanation directe, tandis qu'à l'égard des biens sensibles il y a simplement soustraction ou aliénation : les biens mêmes perdent à la fois et leur valeur et leur consécration, ils ne sont pas purement et simplement retirés, la chose sainte est en péril immédiat. Les mots « irrespect » ou « impudence » caractérisent tout ce que l'on peut commettre contre les biens spirituels, c'est-à-dire contre tout ce qui est sacré ; et raillerie, insulte, mépris, doute, etc., ne sont que des nuances différentes de l'impudence criminelle.

Je ne m'arrêterai pas ici à parler des différentes sortes de profanation que l'on pratique et je préfère me borner à rappeler celles auxquelles une liberté illimitée de la presse expose la chose sainte.

Tant que l'on exigera du respect pour un être spirituel, la parole et la presse devront être, au nom de cet être sacré, asservies, car l'égoïste pourra toujours, dans ses expressions, lui « manquer », il trouvera du moins devant lui « de justes peines », à moins que l'on ne préfère employer de meilleurs moyens, des mesures de police préventive, la censure, etc.

Que signifie cette aspiration à la liberté de la presse ? De quoi donc la presse doit-elle être libre ? De la dépendance, de la sujétion, de la servitude. Mais c'est l'affaire d'un chacun de se délivrer, et l'on peut accepter comme certain que si tu t'es délivré de la servitude, ce que tu composes, ce que tu écris t'appartiendra en propre, au lieu d'avoir été pensé et écrit au service d'une puissance quelconque.

Que peut dire et faire imprimer un croyant chrétien qui soit plus libre de cette foi chrétienne que lui-même ne l'est? Si je n'ai ni le pouvoir ni la faculté d'écrire une chose, c'est peut-être à moi qu'il faut avant tout en attribuer la faute. Si peu que cela paraisse toucher le sujet, l'application s'en trouve cependant tout près. Par une loi de la presse, je trace ou je fais tracer une limite à mes écrits que je ne puis franchir sans tomber dans l'injustice et encourir les peines corrélatives. Je me limite moi-même.

Si la presse devait être libre, l'important serait précisément de la délivrer de toute contrainte qui pourrait lui être faite au nom d'une loi. Et pour en venir là, il faudrait d'abord que moi-même je me fusse délié de toute obéissance envers la loi.

A vrai dire, la liberté absolue de la presse est, comme toute liberté absolue, une chimère. Elle peut certes être déliée de quantité de choses, mais il faut d'abord que moi-même je sois libre de ces choses. Rendons-nous libres de tout ce qui est sacré, n'ayons ni Dieu ni loi, il en sera de même de nos paroles.

Moins nous sommes, dans le monde, libres de toute contrainte, moins le sont nos écrits.

On ne voit pas exactement où l'on va quand on réclame la liberté de la presse. Ce que l'on demande soi-disant, c'est que l'État donne toute liberté à la presse, mais ce que l'on veut proprement et sans le savoir, c'est que la presse soit indépendante de l'État ou se débarrasse de l'État. Ici, c'est une pétition à l'État. Là c'est une révolte contre l'État. Que l'on demande humblement ou que l'on réclame impérieusement la liberté de la presse, on suppose toujours que l'État en est le dispensateur et l'on ne peut compter que sur un présent, une permission, un bien octroyé. Il est bien possible qu'un État soit assez fou pour accorder la faveur réclamée, mais il y a tout à parier que les favorisés ne sauront pas faire usage de leur faveur; tant qu'ils considéreront l'État comme une vérité, ils n'attenteront pas à ce « très saint » et réclameront une loi de la presse contre quiconque l'oserait.

En un mot, la presse n'est pas libre de ce dont je ne suis pas libre.

Est-ce que je me manifeste ainsi comme un adversaire de la liberté de la presse? Au contraire, j'affirme seulement qu'on ne l'obtiendra que si l'on ne veut qu'elle, c'est-à-dire si l'on ne tend qu'à une permission illimitée. Si vous vous contentez de mendier cette permission, vous pourrez attendre éternellement, car il n'y a personne au monde qui pourrait vous la donner. Tant que vous réclamerez pour l'usage de la presse une permission, c'est-à-dire la liberté de la presse, vous pourrez attendre et vous lamenter en vain.

« Absurdité ! Toi qui as des pensées pareilles à celles que l'on trouve dans ton livre, c'est seulement par un hasard heureux ou des voies détournées que tu peux — malheureusement ! — les publier. Vas-tu donc t'indigner de ce que l'on presse, de ce que l'on obsède l'État jusqu'à ce qu'il donne cette permission jusqu'ici refusée. » Un écrivain ainsi pris à partie répondra peut-être, car ces gens-là ont toutes les audaces : « Pesez bien vos paroles. Que fais-je donc pour procurer à mon livre la liberté de la presse? Est-ce que je demande la permission, est-ce que je ne cherche pas plutôt l'occasion favorable que je saisis sans prendre le moins du monde en considération les vœux de l'État et l'État lui-même au lieu de réclamer à tout instant une liberté légale? Il me faut dire ici l'horrible parole : je trompe l'État. Vous faites inconsciemment la même chose. Du haut de vos tribunes vous insinuez qu'il doit faire abandon de son caractère sacré et inviolable, qu'il doit s'offrir en proie aux attaques des écrivains, sans y voir pour cela un danger. Mais vous le circonvenez, car c'en est fait de son existence dès qu'il perd son intangibilité. A vous certes il pourrait accorder la liberté d'écrire comme l'a fait l'Angleterre ; vous êtes des croyants de l'État, et incapables d'écrire contre lui tant que vous trouverez en lui quelque chose à réformer, ou une lacune à combler. Mais qu'arriverait-il si des adversaires de l'État mettaient à profit la libre parole et bouleverseraient avec des raisons impitoyables l'Église, l'État, les mœurs et toutes choses « sacrées. » Pris d'une angoisse affreuse, vous seriez les premiers à remettre en vigueur les Lois de Septembre, vous vous repentiriez trop tard de la sottise que vous alliez commettre en égarant et en aveuglant l'État et ses gouvernants.

— Mais moi je prouve par mon action deux choses : d'abord que la liberté de la presse n'est toujours liée qu'à des « occasions favorables » et par conséquent ne doit jamais être une liberté absolue, en second lieu, que celui qui veut en jouir doit chercher partout l'occasion favorable et, si possible, la faire naître, en faisant valoir contre l'État son propre avantage et en tenant soi et sa volonté pour supérieurs à l'État et à tout « pouvoir supérieur. » Ce n'est pas dans, mais contre l'État, que la liberté de la presse peut réussir ; s'il faut qu'elle soit établie, elle doit être non le résultat d'une prière, mais l'œuvre d'une révolte. Toute proposition, toute demande de liberté est déjà, consciente ou inconsciente, une révolte, chose que la médiocrité philistine ne voudra ou ne pourra jamais s'avouer jusqu'à ce que, tremblant de tous ses membres, elle en voie les résultats formels et incontestables. Certes, au début, la « liberté de la presse » montre un visage aimable et bienveillant, car elle est bien loin de penser qu'elle donnera jamais naissance à « l'impudence de la presse »[1] ; mais peu à peu son cœur s'endurcit et elle arrive insensiblement à cette conséquence qu'une liberté n'est pas une liberté si elle demeure au service de l'Etat, de la morale ou de la loi. Libre de la contrainte de la censure, elle ne l'est pas du joug de la loi. La presse, une fois qu'elle est prise du désir de la liberté, veut devenir toujours plus libre, jusqu'à ce que l'écrivain se dise enfin : je ne suis absolument libre que lorsque je ne demande rien, mes écrits ne sont libres que lorsqu'ils sont mon bien propre, qu'ils ne me sont dictés par aucune puissance, par aucune autorité, par aucune foi, par aucun respect ; la presse ne doit pas être libre, c'est trop peu — elle doit être mienne : — La propriété de la presse, voilà ce que je veux m'approprier.

« La liberté de la presse n'est qu'une permission donnée à la presse, et l'État ne voudra et ne pourra jamais permettre que j'emploie la presse à le réduire en miettes. »

1. Il y a ici une équivoque intraduisible. Stirner oppose à Press freiheit (liberté de la presse) Pressfrecheit (impudence de la presse).

« L'ambiguïté de la précédente proposition disparaît si nous la traduisons ainsi : La liberté de la presse hautement réclamée par les libéraux est assurément possible dans l'État et même elle n'est possible que dans l'État, parce qu'elle est une permission ; il faut donc que celui qui permet, l'État, existe. En tant que permission, ses limites confinent à l'État même, qui volontairement ne devra pas autoriser plus que ne pourront supporter l'État et le salut public : il les lui assigne comme loi de son existence et de son extension. Qu'un État puisse supporter plus ou moins, il n'y a là qu'une distinction quantitative qui cependant tient au cœur des libéraux politiques : ils ne veulent, en Allemagne par exemple « qu'une faculté plus vaste et plus large de la parole libre. » La liberté de la presse que l'on recherche est une cause du peuple et avant que le peuple (l'État) ne la possède, je n'en puis faire usage. Du point de vue de la propriété de la presse il en est autrement. Mon peuple peut bien être privé de la liberté de la presse, je cherche par ruse ou par force à faire imprimer. — Je ne prends ce droit d'impression que de moi, de ma force. »

« Si la presse est mon bien propre, je n'ai pas besoin pour m'en servir de la permission de l'État, pas plus que je n'implore cette permission pour me moucher. La presse est ma propriété à partir du moment où il n'y a plus rien au-dessus de moi : car dès lors, État, Église, peuple, société cessent d'exister, parce qu'ils ne doivent leur existence qu'à la mésestime que j'ai pour moi-même ; dès que je cesse de me dédaigner, ils s'effacent d'eux-mêmes : ils n'existent que lorsqu'ils sont au-dessus de moi, ils n'existent que comme des puissances et des puissants. Autrement dit, imaginez-vous un État, dont les habitants tous ensemble ne se soucieraient aucunement, qui serait un rêve, un fantôme au même titre que « l'Allemagne une ».

« La presse est ma propriété aussitôt que je suis moi-même, ma chose propre, que je suis propriétaire. Le monde appartient à l'égoïste, parce qu'il n'appartient à aucune puissance du monde. »

« D'ailleurs ma presse pourrait être encore très peu libre, comme par exemple en ce moment. Mais le monde est grand et l'on se tire d'affaire comme on peut. Si je voulais abandonner la propriété de ma presse il me serait facile d'arriver à faire imprimer autant que mes doigts pourraient produire. Mais comme je veux affirmer ma propriété, je dois nécessairement frapper mes adversaires sans rien entendre. — « N'accepteras-tu pas leur permission si elle t'es donnée ? » — Certes, avec joie, car leur permission sera pour moi une preuve que je les ai aveuglés et que je les ai mis sur la route de leur ruine. En réalité je n'ai que faire de leur permission, mais je m'intéresse d'autant plus à leur folie et à leur déroute. Je ne brigue pas leur permission, car je ne me flatte pas, comme les politiques libéraux, que nous puissions vivre paisiblement, eux et moi, côte à côte, et même, nous appuyer, nous soutenir, mais je veux que cette permission soit pour eux la blessure par où la vie s'en va, afin que finalement ils cessent d'eux-mêmes. J'agis en ennemi conscient, en les dupant, et je mets à profit leur irréflexion. »

« La presse est mienne quand je ne reconnais à personne hors moi, le droit de juger l'usage que j'en fais, quand ce n'est ni la morale, ni la religion, ni le respect des lois d'Etat, etc., qui me détermine à écrire mais moi-même et mon égoïsme ! »

Qu'avez-vous maintenant à opposer à celui qui vous fait une réplique aussi effrontée? — Montrons la question sous une forme plus parlante : à qui est la presse, au peuple (à l'État), ou à moi? Les politiques en ce qui les concerne n'ont pas autre chose en vue que de délivrer la presse des ingérences personnelles et arbitraires des détenteurs du pouvoir, sans penser que pour être réellement accessible à tous, elle doit être libre aussi des lois, c'est-à-dire de la volonté du peuple (de la volonté de l'État). Ils veulent faire d'elle une « cause du peuple ».

Mais, devenue propriété du peuple, elle est encore bien loin d'être mienne, elle conserve plutôt pour moi la signification secondaire d'une permission. Le peuple s'amuse à juger mes pensées dont je lui dois compte, dont je suis responsable envers lui. Les jurés quand on attaque leurs idées fixes ont des têtes et des cœurs aussi durs que les plus obstinés despotes et que les fonctionnaires qui leur servent de valets.

Dans les « aspirations libérales », E. Bauer affirme que la liberté de la presse est impossible dans l'État absolu ou constitutionnel, mais qu'elle trouve au contraire sa place « dans l'État libre ». Là, dit-il, on reconnaît que l'individu, parce qu'il n'est plus individu mais membre d'une communauté véritable et raisonnable, a le droit de s'exprimer. Ainsi ce n'est pas « l'individu » mais « le membre » qui a la liberté ! Mais si l'individu en vue d'obtenir la liberté de la presse doit justifier d'abord de sa foi à la communauté, au peuple, s'il n'a pas cette liberté par sa propre force, c'est une liberté du peuple, une liberté qui lui est conférée en raison de sa foi et de sa participation à la communauté. Au contraire, c'est précisément à l'individu comme individu qu'appartient la liberté de s'exprimer. Mais il n'a pas « le droit ». Cette liberté n'est assurément pas « son droit sacré ». Il a seulement la force ; mais la force seule l'en fait propriétaire. Je n'ai aucunement besoin de la concession, de l'assentiment du peuple, d'un « droit », d'une « autorisation » pour jouir de cette liberté. Je dois donc m'en emparer comme de toute liberté ; le peuple « qui est seul juge » ne peut me la donner. Il peut y acquiescer ou s'y opposer, il n'est pas en son pouvoir de me l'accorder, de me la garantir. Je la pratique malgré le peuple, simplement comme individu, c'est-à-dire que je l'obtiens de haute lutte sur le peuple mon ennemi. Je ne la conserve que si je la gagne véritablement sur lui, si je m'en empare. Mais je la prends, parce qu'elle est ma propriété.

Sander qui combat E. Bauer revendique la liberté de la presse « comme le droit et la faculté du citoyen dans l'État ». E. Bauer fait-il autre chose ? Pour lui aussi elle n'est qu'un droit du citoyen libre.

On réclame encore la liberté de la presse comme un « droit commun à tous les hommes ». A cela on fait l'objection fondée que tout homme ne sait pas s'en servir convenablement, parce que chaque individu n'est pas véritablement Homme. A l'Homme en tant qu'Homme, un gouvernement n'a jamais refusé une liberté ; mais l'Homme n'écrit pas, parce qu'il est un fantôme. Aux individus seuls il l'a constamment refusée et l'a donné à d'autres, par exemple à ses propres organes. Ainsi si l'on voulait avoir la liberté pour tous, on devrait précisément affirmer qu'elle convient à l'individu, à moi, non à l'Homme ou à l'individu en tant qu'il est Homme. D'ailleurs un autre être que l'Homme (une bête par exemple) n'en peut faire aucun usage. Le gouvernement français, entre autres, ne conteste pas la liberté de la presse comme droit de l'Homme, mais il exige de l'individu la garantie qu'il est réellement Homme, car ce n'est pas à l'individu, mais à l'Homme qu'il attribue cette liberté.

On m'a enlevé ce qui est à moi en propre, précisément sous le prétexte que ce n'est pas humain. On a laissé l'Humain intact en moi.

La liberté de la presse ne peut créer qu'une presse responsable ; l'irresponsable ne peut naître que de la propriété de la presse.

———

Chez tous les peuples qui vivent religieusement, le commerce entre les hommes est dominé par une loi expresse qu'on peut parfois, égaré dans le péché, oublier de suivre, mais dont on n'ose jamais contester la valeur absolue ; c'est la loi de l'amour. Ceux-là même qui paraissent en combattre le principe ne lui sont pas encore devenus infidèles, car, eux aussi, ils ont encore de l'amour et même ils aiment d'une façon plus intérieure et plus pure, ils aiment « l'homme et l'humanité ».

Le sens de cette loi se formule ainsi : tout homme doit avoir quelque chose qu'il place au-dessus de lui-même. Tu dois mettre à l'arrière-plan ton « intérêt privé », quand il s'agit du salut des autres, du bien de la patrie, de la société, de l'humanité, de la bonne cause, etc. Patrie, société, humanité, etc., sont supérieures à ta personne et ton intérêt privé doit le céder au leur, car tu ne dois pas être égoïste.

L'amour est une vaste exigence religieuse qui ne se borne pas à l'amour pour Dieu et pour l'homme, mais domine tous les rapports des hommes. A la base de tous nos actes, de tous nos pensers, de tous nos vouloirs, il doit y avoir l'amour. Ainsi nous pouvons juger, mais « avec amour ». On peut critiquer même profondément la Bible, mais le critique doit avant tout l'aimer, et voir en elle le Livre saint. Cela signifie-t-il autre chose que ceci : on ne peut la critiquer à mort, on doit la laisser subsister comme une chose sacrée, indestructible. — De même dans notre critique de l'homme, l'amour doit demeurer invariablement le ton fondamental. — Certes les jugements que nous inspire la haine ne sont pas du tout nos propres jugements, ce sont des « jugements haineux » qui ont leur origine dans la haine qui nous domine. Mais les jugements que nous inspire l'amour sont-ils plus pour cela nos propres jugements ? Ce sont des jugements « affectueux, indulgents » nés de l'amour qui nous domine, ce ne sont pas nos propres jugements et par conséquent ce ne sont pas des jugements réels. Celui qui est enflammé de l'amour de la justice nous crie, *fiat justitia pereat mundus*. Il peut bien demander et rechercher ce que la justice est en elle-même ou ce qu'elle exige, ou en quoi elle consiste, mais non si elle existe.

Il est très vrai que « celui qui reste dans l'amour, reste en Dieu et Dieu en lui » (saint Jean) ; Dieu reste en lui, et lui ne s'affranchit pas de Dieu, il ne devient pas impie, il reste en Dieu, et ne parvient pas à soi-même et dans sa propre patrie, il reste dans l'amour envers Dieu, et ne se dégage pas de l'amour.

« Dieu c'est l'amour ! Tous les temps et toutes les races reconnaissent dans cette parole le point central du christianisme ! » Dieu qui est l'amour est un Dieu importun ; il ne peut pas laisser le monde en repos, mais il veut le béatifier. « Dieu s'est fait homme pour diviniser les hommes » (Athanase); on retrouve sa main partout et rien ne se fait sans lui; partout on retrouve ses « excellentes intentions », « ses plans et ses desseins insaisissables à l'homme ». La raison, qui est lui-même, doit aussi être poursuivie et réalisée dans le monde entier. Le souci paternel qu'il apporte à notre égard nous enlève toute indépendance. Nous ne pouvons rien faire de sage, sans que l'on dise : C'est l'œuvre de Dieu ! et nous ne pouvons nous attirer un malheur sans entendre dire : c'est Dieu qui l'a décrété. Nous n'avons rien que nous n'ayons de lui, c'est lui qui nous a tout « donné ». Mais il en est de l'Homme comme de Dieu. Celui-ci veut partout béatifier le monde, l'Homme veut faire son bonheur, rendre heureux tous les hommes. Par suite tout homme veut éveiller chez les autres la raison qu'il croit lui-même avoir : il faut que la raison soit en toute chose. Dieu est en lutte avec le diable et le philosophe avec la déraison et le hasard. Dieu ne laisse aucun être suivre sa propre impulsion et l'Homme ne nous permet qu'une conduite humaine.

Mais celui qui est plein d'un saint amour (religieux, moral, humain) n'aime que le fantôme, « l'homme vrai » et poursuit, sourd à la pitié, l'individu, l'homme réel, en affectant flegmatiquement la prétention légale de procéder contre « l'inhumain ». Il trouve très louable et indispensable d'exercer de la plus âpre façon sa dureté. Car l'amour pour le fantôme ou la chose générale lui ordonne de haïr tout ce qui n'est pas fantôme, c'est-à-dire l'égoïste ou l'individu; tel est le sens de ce fameux spectre qu'on nomme « justice ».

Celui qui est convaincu de crime n'a aucun ménagement à attendre et personne ne jette avec pitié un voile sur sa nudité malheureuse. Insensible, le juge sévère arrache au pauvre accusé ses derniers lambeaux d'excuse, le geôlier impitoyable le traîne en sa sombre prison, et, la peine accomplie, rejette le condamné, flétri pour toujours, parmi les hommes qui le méprisent et lui crachent au visage, ces hommes ses frères, ses bons frères, loyaux et chrétiens ! Pas de pitié même pour le criminel « qui a mérité la mort », on le traîne sur l'échafaud et sous les yeux d'une foule délirante, la loi morale satisfaite accomplit solennellement son auguste vengeance. L'un des deux seul doit vivre, la loi morale ou le criminel. Où les criminels vivent dans l'impunité la loi morale a disparu ; où celle-ci domine, c'est eux qui doivent disparaître. Leur hostilité est irréductible.

C'est là précisément l'époque chrétienne, c'est le règne de la pitié, de l'amour, du souci de mettre les hommes en possession des biens qui leur conviennent et même de les amener à remplir leur mission humaine (divine). Ainsi on a posé plus haut : l'essence de l'homme est telle ou telle et par conséquent aussi sa mission ; ou bien c'est Dieu qui la lui a donnée, ou bien (dans la conception actuelle) c'est son état d'homme (l'espèce). D'où le zèle de la propagande. Que les communistes et les humanitaires attendent plus de l'homme que ne font les chrétiens, leur point de vue reste le même. L'humain doit échoir à l'homme. S'il suffisait aux gens pieux que le divin lui fût donné en partage, les humanitaires désirent aujourd'hui que l'homme ne soit pas amoindri en lui. Tous deux se bandent contre l'égoïstique. Naturellement, car l'égoïstique ne peut être accordé ou seulement conféré (comme un fief) à l'homme. Il doit se le procurer. Tandis que l'amour me procure l'un, l'autre ne peut m'être donné que par moi-même.

Jusqu'ici le commerce des hommes entre eux reposait sur l'amour, les égards réciproques, l'action de l'un pour l'autre. De même qu'envers soi on était tenu de se sanctifier, ou d'accueillir en soi la béatitude, l'Être suprême et d'en faire une vérité (une vérité en même temps qu'une réalité), on était tenu envers les autres de les aider à réaliser leur être ou leur mission : dans les deux cas on avait la mission de contribuer à la réalisation de l'Être de l'homme.

Seulement pas plus envers soi qu'envers les autres on n'a l'obligation de faire quelque chose de soi ni des autres : car on ne doit rien ni à son être propre, ni à celui des autres. Les relations des hommes entre eux reposent sur leur essence, s'adressent au fantôme non à la réalité. Si je commerce avec l'Être suprême ce n'est pas avec moi, et si je commerce avec l'Être de l'homme ce n'est pas avec l'homme.

L'amour de l'homme naturel devient par l'éducation un commandement. Mais comme ordre, il appartient à l'homme pris en lui-même, non à moi ; il est mon essence, cette essence dont on a fait tant d'histoires, il n'est pas ma propriété. L'Homme, c'est-à-dire l'humanité, place en moi cette exigence : il m'ordonne l'amour, l'amour est mon devoir. Ainsi au lieu d'être conquis réellement pour moi, il l'est au profit de la communauté, de l'homme, comme étant sa propriété ou sa chose particulière ; « il appartient à l'homme, c'est-à-dire à tout homme d'aimer. Aimer est le devoir et la mission de l'homme, etc. »

En conséquence je dois revendiquer encore l'amour pour moi et le soustraire au pouvoir de l'homme.

Ce qui originairement était mien, mais issu du hasard et de l'instinct, me fut concédé comme étant propriété de l'homme ; je devins détenteur d'un fief du fait même que j'aimais, je devins feudataire de l'humanité, je n'étais plus qu'un spécimen de cette espèce, et j'agissais, en aimant, non comme moi mais comme homme, comme spécimen de l'humanité, j'agissais humainement. La civilisation est absolument un régime féodal, car la propriété est celle de l'Homme ou de l'humanité, non la mienne. Il a été fondé un énorme état féodal, tout a été ravi à l'individu et transmis à l'Homme. Enfin l'individu a dû apparaître comme « foncièrement pécheur ».

Ne dois-je donc avoir aucun intérêt vivant à la personne d'autrui, ne dois-je avoir à cœur sa joie et son bien, le plaisir que je lui cause ne doit-il pas m'importer plus que mes propres plaisirs ? Au contraire, je puis sacrifier avec joie quantité de jouissances, je puis renoncer à un nombre infini de choses pour accroître son plaisir et ce qui même me serait le plus cher, ma vie, mon bonheur, ma liberté, je puis le hasarder pour lui. Certes c'est ma joie, c'est mon plaisir de me rassasier de sa joie, de son bonheur. Mais je ne lui sacrifie pas mon moi dont je continue à jouir et je reste égoïste. Si je lui sacrifie tout ce que, sans l'amour, je garderais pour moi, c'est très simple et même plus fréquent dans la vie que cela ne paraît l'être ; mais cela prouve simplement que cette passion est plus puissante en moi que toutes les autres. Le christianisme nous apprend aussi à sacrifier toutes les autres à celle-là. Mais si à une passion j'en sacrifie d'autres, je ne me sacrifie pas pour cela, et je n'abandonne rien de ce qui me fait véritablement moi-même, je ne sacrifie pas ma valeur propre, mon être particulier. Lorsque ce cas fâcheux se présente, l'amour n'apparaît pas autrement que comme une passion quelconque à laquelle j'obéis aveuglément. L'avare, qu'entraîne son amour de l'or et qui reste sourd aux avertissements qu'il entend au fond de lui-même aux instants où son vice sommeille, a laissé cette passion croître et devenir une puissance despotique sur laquelle tous les dissolvants sont sans action ; il s'est abandonné parce qu'il ne peut se résoudre et par conséquent parce qu'il ne peut se délivrer : il est possédé.

Moi aussi, j'aime les hommes, non seulement les individus mais quiconque. Mais je les aime avec la conscience de l'égoïsme. Je les aime parce que l'amour me fait heureux, j'aime parce qu'aimer m'est naturel, me plaît. Je ne connais pas de « commandement de l'amour ». J'ai de la sympathie pour tous les êtres sentants, leur tourment me tourmente, leur soulagement me soulage ; je peux les tuer, non les martyriser. Au contraire, le Rodolphe des *Mystères de Paris*, le prince philistin, magnanime et vertueux, rêve le supplice des méchants, parce que les méchants « le révoltent ». Ma sympathie prouve seulement que le sentiment des êtres sensibles est aussi le mien, ma propriété, tandis que le procédé impitoyable du « juste » (par exemple contre le notaire Ferrand) rappelle la barbarie de ce brigand qui, prenant pour mesure la longueur de son lit, coupait ou allongeait les jambes de ses prisonniers : le lit où Rodolphe étend ses victimes est « l'idée du bien » ; le sentiment du droit, de la vertu, le rend dur et intolérant, il sent que « la justice arrive pour le scélérat », ce n'est pas là de la pitié.

Vous aimez l'Homme, c'est pourquoi vous faites souffrir l'homme individuel, l'égoïste : votre amour de l'Homme est son tourment.

Si je vois souffrir l'aimé, je souffre avec lui et je n'ai pas de repos que je n'aie tout tenté pour le consoler et le rasséréner ; si je le vois joyeux, je suis moi aussi joyeux de sa joie. Il ne s'ensuit pas que la même cause produise chez moi les mêmes effets qu'en lui, joie ou peine, et la douleur physique montre bien que je ne sens pas comme lui : il souffre des dents, je ne souffre que de sa souffrance.

Comme je ne puis supporter ces plis soucieux au front de l'aimé, je les chasse d'un baiser, mais c'est pour me satisfaire moi-même. Si je n'aimais pas cet homme, il pourrait me montrer un front toujours sombre, je ne m'en soucierais. C'est mon chagrin seulement que je veux dissiper.

Comment maintenant une personne ou une chose que je n'aime pas a-t-elle un droit à être aimée de moi ? Qui passe avant, mon amour ou son droit ? Parents, famille, patrie, peuple, ville natale, etc., en général mes semblables (« frères, fraternité »), affirment avoir un droit à mon amour et le revendiquent sans voir plus loin. Ils le considèrent comme leur propriété et si je ne la respecte pas, ils me regardent comme un voleur qui leur ravit leur bien. Je dois aimer. Si l'amour est un commandement, une loi, je dois y être dressé, élevé ; si j'y porte atteinte, je dois être châtié. Par suite, on exercera sur moi les plus fortes « influences morales » pour m'amener à aimer. Et il n'y a pas de doute que l'on ne puisse exciter et entraîner les hommes à l'amour comme aux autres passions, à la haine, par exemple. La haine court à travers des générations entières simplement parce que les ancêtres de l'un appartenaient aux guelfes, et ceux de l'autre aux gibelins.

— L'amour n'est pas un ordre, mais ma **propriété**, comme chacun de mes sentiments. **Acquérez**, c'est-à-dire achetez ma propriété, je vous la cède. Je n'ai pas besoin d'aimer une église, un peuple, une patrie, une famille, etc., qui ne savent pas gagner mon amour, et je fixe le prix de vente de mon amour absolument à ma fantaisie.

L'amour intéressé est bien éloigné de l'amour mystique ou romantique. On peut aimer toute chose possible, non seulement l'homme, mais en général un « objet » (le vin, sa patrie, etc.). L'amour devient aveugle et fou du fait qu'un « il faut » le soustrait à mon pouvoir, il devient romantique du fait qu'un « tu dois » pénètre en lui, c'est-à-dire que l' « objet » me devient sacré, ou que par le devoir, la conscience, le serment, je suis lié à lui. Ce n'est plus l'objet qui existe pour moi, mais moi pour lui.

Ce n'est pas comme étant mon sentiment que l'amour est ma **possession** — comme tel c'est plutôt moi qui le possède comme ma propriété — mais c'est en raison du caractère étranger de l'objet. Ainsi, l'amour religieux consiste dans le commandement d'aimer dans l'aimé « un saint », de me dévouer à la « chose sainte » qu'il est pour moi ; pour l'amour désintéressé il y a des objets absolument dignes d'amour, pour lesquels mon cœur doit battre, ainsi nos semblables, l'époux, nos parents, etc.

L'amour sacré aime dans l'aimé le saint, et s'efforce aussi de faire de l'aimé un être de plus en plus saint (par exemple, un Homme).

L'aimé est un objet que je **dois** aimer. Il n'est pas l'objet de mon amour parce que je l'aime, mais il est, en soi et pour soi, objet d'amour. Ce n'est pas moi qui le fais objet de l'amour, il l'est de lui-même, car, qu'il le soit devenu du fait de mon choix, par les fiançailles, le mariage, etc., cela ne fait rien à l'affaire ; une fois choisi, il a pour toujours « un droit propre à mon amour » et, parce que je l'ai aimé, je suis obligé de l'aimer éternellement. Ainsi donc il n'est pas l'objet de mon amour, mais de l'amour en général : un objet qui doit être aimé. L'amour lui revient, lui est dû, c'est son droit, mais moi, je suis obligé de l'aimer. Mon amour, c'est-à-dire l'amour dont je lui paye le tribut est en réalité le sien qu'il ne reçoit de moi que comme tribut.

Tout amour dans lequel on trouve la moindre trace d'obligation est désintéressé et il est « possession » dans la mesure de cette obligation. Celui qui croit devoir quelque chose à l'objet de son amour, aime en romantique ou en religieux.

L'amour de la famille, par exemple, conçu ordinairement comme « piété » filiale est un amour religieux ; « l'amour de la patrie » prêché comme « patriotisme », également. Tout notre amour romantique se meut dans le même cadre : partout l'hypocrisie ou plutôt le mensonge que l'on se fait à soi-même d'un amour « désintéressé », — intérêt que je porte à l'objet pour l'amour de l'objet lui-même et non pour l'amour de moi et seulement de moi.

L'amour religieux ou romantique se distingue à la vérité de l'amour sensuel par la différence de l'objet, mais le rapport de l'homme à l'objet reste le même. Dans les deux cas on est possédé, sauf que dans le premier l'objet est sacré, dans l'autre il est profane. La domination sur moi est la même sauf que tantôt c'est un objet sensible, tantôt un objet spirituel (fantasmatique). Mon amour n'est mon bien propre que lorsqu'il consiste dans un intérêt absolument personnel, égoïste, et que par conséquent l'objet de son amour est réellement mon objet, ma propriété. Je ne dois rien à ma propriété et je n'ai aucun devoir envers elle pas plus que je n'ai de devoir envers mon œil ; si pourtant je la garde avec le plus grand soin, c'est uniquement par amour pour moi.

Il y a autant d'amour dans l'antiquité qu'aux temps chrétiens ; le Dieu d'amour est plus vieux que le Dieu de l'amour, mais la possession mystique appartient aux modernes.

Cette possession de l'amour tient au caractère étranger de l'objet, autrement dit, à mon impuissance en face de son essence étrangère et de sa force supérieure. Pour l'égoïste rien n'est assez haut pour qu'il s'humilie devant, rien n'est assez indépendant pour qu'il y consacre sa vie, rien d'assez sacré, pour qu'il s'y sacrifie. L'amour de l'égoïste a sa source dans l'intérêt personnel, coule dans le lit de l'intérêt personnel, et va se jeter dans l'intérêt personnel.

Peut-on encore appeler cela amour ? Connaissez-vous un autre mot, donnez-le tout de suite et que le doux mot d'amour ne soit plus qu'une feuille morte d'un monde mort ! Quant à moi, pour le moment, je n'en trouve pas d'autre dans notre langue chrétienne, j'en reste au vieux mot et « j'aime » mon objet — ma propriété.

Je conserve en moi l'amour comme un de nos sentiments, mais je le repousse en tant que puissance au-dessus de moi, puissance divine (Feuerbach), passion à laquelle je ne puis me soustraire, devoir religieux et moral. Comme étant mon sentiment, il est mien, mais pris comme un principe auquel je dois consacrer et assermenter mon âme, l'amour est impératif et divin de même que la haine comme principe est diabolique : l'un ne vaut pas mieux que l'autre. Bref l'amour égoïste, c'est-à-dire mon amour n'est ni saint, ni profane, ni divin, ni diabolique.

« Un amour qui est borné par la foi n'est pas un véritable amour. La seule limite qui ne contredise pas l'essence de l'amour, est celle qu'il s'impose à lui-même par la raison et l'intelligence. L'amour qui méprise la sévérité, la loi de l'intelligence, est en théorie un faux amour, en pratique une passion pernicieuse [1] ». Ainsi dans son essence, l'amour est raisonnable ! Ainsi pense Feuerbach ; le croyant dit de son côté : l'amour est croyant par essence. Celui-là déploie son zèle contre l'amour déraisonnable ; celui-ci contre l'amour incrédule. Pour tous deux, il n'est tout au plus qu'un *splendidum vitium,* car ne laissent-ils pas tous deux subsister l'amour sous forme de déraison et d'incroyance. Ils n'osent pas dire : l'amour déraisonnable ou incrédule est un non-sens, ce n'est pas de l'amour, pas plus qu'ils ne peuvent dire : des larmes déraisonnables ou incrédules ne sont pas des larmes. Mais si l'amour déraisonnable et incrédule doit passer pour amour et s'il est indigne de l'homme, il s'ensuit simplement ceci, c'est que c'est la raison, la foi qui est la chose suprême et non l'amour ; l'homme déraisonnable et incroyant peut aussi aimer, mais l'amour n'a de prix que si c'est celui d'un homme raisonnable ou croyant. C'est une illusion de dire avec Feuerbach que la raison est « la limite que s'impose l'amour ». Le

---

1. Feuerbach Wesen des Christenthums, 394.

croyant en pourrait dire autant au même titre, de sa foi : l'amour déraisonnable n'est ni « faux », ni « pernicieux », il remplit comme amour sa fonction.

A l'égard du monde, particulièrement à l'égard des hommes, je dois avoir un sentiment déterminé et au début éprouver un sentiment d'amour « aller au-devant d'eux avec amour ». A vrai dire il s'y manifeste bien plus d'arbitraire et d'action personnelle que lorsque je me laisse assaillir par tous les sentiments du monde et que je demeure exposé aux impressions les plus fortuites et les plus confuses. Je vais plutôt à eux avec un sentiment préconçu, en quelque sorte avec un préjugé, une opinion faite ; j'ai caractérisé par avance mon attitude envers eux et je sens et je pense d'eux ce que je suis décidé à en penser, en dépit de leurs efforts. Je m'assure par le principe de l'amour contre la domination du monde, car quoi qu'il arrive — j'aime. La laideur par exemple fait sur moi une impression désagréable ; seulement, étant résolu à aimer, je dompte cette impression comme toute antipathie.

Mais le sentiment auquel je me suis déterminé *à priori* et condamné, est un sentiment borné parce qu'il est prédestiné et que je ne puis m'en détacher ou m'en dédire. Parce que préconçu, c'est un préjugé. Je ne me présente plus contre le monde, c'est mon amour qui se manifeste. A vrai dire si le monde ne me domine pas, il est d'autant plus inévitable que l'esprit d'amour me domine. J'ai vaincu le monde pour devenir esclave de cet esprit.

Ayant dit d'abord, j'aime le monde, j'ajoute maintenant : je ne l'aime pas, car je l'anéantis comme je m'anéantis : je le résous. Je ne me borne pas à un sentiment unique pour les hommes, mais je donne libre cours à tous ceux dont je suis capable. Pourquoi ne pas exprimer la chose dans toute sa nudité ? Oui, j'utilise à mon profit le monde et les hommes ! De plus, je puis rester ouvert à toutes les impressions, sans qu'aucune d'elles ne m'arrache à moi-même. Je puis aimer, aimer de toute mon âme, être consumé des feux les plus ardents, sans prendre l'aimé pour autre chose que pour l'aliment où ma passion reprend à tout instant une vie nouvelle. Tout mon soin pour lui ne s'adresse qu'à l'objet de mon amour, à lui seul dont mon amour a besoin, à lui seul, « le bien-aimé ». Comme il me serait indifférent sans cet amour que j'ai pour lui ! C'est seulement mon amour dont je me nourris en lui, je ne l'emploie qu'à cela ; j'en jouis.

Choisissons un autre exemple très voisin. Je vois comment les hommes enfoncés dans leur sombre superstition sont tourmentés par un essaim de fantômes. Croyez-vous que si j'essaie, dans la mesure de mes forces, de projeter un peu de lumière sur ces esprits nocturnes, c'est l'amour que j'ai pour vous qui m'y pousse ? Est-ce par amour des hommes que j'écris ? Non, j'écris parce que je veux donner à mes pensées une existence dans le monde, et si je pouvais prévoir que ces pensées vous feraient perdre la tranquillité et la paix, et si je voyais les guerres les plus sanglantes et la ruine de plusieurs générations germer de cette graine de pensées : je la sèmerais cependant. Faites-en ce que vous voudrez, c'est votre affaire et cela ne m'inquiète guère. Peut-être n'en aurez-vous que tristesse, combats et mort ; seul le tout petit nombre en tirera de la joie. Si j'avais votre bien au cœur, j'agirais comme l'Église, quand elle retira la Bible aux laïques, ou comme les gouvernements chrétiens qui se font un devoir sacré de « mettre en garde l'homme du peuple contre les mauvais livres ».

Mais ce n'est pas par amour de vous, pas même par amour de la vérité, que j'exprime ce que je pense. Non :

> Je chante comme l'oiseau chante
> Qui a dans les branches sa demeure
> Le chant qui sort de sa gorge
> Est la récompense dont il se contente.

Je chante, parce que je suis chanteur. Si je me sers de vous, c'est que j'ai besoin d'oreilles.

Quand je trouve le monde sur ma route, — et je le trouve partout — je le dévore pour apaiser la faim de mon égoïsme. Tu n'es pour moi que mon aliment, bien que moi aussi, je sois usé et consommé par toi. Nous n'avons l'un pour l'autre qu'un rapport, celui d'utilité de profit, d'avantage. Nous ne nous devons rien l'un à l'autre, car ce que je parais te devoir, c'est tout au plus si je le dois à moi-même. Si je te montre une mine gaie pour t'égayer, c'est que j'ai un intérêt à ta gaîté et c'est pour satisfaire à mon désir que je te fais bon visage ; mais je ne le fais pas à mille autres que je n'ai pas l'intention d'égayer.

L'homme doit être élevé à cet amour qui se fonde sur « l'essence de l'homme » ou qui, dans la période cléricale et morale, plane au-dessus de nous comme un « commandement ». Il faut ici tout au moins examiner d'un œil égoïste de quelle façon l'influence morale, l'ingrédient principal de notre éducation cherche à régler le commerce des hommes.

Ceux qui nous élèvent ont à cœur de nous déshabituer de bonne heure du mensonge et de nous inculquer ce principe qu'on doit toujours dire la vérité. Si on donnait à cette règle l'intérêt pour base, chacun comprendrait facilement qu'en mentant il perd par sa faute la confiance qu'il veut éveiller chez les autres, et il sentirait toute la justesse de cette maxime : on ne croit plus celui qui a menti une fois, quand même il dirait la vérité ! Qu'un espion traverse, déguisé, le camp ennemi, et qu'on lui demande qui il est, ses interrogateurs ont certes le droit de s'enquérir de son nom, mais lui ne leur donne pas le droit d'apprendre la vérité ; il leur dit ce qu'il peut, sauf ce qui est vrai. Et pourtant la morale ordonne : « Tu ne dois pas mentir ». Par la morale, ceux-là sont autorisés à apprendre la vérité, mais non par moi, et je leur reconnais seulement le droit que je leur confère. La police fait irruption dans une réunion de révolutionnaires et demande à l'orateur son nom ; chacun sait que la police en a le droit, mais elle ne l'a pas aux yeux du révolutionnaire qui est son ennemi : il lui donne un faux nom et lui ment. Aussi la police n'est-elle pas assez bête pour compter sur l'amour de ses ennemis pour la vérité ; au contraire, *à priori,* elle ne les croit pas et s'assure, quand elle peut, de l'identité de l'individu qu'elle questionne. L'État lui-même se montre partout incrédule à l'égard des individus, parce qu'il reconnaît dans leur égoïsme son ennemi naturel : il demande à chacun « ses papiers » et celui qui ne peut les produire tombe sous le coup de son inquisition soupçonneuse. L'État n'a aucune foi, aucune confiance dans l'individu et suppose toujours que chez lui le mensonge est la règle ; il ne me croit que lorsqu'il s'est convaincu de la véracité de mon dire, et il n'a souvent pour cela d'autre moyen que le serment. Cela ne prouve-t-il pas clairement que l'État ne compte pas sur notre bonne foi et notre amour de la vérité, mais sur notre intérêt, notre égoïsme : il fait fond sur ce que nous ne voulons pas nous brouiller avec Dieu par un faux serment.

Que l'on s'imagine maintenant un révolutionnaire français de l'an de grâce 1788, laissant tomber, entre amis, cette parole célèbre plus tard : le monde n'aura pas de repos que nous n'ayons pendu le dernier roi avec les boyaux du dernier prêtre. En ce temps-là le roi avait encore toute sa puissance. Je suppose que ces paroles soient dénoncées sans que l'on puisse produire des témoins, on exigera de l'accusé l'aveu. Doit-il avouer ou non ? S'il se renie, il ment et demeure impuni ; avoue-t-il, il dit la vérité et — on lui coupe la tête. Si pour lui la vérité passe avant tout, très bien ! qu'il meure. Seul un misérable poète pourra tenter d'en tirer une tragédie, car quel intérêt y a-t-il à voir un homme succomber par sa lâcheté. Mais s'il avait le courage de ne pas être esclave de la vérité et de la sincérité, il se demanderait : qu'ont besoin les juges de savoir ce que j'ai dit devant mes amis, si je voulais le leur faire savoir, je leur dirais la chose comme je l'ai fait pour mes amis. Or je ne veux pas qu'ils sachent. Ils s'ingèrent dans ma confiance sans que je les y aie appelés et que je les aie faits mes confidents ; ils veulent apprendre ce que je veux céler. Eh bien ! Allez-y, vous qui voulez briser ma volonté par votre volonté, mettez en œuvre tous vos talents. Vous pouvez me donner la question, vous pouvez me menacer de l'enfer et de la damnation éternelle, vous pouvez me forcer à faire un faux serment, vous ne tirerez pas la vérité de moi, car je veux vous mentir parce que je ne vous ai donné aucun droit à ma sincérité. Dieu « qui est la vérité » peut me considérer plein de menaces du haut de son ciel, le mensonge peut avoir pour moi les pires conséquences, j'ai cependant le courage du mensonge, et même si je suis dégoûté de la vie, si rien ne vient mieux à propos pour moi que le glaive de votre bourreau, vous n'aurez pourtant pas la joie de trouver en moi un esclave de la vérité que par vos artifices de prêtres vous ferez traître à sa volonté. Quand j'ai prononcé ces paroles de haute trahison, je ne voulais pas que vous en connussiez rien ; je conserve aujourd'hui la même volonté et je ne me laisse pas effrayer par l'horreur du mensonge.

Sigismond n'est pas un misérable coquin parce qu'il fut traître à sa parole de roi, mais il rompit son serment parce qu'il était un coquin ; même s'il l'eût pu tenir, il n'eût encore été qu'un coquin, un valet de prêtres. Luther fut poussé par une force supérieure à devenir infidèle à ses vœux monastiques ; ce fut pour l'amour de Dieu. Tous deux en rompant leur serment furent possédés : Sigismond parce qu'il voulait paraître confesseur sincère de la vérité divine, c'est-à-dire de la vraie foi, de la foi catholique, Luther parce qu'il voulut témoigner sincèrement, en pleine vérité de corps et d'âme, en faveur de l'Evangile ; tous deux furent parjures pour rester fidèles à « la vérité supérieure ». Seulement l'un, ce furent les prêtres qui le délièrent, l'autre, ce fut lui-même. Ne méditèrent-ils pas l'un et l'autre ces paroles apostoliques : « Ce n'est pas aux hommes mais à Dieu que tu as menti. » Ils mentirent aux hommes, ils brisèrent aux yeux du monde leur serment pour ne pas mentir à Dieu, pour le servir. Ils nous montrent ainsi comment en présence des hommes on doit se comporter à l'égard de la vérité. En l'honneur de Dieu et par amour de Dieu, — un parjure, un mensonge, un serment de prince violé.

Qu'advient-il maintenant si nous modifions un peu la chose en écrivant: un parjure, un mensonge — pour l'amour de moi. Ne serait-ce pas justifier toutes les infamies? Certes il m'en semble ainsi, sauf que c'est absolument comme si l'on écrivait : « pour l'amour de Dieu ». Car n'a-t-on pas au nom de Dieu pratiqué toutes les infamies, dressé les échafauds, institué les autodafés, introduit dans les masses l'abêtissement sous toutes ses formes, et aujourd'hui encore n'enchaîne-t-on pas l'esprit des hommes dès l'âge le plus tendre par l'éducation religieuse, toujours pour l'amour de Dieu?

N'a-t-on pas en son nom brisé des vœux sacrés, ne voit-on pas constamment des missionnaires et des prêtres errer à travers le monde pour amener des Juifs, des païens, des protestants ou des catholiques à trahir la foi de leurs pères, pour l'amour de Dieu? Ferait-on plus de mal pour l'amour de moi? En réalité que signifie cette expression? On va tout de suite penser à « un gain misérable ». Mais celui qui agit pour un gain misérable fait cela en réalité pour lui-même, car il n'y a rien qu'on ne voudrait faire par amour de soi-même, entre autres choses, tout ce qui se fait au nom de Dieu. Cependant parce qu'il cherche le lucre, il n'est pas au-dessus de lui, il en est l'esclave, il lui appartient, il appartient aux sacs d'écus, non à soi, il n'est pas proprement sien. Un homme que la passion de l'avarice domine n'obéira-t-il pas aux ordres de cette maîtresse, et si par intervalles il se sent pris d'un peu de bonté, cela ne lui paraît-il pas un cas exceptionnel, comme lorsque l'esprit de Dieu abandonne un instant de pieux croyants et qu'ils sont livrés aux maléfices du diable ? Ainsi un avare n'est pas un maître mais un valet et il ne peut rien faire pour soi-même sans le faire en même temps pour son maître — précisément comme le dévot.

Le parjure de François Ier envers Charles Quint est célèbre. Ce n'est pas plus tard, en faisant un examen plus sérieux de sa promesse, mais sur-le-champ, au moment même où il donnait sa parole, qu'il la reprit en pensée, appuyant son acte d'une protestation authentique écrite, signée en présence de ses conseillers. Il accomplit un parjure prémédité. François se montra disposé à acheter sa libération, mais le prix qu'y mit Charles lui parut trop élevé et trop peu équitable. Si Charles fit preuve de rapacité en cherchant à tirer de son prisonnier tout ce qu'il pouvait, François agit en gueux en voulant obtenir sa liberté au prix d'une rançon inférieure, et ses actions ultérieures, où l'on retrouve encore un parjure, prouvent suffisamment combien l'esprit de lucre le dominait et faisait de lui un menteur misérable. Pourtant qu'avons-nous à dire en reproche ? Simplement ceci, que ce n'est pas son parjure qui fit sa honte, mais sa gueuserie, et qu'il ne mérite pas le mépris pour n'avoir pas tenu sa parole, mais qu'il se rendit coupable de parjure parce qu'il était un homme méprisable. Considéré en lui-même, son acte demande à être jugé autrement. On pourrait dire que François ne répondit pas à la confiance que Charles lui accordait en le libérant ; seulement si Charles avait réellement eu confiance en lui, il lui aurait dit le prix qu'il mettait à sa libération, puis il l'aurait mis en liberté et eût attendu que François payât sa rançon. Charles n'avait pas une telle confiance, mais il croyait à la faiblesse et à la superstition de François qui ne lui permettraient pas d'agir contre son serment; mais François déçut ces calculs trop crédules. Quand Charles croyait s'assurer de son ennemi par un serment, il le libérait de tout engagement. Charles attribuait au roi un esprit stupide, une conscience étroite et comptait, sans avoir confiance en François, sur sa bêtise et sa conscience : il le fit sortir de sa prison de Madrid pour l'enfermer d'autant plus sûrement dans la prison de sa conscience, la grande geôle édifiée par la religion et l'esprit des hommes; il le renvoya en France chargé de chaînes invisibles. Quoi d'étonnant si François chercha à s'échapper et à rompre ses chaînes! Aucun homme n'eût pris à mal qu'il se fût enfui de sa prison de Madrid, car il était au pouvoir de l'ennemi, mais tout bon chrétien crie malheur à lui! parce qu'il a voulu s'affranchir des liens de Dieu.

Il est méprisable de tromper la confiance que nous provoquons librement, mais en présence de celui qui veut par un serment nous réduire en son pouvoir, il n'y a aucune honte pour l'égoïsme à le laisser se perdre dans l'insuccès de sa ruse. Tu as voulu me lier, eh bien! apprends que je saurai briser mes liens.

Tout dépend de savoir si, à qui se confie à moi, je donne droit à ma confiance. Si tel qui poursuit mon ami vient me demander où il s'est enfui, je le mettrai certainement sur une fausse piste. Pour ne pas être traître envers un ami, je préfère mentir à un ennemi. Certes, je pourrais répondre courageusement: je ne veux pas le dire (Fichte résoud ainsi le cas) ; je sauverai par là mon amour de la vérité et je ferai pour mon ami à peu près autant que rien, car si je n'induis pas l'ennemi en erreur, il peut par hasard trouver la bonne route et alors mon amour de la vérité en m'enlevant le courage de mentir aura causé la perte de mon ami. Celui pour qui la vérité est une idole, une chose sainte, doit s'humilier devant elle, il ne doit pas braver ses ordres, il ne doit pas lui résister, bref il doit renoncer au **courage du mensonge**. Car il n'y a pas moins de courage dans le mensonge que dans la vérité, courage que l'éducation s'efforce de briser chez la plupart des jeunes gens qui préfèrent confesser la vérité et affronter l'échafaud plutôt que de confondre le pouvoir des ennemis par l'impudence d'un mensonge. Pour ceux-là, la vérité est « sainte »; or le saint exige en tout temps respect aveugle, soumission, sacrifice. Si vous n'êtes pas effrontés, si vous ne vous moquez pas de la chose sainte, vous en êtes les serviteurs dociles. Qu'on mette seulement un petit grain de vérité dans le piège, vous allez à coup sûr y donner du bec — et voilà notre sot pris. Vous ne voulez pas mentir? Tombez donc en holocauste à la vérité — soyez martyrs! Martyrs pour qui? Pour vous, pour votre propriété? Non, pour votre déesse, — la vérité. Vous ne connaissez que deux sortes de servages, que deux sortes de serviteurs : serviteurs de la vérité, serviteurs du mensonge. Servez donc, au nom de Dieu, la vérité !

D'autres encore servent la vérité, mais « avec mesure » et ils font par exemple une grande distinction entre le mensonge simple et le mensonge juré. Et cependant tout le chapitre du serment coïncide avec celui du mensonge, car un serment n'est qu'une affirmation plus forte. Vous vous tenez pour autorisés à mentir tant que vous ne jurez pas. En stricte justice, on doit juger et condamner un mensonge aussi sévèrement qu'un faux serment. Mais il subsiste dans la morale la vielle question du « mensonge nécessaire ». Quiconque ose employer ce mot doit, s'il est conséquent, accepter aussi « le serment nécessaire ». Si je justifie mon mensonge comme un mensonge nécessaire, je ne dois pas être assez timoré pour priver le mensonge autorisé de son affirmation la plus forte. Quoi que je fasse, pourquoi ne puis-je accomplir mon acte entièrement et sans réserve mentale (*reservatio mentalis*)? Si je mens, pourquoi ne pas mentir complètement, en pleine conscience et en toute force? Comme espion, je dois jurer à l'ennemi autant de fois qu'il le désire chacune de mes fausses assertions, car résolu à mentir irai-je soudain m'arrêter, lâche et irrésolu, en face du serment? Car alors je me perds par avance en mettant ainsi volontairement aux mains de l'ennemi le moyen de me prendre. Aussi l'État redoute le serment obligatoire et n'y laisse pas venir l'accusé. Mais vous ne justifiez pas la crainte de l'État ; vous mentez, mais vous ne prêtez pas de faux serments. Avez-vous fait par exemple un bienfait à quelqu'un avec l'intention de le lui cacher, je suppose qu'il s'en doute et vous l'attribue : vous niez, il s'entête, vous lui dites : « non en vérité ! » Mais si la chose allait jusqu'au serment, vous broncheriez, car toujours vous êtes arrêtés en route par la terreur de la chose sacrée. Contre le Saint, vous n'avez aucune volonté propre. Vous mentez avec mesure, comme vous êtes libres « avec mesure », religieux « avec mesure » (les cléricaux ne peuvent pas arriver à saisir pourquoi l'Université mène sur ce point la campagne la plus sotte qui soit contre l'Église), royalistes « avec mesure » (vous voulez une Monarchie limitée par la Constitution, par des lois organiques), tout bien tempéré, tiède et flasque, moitié Dieu, moitié diable.

Il régnait dans une certaine université la coutume que toute parole d'honneur d'étudiant donnée aux censeurs de l'université devait être regardée comme nulle et non avenue. Les étudiants considéraient l'exigence du serment comme un piège auquel ils ne pouvaient échapper qu'en enlevant au serment toute son importance. Mais celui qui trahissait la parole donnée à un de ses compagnons était taxé d'infamie ; tandis que celui qui la donnait à un des censeurs riait au milieu de ses compagnons du pauvre homme abusé, qui s'imaginait qu'une parole d'honneur a même valeur entre amis qu'entre ennemis. C'est moins une juste théorie que la nécessité de la pratique qui avait enseigné aux étudiants à agir ainsi, car sans cet expédient ils auraient été amenés à trahir leurs compagnons. Mais si le moyen s'avère dans la pratique, il a aussi sa confirmation théorique. Une parole d'honneur n'en est une que pour celui que j'autorise à la recevoir ; celui qui m'y contraint n'obtient qu'une parole contrainte, hostile, la parole d'un ennemi à laquelle on n'a pas le droit de se fier ; car l'ennemi ne nous donne pas le droit.

D'ailleurs les tribunaux de l'État ne reconnaissent pas l'inviolabilité du serment, car si j'ai juré à un prévenu de ne rien dire contre lui, le tribunal, malgré que ce serment me lie exigera ma déposition, et en cas de refus, me fera emprisonner jusqu'à ce que je me décide — à me parjurer. Le tribunal « me dégage de mon serment ». — Combien généreux ! Si une puissance quelconque peut m'en délier, je serai moi, la première avant toute autre qui puisse avoir cette prétention.

A titre de curiosité et pour donner un échantillon de tous les genres de serments, je rappelle ici celui que le tzar Paul fit prêter aux Polonais prisonniers (Kosciuzko, Potocki, Niemcewickz, etc.), lorsqu'il les libéra : « Nous ne jurons pas seulement fidélité et obéissance au tzar, mais nous promettons encore de verser notre sang pour sa gloire ; nous nous engageons à révéler tout ce que nous pourrions jamais apprendre qui menaçât sa personne ou son empire ; enfin nous déclarons qu'en quelque point de la terre que nous nous trouvions, un seul mot du tzar suffira pour nous faire quitter tout et nous remettre aussitôt à lui. »

Il y a un domaine où le principe de l'amour paraît avoir été depuis longtemps dépassé par l'égoïsme et semble seulement avoir besoin d'une ferme conscience, en quelque sorte de la victoire appuyée sur une bonne conscience. Ce domaine est la spéculation en sa double manifestation, sous forme de pensée ou de négoce. On suppute ce que cela peut rapporter et l'on calcule combien pourront souffrir de nos entreprises spéculatives. Mais quand l'affaire devient sérieuse, quand il s'agit d'abolir le dernier reste de religiosité, de romantisme ou « d'humanité », la conscience religieuse se manifeste en nous, et l'on se rattache du moins à l'humanité. Le spéculateur avide jette quelques groschens dans l'escarcelle du pauvre, et « fait le bien » ; le penseur hardi se console en pensant qu'il travaille à l'avancement du genre humain et que les ravages qu'il cause aboutiront « au profit de l'humanité », ou encore « qu'il sert l'idée » : l'humanité ; l'idée est pour lui la chose dont il dit : c'est au-dessus de moi.

Jusqu'aujourd'hui on a pensé et agi pour l'amour de

Dieu. Ceux-là qui, pendant six jours, foulaient tout aux pieds pour atteindre à leurs buts égoïstes, le septième, sacrifiaient au Seigneur, ceux-là qui, de leur pensée impitoyable, détruisaient cent « bonnes causes », agissaient ainsi pour servir « une autre bonne cause » et devaient, en dehors d'eux-mêmes, penser encore à un autre qui tirerait son bonheur de leur satisfaction personnelle, penser au peuple, à l'humanité, etc. Mais cet autre est un être au-dessus d'eux, un être très haut, ou suprême, c'est pourquoi je dis qu'ils font tous ces efforts pour l'amour de Dieu.

Par suite, je puis dire que la dernière raison de leurs actions est l'a m o u r. Non pas un amour volontaire qui leur soit propre, mais un amour tributaire dont le Suzerain est l'Être Suprême (Dieu, qui est l'amour même) bref, non pas l'amour égoïstique, mais l'amour religieux, un amour né de l'illusion que l'on doit payer son tribut à l'amour, c'est-à-dire que l'on ne peut être « égoïste. »

Quand nous voulons délivrer le monde de maintes servitudes, ce n'est pas pour lui, mais pour nous que nous le voulons : car nous ne sommes pas, de profession et « par amour », des libérateurs du monde et nous voulons seulement le conquérir sur d'autres. Nous voulons nous l'approprier ; il ne doit pas plus longtemps rester serf de Dieu (de l'Église) ou de la loi (de l'État) ; il faut qu'il soit notre bien propre, c'est pourquoi nous cherchons à le « gagner », à le prévenir en notre faveur ; sa force qu'il tourne contre nous, nous cherchons à l'achever, à la rendre surabondante, en accourant à lui et en nous « rendant » à lui aussitôt qu'il nous a entendus. Si le monde est nôtre, il ne cherchera plus à exercer sa force contre nous mais avec nous. Mon égoïsme a intérêt à libérer le monde, afin qu'il devienne ma propriété.

Ce n'est pas l'isolement ou la solitude qui est l'état primitif des hommes, mais la société. Notre existence commence par l'union la plus intime, car nous vivons unis à la mère, avant même que nous respirions ; puis quand nous voyons la lumière, nous nous retrouvons dans les bras d'un être humain qui nous berce sur son sein, nous tient en lisière et nous enchaîne à sa personne par mille liens. La société est notre état naturel, c'est pourquoi plus nous apprenons à nous sentir, plus le lien précédent, si intime, devient lâche, et la dissolution de la société originelle apparaît indéniable. Cet enfant qu'elle portait naguère dans ses entrailles, il faut que la mère aille le chercher dans la rue parmi ses petits compagnons pour l'avoir de nouveau à elle. L'enfant préfère le commerce de ses égaux à celui de la société, dans laquelle il n'est pas entré, dans laquelle il est seulement né.

La dissolution de la société est le commerce ou association. Certes la Société naît aussi de l'association mais seulement comme une idée fixe naît de la pensée, quand de la pensée a disparu l'énergie, l'action même de penser, cette incessante reprise de toutes les idées qui se fixent. Quand une association s'est cristallisée en Société, elle a cessé d'être, car une réunion est le fait incessant de se réunir ; elle est devenue une assemblée, elle est arrivée à l'état stationnaire, elle a dégénéré en fixité, elle est morte comme association, elle en est le cadavre, c'est-à-dire qu'elle est Société ou communauté. Le parti en fournit un exemple parlant.

Qu'une Société, la Société-État par exemple me restreigne ma liberté, voilà qui me révolte peu. Si pourtant je dois la laisser borner par des puissances de toutes sortes, par tout homme plus fort que moi et même par chacun de mes semblables, quand bien même je serais l'autocrate de toutes les Russies, je ne jouirais cependant pas de la liberté absolue. Mais mon individualité, je ne me la laisserai pas ravir. Et c'est précisément parce que toute Société a l'œil sur l'individualité, qu'elle doit succomber sous sa puissance.

A la vérité la société dont je fais partie me prend maintes libertés mais m'en garantit d'autres ; il n'y a rien à dire aussi si j'abandonne telle ou telle liberté (par contrat, par exemple). Au contraire je tiens jalousement à mon individualité. Toute communauté a la tendance plus ou moins accentuée, suivant le pouvoir qu'elle possède, à devenir une autorité pour ses membres et à leur imposer des limites: elle désire et doit désirer « des sujets à l'esprit borné », elle doit désirer que ses adhérents lui soient assujettis, soient ses « sujets », elle ne subsiste que par la « sujétion ». Il n'y a aucunement besoin d'ailleurs qu'une certaine tolérance soit exclue; au contraire, la société accepte bienveillamment les corrections, les indications et le blâme, autant qu'elle peut en tirer profit ; mais le blâme doit être « bien intentionné » il ne doit pas être « impudent et irrespectueux », en d'autres termes on doit laisser intacte la substance de la société et la tenir pour sacrée. La société exige que ses adhérents ne la dépassent pas et ne s'élèvent pas au-dessus d'elle, mais qu'ils restent « dans les limites de la légalité » c'est-à-dire qu'ils ne se permettent pas plus que la société et les lois ne leur permettent.

Il y a à distinguer si la société limite ma liberté ou mon individualité. S'il ne s'agit que du premier cas, elle est une union, une convention, une association ; mais si elle menace l'individualité, elle est une puissance en soi, une puissance au-dessus de moi, quelque chose d'inaccessible pour moi que je puis certes admirer, adorer, vénérer, respecter mais non dompter et absorber, chose que je ne puis faire justement par ce que je me résigne. Elle subsiste par ma résignation, par mon renoncement à moi-même, ma lâcheté que l'on nomme HUMILITÉ. Mon humilité fait son courage, ma résignation lui donne la domination.

Mais relativement à la liberté il n'y a entre l'État et l'association aucune différence. Cette dernière pour naître et subsister a besoin que la liberté soit limitée en tous sens, de son côté l'État ne s'accorde pas avec une liberté illimitée. Cette limitation est partout inévitable car on ne peut pas s'affranchir de tout ; on ne peut pas voler comme un oiseau parce qu'il ne suffit pas de vouloir, et qu'on ne peut pas se libérer de sa propre pesanteur ; on ne peut rester à volonté sous l'eau comme un poisson, parce qu'on ne peut se passer d'air et qu'on ne peut s'affranchir de la nécessité de respirer, etc. La religion et principalement le christianisme a tourmenté l'homme en lui imposant la réalisation de choses hors nature et absurdes ; la pure conséquence de cette outrance a été que finalement la liberté même, l'absolue liberté, est devenue idéal, et qu'ainsi la folie de l'impossible est apparue en plein jour. Certes, l'association présente une plus grande mesure de liberté, si bien qu'on peut la considérer elle-même comme « une nouvelle liberté » parce que par elle on échappe à toute la contrainte particulière à la vie de l'État et de la société ; mais elle contient encore une limitation suffi-

---

1. Jeu de mots intraduisible sur Muth courage et Demuth humilité.

sante de la liberté, de l'action libre. Car son but n'est pas précisément la liberté qu'elle sacrifie au contraire à l'individualité et rien qu'à l'individualité. Sur ce point la différence entre l'État et l'association est suffisamment grande. Celui-là est l'ennemi et le meurtrier de l'individualité, celle-ci en est la fille et la collaboratrice.

Celui-là est un esprit qui veut être adoré en esprit et en vérité, celle-ci est mon œuvre, ma création; l'État est le seigneur de mon esprit, et exige ma foi et me prescrit des articles de foi — le code comme article de foi — il exerce sur moi une influence morale, domine ma pensée, chasse mon moi pour s'installer à sa place comme étant « mon vrai moi », bref l'État est sacré et en face de moi, l'homme individuel, il est le vrai moi, l'esprit, le fantôme; mais l'association de quelque sorte qu'elle soit est ma création propre, ma créature, elle n'est pas sacrée, elle n'est pas une puissance spirituelle dominant mon esprit. De même que je ne puis être l'esclave de mes maximes, mais que je les soumets à une critique constante sans tenir compte des garanties qu'elles présentent, et que je ne donne aucune caution de leur validité, de même et bien moins encore, je ne me lie pour l'avenir à l'association et je ne lui engage mon âme, comme on dit, pour le diable et comme c'est réellement le cas pour l'État et pour toute autorité spirituelle, mais je suis et demeure pour Moi plus que l'État, l'Église, Dieu, etc., et conséquemment aussi infiniment plus que l'association.

La société que veut fonder le communisme paraît tenir de très près à l'association. Elle doit avoir pour objet le « bien de tous » mais de tous, crie Weitling, sans cesse, de tous! Il apparaît vraiment que personne ne doive rester en arrière. Mais de qui donc sera-ce le bien ? Tous ont-ils un seul et même bien, et tous se trouvent-ils également satisfaits d'un bien unique ? S'il en est ainsi, c'est le « vrai bien ». Mais n'arrivons-nous pas précisément par là au point où la religion commence à exercer sa domination ? Le christianisme dit : ne regardez pas les frivolités de la terre, mais cherchez votre bien véritable — soyez de pieux chrétiens : l'état chrétien est le souverain bien. C'est le vrai bien de « tous », parce que c'est le bien de l'homme en soi (ce fantôme). Maintenant le bien de tous doit-il être aussi mon bien et ton bien ? Mais si moi et toi ne considérons pas ce bien comme notre bien, se souciera-t-on alors de ce qui constitue notre bien ? Loin de là, la société a décrété certain bien comme « le vrai bien » et si, par exemple, elle donnait ce nom à la jouissance honnêtement acquise par le travail et que tu préférasses la jouissance dans la paresse, le plaisir sans travail, la société, qui a souci du bien de tous, se garderait sagement de te donner ce qui fait ton bonheur. Le communisme, en proclamant le bien de tous, détruit le bien-être de ceux qui vivaient jusque-là de leurs rentes et qui se trouvaient infiniment mieux à ce régime que de la perspective de travail forcé que leur offre Weitling. Ce dernier affirme que le bien de millions d'hommes ne peut consister dans le bien de quelques milliers et que ceux-ci doivent abandonner leur bien particulier « en vue du bien général ». Non, n'invitez pas les gens à se sacrifier au bien commun, cette prétention chrétienne ne peut avoir aucun succès. Ils comprendront bien mieux l'exhortation contraire à ne se laisser ravir par personne leur propre bien, mais à le fonder d'une manière durable. Ils seront alors amenés d'eux-mêmes à travailler au mieux de leurs intérêts en s'associant à d'autres dans ce but, c'est-à-dire « en sacrifiant une partie de leur liberté », non au bien de tous, mais au leur propre. Un appel à l'esprit de sacrifice et à l'amour désintéressé des hommes devrait avoir enfin perdu son apparence trompeuse, car que reste-t-il d'une expérience qui a duré des milliers d'années? — Rien que la misère d'aujourd'hui. Pourquoi alors toujours attendre en vain que le sacrifice nous apporte des temps meilleurs? Pourquoi ne pas les espérer plutôt de l'usurpation? Ce n'est plus de ceux qui donnent, ce n'est plus des hommes désintéressés et pleins d'amour que vient le salut, mais de ceux qui prennent, de ceux qui s'approprient (usurpateurs), de ceux qui sont leurs propres maîtres. Le communisme et, consciemment ou inconsciemment, l'humanisme qui médit de l'égoïsme, comptent encore sur l'amour.

S'il arrive que la vie en commun soit un besoin de l'homme et qu'il se trouve favorisé dans ses intentions par la communauté, en retour, elle lui impose bientôt ses lois, les lois de la société. Le principe des hommes s'élève au-dessus d'eux à la puissance souveraine, il devient leur Être suprême, leur Dieu et, comme tel, leur législateur. Le communisme donne à ce principe les conséquences les plus rigoureuses, et le christianisme est la religion de la société, car l'amour, comme le dit justement Feuerbach, bien qu'il ne le pense pas aussi justement, est l'essence de l'homme, c'est-à-dire l'essence de la société, ou de l'homme social (communistique). Toute religion est un culte de la société, de ce principe qui domine l'homme social (cultivé); aussi aucun Dieu n'est-il le Dieu exclusif d'un moi, mais toujours celui d'une société ou d'une communauté, que ce soit celui de la société-famille (lares, pénates) celui d'un peuple (« Dieu national ») ou « de tous les hommes » (« il est le père de tous les hommes »).

Ainsi, en mettant au rebut la société et tout ce qui découle de ce principe, n'a-t-on pour objet que d'extirper les dernières racines de la religion. Mais c'est précisément dans le communisme que ce principe cherche à dominer, car là, tout doit revenir à la communauté pour que « l'égalité » soit rétablie. Si cette « égalité » est acquise, « la liberté » non plus ne fait pas défaut. Mais la liberté de qui? Celle de la société! La société est alors absolument tout et les hommes n'existent que « les uns pour les autres ». Ce serait l'apothéose de l'État de l'amour.

Mais je préfère avoir à compter avec l'égoïsme des hommes plutôt que sur leur pitié, sur leur compassion, etc. L'égoïste exige la réciprocité (comme tu es pour moi, je dois être pour toi), ne fait rien « gratis » et se laisse gagner et acheter. Car comment puis-je me faire rendre service par pure charité? C'est bien un hasard si j'ai précisément affaire à un être « charitable ». Je n'obtiens ses services qu'en les mendiant : par mon extérieur pitoyable, par mon dévouement, ma misère — ma souffrance. Que puis-je lui offrir pour l'aide qu'il m'apporte? Rien! Je dois la recevoir comme un présent. L'amour ne se paie pas ou plutôt : l'amour peut certes être payé, mais seulement par un amour réciproque (« une amabilité en vaut une autre »). Quelle misère, quelle gueuserie ne faut-il pas pour recevoir tout l'an des dons que par exemple on prélève régulièrement sur un pauvre journalier, sans le payer de retour? Que peut faire le bénéficiaire pour ce pauvre homme en retour des pfennigs qu'il lui a versés et qui constituaient toute sa richesse? Le pauvre hère aurait vraiment plus de jouissances si cet autre, avec ses lois et ses institutions, etc., qu'il lui faut payer, n'existait pas. Et cependant il aime son maître.

Non, la vie en société qui jusqu'ici fut « le but » de l'histoire est impossible. Dégageons-nous plutôt de ses hypocrisies et reconnaissons que si nous sommes égaux comme hommes, nous ne sommes pas égaux, parce que précisément nous ne sommes pas des hommes. Nous ne sommes égaux qu'en pensée, que lorsque « nous » sommes pensée, nous ne sommes pas égaux tels que nous sommes réellement, en chair et en os. Je suis Moi et tu es Moi, mais tu n'est pas ce Moi pensé, ce Moi en lequel nous sommes tous égaux, qui n'est que ma pensée. Je suis homme et tu es homme, mais « homme » n'est qu'une pensée, une généralité; ni moi ni toi ne pouvons être dits, nous sommes inexprimables, parce que seules les pensées peuvent être dites et ne consistent qu'en des paroles.

C'est pourquoi n'aspirons pas à la vie commune, mais à la vie à part. Ne cherchons pas la communauté la plus vaste, « la Société humaine », mais ne cherchons en autrui que des moyens et des organes dont nous usons comme de notre propriété ! Dans l'arbre et dans la bête nous ne voyons pas nos égaux, il en est de même de nos semblables; l'hypothèse qui les fait nos égaux est née d'une hypocrisie. Il n'y en a pas un qui soit mon égal, comme tous les autres êtres, je le considère comme ma propriété. On dit au contraire que je dois être homme « parmi mes frères » (*Judenfrage*, p. 60); je dois « respecter » en eux mes prochains, mes frères. Aucun n'est pour moi une personne que je respecte, pas même un semblable, il est absolument, comme tous les autres êtres, un **objet** pour qui j'ai de la sympathie ou non, un objet intéressant ou inintéressant, un sujet utilisable ou non.

Et si je puis l'utiliser, je m'entends et m'unis avec lui pour renforcer ma **puissance** par notre accord et faire plus par notre force commune que ne le pourrait la force isolée. Dans cette action commune je ne vois absolument pas autre chose qu'une multiplication de ma force et je ne la maintiens qu'autant qu'elle est une augmentation de ma force. Mais ainsi, c'est une association.

Aucun lien, ni naturel ni spirituel ne la rassemble; ce n'est pas une alliance naturelle, ce n'est pas une alliance spirituelle. Ni un **même sang**, ni une **même foi** (foi c'est-à-dire esprit) ne lui donne naissance. Dans une alliance naturelle — comme une famille, une race, une nation et même l'humanité — les individus ne valent que comme spécimens d'une même sorte ou d'une même espèce; dans une alliance spirituelle — comme une communauté, une église — l'individu n'a de signification que comme un élément du même esprit; ce que tu es dans les deux cas comme individu est rejeté à l'arrière-plan. Ce que tu es comme individu ne peut s'affirmer que dans l'association, parce que l'association ne te possède pas, parce que c'est au contraire toi qui la possèdes et l'utilises à ton profit.

Dans l'association et seulement dans l'association la propriété est reconnue parce que l'on ne reçoit plus d'aucun être son bien en fief. Les communistes se bornent à pousser dans ses dernières conséquences le régime qui existait depuis longtemps dans la société religieuse et particulièrement dans l'État, la non-propriété c'est-à-dire le régime féodal.

L'État s'efforce de dompter l'homme cupide, en d'autres termes il cherche à diriger ses convoitises exclusivement sur lui-même et à les satisfaire avec ce qu'il leur offre. Il ne lui vient pas à l'idée de les assouvir par amour pour celui qui les manifeste, au contraire, il traite d' « égoïste » l'homme qui exhale des passions effrénées, et « l'homme égoïste » est son ennemi. C'est l'ennemi de l'État parce que le moyen d'en venir à bout lui échappe. L'État ne peut « saisir » l'égoïste. L'État ne s'inquiétant que de lui-même, ce qui d'ailleurs ne peut être autrement, il s'ensuit qu'il n'a pas souci de mes besoins, il ne songe qu'à la façon dont il me tuera, c'est-à-dire fera de moi un autre moi, un bon citoyen. Il crée des institutions destinées à « améliorer les mœurs ». Et avec quoi gagnera-t-il les individus? Avec soi-même, c'est-à-dire avec ce qui est propre à l'État, avec la propriété de l'État. Il emploiera une activité incessante à les faire participer tous à ses « biens », à leur procurer à tous « les biens de la civilisation » : il leur donne son éducation, leur ouvre ses institutions et les met en mesure d'atteindre à la propriété, c'est-à-dire au fief par les voies de l'industrie, et en retour de ce fief il n'exige que le juste intérêt d'une constante reconnaissance. Mais les « ingrats » oublient de le remercier. La « société » qui est d'essence tout autre que l'État n'y réussit pas non plus.

Dans l'association tu apportes ta puissance totale, tous tes moyens, et tu te fais valoir; dans la société, tu es employé avec ta force de travail; dans celle-là tu vis en égoïste, dans celle-ci en humain, en être religieux, tu es « comme un membre au corps du Maître » : tu dois à la société ce que tu as, tu es obligé envers elle, tu es possédé de « devoirs sociaux »; l'association au contraire, tu l'utilises, et tu l'abandonnes, sans te préoccuper de devoirs ou de fidélité, quand tu ne vois plus à en tirer profit. Si la société est plus que toi, c'est que tu la considères comme au-dessus de toi; l'association n'est que l'instrument ou l'épée qui donne à tes forces naturelles plus de puissance et d'acuité; l'association existe pour toi et par toi, la société au contraire te revendique pour elle et existe aussi sans toi ; bref ta société est sacrée, l'association est ta chose propre : la société se sert de toi, tu te sers de l'association.

Il ne faut pas s'arrêter à l'objection que l'accord conclu pourra nous être de nouveau à charge et limiter notre liberté ; on nous dira qu'il faudra en venir à ce que « chacun sacrifie une part de sa liberté à la chose publique ». Seulement ce sacrifice, ce n'est pas à la chose publique que je le fais, pas plus que je n'ai conclu l'accord par amour pour la « chose publique » ou pour un individu quelconque autre que moi ; c'est mon intérêt personnel seul, mon égoïsme qui m'y a amené. D'ailleurs en ce qui concerne le sacrifice, je ne sacrifie que ce qui n'est pas en mon pouvoir, c'est-à-dire que je ne « sacrifie » rien.

Pour revenir à la propriété, c'est le maître qui est propriétaire, choisis donc si tu veux être maître ou si tu veux que ce soit la société ! Suivant ton choix, tu seras propriétaire, ou gueux. L'égoïste est propriétaire, l'homme social est un gueux. Gueuserie ou non-propriété est le signe du régime féodal qui depuis le siècle dernier a mis « l'homme » à la place de Dieu, reçoit de l'homme le fief qu'il tenait auparavant de la grâce de Dieu, et n'a fait par suite que changer le suzerain. Nous avons montré que la gueuserie atteint son épanouissement absolu dans le communisme basé sur le principe humain, mais que c'est seulement ainsi qu'elle peut se tourner en propriété. Le vieil état féodal fut si profondément refoulé à la révolution que depuis lors toutes les tentatives réactionnaires sont demeurées et demeureront stériles, parce que le mort est mort ; mais dans l'histoire chrétienne la résurrection devait se conserver comme une vérité et elle s'est conservée, car la féodalité a ressuscité, transfigurée, dans un au-delà : c'est la nouvelle féodalité sous la suzeraineté suprême « de l'homme ».

Le christianisme n'est pas anéanti et les croyants ont raison d'accueillir pleins de confiance les assauts qu'on lui livre et qui ne peuvent servir qu'à l'épurer et à l'affermir ; car il n'a fait en réalité que de se transfigurer, et « le christianisme révélé » est le christianisme humain. Nous vivons encore en pleine époque chrétienne, et ceux qui se sont le plus acharnés contre elle, sont précisément ceux qui contribuent avec le plus d'ardeur à l' « accomplir ». Plus la féodalité est devenue humaine, plus elle nous est devenue chère, car nous croyons d'autant moins qu'elle est encore féodalité que nous la prenons avec plus de confiance pour notre caractéristique, nous pensons avoir trouvé ce qui nous est « le plus propre » quand nous découvrons l'humanité.

Le libéralisme veut me donner ce qui est mien, mais il ne veut pas me le conférer comme étant mien, mais comme étant « l'humain ». Comme si on pouvait y atteindre sous ce masque ! Les droits de l'homme, l'œuvre précieuse de la révolution, ont ce sens que l'homme en moi m'autorise à telle ou telle chose : Moi comme individu, c'est-à-dire tel que je suis, je ne suis pas autorisé, mais c'est l'homme qui a le droit et qui m'autorise. Par suite, je puis avoir tel droit comme homme, mais comme je suis plus qu'homme, un homme particulier, il peut m'être refusé à moi, le particulier. Si vous tenez au contraire à maintenir à vos biens, leur valeur, ne vous laissez pas contraindre à les rabaisser au-dessous du prix, ne vous laissez pas persuader que votre marchandise ne vaut pas d'argent, ne souffrez pas qu'on se moque de vous en vous offrant un prix dérisoire, mais imitez le brave qui dit : Je veux vendre chèrement ma vie (ma propriété) les ennemis ne l'auront pas à bon compte. Vous aurez alors reconnu comme juste ce qui est l'inverse du communisme ; la formule n'est plus : Abandonnez votre propriété, mais faites-la valoir.

Au-dessus de la porte de notre temps on ne lit plus la formule apollonienne « Connais-toi toi même » mais : Fais-toi valoir.

Proudhon appelle la propriété « le vol ». Mais la propriété d'autrui (et c'est de celle-là seule qu'il veut parler) ne doit pas moins son existence au renoncement, à l'abnégation, à l'humilité, c'est un présent. Pourquoi, avec la mine d'un pauvre homme dépouillé, implorer la pitié, lorsqu'on ne sait que faire des présents par sottise et par lâcheté ? Pourquoi aussi en rejeter la faute sur les autres, comme s'ils nous dépouillaient, alors que c'est nous autres qui portons la faute de les laisser indemnes. C'est la faute des pauvres s'il y a des riches.

Personne, en général, ne s'indigne contre sa propre propriété, mais contre celle d'autrui. En réalité ce n'est pas la propriété qu'on attaque, mais son aliénation. On veut toujours pouvoir nommer siennes plus de choses, jamais moins, on veut nommer sien tout. Ainsi l'on combat contre la chose étrangère et pour forger un mot analogue à propriété, on combat contre l'étrangeté. Et quel profit en tire-t-on? Au lieu de faire de la chose étrangère sa propriété, on joue l'impartialité, et l'on demande seulement que toute propriété soit abandonnée à un tiers (par exemple, la Société humaine). On réclame le bien d'autrui non en son propre nom, mais au non d'un tiers. Maintenant toute trace d'égoïsme est effacée, — aussi tout est si pur et si humain !

Non-propriété ou gueuserie, telle est ainsi « l'essence du christianisme », comme c'est aussi celle de toute religiosité (c'est-à-dire piété, moralité, humanité) et c'est seulement dans « la religion absolue » qu'elle s'est manifestée en toute clarté et qu'elle est devenue la bonne nouvelle, l'Évangile susceptible de tous les développements. Nous en trouvons la conséquence la plus probante dans le présent combat contre la propriété, combat qui doit conduire « l'homme » à la victoire et abolir définitivement la propriété : l'humanité victorieuse est la victoire du christianisme. Mais ce « christianisme révélé » ainsi, c'est l'achèvement de la féodalité, c'est le régime féodal embrassant tout, c'est la gueuserie absolue. Faut-il donc encore une « révolution » contre le régime féodal ?

Révolution et révolte ne doivent pas être considérées comme ayant la même signification. La première consiste dans un bouleversement des circonstances, de l'état de choses existant ou *status*, de l'État ou de la Société, c'est par conséquent un fait politique ou social ; l'autre a certes comme conséquence inévitable un bouleversement de circonstances, mais n'en part pas, elle a son origine dans le mécontentement des hommes envers eux-mêmes, ce n'est pas une levée de boucliers mais une levée, une montée d'individus, sans considération pour les institutions qui en sortent. La révolution avait pour but une nouvelle organisation, la révolte nous amène à ne plus nous laisser organiser, mais à nous organiser nous-mêmes et ne place pas son espérance dans les « institutions ». La révolte est un combat contre l'ordre établi, si elle triomphe, l'ordre établi s'écroule ; elle n'est que le travail qui fait surgir mon moi de l'état de choses existant. Dès que j'en sors, il est mort et s'en va en décomposition. Mon objet n'est pas seulement de renverser l'ordre existant, je veux m'élever au-dessus, mon intention et mon acte ne sont ni politiques, ni sociaux, mais, étant dirigés sur moi et mon individualité, ils sont égoïstes.

La révolution nous ordonne de fonder des institutions, la révolte exige que nous nous soulevions, que nous nous élevions. « Quelle constitution choisir? » — Voilà la question qui occupa les têtes révolutionnaires et toute la période politique est émaillée de luttes et de questions constitutionnelles, tandis que les talents des socialistes se montraient d'une ingéniosité infinie à imaginer des institutions sociales (phalanstères et autres inventions du même genre). Le révolté[1] lutte pour être délivré des constitutions.

Je cherche un exemple pour donner plus de clarté à la chose et, contre toute attente, il me vient à l'esprit

---

1. Pour prendre mes sûretés contre une accusation criminelle, je fais remarquer expressément que j'emploie le mot « Empörung » (*soulèvement*, *révolte*) à cause de son sens étymologique, non dans le sens limité prescrit par la loi. *Stirner.*

la fondation du christianisme. On fait un grief aux premiers chrétiens d'avoir prêché l'obéissance à l'ordre établi, d'avoir enjoint la reconnaissance des autorités païennes et d'avoir ordonné, de « rendre à César ce qui appartient à César ». Pourtant à cette époque quelle agitation contre l'autorité romaine, quels factieux que les juifs et les romains même qui conspiraient contre leur propre gouvernement temporel, quelle mode c'était alors que le « mécontentement politique » ! Or les chrétiens n'en voulaient rien savoir, ils ne voulaient pas s'associer aux « tendances libérales ». Il régnait à cette époque une telle effervescence politique que, comme en témoignent les Évangiles, on crut porter contre le fondateur du christianisme une accusation victorieuse en dénonçant ses « menées politiques », et cependant ces mêmes Évangiles témoignent que précisément il ne prit pas la moindre part à l'agitation politique. Mais pourquoi ne fut-il pas révolutionnaire démagogue, ce qui l'aurait fait voir d'un œil favorable chez les juifs, pourquoi ne fut-il pas libéral ? Parce qu'il n'attendait aucun salut d'un changement de l'état de choses établi et que tout ce remue-ménage le laissait indifférent. Ce n'était pas un révolutionnaire comme par exemple César, mais un révolté *(Empörer)* ; il ne cherchait pas à bouleverser l'État, mais à se dresser *(sich emporrichten)*. C'est pourquoi il lui importait seulement « d'avoir la prudence du serpent » ; ce qui exprime le même sens que le « rendez à César ce qui est à César » pris dans un cas spécial ; certes il ne mena aucun combat libéral ou politique contre l' « autorité existante », mais il voulut n'étant pas inquiété ni dérangé par cette autorité, suivre sa voie propre. Il eut la même indifférence pour ses ennemis que pour le gouvernement, car ni les uns ni les autres ne comprenaient ce qu'il voulait et il n'avait qu'à se garder d'eux avec la prudence du serpent.

Mais s'il ne fut ni factieux, ni démagogue, ni révolutionnaire, il fut d'autant plus — et chacun des premiers chrétiens avec lui — un **révolté** qui s'élevait au-dessus de tout ce que ses contradicteurs et le gouvernement considéraient comme supérieur, se dégageait de tous les liens auxquels ceux-ci demeuraient enchaînés, détournait sourdement les sources de vie du monde païen tout entier et préparait ainsi la disparition de l'État existant. C'est précisément parce qu'il refusa de renverser l'ordre établi qu'il en fut l'ennemi héréditaire et le réel destructeur, car tranquillement et impitoyablement il édifia au-dessus de lui son temple et l'emmura sans prêter l'oreille aux gémissements de l'emmuré.

En sera-t-il maintenant du monde chrétien comme il en advint du monde païen? Une révolution n'amène certes pas la fin s'il n'y a eu au préalable une révolte!

A quoi tend mon commerce avec le monde? Je veux jouir du monde parce qu'il est ma propriété, et c'est pourquoi je veux le gagner. Je ne veux pas la liberté, l'égalité des hommes; je veux seulement avoir mon pouvoir sur eux, je veux en faire ma propriété, c'est-à-dire je veux les faire tels que je puisse en jouir. Et si la chose ne me réussit pas, je m'attribue alors le pouvoir de vie et de mort que l'Église et l'État se réservaient, je le nomme mien. Stigmatisez cette veuve d'officier qui dans la retraite de Russie, ayant eu la jambe fracassée d'un coup de feu, en arrache la jarretière, s'en sert pour étrangler son enfant et se laisse mourir à côté du cadavre, flétrissez la mémoire de cette mère infanticide. Qui sait ce que « le monde aurait pu tirer » de cet enfant s'il avait vécu! La mère le tua parce qu'elle voulait mourir satisfaite et tranquillisée. Ce cas ne répond peut-être pas à votre sentimentalité et vous ne voyez pas l'enseignement à en tirer. Tant pis ; quant à moi, j'y apprends que c'est ma satisfaction qui décide de mes rapports avec les hommes et que ce n'est pas une crise passagère d'humilité qui fait que je renonce à mon pouvoir sur la vie et la mort.

En ce qui concerne « les devoirs sociaux » un autre ne peut m'assigner ma position parmi les autres ; ni Dieu, ni l'humanité ne me prescrit mes rapports avec les hommes, mais c'est moi-même qui me donne ma place. Plus explicitement : je n'ai envers autrui aucun devoir, de même que je n'ai envers moi un devoir (par exemple celui de la conservation personnelle, qui entraîne l'interdiction du suicide) que tant que je me distingue de moi (que je sépare mon âme immortelle de mon être terrestre, etc.).

Je ne m'humilie plus devant aucune puissance et reconnais que toutes les puissances ne sont que mes puissances qu'il me faut soumettre aussitôt qu'elles menacent de s'exercer contre ou sur moi, chacune d'elles ne peut être qu'un de mes moyens de réussir, comme un chien de chasse est notre pouvoir contre le gibier, mais nous le tuons s'il s'attaque à nous. Toutes les puissances qui me dominent, je les rabaisse à me servir. Les idoles n'existent pas pour moi : il suffit que je ne les recrée pas pour qu'elles ne soient plus ; « des puissances supérieures » n'existent que parce que je les élève et me place plus bas qu'elles.

En conséquence voici quel est mon rapport avec le monde : Je ne fais plus rien pour lui « pour l'amour de Dieu », mais ce que je fais, je le fais « pour l'amour de moi ». C'est ainsi seulement que le monde me satisfait, tandis qu'au point de vue religieux et j'y comprends le point de vue moral et humain ; il est caractéristique que tout reste un vœu pieux (*pium desiderium*), c'est-à-dire jusqu'ici inaccessible. — Ainsi : la félicité universelle des hommes, le monde moral d'un amour universel, la paix éternelle, la fin de l'égoïsme, etc. — « Rien n'est parfait dans ce monde. » Avec ces tristes paroles les bons en prennent congé et se réfugient dans leur chambre ou dans leur fière « conscience ». Mais nous, nous demeurons dans ce monde « imparfait » parce que nous pouvons l'employer aussi à notre jouissance personnelle.

Mon commerce avec le monde consiste à en jouir et à en tirer parti pour ma satisfaction personnelle. Ce commerce se ramène à ma jouissance personnelle.

3. — MA JOUISSANCE PERSONNELLE

Nous sommes au seuil d'une époque. Jusqu'ici le monde existant ne pensait qu'à profiter du gain de la vie, n'avait souci que de la vie. Car, que toute l'activité soit tendue vers la vie d'au-delà ou la vie d'ici-bas, la vie temporelle ou l'éternelle, qu'on soupire après le pain quotidien. (« Donnez-nous notre pain quotidien ») ou après « le pain céleste » (« le vrai pain du Ciel ») ; « le pain de Dieu qui vient du Ciel et donne la vie au monde » ; « le pain de la vie » (Saint Jean) ; que l'on se soucie « de cette chère existence » ou de « la vie dans l'éternité », cela ne change pas le but de la tension ou du souci qui, dans l'un comme dans l'autre cas, se manifeste comme étant la vie. Les tendances modernes s'annoncent-elles autrement? on veut que personne ne soit plus embarrassé de trouver la satisfaction des besoins les plus impérieux de la vie mais qu'il en ait l'assurance, et d'autre part on enseigne que l'homme a à se mettre en peine de cette vie d'ici-bas et à vivre dans le monde réel sans avoir la vaine préoccupation de l'au-delà.

Prenons la chose d'une autre façon. Celui qui n'a que le souci de vivre oublie facilement dans cette anxiété la joie de vivre. Si, pour lui, il faut agir uniquement en vue de la vie, s'il pense à part lui : si seulement l'existence m'était douce — il n'emploie pas ainsi toutes ses forces à tirer parti de la vie, c'est-à-dire à en jouir. Mais comment en tirer parti? En en usant comme d'une lampe qu'on utilise en la faisant brûler. On utilise la vie et par conséquent soi-même, l'être vivant en consommant l'un et l'autre. Jouir de la vie, c'est en user.

Maintenant donc cherchons la jouissance de la vie! Et que fit le monde religieux? Il recherchait la vie. « En quoi consiste la vraie vie, la vie bienheureuse, etc. — comment y atteindre? Que doit faire l'homme, que doit-il être pour vivre de la vraie vie? Comment remplit-il cette mission? » Ces questions et d'autres analogues montrent suffisamment que ceux qui les posaient ne cherchaient que leur moi, leur moi pris dans son sens véritable, celui de la vraie vie. « Ce que je suis est écume et ombre, mon vrai moi, c'est ce que je serai. » Poursuivre ce moi, l'établir, le réaliser, telle est la lourde tâche des mortels, qui ne meurent que pour ressusciter, qui ne vivent que pour mourir, qui ne vivent que pour trouver la vraie vie.

— C'est seulement lorsque je suis sûr de mon moi et

que je ne me cherche plus, c'est seulement alors que je suis vraiment ma propriété. Je me possède, c'est pourquoi je me sers de moi, je jouis de moi. Au contraire je ne puis jamais jouir de moi, tant que je pense avoir encore à trouver mon vrai moi et devoir en venir à ce que, non pas moi, mais le Christ ou quelque autre moi immatériel c'est-à-dire fantasmatique comme par exemple, le vrai moi, l'essence de l'homme et autres imaginations, vive en moi.

Il y a un énorme écart entre les deux conceptions : dans l'ancienne, je vais vers moi, dans la nouvelle j'en pars ; dans celle-là j'aspire à moi, dans celle-ci j'ai mon moi, et j'en use avec moi comme avec toute autre propriété. Je jouis de moi à ma guise. Je ne m'inquiète plus de la vie, j'en « use ».

Dès maintenant, la question n'est plus, comment peut-on acquérir la vie, mais comment en user, comment en jouir ; en d'autres termes il ne s'agit plus de rétablir en soi le vrai moi, mais de se résoudre et d'user de soi par la vie même.

Qu'est l'idéal sinon ce moi toujours cherché et toujours lointain ? On se cherche, c'est donc qu'on ne se possède pas encore. On tend vers ce qu'on doit être, c'est donc qu'on ne l'est pas. On vit dans l'aspiration et voilà des milliers d'années qu'il en est ainsi et qu'on a vécu en espérance. On vit tout autrement dans la jouissance !

Cela concerne-t-il seulement ceux qu'on appelle les hommes religieux ? Non cela s'adresse à tous ceux qui appartiennent à cette époque finissante, même à ceux qui en sont les hommes d'action. Car pour eux aussi les jours ordinaires sont suivis d'un dimanche, après les affaires d'ici-bas vient le rêve d'un monde meilleur, d'un bonheur humain général, bref un idéal. On oppose les philosophes aux hommes religieux. Mais ont-ils pensé à quelqu'autre chose qu'à un idéal, ont-ils médité sur autre chose que sur le moi absolu ? Partout aspiration et espérance, et rien autre. Nous appellerons cela du romantique.

Si la joie de vivre doit triompher sur le désir ou l'espoir de vivre, elle doit le vaincre dans sa double signification que nous décrit Schiller dans « l'idéal de la vie », écraser la misère spirituelle et temporelle, extirper l'idéal — et le besoin de pain quotidien. Celui qui doit sacrifier sa vie, pour prolonger la vie, ne peut en jouir et celui qui est à la recherche de la vie ne l'a pas et ne peut pas plus en jouir : tous deux sont pauvres « mais bienheureux sont les pauvres ».

Ceux qui ont faim de la vraie vie, n'ont aucun pouvoir sur leur vie présente, mais doivent l'employer à gagner la vraie vie, et se sacrifier entièrement à cet objet, à cette tâche. Si ces religieux qui espèrent une vie au-delà et considèrent celle d'ici-bas uniquement comme une préparation à l'autre, voient assez nettement la servitude de leur existence terrestre, qu'ils consacrent exclusivement au service de la vie céleste espérée, ce serait une erreur de croire que les gens les plus instruits et les plus éclairés font de moindres sacrifices. « La vraie vie » a pourtant une signification beaucoup plus vaste que « la vie céleste ». Ainsi pour en présenter tout de suite la conception libérale, la « vie humaine », « vraiment humaine » n'est-elle pas la vraie vie? Et chacun de par sa naissance même mène-t-il cette existence vraiment humaine ou faut-il qu'il s'y élève au prix de durs efforts ? A-t-il actuellement cette vie, ou doit-il y tendre comme vers une existence à venir qui ne lui sera dévolue que « lorsqu'il ne sera plus souillé d'aucun égoïsme ». A ce point de vue la vie n'existe que comme moyen d'acquérir la vie, et l'on ne vit que pour arriver à faire vivre en soi-même l'essence de l'homme, on ne vit qu'en vue de cet être. On ne possède la vie que pour se procurer, par elle, la « vraie » vie purifiée de tout égoïsme. On redoute par suite d'en faire un usage agréable, elle ne doit servir qu'à un « bon usage ».

Bref, la vie est une mission, une tâche; par elle on doit réaliser et instituer quelque chose, notre vie n'est pour ce quelque chose qu'un moyen, qu'un instrument, ce quelque chose vaut plus que la vie même ; à ce quelque chose on doit sa vie. On a un Dieu auquel on doit une victime vivante. Avec le temps, le sacrifice humain a perdu toute sa cruauté, mais il est demeuré lui-même intact, et, à toute heure, des criminels sont égorgés en expiation à la justice et nous « pauvres pécheurs » nous nous sacrifions nous-mêmes à « l'Etre humain », à l'idée de l'humanité, à « l'humanité », quels que soient les noms donnés aux idoles ou aux Dieux.

Mais parce que nous devons notre vie à ce quelque chose, il s'ensuit immédiatement que nous n'avons pas le droit de nous l'enlever.

La tendance conservatrice du christianisme ne permet pas de penser à la mort, sauf pour lui retirer son aiguillon, se conserver et continuer à bien vivre. Le chrétien laisse tout arriver et passer sur lui pourvu seulement qu'il puisse — en juif achevé qu'il est — réussir par ses petits trafics à se faire entrer au ciel en contrebande ; il ne doit pas se tuer, il ne peut que se conserver et travailler à se préparer « sa demeure future ». Conservatisme ou « victoire sur la mort » voilà ce qu'il a au fond du cœur : « Le dernier ennemi à vaincre est la mort » [1]. « Christ a ravi à la mort son pouvoir et par l'Evangile a fait naître la vie et l'être impérissable » [2]. « Immortalité », stabilité.

L'homme moral veut le Bien, le Juste, et quand il prend les moyens qui mènent à ce but, qui y mènent réellement, ces moyens ne sont pas les siens mais ceux-mêmes du Bien et du Juste. Jamais ces moyens ne sont immoraux parce qu'ils servent d'intermédiaire pour atteindre un objet bon en lui-même. La fin sanctifie les moyens. On dit que ce principe est jésuitique, mais il est absolument « moral ». L'homme moral agit pour servir un but, ou une idée, il se fait l'instrument de l'idée du Bien absolument comme l'homme religieux se glorifie d'être l'instrument de Dieu. Le commandement moral ordonne d'attendre la mort parce que c'est bien ; se la donner est immoral et mal ; le suicide ne trouve pas d'excuse au tribunal de la morale. L'homme religieux le défend parce que « ce n'est pas toi mais Dieu qui t'a donné la vie, et lui seul aussi peut la reprendre » (comme si Dieu ne me la reprenait pas aussi bien quand je me tue que lorsque je meurs tué par une tuile ou un boulet de l'ennemi ; car alors il éveille en moi la résolution de mourir). L'homme moral prohibe le suicide parce que je dois ma vie à ma patrie, etc., parce que « je ne sais pas si je ne pourrai pas encore faire quelque bien dans ma vie ». Et naturellement le Bien perd en moi un instrument comme antérieurement Dieu. Si je suis immoral, mon amélioration sert le Bien, si je suis « impie » Dieu a la

---

[1]. Aux Corinthiens.
[2]. Timothée.

joie de mon expiation. Le suicide est donc aussi impie qu'immoral. Quand un homme qui a comme point de vue la religiosité, se retire la vie, il oublie Dieu en agissant ainsi ; si le principe du suicidé est la morale, il se montre par cet acte oublieux de ses devoirs, immoral. On s'est donné bien du mal pour résoudre la question de savoir si la mort d'Emilie Galotti peut se justifier aux yeux de la morale (on admet que cette mort fut un suicide, ce qu'elle fut aussi en réalité). Qu'elle ait eu la folie de la chasteté, ce bien moral, au point d'y sacrifier sa vie, voilà en tout cas ce qui est moral ; mais qu'elle n'ait pas senti la force de dompter son tempérament, voilà qui est immoral. De telles contradictions forment en général le conflit tragique du drame moral, et il faut penser et sentir moralement pour pouvoir y prendre un intérêt.

Ce que nous avons dit de la piété et de la morale s'applique aussi nécessairement à l'humanité, parce qu'on doit également sa vie à l'homme, à l'humanité ou à l'espèce. C'est seulement quand je n'ai d'obligation envers aucun être, que je puis disposer de ma vie comme de ma chose : « un saut du haut de ce pont me rendra libre ».

Mais si, pour cet être que nous devons faire vivre en nous, nous sommes tenus de conserver la vie, c'est également notre devoir de ne pas mener cette vie suivant notre bon plaisir, mais de la conformer à cet être. Tous mes sentiments, toutes mes pensées, volontés, actions et tendances lui appartiennent.

Ce qui est conforme à cet être résulte du concept de cet être, mais quelles conceptions différentes on s'en fait et quelles formes diverses il revêt ! Comparez les exigences du Dieu des mahométans à celles si différentes que les chrétiens croient comprendre du Dieu chrétien ; et par suite quels écarts entre les deux genres de vie ! Mais les uns et les autres tiennent fermement à ce principe qu'il appartient à l'Etre suprême de diriger notre vie.

Pourtant je ne fais que mentionner en passant et pour mémoire les gens pieux qui ont en Dieu leur juge et trouvent en sa parole le fil conducteur de leur vie, car ils appartiennent à une période qui a vécu et restent fixés à l'endroit où ils sont comme des pétrifications ; à notre époque ce ne sont plus les gens pieux, mais les libéraux qui ont la parole, et la piété elle-même ne peut faire autre chose que de passer son pâle visage au fard du libéralisme. Les libéraux n'honorent pas en Dieu leur juge, ne prennent pas pour les guider le fil de la parole divine, mais ils se tournent vers l'homme : ils ne veulent pas être « divins » mais « humains ».

L'homme est l'être suprême du libéral, il est le juge de sa vie, l'humanité son fil conducteur, son catéchisme. Dieu est l'esprit, mais l'homme est « l'esprit le plus parfait », le résultat final de la longue chasse donnée à l'esprit, ou de « l'investigation dans les profondeurs de la divinité », c'est-à-dire dans les profondeurs de l'esprit.

Chacun de tes traits doit être humain, toi-même tu dois l'être de la tête aux pieds, à l'intérieur comme à l'extérieur, car l'humanité est ta mission.

Mission — destination — tâche ! —

— Ce qu'un homme peut devenir, il le devient. Un poète né peut bien être empêché par la défaveur des circonstances d'atteindre au sommet de son époque et de créer des œuvres complètes, n'ayant pas les études indispensables, mais il fera des vers qu'il soit valet de ferme ou qu'il ait la chance de vivre à la cour de Weimar. Un musicien né fera de la musique, qu'il joue de tous les instruments ou seulement du chalumeau. Une tête philosophique se manifestera comme philosophe universitaire ou comme philosophe de village. Enfin un imbécile né qui, ce qui va très bien ensemble, peut être un rusé compère — et quiconque a fréquenté l'école peut citer parmi ses condisciples maint exemple de la sorte, ce sot, dis-je, restera toujours un cerveau borné, qu'il ait été dressé et exercé à remplir les fonctions de chef de bureau, ou à servir à ce chef de décrotteur de bottes. Pourquoi n'y aurait-il pas dans l'espèce humaine les différences indéniables que l'on trouve dans chaque espèce animale? Partout l'on rencontre des plus doués et des moins doués.

Pourtant il n'y en a que très peu qui soient si stupides qu'on ne puisse leur inculquer des idées. C'est pourquoi on tient ordinairement tous les hommes pour capables d'avoir une religion. Dans une certaine mesure on peut encore les façonner à d'autres idées, par exemple leur donner quelque intelligence musicale, et même quelque philosophie. Ici donc, l'esprit clérical se rattache à la religion, à la morale, à l'éducation, à la science, etc., et les communistes par exemple veulent par leur « école du peuple » rendre tout accessible à tous. On entend faire l'habituelle réflexion que cette grande masse ne peut subsister sans religion ; les communistes élargissent encore la proposition et déclarent que non seulement la grande masse, mais tous absolument sont appelés à tout.

Non content qu'on ait dressé la grande masse à la religion, on veut maintenant qu'elle se saisisse « de tout ce qui est humain ». Chaque jour le dressage prend des proportions plus générales et plus vastes.

Vous, pauvres êtres, qui vivriez si heureux si vous pouviez sauter à votre fantaisie, vous êtes obligés de danser en cadence au sifflet du maître d'école et du montreur d'ours et de faire des tours dont vous vous dispenseriez, livrés à vous-mêmes. Et vous ne protestez même pas de ce que l'on vous prend pour tout autres que vous vous donnez. Non, vous vous posez mécaniquement à vous-mêmes les questions proposées : « A quoi suis-je appelé ? Que dois-je ? » Ainsi vous n'avez besoin que d'interroger pour vous faire dire et commander ce que vous devez faire, vous laisser prescrire votre mission, ou encore vous commander et vous imposer à vous-même cette mission qui doit être conforme aux prescriptions de l'Esprit. La volonté signifie alors : je veux ce que je dois.

— Un homme n'est appelé à rien et n'a aucune « tâche », aucune « destination », pas plus qu'une plante ou qu'une bête n'a de « mission ». La fleur n'a pas la mission de s'épanouir, mais elle emploie toutes ses forces à jouir de ce monde et cherche à l'absorber, c'est-à-dire qu'elle pompe de la terre autant de sève, de l'éther autant d'air, du soleil autant de lumière qu'elle peut en recevoir, en emmagasiner en elle. L'oiseau n'a pas de mission, mais il emploie ses forces comme il peut : il happe des insectes et chante à cœur joie. Mais comparées à celles de l'homme, les forces de la plante et de l'oiseau sont moindres et l'homme qui emploie ses forces aura sur le monde une prise autrement puissante qu'ils n'ont. Il n'a pas de mission, mais il a des forces qui se manifestent où elles sont, parce que leur existence consiste uniquement dans leur manifestation, et qu'elles peuvent aussi peu demeurer inactives que la vie qui, si elle « s'arrêtait » seulement une seconde, ne serait plus la vie. Aujourd'hui, on pourrait crier à l'homme : emploie tes forces. Le sens de cet impératif serait que la tâche de l'homme est d'employer ses forces. Cela n'est pas. Chacun use réellement de ses forces sans considérer que ce soit là sa mission : à tout moment chacun met en œuvre autant de force qu'il en possède. On dit bien d'un vaincu qu'il aurait dû déployer plus d'énergie, mais on oublie que si au moment où il succombe il avait eu la force de tendre plus ses forces, par exemple ses forces physiques, il n'eût pas succombé : pendant une minute seulement il manqua de courage, il manqua aussi de force dans le même instant. Certes les forces peuvent croître en acuité et se multiplier, particulièrement par la résistance de l'ennemi ou l'appui de l'ami ; mais où l'on remarque qu'elles n'ont pas été mises en œuvre, on peut être certain de leur absence. On peut d'une pierre faire feu, mais sans le coup il ne vient rien ; de même pour l'homme, le choc est nécessaire.

Les forces manifestant d'elles-mêmes une activité incessante, il est superflu et dénué de sens d'enjoindre de les mettre en œuvre ; user de ses forces n'est pas la mission et la tâche de l'homme, mais c'est de tout temps un fait réel, un fait existant. Force n'est qu'un mot plus simple pour manifestation de force.

De même que cette rose est avant tout une vraie rose, que ce rossignol est toujours un vrai rossignol, de même je suis de nature un « homme vrai » et il n'est pas nécessaire que je remplisse ma mission, que je vive suivant ma destination. Mes premiers vagissements indiquent qu'un « homme vrai » est né à la vie, mon combat pour la vie est l'écoulement naturel de sa force, mon dernier soupir en est la dernière manifestation.

L'homme vrai n'est pas l'objet d'une aspiration, ce n'est pas dans l'avenir qu'il se trouve, mais il est existant et il réside réellement dans le présent. Qui et en quelque état que je sois, plein de joie ou de douleur, enfant ou vieillard, confiant ou incertain, dormant ou éveillé, je le suis, je suis l'homme vrai.

Mais si je suis l'homme et si je l'ai retrouvé réellement en moi cet homme que la religieuse humanité nous montrait comme un but lointain, alors tout ce qui est « véritablement humain » est aussi ma propriété. Ce que l'on attribue à l'humanité m'appartient. Cette liberté du commerce, par exemple, que l'humanité doit atteindre un jour et que l'on entrevoit comme un rêve enchanté dans un avenir doré, je me l'arroge comme ma propriété et l'exerce en attendant sous forme de contrebande. A vrai dire, peu de contrebandiers raisonnent ainsi leur acte ; mais l'instinct de l'égoïsme remplace chez eux la conscience. J'ai montré plus haut qu'il en était de même de la liberté de la presse.

Tout est ma propriété, c'est pourquoi je reprends tout ce qui veut m'échapper, mais, avant tout, je me ressaisis constamment quand une servitude quelconque m'enlève à moi-même. Mais aussi ce n'est pas ma mission, c'est seulement mon acte naturel.

Bref, la différence est considérable suivant que je me prends comme point de départ ou comme point d'arrivée. Dans le dernier cas, je ne me possède pas, par conséquent je suis encore étranger à moi-même, je suis mon essence, mon « essence véritable » et cette « essence véritable », étrangère à moi, fantôme aux mille noms divers, se jouera de moi. Comme je ne suis pas encore moi, c'est un autre (Dieu, l'homme vrai, l'homme vraiment pieux, l'homme raisonnable, l'homme libre, etc.) qui est moi, mon moi.

Encore bien loin de moi, je me sépare en deux moitiés dont l'une, non encore atteinte et qui doit être accomplie, est la vraie. Celle qui n'est pas la Vraie doit être livrée en sacrifice, c'est la matérielle, l'autre qui est la vraie, doit être tout l'homme, c'est l'esprit. On dit alors : « l'esprit est l'être propre de l'homme » ou « l'homme en tant qu'homme n'existe que comme esprit ». Toutes les énergies sont maintenant tournées à saisir l'esprit, comme si c'était soi que l'on voulait saisir, et dans cette poursuite au moi, on perd de vue ce que l'on est soi-même.

Et tandis qu'on s'acharne violemment à la recherche de ce moi, jamais atteint, on méprise aussi les règles de sagesse qui consistent à prendre les hommes comme ils sont; on préfère les prendre comme ils devraient être, c'est pourquoi l'on chasse chacun vers le moi qu'il doit être et « l'on s'efforce de faire de tous des hommes également autorisés, également estimables, également moraux ou raisonnables [1] ».

« Oui, si les hommes étaient ce qu'ils devraient, ce qu'ils pourraient être, s'ils s'aimaient tous en frères, s'ils étaient tous raisonnables, ce serait le Paradis sur la terre [2]. » — Eh bien ! les hommes sont comme ils doivent, comme ils peuvent être. Que doivent-ils être ? Certes, rien de plus qu'ils ne peuvent être et que peuvent-ils être ? Naturellement pas plus qu'ils n'ont le pouvoir, c'est-à dire le moyen, la force d'être. Mais

---

1. *Le communisme en Suisse*, page 24.
2. *Idem.*, page 63.

cela, ils le sont réellement, parce qu'ils ne sont pas en état d'être ce qu'ils ne sont pas : car être en état signifie être réellement. On n'est pas en état d'être ce qu'on n'est pas réellement ; on n'est pas en état de faire ce qu'on ne fait pas réellement. Un homme qui a la cataracte pourra-t-il voir? Oui, s'il se fait opérer et que l'opération réussisse. Seulement, à l'heure actuelle, il ne peut pas voir parce qu'il ne voit pas. Possibilité et réalité coïncident. On ne peut rien que l'on ne fait pas, de même que l'on ne fait rien que l'on ne peut pas.

L'étrangeté de cette affirmation disparaît si l'on considère que les mots « il est possible que, etc. » ne cachent pas un autre sens en soi que celui-ci : « je peux m'imaginer que, etc. »; par exemple, il est possible que tous les hommes vivent raisonnablement, c'est-à-dire je puis m'imaginer que tous les hommes, etc. Maintenant comme ma pensée ne peut faire et par conséquent aussi ne fait pas que tous les hommes vivent raisonnables, mais qu'elle doit laisser ce soin aux hommes eux-mêmes, la raison universelle n'est imaginable que pour moi, c'est une chose que je puis concevoir, mais comme telle, en fait, une réalité, qui ne peut être appelée possibilité que relativement à ce que je ne puis faire, ainsi faire des autres des êtres raisonnables. Autant qu'il dépend de toi, tous les hommes pourraient être raisonnables, car tu n'as rien là contre ; aussi loin que ta pensée peut atteindre, tu ne peux découvrir aucun empêchement, et par conséquent, dans ta pensée aussi, rien qui s'y oppose : la chose t'est concevable.

Mais comme maintenant les hommes ne sont pas tous raisonnables, ils pourront aussi bien ne pas l'être.

Si une chose n'est pas ou n'arrive pas qu'on s'imagine pourtant être très possible, on peut être assuré qu'il y a à cette chose un obstacle et qu'elle est impossible. Notre temps a son art, sa science, etc. L'art est peut-être foncièrement mauvais ; peut-on dire que nous mériterions d'en avoir un meilleur, que nous « pourrions » l'avoir si nous voulions? Nous avons justement autant d'art que nous pouvons en avoir. Notre art actuel est le seul possible actuellement et par conséquent seul réel.

Même si l'on voulait réduire encore le sens du mot « possible » et lui faire signifier « avenir », il conserverait la force entière de la « réalité ». Si l'on dit par exemple : il est possible que demain le soleil se lève, cela signifie seulement : pour aujourd'hui demain est l'avenir réel, car il est à peine besoin de faire remarquer qu'un « avenir » n'est seulement « avenir » que lorsqu'il n'est pas encore apparu.

Pourtant à quoi bon cet examen minutieux d'un mot? S'il n'y avait pas cachée derrière, la plus vaste méprise des siècles, suivie de tant de conséquences, si l'on ne voyait pas revenir dans la seule conception de ce petit mot « possible » tous les fantômes qui hantent les hommes possédés, nous ne nous soucierions guère d'un tel examen.

Nous venons de montrer que la pensée dominait le monde des possédés. Maintenant donc, le possible n'est rien autre chose que l'imaginable, spectre hideux auquel d'innombrables victimes ont été sacrifiées. Il était imaginable que les hommes pussent devenir raisonnables, reconnaître Christ, s'enflammer pour le bien, se moraliser, se réfugier tous dans le giron de l'Église, ne penser, dire et faire rien qui mît en danger l'État, être enfin des sujets obéissants ; c'est pourquoi, parce que c'était concevable, on en concluait que c'était possible, on allait plus loin, comme c'était possible aux hommes (ici est l'artifice : parce que cela m'est concevable à moi, c'est possible aux hommes) c'était leur vocation et enfin c'est seulement d'après cette vocation, c'est seulement comme appelés qu'il faut prendre les hommes, « non comme ils sont, mais comme ils sont appelés à être ».

Et quelle est la conclusion dernière ? Ce n'est pas l'individu qui est l'homme, mais une pensée, un idéal à l'égard duquel l'individu n'est pas même dans le rapport de l'enfant à l'homme ; il est à cet idéal comme un point fait à la craie au point idéal, ou comme une créature périssable au créateur Éternel, ou, en prenant un point de vue plus moderne, comme le spécimen à l'espèce. Ici donc apparaît en apothéose l'humanité, « l'éternelle », « l'immortelle », en honneur de laquelle *(in majorem humanitatis gloriam)* l'individu doit faire abnégation de soi. Il doit trouver sa gloire immortelle à avoir fait quelque chose pour « l'esprit humain ».

Ainsi ceux qui pensent dominent le monde tant que dure l'époque des frocards et des maîtres d'école ; ce qu'ils pensent est possible, mais ce qui est possible doit être réalisé. Ils conçoivent un idéal humain qui pour le moment n'est réel que dans leur pensée ; mais ils pensent aussi à la possibilité de son exécution et il est incontestable que l'exécution est réellement concevable, elle est une idée.

Mais moi, toi, nous, nous pouvons être des gens qu'un Krummacher s'imaginera pouvoir encore ramener à « la vraie foi » ; si pourtant il voulait nous « travailler », nous lui ferions bientôt sentir que notre christianisme n'est qu'imaginable et qu'il est impossible : s'il persistait à nous importuner de ses pensées, de sa « vraie foi », il apprendrait que nous n'avons pas du tout besoin de devenir ce que nous pouvons devenir.

Et cela ne s'arrête pas à la piété ni aux gens pieux. « Si tous les hommes étaient raisonnables, si tous faisaient ce qui est juste, si tous étaient guidés par l'amour de l'homme, etc. ! » Raison, droit, amour de l'homme, etc., voilà ce qu'on offre aux hommes comme mission, comme but de leurs aspirations. Et que veut dire être raisonnable ? Se percevoir soi-même ? Non, la raison est un livre bourré de lois toutes dirigées contre l'égoïsme.

L'histoire a été jusqu'ici l'histoire de l'homme incorporel. Après la période de matérialisme commence l'histoire proprement dite, c'est-à-dire la période spirituelle, religieuse, insensible, suprasensible, insensée. L'homme commence seulement maintenant à être et à vouloir être quelque chose. Quoi donc ? Beau, bon, vrai, plus précisément : moral, pieux, aimable, etc. Il veut être un « homme véritable », il veut faire de soi quelque chose « de bien ». L'Homme est son but, son devoir, sa destination, sa mission, sa tâche, son idéal, il est à soi-même un être d'avenir, d'au-delà. Et quoi donc fera de lui un « honnête homme » ? La vérité, la bonté, la moralité. Désormais il regarde de travers celui qui ne reconnaît pas le même « quoi », qui ne cherche pas la même moralité, la même foi : il poursuit les séparatistes, les hérétiques, les sectaires, etc.

Un mouton, un chien, ne s'efforce pas de devenir « un vrai mouton », « un vrai chien » ; à aucune bête son essence n'apparaît comme une tâche, c'est-à-dire comme un concept qu'elle a à réaliser. Elle se réalise elle-même par le fait même qu'elle cesse de vivre, c'est-à-dire par le fait qu'elle se résout, qu'elle disparaît. Elle ne demande pas à devenir autre chose que ce qu'elle est.

Vais-je donc vous conseiller d'égaler les animaux ? Je ne puis vraiment pas vous encourager à devenir des bêtes, car ce serait encore là une tâche, un idéal. (« L'abeille peut te servir de modèle pour l'activité »). Ce serait la même chose que si l'on désirait que les bêtes devinssent des hommes. Votre nature est, une fois pour toutes, humaine, vous êtes des natures humaines, c'est-à-dire des hommes. Mais précisément parce que vous l'êtes déjà, vous ne le pouvez devenir. On « dresse » aussi les animaux et les animaux dressés font toutes sortes de choses qui ne leur sont pas naturelles. Seulement un chien dressé ne vaut pas mieux à son point de vue qu'un chien naturel, et il n'en a aucun avantage, bien qu'il soit pour nous d'un commerce plus agréable.

De tout temps les efforts ont tendu à « former des êtres » moraux, raisonnables, pieux, humains, etc., j'appelle cela du dressage. Ils échouent contre le moi incoercible, contre la nature propre, contre l'égoïsme. Les hommes ainsi dressés n'atteignent jamais leur idéal et ne reconnaissent que des lèvres les principes supérieurs, ou ils font une confession, une profession de foi. En face de cette profession de foi ils doivent dans la vie « se reconnaître tous pour pécheurs », ils demeurent en arrière de leur idéal, ce sont « de faibles hommes » qui agissent en ayant conscience de « la faiblesse humaine ».

C'est autre chose quand, au lieu de poursuivre un idéal comme étant ta « destination », tu te résous comme le temps résout toute chose. Cette résolution de ton être n'est pas ta « destination », parce qu'elle est le présent.

Cependant l'éducation, la religiosité des hommes les a faits libres, mais libres d'un maître pour les conduire à un autre. J'ai appris par la religion à dompter mes passions, je brise la résistance du monde par les artifices que la science a mis entre mes mains ; je ne sers même aucun homme « je ne suis le valet d'aucun homme ». Mais alors vient ceci : Tu dois obéir à Dieu avant d'obéir à l'homme. De même je suis en vérité libre des impulsions irraisonnées de mes instincts, mais j'obéis à la souveraine Raison. J'ai gagné « la liberté spirituelle », « la liberté de l'esprit », mais précisément par là je suis tombé dans la sujétion de l'esprit. L'esprit me commande, la raison me guide, ils sont mes conducteurs et dominateurs. Ce sont les « Raisonnables », les « serviteurs de l'esprit » qui ont la souveraineté. Mais si je ne suis pas chair, je ne suis pas non plus esprit. Liberté de l'esprit est servitude du moi, parce que je suis plus qu'esprit ou que chair.

Sans doute l'éducation m'a fait fort. Elle m'a donné la puissance sur toutes les impulsions, aussi bien sur les instincts de ma nature que sur les exigences et la force brutale du monde. Je sais, et l'éducation m'en a donné la force, que je ne dois me laisser contraindre par aucune de mes passions, de mes convoitises, de mes ardeurs : je suis leur maître. De même par les sciences et les arts je suis le maître de ce monde indocile, un maître auquel la mer et la terre obéissent, auquel les étoiles même doivent des explications. L'esprit m'a fait maître. — Mais sur l'esprit même je n'ai aucun pouvoir. Par la religion (éducation), j'apprends bien comment « vaincre le monde » mais non comment forcer Dieu et devenir son maître. Et l'esprit dont je ne puis me rendre maître peut prendre les formes les plus diverses ; il peut s'appeler Dieu ou esprit national, État, famille, Raison ou encore liberté, humanité, homme.

J'accepte avec reconnaissance ce que les siècles d'éducation m'ont acquis, je n'en veux rien rejeter ni abandonner : je n'ai pas vécu en vain. La connaissance, résultat de l'expérience, que j'ai pouvoir sur ma nature, que je ne suis pas forcément l'esclave de mes passions ne doit pas être perdue pour moi ; le fait acquis que je puis par les moyens que me fournit l'éducation subjuguer le monde fut trop chèrement payé pour que je puisse l'oublier. Mais je veux plus encore.

On demande : que peut devenir l'homme, que peut-il faire, quels biens se procurer ? Et on lui impose comme mission le bien suprême. Comme si tout cela m'était possible.

Quand on voit quelqu'un perdu dans une passion, par exemple l'esprit du lucre, la jalousie, etc., on sent le désir de le délivrer de cette possession et de l'aider à « se vaincre lui-même ». « Nous voulons faire de lui un homme ! » Ce serait en effet très beau si une nouvelle possession ne prenait aussitôt la place de l'ancienne. On ne délivre un avare de la passion dont il est esclave que pour le livrer à la piété, à l'humanité ou à quelqu'autre principe et lui redonner de nouveau un point d'appui solide.

Ce transport d'un point de vue inférieur à un supérieur s'exprime en ces termes : l'esprit ne peut pas être dirigé sur le périssable, mais uniquement sur l'impérissable, non sur le temporel mais sur ce qui est éternel, absolu, divin, purement humain, etc., sur le spirituel.

On a vu de bonne heure que l'objet auquel on s'attache ou dont on s'occupe n'est pas chose indifférente, on a reconnu l'importance de l'objet. Un objet supérieur aux singularités des choses est l'essence des choses ; l'essence c'est seulement ce qu'on peut concevoir en elles, elle seule est pour l'homme pensant. C'est pourquoi ne dirige pas plus longtemps tes sens sur les choses, mais tes pensées sur l'être des choses. « Bienheureux sont ceux qui ne voient pas et qui cependant croient, c'est-à-dire bienheureux sont ceux qui pensent, car ils ont affaire à l'invisible et y croient. Pourtant, tel objet de pensée qui des siècles durant causa d'essentielles disputes en arrive enfin à ce point « qu'il ne mérite plus la discussion » ; on voyait cela et pourtant on continuait à maintenir à l'objet une importance en soi, une valeur absolue, comme si pour l'enfant sa poupée, pour le Turc le Coran n'étaient pas la chose importante entre toutes. Tant que je ne suis pas pour moi la chose principale, peu importe l'objet pour lequel je m'agite et c'est seulement le crime plus ou moins grand que je commets contre lui qui est d'importance. Le degré de mon attachement et de mon dévouement donne la mesure de ma servitude, le degré de mon péché donne la mesure de mon individualité.

Mais finalement il faut savoir secouer tout ce qui nous obsède l'esprit, pour pouvoir nous endormir. Rien ne peut nous occuper dont nous ne nous occupions : l'ambitieux ne peut échapper à ses plans ambitieux, celui qui a la crainte de Dieu ne peut échapper à la pensée de Dieu ; folie et possession coïncident.

Vouloir réaliser son être ou vivre conformément à sa conception ce qui chez le croyant en Dieu signifie « être pieux » et chez le « croyant en l'humanité », « vivre en homme », seul l'homme des sens où le pécheur peut se le proposer tant qu'il a le choix inquiet entre le bonheur des sens et la paix de l'âme, tant qu'il est un pauvre pécheur. Le chrétien n'est pas autre chose qu'un homme des sens qui, connaissant ce qui est saint et ayant conscience qu'il le blesse, voit en soi-même un pauvre pécheur ; sensualité ayant conscience qu'elle est « culpabilité » voilà la conscience chrétienne, voilà le chrétien même, et si maintenant « coulpe » et « culpabilité » ne sont plus dans la bouche des contemporains et sont remplacés par les mots « égoïsme », « intérêt », si le diable se traduit par « l'inhumain », « l'égoïste », le chrétien existe-t-il moins qu'avant ? La vieille discorde entre le bien et le mal n'a-t-elle pas subsisté ? N'est-il pas resté un juge au-dessus de nous, l'Homme, n'y a-t-il pas encore une mission, la mission de se faire homme ? On n'appelle plus cela « vocation » mais « tâche » ou encore « devoir » ; changement très juste dans les termes, parce que l'homme n'est pas comme Dieu un être personnel qui peut vous « appeler », mais, hors le nom, la chose reste comme avant.

Chacun a un rapport avec les objets et pour chacun ce rapport est différent. Choisissons par exemple ce livre avec lequel des millions d'hommes pendant des milliers d'années furent en rapport, la Bible. Qu'est-elle, que fut-elle pour chacun ? Elle ne fut absolument pour chacun que ce qu'il en fît. Pour celui qui n'en fait rien, elle n'est rien pour lui ; pour celui qui s'en sert comme une amulette, elle a exclusivement la valeur d'un charme magique ; pour celui qui, comme les enfants, joue avec, elle n'est qu'un jouet, etc.

Maintenant le christianisme demande qu'elle soit pour tous la même chose, autrement dit le Livre sacré, « la Sainte-Écriture ». Cela signifie que la manière de voir du chrétien doit être aussi celle des autres hommes et que personne ne peut se comporter autrement relativement à cet objet. Par là donc la particularité du rapport est détruite, et un seul sens, une seule opinion est fixée comme étant « la vraie », « la seule vraie ». Avec la liberté de faire de la Bible ce que l'on veut, est abolie en même temps la liberté de Faire, au sens général du mot, et, à sa place, s'établit la contrainte d'une opinion ou d'un jugement. Celui qui porterait le jugement que la Bible fut une longue erreur de l'humanité porterait un jugement criminel.

En fait l'enfant qui met une Bible en lambeaux, ou joue avec, la juge, de même l'Inca Atahualpa qui y applique son oreille et la rejette dédaigneusement parce qu'elle reste muette, tous deux la jugent aussi justement que le prêtre qui loue en elle « la parole de Dieu » ou le critique qui l'appelle un livre mal fait et l'œuvre d'une main humaine. Car l'usage que nous faisons des choses ne regarde que notre fantaisie, notre arbitraire : Nous en usons à notre gré, ou plus précisément nous les employons comme nous pouvons. Les prêtres jettent les hauts cris quand ils voient comment Hegel et les théologiens spéculatifs tirent du contenu de la Bible des pensées spéculatives.

Leur colère vient précisément de ce que ceux-ci traitent la Bible à leur aise, ou « en usent arbitrairement ».

Mais parce que nous manifestons tous notre arbitraire à l'égard des objets que nous manions, c'est-à-dire que nous les traitons absolument comme il nous plaît, à notre guise (rien ne plaît tant au philosophe que de pouvoir découvrir en toute chose une idée ; à celui qu'anime la crainte de Dieu que de se faire par tous les moyens possibles ami de Dieu, par la sanctification de la Bible, par exemple), pour cela même nous ne trouvons nulle part d'arbitraire aussi gênant, de violence aussi terrible, de contrainte aussi stupide que précisément dans ce domaine de Notre propre arbitraire. Si Nous agissons arbitrairement en traitant les choses saintes d'une façon ou d'une autre, comment pouvons-nous en vouloir aux esprits religieux quand, de leur côté, ils nous traitent arbitrairement, à leur façon, et nous jugent comme hérétiques dignes du bûcher — ou de la censure ?

L'homme modèle les choses sur lui-même ; « comme tu vois le monde, il te voit ». D'où ce sage conseil, tu dois le voir « impartialement, sans préjugé », etc. Comme si l'enfant qui fait de la Bible un jouet, ne la voyait pas « sans préjugé, sans parti pris » ! Ce sage avertissement nous est donné en particulier par Feuerbach. On voit les choses comme elles sont quand on fait d'elles ce que l'on veut (sous le nom de choses on comprend les objets matériels ou non, Dieu, nos semblables, une maîtresse, un livre, un animal, etc). C'est pourquoi antérieurement aux choses et à leur contemplation, il y a moi, il y a ma volonté. Des choses on veut tirer des pensées, on veut découvrir dans le monde la raison, on veut trouver en lui la Sainteté : on trouvera tout cela. « Cherchez et vous trouverez ». Je détermine ce que je veux chercher: je veux par exemple chercher dans la Bible mon édification : je dois l'y trouver; je veux lire et étudier la Bible à fond, il en résultera pour moi une connaissance et une critique approfondies...... dans la mesure de mes forces. Je choisis ce qui correspond à mon tempérament, et, choisissant, je me montre volontaire.

Il s'ensuit que tout jugement que je porte sur un objet est la créature de ma volonté et de cette considération en découle une autre, c'est que je ne me perds pas dans ma créature, le jugement, mais que je reste le créateur, le juge qui constamment crée. Tous les prédicats des objets sont mes affirmations, mes jugements, mes créatures, s'ils veulent se détacher de moi pour devenir quelque chose en soi ou même m'en imposer, je n'ai rien de plus pressé que de les rappeler dans leur néant, c'est-à-dire en moi leur créateur. Dieu, Christ, la Sainte Trinité, la morale, le bien, etc., sont des créations de ce genre et je ne me permets pas seulement de dire d'elles qu'elles sont des vérités, mais aussi qu'elles sont des illusions. De même que j'ai voulu et décrété un jour leur existence, je veux aussi pouvoir vouloir leur non-existence. Je ne peux pas les laisser croître au-dessus de moi, je ne peux avoir la faiblesse de laisser naître d'elles quelqu'absolu par où elles seraient rendues éternelles et soustraites à mon pouvoir et à ma détermination. Je tomberai ainsi dans le principe de stabilité, le principe propre de la religion, qui crée des « saintetés inviolables », « d'éternelles vérités », bref un « très saint » et t'enlève ce qui est tien.

L'objet fait de nous des possédés aussi bien sous une forme sainte que sous une forme profane, aussi bien comme objet suprasensible que comme objet sensible. Dans les deux cas, il y a passion ou maladie ; la soif de l'or et le désir du ciel sont sur le même plan. Tandis que les philosophes voulaient gagner les hommes au monde sensible, Lavater prêchait l'aspiration vers l'invisible. Les uns veulent provoquer le mouvement, les autres l'émotion.

La conception des objets est d'une absolue diversité ; ainsi Dieu, Christ, le monde, etc., ont été et sont conçus d'une infinité de façons. Chaque individu est pour un autre un « schismatique ». Mais enfin, après des luttes sanglantes, on est arrivé à ce que les schismes opposés sur un seul et même objet ne fussent plus condamnés comme des hérésies punissables de mort. Les schismatiques se tolèrent entre eux. Seulement pourquoi dois-je me borner à penser différemment sur une chose, pourquoi ne pas pousser la divergence jusqu'à sa dernière extrémité, par exemple jusqu'à ne plus rien conserver de la chose, jusqu'à n'y plus penser, jusqu'à l'écraser. Car la conception elle-même a une fin, parce qu'il n'y a plus rien à concevoir. Pourquoi dois-je dire : Dieu n'est pas Allah, n'est pas Brahma, n'est pas Jéhova mais Dieu ; pourquoi ne pas dire aussi : Dieu n'est qu'une illusion ? Pourquoi me flétrit-on « quand je renie Dieu » ? Parce que l'on met la créature au-dessus du Créateur (« ils honorent et servent la créature plus que le Créateur [1] ») et l'objet dominant a besoin que je le serve en humble serviteur. Je dois me courber sous l'absolu, je le dois.

Par « le royaume des pensées » le christianisme s'est

1. Aux Romains. I, 25.

achevé, la pensée est cette intériorité, en laquelle tous les flambeaux du monde s'éteignent, toute existence s'anéantit, l'homme intérieur (la tête, le cœur) est tout. Le royaume des pensées attend sa délivrance, il attend comme le sphynx attend Œdipe pour pouvoir retourner en son néant. Je suis celui qui l'anéantit, car il ne forme plus de royaume propre dans le royaume du Créateur, plus d'État dans l'État, mais il est la créature de ma force créatrice, affranchie de toute pensée. Le monde chrétien, le christianisme et la religion elle-même ne peut disparaître qu'en même temps que le monde pensant, frappé d'immobilité s'anéantit ; c'est seulement quand les pensées s'en vont qu'il n'y a plus de croyants. Pour le penseur, penser est un travail sublime, une « sainte activité » et cet acte repose sur une foi solide, la foi en la vérité. Tout d'abord la prière est une sainte activité, puis cette sainte « dévotion » (*andacht*) se transforme en une « pensée » (*denken*) raisonnable et raisonnante qui conserve comme base immuable « la sainte vérité » et n'est qu'une machine admirable que l'Esprit de vérité monte à son service. La pensée libre et la science libre m'occupent, — car ce n'est pas moi qui suis libre, mais la pensée, ce n'est pas moi qui m'occupe, mais la pensée — elles m'occupent, dis-je, avec le ciel et les choses du ciel ou le « divin » ou à proprement parler avec le monde et les choses du monde, sauf que c'est un « autre monde », il n'y a pas autre chose qu'un renversement, un dérangement du monde (*verrückung*), c'est une occupation qui a pour objet l'essence du monde, d'où un dérangement de l'esprit (*verrücktheit*). L'homme qui pense est aveugle en face de l'immédiateté des choses et incapable de s'en rendre maître : il ne mange pas, il ne boit pas, il ne jouit pas, car celui qui boit et qui mange n'est jamais celui qui pense ; celui-ci oublie même le boire et le manger, sa subsistance, le souci de vivre — pour la pensée ; il l'oublie comme l'oublie celui qui prie. C'est pourquoi il apparaît au vigoureux fils de la nature comme un original, comme un fou en même temps que comme un Saint ; les anciens considéraient ainsi leurs déments. La libre pensée est démence, parce que c'est uniquement l'homme intérieur qui s'agite en nous, c'est lui seul qui conduit et règle tout le reste de l'homme. Le *chamane*[1] et le philosophe spéculatif sont les échelons inférieur et supérieur de l'échelle de l'homme intérieur, du mongol. L'un et l'autre luttent avec des fantômes, des démons, des esprits et des Dieux.

Totalement différente de cette pensée libre est la pensée propre, MA pensée qui ne me conduit pas mais est conduite, poursuivie, interrompue par moi suivant qu'il me plaît. Cette pensée propre se distingue de la pensée libre, absolument comme ma sensualité propre que je satisfais comme il me plaît est distincte de la sensualité libre, indomptée, qui me terrasse.

Feuerbach dans ses « principes de la philosophie de l'avenir » en revient toujours à l'être. Aussi, dans son opposition au système d'Hegel et à la philosophie absolue, reste-t-il en pleine abstraction ; car l' « être » est une abstraction comme le « moi » lui-même. Seulement je ne suis pas qu'abstraction, je suis tout dans tout, conséquemment abstraction même ou rien, je suis tout et rien ; je ne suis pas seulement une simple pensée, je suis en même temps plein de pensées, un monde de pensées. Hegel condamne la chose propre, mienne, l' « opinion personnelle » (*meinung*). La « pensée abso-

---

[1]. Chamane, prêtre des peuplades Samoyèdes primitives.

lue » est la pensée qui oublie qu'elle est ma pensée, qui oublie que je pense et qu'elle n'est que par moi. Mais en tant que moi, j'absorbe de nouveau ce qui est mien, j'en suis maître, ce n'est plus que mon opinion que je puis modifier à tout instant, c'est-à-dire anéantir, reprendre et réabsorber en moi. Feuerbach veut abattre la « pensée absolue » d'Hegel au moyen de l'être invincible. L'être est vaincu en moi aussi bien que la pensée. Il est mon existence sensible comme la pensée est ma pensée.

Il s'ensuit naturellement que Feuerbach ne va pas au-delà de la preuve triviale que j'ai besoin des sens pour tout, que je ne puis complètement m'en passer. Certes je ne puis penser si je n'ai pas d'existence sensible. Seulement pour penser comme pour sentir, pour l'abstrait comme pour le sensible, j'ai besoin avant tout de moi, d'un moi absolument déterminé, de moi, cet unique. Si je n'étais cet unique, si par exemple je n'étais Hegel, je ne verrais pas le monde comme je le vois, je n'en tirerais pas ce système philosophique que précisément moi Hegel, j'en tire, etc. ; j'aurais bien des sens comme les autres gens, mais je ne les emploierais pas comme je le fais.

Feuerbach fait à Hegel le reproche de dénaturer la langue et de voir autre chose dans les mots que le sens qui leur est donné par la conscience naturelle et pourtant il commet lui aussi la même faute en donnant au « sensible » un sens éminent absolument inusité. Il dit par exemple : « Le « sensible » n'est pas le profane, la non-pensée, la chose palpable qui se comprend de soi-même ». Mais si c'est le saint, la chose cachée, foyer de pensée, intelligible seulement par intermédiaire, alors ce n'est plus ce qu'on nomme le « sensible ». La chose sensible c'est seulement ce qui n'existe que pour les sens ; au contraire ce qui ne peut être ressenti que par ceux qui ne ressentent pas seulement par les sens et qui vont au delà de la jouissance des sens, des impressions sensibles, emploie tout au plus les sens comme intermédiaires ou comme conducteurs, c'est-à-dire que les sens sont une condition pour y atteindre, mais la chose n'a plus rien de sensible. La chose sensible quelle qu'elle soit, accueillie en moi, devient une chose non sensible qui, cependant, peut avoir de nouveau des effets sensibles, par exemple mettre mon sang en mouvement, surexciter mes sens.

Il est déjà bien que Feuerbach remette les sens en honneur, mais il ne sait qu'habiller le matérialisme de sa « nouvelle philosophie » avec ce qui fut jusqu'ici la propriété de l'idéalisme, de « la philosophie absolue ». Pas plus qu'on ne se laisse persuader qu'on peut vivre uniquement « d'esprit » et se passer de pain, on ne croira Feuerbach quand il dit que l'homme pris comme être sensible est déjà tout, et ainsi doué d'esprit, de pensée, etc.

Par l'être rien n'est justifié. Ce qui est pensé est au même titre que ce qui n'est pas pensé ; la pierre du chemin est, et la représentation que je m'en fais est aussi. Toutes deux sont seulement en des lieux différents, l'une en plein air, l'autre dans ma tête, en moi ; car je suis un lieu comme le chemin.

Les membres de corporations ou privilégiés ne supportent aucune liberté de pensée, c'est-à-dire aucune pensée qui ne vienne du « distributeur de tout bien », qu'il s'appelle Dieu, pape, Église ou autrement. Si quelqu'un d'eux a des pensées illégitimes, il doit les dire à l'oreille de son confesseur et se faire flageller par lui, jusqu'à ce que le fouet à esclaves devienne insupportable aux oreilles libres. L'esprit de la corporation a soin par d'autres moyens encore, qu'il ne germe pas de pensée libre, avant tout par une sage éducation. Celui à qui on a convenablement inculqué les principes de la morale, ne deviendra jamais libre de pensées morales et le vol, le parjure, la prévarication, etc., restent pour lui des idées fixes contre lesquelles aucune liberté de pensée ne pourrait le protéger. Il a ses pensées « d'en haut » et s'y tient.

Il en est autrement des concessionnés ou patentés. Chacun doit avoir ses pensées et pouvoir faire de soi ce qu'il veut. S'il a la patente ou la concession d'une faculté de penser, il n'a pas besoin d'un privilège particulier. Mais comme « tous les hommes sont raisonnables », chacun est libre de se mettre en tête les idées qu'il veut et suivant le don naturel qui lui est concédé, d'avoir une fortune de pensées plus ou moins grande. On entend maintenant exhorter à honorer toutes les opinions et convictions. « Autorisez toutes les convictions, soyez tolérant envers les opinions des autres », etc.

Mais « vos pensées ne sont pas mes pensées et vos vues ne sont pas les miennes ». Ou plutôt je veux dire le contraire. Vos pensées sont mes pensées dont je dispose à ma guise et que je renverse impitoyablement ; elles sont ma propriété que j'anéantis comme il me plaît. Je n'attends pas que vous me donniez l'autorisation de les résoudre et de souffler dessus. Il m'est bien égal que vous nommiez aussi ces pensées les vôtres ; elles restent quand même miennes, et mon attitude envers elles est mon affaire, et il n'y a là de ma part aucune usurpation. Il peut me plaire de vous laisser à vos pensées, alors je me tais. Croyez-vous que les pensées voltigent autour de nous, libres comme l'oiseau, et que chacun a pu se saisir des siennes qu'il a fait valoir ensuite contre moi comme étant sa propriété inviolable? Tout ce qui voltige autour de nous est à moi.

Croyez-vous que c'est pour vous-même que vous avez vos pensées, ou que vous n'avez à en répondre devant personne, ou encore, comme vous avez coutume de le dire, que vous n'en devez compte qu'à Dieu? Non, vos pensées, petites et grandes, m'appartiennent et j'en dispose à mon gré.

La pensée n'est ma propriété que lorsque je n'ai pas à tout moment la crainte de la mettre en péril de mort, que lorsque je n'ai pas à craindre sa perte comme une perte pour moi-même, comme une perte de moi-même. Ma pensée n'est à moi en propre que lorsque je puis la subjuguer, alors que jamais elle ne peut m'assujettir, me fanatiser, me faire l'instrument de sa réalisation.

Ainsi la liberté de penser existe quand je puis avoir toutes les pensées possibles; mais les pensées ne deviennent propriété que du seul fait qu'elles ne peuvent devenir souveraines. Au temps de la liberté de pensée, les pensées (idées) dominent, mais si j'en viens à la propriété de la pensée, elles se comportent dès lors comme mes créatures.

Si la hiérarchie n'était pas si profondément ancrée au fond de nous-mêmes qu'elle n'enlevât aux hommes tout courage pour poursuivre des pensées libres, c'est-à-dire déplaisant à Dieu, on devrait considérer la liberté de penser comme un mot aussi vide de sens que la liberté de digestion.

Dans l'opinion des « corporatifs » la pensée m'est donnée; suivant celle des libres penseurs je cherche la pensée. Ici la **vérité** est déjà trouvée et existante, mais je dois la tenir de la faveur du distributeur; là, la vérité est à chercher, le but vers lequel il me faut courir réside dans l'avenir mais il est à moi.

Dans les deux cas la vérité (la vraie pensée) réside hors de moi et j'aspire à l'**obtenir**, que ce soit comme présent (par la grâce), que ce soit par acquisition (par mon mérite personnel). Ainsi, dans le premier cas, la vérité est un privilège, dans le second au contraire sa voie est **patente** à tous, et ni la Bible, ni le Saint-Père, ni l'Église, ni qui que ce soit n'est en possession de la vérité; mais on peut la gagner par la spéculation.

Ainsi ni les uns ni les autres n'ont la vérité en propriété; ou bien ils l'ont en **fief** (car le Saint-Père par exemple n'est pas un individu; comme individu il est Sixte, Clément, etc., mais ce n'est pas Sixte, Clément, etc., c'est le Saint-Père, c'est-à-dire un esprit qui a la vérité) ou bien ils l'ont comme **idéal**. Comme fief elle n'est que pour quelques-uns (privilégiés), comme idéal, elle est à **tous** (patentés).

Liberté de penser a donc pour sens que nous marchons tous dans l'obscurité sur la route de l'erreur, mais que chacun peut sur cette voie s'approcher de la **vérité** et par conséquent est dans la bonne voie (tout chemin mène à Rome, au bout du monde, etc.). Liberté de penser signifie par suite que la vraie pensée ne m'est pas **propre**, car si elle était telle comment pourrait-on m'en exclure?

La pensée est devenue tout à fait libre et a établi une masse de vérités auxquelles je dois acquiescer. Elle cherche à s'achever en un système et à se donner une « constitution » absolue. Dans l'État, par exemple, elle est en quelque sorte à la recherche de l'idée jusqu'à ce qu'elle ait créé l'État-raison, dont je dois ensuite m'accommoder ; dans l'homme (en anthropologie) jusqu'à ce qu'elle ait trouvé « l'homme ».

Le penseur se distingue du croyant simplement parce qu'il **croit beaucoup plus** que ce dernier qui, de son côté, borné à sa foi (à ses articles de foi) pense infiniment moins. Le penseur a mille dogmes où le croyant s'en tire avec un petit nombre. Mais le croyant établit entre ses articles de foi un **rapport** et prend ce rapport comme mesure de leur validité. Si tel ou tel article ne convient pas à son affaire, il le rejette.

Les sentences des penseurs courent parallèlement à celles des croyants. Au lieu de : « Si cela vient de Dieu, vous ne l'anéantirez pas » on dit : « Si cela vient de la **vérité, c'est vrai.** » « Rendez hommage à Dieu » devient : « Rendez hommage à la vérité. »

— Il m'est bien égal que Dieu et la Vérité triomphent. Avant tout, Je veux vaincre.

Comment d'ailleurs peut-on imaginer à l'intérieur de l'État ou de la Société une « liberté illimitée » ? L'État peut bien protéger chaque individu contre les autres, mais il ne peut pas par une liberté illimitée, ce qu'on appelle une licence effrénée, se laisser mettre en danger. Ainsi dans la « liberté de l'enseignement », l'État déclare seulement ceci, c'est que chacun lui convient qui enseigne comme l'État ou plus précisément comme le pouvoir de l'État le désire. C'est de ce « comme l'État le désire » qu'il s'agit pour les concurrents. Si par exemple le clergé ne veut pas enseigner comme le demande l'État, il s'exclut de lui-même comme concurrent (voyez la France). Les limites imposées nécessairement dans l'État à toute concurrence sont nommées « la surveillance et le contrôle supérieur de l'État ». En enfermant la liberté de l'enseignement dans les limites convenables, il impose en même temps son but à la liberté de penser, parce que, en règle générale, les hommes ne pensent pas plus loin que leurs professeurs ont pensé.

Écoutez le ministre Guizot : « La grande difficulté du temps présent est de **conduire et de gouverner** les esprits. Autrefois l'Église remplissait cette mission, maintenant elle y est insuffisante. C'est de l'Université aujourd'hui que nous attendons ce grand service et elle ne manquera pas de l'accomplir. Nous, gouvernement, avons le devoir de l'assister dans sa tâche. La Charte veut « la liberté de pensée et de conscience. » Ainsi en faveur de la liberté de pensée et de conscience, le ministre prétend « conduire et gouverner les esprits. »

Le catholicisme traînait ceux qu'il soumettait à l'examen devant le tribunal du clergé, le protestantisme les assigne à la barre de la chrétienté — biblique ; il y aurait peu de changement si comme le veut Ruge on les citait au tribunal de la Raison. Que ce soit l'Église, la Bible ou la Raison (dont d'ailleurs se réclament déjà Luther et Huss); que ce soit l'**autorité Sainte**, cela ne fait, en l'espèce, aucune différence. La « question de notre temps » n'est pas soluble quand on la pose ainsi : est-ce le général ou l'individuel qui a droit ? Est-ce la généralité (comme l'Etat, la loi, les mœurs, la moralité, etc.) ou l'individu ? Elle ne pourra se résoudre que lorsque l'on ne demandera plus une « autorisation » et qu'on ne livrera plus uniquement combat aux « privilèges ». — Une liberté « raisonnable » de l'enseignement qui « reconnaît seulement la conscience de la raison » ne nous conduit pas au but ; nous avons besoin plutôt d'une liberté « égoïstique » de l'enseignement qui convienne à tout individu en particulier — dans laquelle je devienne perceptible et me manifeste libre de toute entrave. Le seul fait de me rendre « perceptible » est « raison » ; si déraisonnable que je puisse être, quand je me fais percevoir aux autres et à moi-même, les autres jouissent de moi aussi bien que moi-même et m'absorbent en même temps.

Qu'y aurait-il de gagné si, aujourd'hui, le moi raisonnable était libre comme l'était autrefois le moi orthodoxe, loyal, moral, etc. Serait-ce là la liberté du moi ?

Si je suis libre comme « moi raisonnable » le raisonnable en moi ou la raison est libre, et cette liberté de la raison ou liberté de penser fut de tout temps l'idéal du monde chrétien. On a voulu libérer la pensée — et comme on l'a dit, la foi est aussi pensée, comme la pensée est foi — les penseurs, c'est-à-dire aussi bien les croyants que les adeptes de la raison, devaient être libres ; pour les autres, la liberté était impossible. Mais la liberté des penseurs est la liberté « des enfants de Dieu » et en même temps la plus impitoyable hiérarchie ou domination de la pensée. Car je succombe sous elle. Si les pensées sont libres, je suis leur esclave, ainsi je n'ai aucune puissance sur elles et elles me dominent. Je veux avoir la pensée, je veux être plein de pensées, mais en même temps je veux être sans pensées, et au lieu de me procurer la liberté de pensée, je me dépouille de toute pensée.

S'il s'agit de me faire comprendre et de communiquer avec mes semblables, je ne puis certes faire usage que des moyens humains qu'en qualité d'homme j'ai en ma puissance. Et réellement, c'est seulement comme homme que j'ai des pensées ; considéré comme un moi, je suis sans pensée. Celui qui ne peut se délivrer d'une pensée, n'est qu'homme, il demeure l'esclave du langage, de cette institution humaine, de ce trésor de la pensée humaine. La langue ou la parole exerce sur nous la plus dure des tyrannies, parce qu'elle mène contre nous toute une armée d'idées fixes. Considère-toi maintenant en train de réfléchir, et tu trouveras que c'est seulement par le fait que tu es à tout instant libre de pensées et de paroles que tu avances. Ce n'est pas seulement dans le sommeil, mais au plus fort de la réflexion que tu es affranchi de la parole et de la pensée. C'est même à ce moment que tu es le plus libre. Et c'est seulement par cette absence de pensée, cette « liberté de pensée » méconnue, cette liberté qui te délivre de la pensée que tu es ton être propre. C'est alors seulement que tu parviens à user du langage comme de ta propriété.

Si la pensée n'est pas ma pensée propre, c'est simplement une idée qui se déroule en moi, c'est un travail d'esclave que j'accomplis, le travail d'un serviteur « obéissant à la parole ». Pour *ma* pensée, ce n'est pas une idée qui est à l'origine, c'est moi. Pour la pensée absolue ou libre, la libre pensée elle-même est le point de départ et elle se donne tout le mal possible pour faire de ce point de départ la suprême « abstraction » (par exemple, l'Être). C'est précisément cette abstraction, cette idée que nous développons ensuite en nous.

La pensée absolue est la chose de l'esprit humain qui lui est un saint Esprit. Par suite, cette pensée est la chose des prêtres qui « en ont le sens », qui ont « le sens des intérêts suprêmes de l'humanité », le sens de « l'esprit ».

Pour le croyant, les vérités sont un fait accompli, un fait ; pour le libre penseur, un fait qui est encore à accomplir. La pensée absolue peut être aussi incrédule qu'on voudra, son incroyance a des limites, et il reste malgré tout une foi à la vérité, à l'esprit, à l'idée et à leur victoire finale : elle ne pèche pas contre le Saint-Esprit. Mais toute pensée qui ne pèche pas contre le Saint-Esprit est croyance aux esprits et aux fantômes.

Je puis renoncer aussi peu à penser qu'à sentir, je ne puis pas plus m'interdire l'activité de l'esprit que celle des sens. De même que sentir est notre sens des choses, penser est notre sens des êtres (pensées). Les êtres ont leur existence dans toute chose sensible, en particulier dans la parole. Le pouvoir des paroles suit celui des choses : on est d'abord contraint par les verges, plus tard par les convictions. Notre courage, notre esprit dompte la force des choses ; contre la puissance d'une conviction, c'est-à-dire d'un mot, la torture et le glaive du bourreau perdent leur force. Les hommes à conviction sont des hommes-prêtres qui résistent à toutes les tentations de Satan.

Le christianisme s'est borné à enlever aux choses de ce monde leur caractère irrésistible et nous en a faits indépendants. De même sorte, je m'élève au-dessus des vérités et de leur puissance : comme je suis suprasensible, je suis au-dessus du vrai. Les vérités sont pour moi aussi communes et indifférentes que les choses, elles ne m'entraînent ni ne m'enthousiasment. Aussi n'y a-t-il aucune vérité, ni le droit, ni la liberté, ni l'humanité, etc., qui aient pour moi existence et à laquelle je me soumette. Ce ne sont que des paroles, rien que des paroles, comme, pour le chrétien, toutes les choses ne sont que des « choses vaines ». Dans les paroles et les vérités (toute parole est une vérité comme dit Hegel qui affirme qu'on ne peut dire un mensonge) il n'y a pas de salut pour moi, pas plus que pour le chrétien dans les choses et leur vanité De même que les richesses de ce monde ne me font pas heureux, de même en est-il des vérités. Ce n'est plus Satan qui joue l'histoire de la tentation, mais l'esprit qui emploie pour nous séduire non plus les choses de ce monde, mais ses pensées, « l'éclat de l'idée ».

A côté des biens profanes, tous les biens sacrés doivent perdre aussi leur valeur.

Les vérités sont des phrases, des façons de parler, des paroles (λογοσ) : reliées entre elles, c'est-à-dire mises à la file, elles forment la logique, la science, la philosophie.

Pour penser et parler j'ai besoin de vérités et de paroles comme pour manger des aliments, sans quoi je ne puis ni penser, ni parler. Les vérités sont les pensées des hommes mises en paroles et par conséquent elles existent comme les autres choses, bien qu'elles n'existent que pour l'esprit ou pour la pensée. Ce sont des lois humaines, des créations humaines et, bien qu'on les donne comme manifestations divines, elles conservent à mon égard leur caractère étranger et même étant mes créatures elles me sont déjà étrangères, du fait même de leur création.

L'homme chrétien est le croyant de la pensée, qui croit à la suprématie de l'idée et veut amener des idées, de soi-disant principes à la domination. A la vérité, plus d'un examine celles qui lui sont offertes et n'en choisit aucune pour le dominer sans l'avoir soumise à la critique, mais il ressemble en cela au chien qui va partout flairant les gens pour reconnaître son maître : en tout temps il est à la recherche de la pensée dominante. Le chrétien peut indéfiniment se révolter et faire des réformes, il peut renverser les principes dominants du siècle, toujours ses aspirations le reporteront vers de nouveaux principes et de nouveaux maîtres, toujours il voudra instituer une vérité plus haute ou plus « profonde », toujours faire revivre un culte, toujours proclamer un esprit appelé à dominer, établir une loi pour tous.

N'y a-t-il même qu'une vérité à laquelle l'homme doive consacrer sa vie et ses forces, parce qu'il est homme, il est par là-même soumis à une règle à une domination, à une loi, etc., il est vassal. Une telle vérité ce sera par exemple l'Homme, l'humanité, la liberté, etc.

A cela on peut répondre : si tu veux par la pensée élargir le champ de ta connaissance, cela dépend de toi, sache seulement que si tu as la volonté d'atteindre à quelque supériorité, il y a des problèmes nombreux et ardus à résoudre, et tu ne peux aller plus loin que si tu en viens à bout. Ainsi, tu n'as ni le devoir ni la mission de t'occuper de pensées (idées, vérités), mais si tu le veux, tu feras bien de mettre à profit les résultats déjà acquis par d'autres en vue de la solution de ces questions difficiles.

Certes, celui qui veut penser a une tâche que, consciemment ou non, il s'impose avec cette volonté ; mais personne n'a la tâche de penser ou de croire. Dans le premier cas, cela peut s'exprimer ainsi : tu ne vas pas assez loin, tu as un intérêt étroit et borné, tu ne vas pas au fond de la chose, bref tu ne t'en rends pas complètement maître. Mais d'autre part, aussi loin que tu peux aller chaque fois, tu es au but, tu n'as pas la mission d'aller plus loin et tu procèdes comme tu veux et comme tu peux. Il en est de cela comme de tout autre travail que tu peux abandonner quand tu n'y a plus goût. De même si tu ne peux plus croire à une cause, tu n'as pas à te contraindre à y croire ou à continuer de t'en occuper comme d'une vérité sacrée de la foi, ainsi que font les philosophes ou les théologiens, mais tu peux lui retirer ton intérêt et la laisser courir. Les esprits prêtres à coup sûr prendront en mauvaise part ton désintéressement qu'ils appelleront « paresse, légèreté, endurcissement, égarement », etc. Mais ne t'arrête pas à cette bagatelle. Aucune cause, aucun soi-disant, « intérêt supérieur de l'humanité », aucune « cause sacrée » ne vaut la peine que tu la serves et que tu t'en occupes simplement pour elle ; cherche seulement si elle a une valeur pour ton intérêt personnel. Soyez comme les enfants, dit la parole de la Bible. Mais les enfants n'ont pas d'intérêt sacré et ne savent rien d'une « bonne cause ». Ils savent d'autant plus exactement où tend leur tempérament et apportent toute leur attention aux moyens d'y atteindre.

On ne cessera jamais de penser pas plus que de sentir. Mais le pouvoir des pensées et des idées, la domination des théories et des principes, la suprématie de l'esprit — bref la hiérarchie durera tant que les prêtres, c'est-à-dire les théologiens, philosophes, hommes d'État, philistins, libéraux, maîtres d'école, parents, enfants, époux, Proudhon, Georges Sand, Bluntschli, etc., etc., auront la parole. La hiérarchie durera tant qu'on croira aux principes, qu'on y pensera ou même qu'on en fera la critique ; car même la critique la plus impitoyable, qui mine tous les principes existants, croit finalement au principe.

Chacun critique, mais les criteriums sont différents. On poursuit le « vrai » criterium. Le vrai criterium est l'hypothèse première. Le critique part d'une proposition, d'une vérité, d'une foi. Celle-ci n'est pas une création du critique, mais du dogmatique, elle est même, sans plus, empruntée aux idées du temps, comme par exemple « la liberté », « l'humanité », etc. Le critique n'a pas « trouvé l'homme », mais l'homme a été fixé comme vérité par le dogmatique, et le critique qui d'ailleurs peut faire avec celui-ci une seule et même personne, croit à cette vérité, à cet article de foi. Dans cette foi et possédé par cette foi, il critique.

Le secret de la critique est une « vérité » quelconque qui reste pour elle un mystère formidable.

Je distingue entre la critique tributaire et la critique propre. Si je critique ayant pour hypothèse l'Être suprême, ma critique sert cet Être et est menée en vue de lui : si par exemple je suis possédé de la foi à un « État libre », je critique tout ce qui s'y rapporte ayant comme point de vue la question de savoir si cela convient à l'État, car j'aime cet État ; si je fais la critique comme homme pieux, tout se résout pour moi en divin et diabolique et la nature aux yeux de ma critique se ramène à être l'œuvre de Dieu ou du Diable (de là les dénominations : Dieudonné, ou Déodat, Mont de Dieu, Chaire du diable, etc.) ; les hommes consistent en croyants et impies, etc., si je critique ayant pour croyance l'homme comme « être vrai », aussitôt il n'y a plus pour moi que l'homme et le non-homme.

La critique est restée jusqu'aujourd'hui une œuvre d'amour ; car en tout temps nous l'avons pratiquée par amour pour un être quelconque. Toute critique tributaire est un produit de l'amour, une possession, et procède suivant les paroles du nouveau testament : « éprouvez tout et conservez ce qui est bien ». « Le bien », voilà la pierre de touche, le criterium. Le bien, revenant sous des milliers de noms et de formes, est toujours resté l'hypothèse, le point dogmatique solide sur lequel s'appuie cette critique ; il est l'idée fixe.

Tranquillement, le critique en se mettant au travail suppose la « vérité » et ayant pour croyance qu'il faut la trouver, il la cherche. Il veut découvrir le vrai et voilà précisément ce qui pour lui est « le bien ».

Supposer ne signifie pas autre chose que poser par avance une pensée, ou penser une chose antérieurement à toute autre, et de cette chose pensée, tirer le reste, c'est-à-dire y rapporter tout, en faire un criterium. En d'autres termes, ceci veut dire simplement que la pensée doit commencer par une chose pensée. Si l'action de penser commençait au lieu d'être commencée, elle serait un sujet, une personnalité propre, agissante comme est déjà la plante, il n'y aurait pas à nier que la pensée ne dût commencer par soi-même. Seulement la personnification de la pensée fait apparaître une infinité d'erreurs. Dans le système hégélien, on parle toujours comme si la pensée ou l' « esprit pensant » pensait et agissait, c'est-à-dire la pensée personnifiée, la pensée fantôme ; dans le libéralisme critique on dit à tout instant : « La critique » fait ceci et cela, ou encore « la conscience personnelle » trouve ceci et cela. Mais si la pensée passe pour agir personnellement, la pensée doit être elle-même supposée, si si c'est la critique une idée doit être pareillement l'hypothèse. Pensée et critique ne pourraient tirer leur activité que d'elles-mêmes, devraient même en être la condition première, car sans être, elles ne pourraient être actives. Mais la pensée, comme chose supposée, est une idée fixe, un dogme : pensée et critique ne pourraient donc sortir que d'un dogme, c'est-à-dire d'une pensée, d'une idée fixe, d'une hypothèse.

Par là nous en revenons à ce qui a été dit plus haut : le christianisme consiste dans le développement d'un monde de pensées, ou bien, il est « la liberté de penser » proprement dite, la « libre pensée », le « libre esprit ». La « vraie » critique, que je nommais « tributaire » est identique à la « libre » critique, car elle n'est pas la mienne propre.

Il en va autrement quand ce qui est tien n'est pas transformé en chose en soi, personnifiée, identifiée à un « esprit propre ». Ta pensée n'a pas « la pensée » pour hypothèse, mais toi. Mais alors tu te supposes? — Oui mais non pour moi, pour ma pensée Je suis, avant que de penser. Il s'ensuit qu'une pensée ne précède pas ma cogitation, ou que ma pensée est, sans « hypothèse ». Car l'hypothèse que Je suis pour ma pensée n'est pas faite par la pensée, n'est pas pensée, elle est la pensée même posée, elle est le propriétaire même de la pensée et prouve seulement que la pensée n'est rien de plus que propriété, c'est-dire qu'une « pensée indépendante », un « esprit pensant » n'existe pas.

Ce renversement des considérations ordinaires pourrait sembler un jeu frivole d'obstruction, si bien que ceux mêmes contre qui il est dirigé se laisseraient prendre sans défiance à son allure innocente, s'il ne s'y rattachait des conséquences pratiques.

Pour donner à ces conséquences une expression concluante, on affirme maintenant que ce n'est pas l'homme mais le moi qui est la mesure de tout. Le critique « tributaire » a devant les yeux un autre être, une idée qu'il veut servir ; c'est pourquoi il n'immole à son Dieu que les faux dieux. Tout ce qui se fait par amour pour cet être peut-il être autre chose qu'une œuvre d'amour? Moi au contraire quand je critique, je n'ai même pas mon moi devant les yeux, je me borne à me faire plaisir, à m'amuser suivant mon goût ; je remâche la chose autant que j'en ai besoin, ou j'en prends seulement le parfum.

La différence des deux positions s'établit d'une façon plus précise si l'on considère que le critique « tributaire », parce qu'il est conduit par l'amour, croit servir la cause elle-même.

On ne veut pas abandonner, bien au contraire, on veut chercher la vérité, « la vérité en général ». Qu'est-elle sinon l'Être suprême? Aussi la « vraie critique » devrait désespérer si elle perdait la foi à la vérité. Et cependant la vérité n'est qu'une pensée, non seulement une, mais la pensée, qui est au-dessus de toutes les pensées, l'indestructible, la pensée même qui seule sanctifie toutes les autres, elle en est la consécration ; elle est la pensée « absolue », « sacrée ». La vérité dure plus que tous les Dieux, car c'est seulement pour la servir et par amour d'elle que l'on a renversé les Dieux et enfin Dieu lui-même. La vérité survit à la disparition du monde des Dieux, car elle est l'âme immortelle de ce monde périssable de Dieux ; elle est la divinité même.

Je veux répondre à la question de Ponce-Pilate : Qu'est-ce que la vérité? La vérité est la libre-pensée, l'idée libre, le libre esprit ; la vérité est ce qui est libre de toi, ce qui n'est pas ta propriété, ce qui n'est pas en ton pouvoir. Mais elle est aussi ce qui est complètement dépourvu de caractère de personnalité, de réalité, de corporalité ; la vérité ne peut apparaître comme tu apparais, elle ne peut se mouvoir, se modifier, se développer ; la vérité attend et reçoit tout de toi, et n'est même que par toi ; car elle n'existe que dans ta tête. Tu concèdes que la vérité est une pensée, mais tu n'accordes pas que toute pensée soit vérité, ou comme tu le dis très bien, toute pensée n'est pas vraiment ni réellement pensée. Et à quoi reconnais-tu l'irréalité ou la réalité de la pensée ? A ton impuissance, à ce que tu n'as plus de prise sur elle ! Si elle te subjugue, t'enthousiasme et t'entraîne, tu la tiens pour vraie. Sa domination sur toi te donne la mesure de sa vérité, et quand elle te possède et que tu en es possédé, alors tu es satisfait. Tu as enfin trouvé ton seigneur et maître. Lorsque tu cherchais la vérité, à quoi ton cœur aspirait-il ? A son maître ! Ce n'est pas ta puissance que tu as en vue, mais un Seigneur que tu veux exalter. (« Exaltez le Seigneur notre Dieu. ») La vérité, mon cher Pilate, c'est le maître, et tous ceux qui cherchent la vérité, cherchent et louent le maître. Et où existe-t-il ? Où, sinon dans ta tête ? Il n'est qu'esprit et toujours où tu crois l'apercevoir, il n'y a qu'un fantôme ; et c'est seulement l'anxiété du christianisme tourmenté du besoin de rendre visible l'invisible, de donner un corps à l'esprit, qui a créé le fantôme ; ce fut le gémissement craintif de la foi aux fantômes.

Tant que tu crois à la vérité, tu ne crois pas à toi, tu es un serviteur, un homme religieux. Toi seul es la vérité, ou plutôt, tu es plus que la vérité qui pour toi n'est rien. Certes, tu questionnes aussi sur la vérité ; certes aussi tu « critiques, mais tu n'interroges pas sur une « vérité supérieure » qui serait plus haute que toi, et tu n'en critiques pas le criterium. Tu te donnes comme le but unique de tes pensées et représentations, ainsi que des manifestations des choses, tu n'as en vue que de te les adapter, assimiler et **approprier**, tu ne veux que les réduire en ta puissance, devenir leur propriétaire, tu veux t'orienter en elles et t'y savoir chez toi ; et tu les trouves vraies, tu les vois dans leur vrai jour quand elles ne peuvent plus t'échapper, qu'elles ne peuvent plus occuper une position inexpugnable, enfin qu'elles te **conviennent**, qu'elles sont ta **propriété**. Si chemin faisant elles deviennent plus lourdes à porter, si elles échappent de nouveau à ton pouvoir, cela tient à leur non-vérité, c'est-à-dire à ton impuissance. Ton impuissance est leur puissance, ton humilité leur hauteur. Ainsi tu es leur vérité, ou bien si c'est le néant que tu es pour elles et dans lesquelles elles s'écoulent, leur vérité est leur **néant**.

C'est seulement comme propriété du moi que les esprits, les vérités parviennent au repos, et c'est seulement alors qu'ils sont réellement, quand ils sont délivrés de leurs tristes existences et deviennent ma propriété, quand on ne dit plus : la vérité se développe, se fait valoir, domine, l'histoire (encore un concept) triomphe, etc. Jamais la vérité n'a vaincu, mais constamment elle ne fut que mon moyen de vaincre, semblable au glaive (« le glaive de la vérité »). Toute vérité en soi est chose morte, un cadavre ; elle n'est vivante que de la même façon que mes poumons sont vivants, en proportion de ma propre activité vitale. Les vérités sont des matériaux, comme le blé ou l'ivraie ; sont-elles blé ou ivraie, à moi d'en décider.

Les objets ne sont pour moi que des matériaux que j'emploie. Où j'étends la main, je saisis une vérité que je m'attribue. La vérité est pour moi chose sûre et je n'ai pas besoin de languir après elle. La servir n'est nullement dans mes intentions ; elle n'est à mon point de vue qu'un aliment pour ma tête pensante, comme la pomme de terre pour mon estomac, organe de digestion, comme l'ami pour mon cœur sociable. Tant que j'ai l'envie et la force de penser, j'emploie toute vérité et je me l'assimile suivant mes moyens. La vérité est pour moi ce que furent pour les chrétiens la réalité et les choses profanes « vanité et néant ». Elle existe certes aussi bien que les choses de ce monde qui continuent d'exister, bien que le Christ ait proclamé leur néant, mais elle est vaine, parce qu'elle n'a pas sa valeur en soi, mais en moi : En soi elle est sans valeur. La vérité est une créature.

De même que, par votre activité, vous pouvez instituer une infinité de choses, que vous transformez constamment le sol et édifiez partout des œuvres humaines, vous pouvez aussi, par votre pensée, trouver des vérités innombrables et nous nous en réjouissons volontiers. Pourtant de même que je ne puis faire abandon de ma personne pour servir mécaniquement les machines que vous venez de découvrir, mais que j'aide à leur mise en marche uniquement dans mon intérêt personnel, ainsi, je ne veux qu'utiliser vos vérités sans les laisser m'utiliser pour servir leurs exigences.

Toutes les vérités sous moi me sont bienvenues ; une vérité au-dessus de moi, une vérité vers laquelle je devrais me diriger, je ne la connais pas. Pour moi il n'y a pas de vérité, car au-dessus de moi, il n'y a rien ! Au-dessus de moi, rien ne va, ni mon essence, ni l'essence de l'homme ! Oui rien au-dessus de moi, moi « cette goutte d'eau dans un seau d'eau », moi, ce « néant » !

Vous croyez avoir fait la chose suprême quand hardiment vous affirmez qu'il n'y a pas de « vérité » absolue, parce que tout temps a sa vérité propre. Cependant vous laissez à chaque époque sa vérité, et vous créez ainsi proprement une « vérité absolue », une vérité qui ne fait défaut à aucune époque, parce que chacune, quelle que puisse être sa vérité, a cependant « une vérité ».

Doit-on se borner à dire qu'en tout temps on a pensé, et par conséquent on a eu des pensées ou vérités, qui, à l'époque suivante, cédèrent la place à d'autres? Non, on doit dire que toute époque a eu son « credo » et en fait il n'en est encore apparu aucune où il n'y ait eu une « vérité supérieure » reconnue, à laquelle on ne crût devoir se soumettre en raison de sa « sublimité ». Toute vérité d'une époque en a été l'idée fixe ; quand plus tard une vérité nouvelle fut trouvée, la chose n'arriva toujours que parce qu'on en cherchait une autre : on apportait quelques corrections à la folie de l'époque antérieure et on lui revêtait un costume moderne. Car — qui pourrait contester ce droit — on voulait s'enthousiasmer pour une idée! On voulait être dominé, être possédé par une idée! L'idée dominante plus moderne est « notre essence » ou « l'homme ».

Pour toute critique libre une pensée était le criterium, pour la critique propre, ce criterium, c'est moi, moi l'indicible, qui par conséquent ne suis pas uniquement pensé ; car ce qui n'est que pensé, est constamment exprimable, parce que la parole et la pensée coïncident. Vrai est ce qui est mien, irréel ce dont je suis la propriété. Vraie est par exemple l'association, tandis que l'État et la Société sont dénués de vérité. La critique « libre et vraie » a souci de la domination conséquente d'une pensée, d'une idée, d'un esprit, la critique « propre » n'a souci de rien autre chose que de ma jouissance personnelle. Mais en cela, et nous ne lui épargnerons pas l'affront, cette dernière égale la critique animale de l'instinct. Pour moi, comme pour l'animal qui exerce sa critique, il ne s'agit que de moi, non de la chose. Je suis le criterium de la vérité, mais Je ne suis pas une idée, Je suis plus qu'une idée, c'est-à-dire inexprimable. Ma critique n'est pas « libre », elle n'est pas libre de moi et elle n'est pas tributaire, elle n'est pas au service d'une idée, elle est ma critique propre.

La critique, vraie ou humaine, se borne à reconnaître si une chose convient à l'homme, à l'homme vrai, tandis que par ta critique propre tu découvres si elle te convient.

La critique libre s'occupe d'idées et est par suite constamment théorique. Elle peut déployer ses fureurs contre l'idée, elle ne s'en dégage pas. Elle se bat avec des fantômes, mais elle ne le peut que si elle les tient pour fantômes. Les idées auxquelles elle a affaire ne disparaissent pas complètement : la brise du matin ne les met pas en fuite.

Certes le critique peut en venir à l'égard de l'idée à l'ataraxie, mais il n'en est jamais affranchi, c'est-à-dire qu'il ne concevra jamais qu'il n'existe pas quelque chose de supérieur à l'homme corporel, par exemple l'humanité, la liberté, etc. Pour lui il reste toujours une « mission » à l'homme : l'humanité. Et cette idée d'humanité demeure irréalisée, parce que précisément elle reste et doit rester « idée ».

Si je conçois au contraire l'idée comme mon idée, elle est déjà réalisée parce que je suis sa réalité : sa réalité consiste en ceci, que moi, être corporel, je l'ai.

On dit que dans l'histoire du monde se réalise l'idée de liberté. Inversement cette idée est réelle autant qu'un homme la pense et elle est réelle dans la mesure où elle est idée, c'est-à-dire dans la mesure où je la pense, où je l'ai. Ce n'est pas l'idée de la liberté qui se développe, mais l'homme, et dans cette évolution personnelle, il développe naturellement sa pensée en même temps.

Bref le critique n'est pas encore propriétaire, parce qu'il lutte avec les idées comme avec des êtres étrangers puissants, de même que le chrétien n'est pas propriétaire de ses « passions mauvaises », tant qu'il lui faut les combattre : pour celui qui lutte contre le vice, le vice existe.

La critique demeure cachée dans la « liberté de la connaissance », la liberté de l'esprit, et l'esprit acquiert seulement la vraie liberté quand il s'emplit de l'idée pure, de l'idée vraie; telle est la liberté de penser qui, sans pensée, ne peut être.

La critique ne chasse une idée que par une autre, par exemple l'idée du privilège par celle de l'humanité, ou l'idée de l'égoïsme par celle du désintéressement.

En somme on trouve le commencement du christianisme dans sa fin critique, car, ici comme là, on combat « l'égoïsme ». Ce n'est pas moi le particulier, mais l'idée, la chose générale que je dois mettre en valeur.

Guerre de la prêtraille contre l'égoïsme, ou du spirituel contre le temporel, voilà tout le contenu de l'histoire chrétienne. La critique de notre temps a rendu la guerre universelle; le fanatisme s'est achevé. D'ailleurs il ne pourra disparaître qu'après avoir épuisé l'existence et exhalé jusqu'au bout ses fureurs.

Que m'importe si ce que je pense et ce que je fais est chrétien ! Ou si c'est humain, libéral, inhumain, antilibéral ! Du moment que mes pensées et mes actes n'ont pas d'autre but que ce que je veux, que j'y trouve ma satisfaction, donnez-leur les prédicats que vous voudrez, que m'importe !

Moi aussi, peut-être, je me débats dans l'instant suivant contre ma pensée d'avant, il m'arrive aussi de changer soudain ma façon d'agir ; mais ce n'est pas, parce qu'elle ne répond pas au christianisme, ce n'est pas parce qu'elle court contre les droits éternels de l'homme, ce n'est pas parce qu'elle va frapper en plein visage l'idée de l'homme, de l'humanité, mais parce que je ne m'en trouve plus si près, parce qu'elle ne m'offre pas une pleine satisfaction, parce que je doute de la pensée antérieure, ou que le mode d'action que j'ai suivi jusqu'ici ne me plaît pas.

De même que le monde comme propriété est devenu un matériel que j'emploie à ma guise, de même l'esprit comme propriété doit descendre à n'être plus qu'un matériel qui ne m'inspire plus aucun terreur sacrée. Tout d'abord on ne me verra plus trembler devant une pensée, si téméraire et « diabolique » qu'elle soit, parce que, si elle menace de devenir trop embarrassante et trop inquiétante pour moi, sa fin est en mon pouvoir, mais aussi je ne reculerai devant aucun acte, sous prétexte qu'il contient en lui l'esprit d'impiété, d'immoralité, d'illégalité, pas plus que saint Boniface ne s'abstint, par scrupule religieux, d'abattre les chênes sacrés des païens. Si les choses du monde sont devenues vaines, les pensées de l'esprit doivent aussi le devenir. Aucune pensée n'est sacrée, car aucune pensée ne peut passer pour « piété », aucun sentiment n'est sacré (il n'y a pas de sentiment sacré de l'amitié, de sentiment maternel sacré, etc.), aucune foi n'est sacrée. Tout cela est aliénable, ma propriété aliénable, et peut être anéanti comme créé par moi.

Le chrétien peut perdre toutes choses, ou objets, les personnes les plus aimées, les « objets » de son amour, sans se considérer soi, c'est-à-dire au sens chrétien son esprit, son âme comme perdu. Le propriétaire peut rejeter loin de soi toutes les pensées qui étaient chères à son cœur et enflammaient son zèle, il les gagnera de même de mille façons, parce que lui, leur créateur demeure.

Inconsciemment et involontairement nous tendons tous à l'individualité, et il sera difficile d'en trouver un parmi nous qui n'ait abandonné un sentiment sacré, une pensée sacrée, une foi sacrée et nous ne rencontrons même personne qui ne pourrait encore se délivrer de telle ou telle de ses pensées sacrées. Toute notre lutte contre les convictions a pour origine l'opinion que nous sommes capables de chasser notre adversaire des pensées où il se retranche. Mais ce que je fais inconsciemment, je le fais à moitié ; c'est pourquoi, après toute victoire sur une foi, je deviens de nouveau le prisonnier (possédé) d'une autre, qui prend tout mon moi à son service ; je deviens fanatique de la raison après que mon zèle pour la Bible a cessé, je m'enflamme pour l'idée d'humanité, après avoir assez longtemps combattu pour celle de chrétienté.

Certes comme propriétaire des pensées, je mettrai autant d'ardeur à couvrir ma propriété du bouclier, que j'en déploie comme propriétaire des choses à ne pas les laisser attaquer par quiconque ; mais je considérerai souriant l'issue du combat, souriant je placerai mon bouclier sur la dépouille mortelle de mes pensées et de ma foi, souriant, je triompherai si je suis battu. Telle est précisément l'*humour* de la cause. Quiconque a des « sentiments plus élevés » peut s'épancher librement sur les petitesses des hommes, quant à moi je les laisse se jouer des « grandes pensées, des sentiments sublimes, des nobles enthousiasmes et de la sainte foi », car je suis le propriétaire de tout.

Si la religion a établi ce principe que nous sommes tous pécheurs, je lui oppose celui-ci : nous sommes tous parfaits ! Car nous sommes à tout instant tout ce que nous pouvons être et nous n'avons jamais besoin d'être plus. Comme il n'y aucune lacune en nous, le péché aussi n'a aucun sens. Montrez-moi encore un pécheur au monde si personne n'a plus à satisfaire à un être supérieur ! Si je n'ai qu'à me contenter moi-même, je ne suis pas pécheur quand je ne le fais pas, car je ne blesse en moi rien de sacré ; dois-je au contraire être pieux il me faut agir au gré de Dieu, dois-je me comporter en homme, je dois satisfaire à l'essence de l'homme, à l'idée d'humanité, etc. Celui que la religion appelle « pécheur », l'humanité le nomme « égoïste ». Mais, encore une fois, si je n'ai besoin de satisfaire personne autre, l' « égoïste » en qui renaît, pour l'humanité, un diable d'un nouveau genre, est-il autre chose qu'un non-sens ? L'égoïste devant lequel tremblent les « humains » est aussi bien un fantôme que le diable : il n'existe que dans leurs cerveaux comme spectre et sous des formes de pure fantaisie. S'ils n'avaient pas erré çà et là d'un pôle à l'autre de l'opposition du bien et du mal des vieux Francs qu'ils désignent aujourd'hui respectivement sous les noms d' « humain » et d' égoïstique » ils n'auraient pas rajeuni en « égoïste » le « pécheur » passé de mode, et n'auraient pas cousu une nouvelle loque sur des haillons usés. Mais ils ne pouvaient agir autrement, car ils tiennent pour leur tâche d'être « hommes ». Ils se sont affranchis des « bons [1] », mais le bien est resté !

Nous sommes tous parfaits et sur toute la terre il n'y a pas un homme qui soit pécheur. Il y a des fous qui s'imaginent être Dieu le père, Dieu le fils ou un habitant de la lune ; de même ce monde fourmille de sots qui s'imaginent être pécheurs et qui ne le sont pas plus que cet autre n'est habitant de la lune. Leur péché est une imagination.

Mais, objecte-on insidieusement, leur folie ou leur possession est du moins un péché ! Leur possession n'est pas autre chose que ce qu'ils sont parvenus à atteindre ; elle est le résultat de leur développement, comme la foi de Luther en la Bible fut précisément tout ce qu'il put trouver. A l'un son développement lui procure la maison des fous, à l'autre le Panthéon et l'approche du Walhalla.

Il n'y a pas de pécheur ni d'égoïsme pécheur !

Laisse-moi tranquille avec ton « amour des hommes ! » Insinue-toi, toi, l'ami des hommes, dans les cavernes du vice », arrête-toi un instant dans le tourbillonnement de la grande ville ; ne trouveras-tu pas partout péchés sur péchés et encore péchés ? Ne gémiras-tu pas sur l'humanité corrompue, ne déploreras-tu pas l'égoïsme monstrueux ? Verras-tu un riche sans le trouver impitoyable et « égoïste » ? Peut-être te dis-tu athée, mais tu restes fidèle à ce sentiment chrétien qu'un chameau passera par le trou d'une aiguille avant qu'un riche ne soit pas un « non-homme ». En somme, combien en vois-tu que tu ne rejetterais pas dans « la

---

[1]. Au sens évangélique du mot.

masse égoïste » ? Ainsi qu'a donc trouvé ton amour des hommes ? Rien que des hommes indignes d'être aimés ! Et d'où sortent-ils tous ? De toi, de ton amour des hommes. Tu as apporté le pécheur avec toi, dans ta tête, c'est pourquoi tu l'as trouvé, c'est pourquoi tu l'as fourré partout. N'appelle pas les hommes pécheurs, ils ne le sont : toi seul est le créateur des péchés. Toi qui t'imagines aimer les hommes, c'est précisément toi qui les jette dans la boue du péché, c'est toi qui les sépare en vicieux et vertueux, en hommes et non-hommes, c'est toi qui les souille de la bave de ta possession ; car tu n'aimes pas les hommes, mais l'Homme. Mais moi je te le dis, tu n'as jamais vu un pécheur, tu l'as seulement rêvé.

Je suis détourné de ma jouissance personnelle, parce que je crois devoir servir un autre, que je me crois appelé au « sacrifice », à « l'abnégation », à « l'enthousiasme ». Eh bien ! si je ne sers plus aucune idée, aucun « être supérieur », il va de soi que je ne sers plus aussi aucun homme mais, en toute circonstance, MOI. Ainsi, non seulement en fait ou en être, mais aussi pour ma conscience, je suis l'Unique.

Il t'échoit en partage plus que le divin, plus que l'humain ; il te revient ce qui est tien.

Considère-toi comme plus puissant que tu ne l'es aux yeux des autres et tu as plus de puissance ; considère-toi comme étant plus et tu as plus.

Tu n'es pas uniquement appelé à tout ce qui est divin, tu n'as pas seulement droit à tout ce qui est humain, mais tu es propriétaire de ce qui est tien, c'est-à-dire de tout ce que tu possèdes la force de t'approprier, en d'autres termes tu es approprié et habilité à tout ce qui est tien.

On a toujours pensé devoir me donner une destination située hors de moi, si bien qu'enfin on m'a exhorté à revendiquer l'humain, parce que le moi = l'humain. Tel est le cercle magique du christianisme. Le moi de Fichte est aussi le même être extérieur à moi, car chacun est moi, et si ce moi seul a des droits, c'est lui qui est le « Moi », ce n'est pas moi. Mais je ne suis pas un moi, à côté d'autres moi, je suis le moi unique ; je suis unique. Par suite aussi mes besoins, mes actes, bref tout en moi est unique.

Et c'est seulement en qualité de moi unique que je m'approprie tout, c'est seulement comme tel que je me manifeste et me développe. Ce n'est pas comme homme que je me développe, ce n'est pas l'homme que je développe en moi, mais c'est moi, en tant que moi, que je développe.

Tel est le sens de l'Unique.

III

L'UNIQUE

Les temps préchrétiens et chrétiens poursuivent des buts opposés : ceux-ci veulent idéaliser le réel, ceux-là réaliser l'idéal, ceux-ci cherchent le Saint-Esprit, ceux-là « la glorification du corps ». Par suite l'un conclut à l'insensibilité en face du réel, « au mépris du monde », l'autre finit par le rejet de l'idéal et « le mépris de l'esprit ».

L'opposition du réel et de l'idéal est irréductible et l'un ne peut jamais devenir l'autre : si l'idéal devenait le réel, ce ne serait plus l'idéal, et si le réel devenait l'idéal, il n'y aurait que l'idéal, mais le réel n'existerait en aucune façon. L'opposition des deux ne peut être vaincue que si l' « on » anéantit les deux, c'est seulement dans cet « on », dans ce « tiers », que l'opposition trouve sa fin ; autrement l'idée et la réalité ne se recouvrent jamais. L'idée ne peut être réalisée de telle sorte qu'elle reste idée, elle ne se réalise que lorsqu'elle meurt comme idée, et l'on a affaire alors à du réel.

Nous voyons donc les anciens comme des adeptes de

l'idée, les modernes comme des adeptes de la réalité. Les uns et les autres ne se dégagent pas de l'opposition et se bornent à soupirer, les uns après l'esprit et — cette tendance du Vieux Monde ayant paru satisfaite, et cet esprit être venu — les autres ont aspiré à la sécularisation de cet esprit, ce qui restera pour toujours un « pieux désir ».

Le pieux désir des anciens fut la **sainteté**, le pieux désir des modernes est l'**incarnation**. Mais comme l'antiquité devait disparaître quand son aspiration serait satisfaite (car elle ne vivait que dans l'aspiration), ainsi dans le cercle du christianisme on n'atteindra jamais à l'incarnation. Le courant de sanctification ou de purification (les ablutions, etc.) qui circule à travers le monde antique a fait place à l'incarnation qui court par tout le monde moderne : le Dieu fait irruption dans ce monde, devient chair et le veut délivrer, c'est-à-dire emplir de soi ; mais comme il est « l'idée » ou « l'esprit », on (Hegel par exemple) introduit finalement l'idée dans tout, dans le monde, et l'on prouve que « l'idée, la raison est dans toute chose ». A ce que les stoïciens païens appelaient « le sage » correspond dans l'éducation d'aujourd'hui « l'homme », l'un comme l'autre est un être « incorporel ». Le « sage » irréel, ce « saint » incorporel des stoïciens devient une personne réelle, un saint « corporel » dans le Dieu **devenu chair** ; l' « homme » irréel, le moi incorporel, deviendra réel, dans le moi **corporel**, en moi.

A travers le christianisme court la question de l'existence de Dieu qui toujours et toujours reprise est un témoignage que ce besoin irrésistible d'existence, d'incarnation, de personnalité, de réalité, a occupé constamment les âmes des hommes, parce qu'il n'a jamais trouvé de solution satisfaisante. Finalement la question de l'existence de Dieu est tombée, mais pour renaître dans la formule que le « divin » existe (Feuerbach).

Mais lui non plus n'a pas d'existence ; on en recourt enfin à dire que le « pur humain » est réalisable, mais cette dernière ressource sera bientôt vaine. Aucune idée n'a d'existence, car aucune n'est capable de réalité corporelle. La querelle scolastique du réalisme et du nominalisme a le même fond, en un mot, elle se poursuit à travers l'histoire entière du monde chrétien et ne peut finir en elle.

Le monde chrétien travaille à réaliser les idées dans les rapports individuels de la vie, dans les institutions et les lois de l'Église et de l'État ; mais elles résistent et conservent toujours quelque chose d'incorporel (d'irréalisable). C'est une poussée incessante vers l'incarnation, qui constamment demeure inatteinte.

Celui qui cherche à réaliser se préoccupe peu des réalités, toute la question pour lui est qu'elles soient des réalisations de l'idée ; c'est pourquoi il cherche constamment à nouveau si dans la chose réalisée, l'idée qui en fait le noyau s'y trouve, c'est pourquoi il scrute la réalité et en même temps l'idée, il examine si elle est réalisable comme il la pense ou si n'en ayant qu'une notion inexacte il doit la considérer comme inexécutable.

Comme existences, la famille, l'État, etc., ne doivent plus inquiéter les chrétiens ; ils ne doivent plus comme les anciens se sacrifier « pour ces choses divines » qui au contraire ne doivent être utilisées que pour faire vivre en elles l'esprit. La famille réelle est devenue chose indifférente et une famille idéale, qui serait la famille « vraiment réelle », doit sortir d'elle, une sainte famille, bénie de Dieu, ou, dans le sens des libéraux, une famille « raisonnable ». Chez les anciens, la famille, l'État, la patrie, etc., ont une existence divine ; chez les modernes, la famille, la chose publique, la patrie, etc., attendent la divinité ; elles sont de par leur existence même souillées du péché, terrestres et ne peuvent être que « délivrées », c'est-à-dire devenir véritablement réelles. Cela signifie que ce n'est pas la famille, etc..... mais le divin, l'idée, qui est l'existant, le réel ; cette famille en accueillant en elle la chose véritablement réelle, l'idée, se réalisera-t-elle elle-même, c'est encore la question que l'on agite. La tâche de l'individu n'est pas de servir la famille comme être divin, mais inversement de servir l'être divin et de lui amener la famille encore dépourvue du caractère divin, c'est-à-dire de subjuguer toute chose au nom de l'idée, de déployer partout la bannière de l'idée, d'amener l'idée à sa réalisation effective.

Le christianisme et l'antiquité ayant la divinité pour objet, s'y rencontrent par des voies opposées. A la fin du paganisme, la divinité est extériorisée au monde, à la fin du christianisme elle y est intériorisée. L'antiquité ne réussit pas complètement à la rendre extérieure au monde et quand le christianisme a achevé cette tâche, soudain la divinité se met à regretter ce monde et veut le « délivrer ». Mais au sein du christianisme il ne se fait pas, il ne peut se faire que le divin en tant qu'intérieur au monde soit le monde lui-même ; car il reste toujours assez de mal, d'absurdité, de hasard et d'égoïsme, il reste toujours assez du « monde » pris dans la mauvaise acception du mot que le divin ne pénètre pas et qui se conserve, qui doit se conserver intact. Le christianisme apparaît pour faire que Dieu devienne homme, et il poursuit à travers tous les temps son œuvre de conversion et de délivrance pour préparer tous les hommes et tout ce qui est humain à accueillir Dieu, pour imprégner toutes choses de l'Esprit : il s'en tient à préparer à « l'esprit » une demeure.

Quand enfin on mit l'accent sur l'homme ou sur l'humanité, l'idée revint encore « éternellement exprimée », que « l'homme ne meurt pas ». On pensa alors avoir trouvé la réalité de l'idée : l'homme est le moi de l'histoire, de l'histoire du monde ; c'est lui, cet idéal qui se développe réellement, c'est-à-dire se réalise. Il est l'Être véritable, réel, corporel, car l'histoire est son corps dont les individus ne sont que les membres. Christ est le moi de l'histoire du monde, il est même celui de l'histoire préchrétienne ; si dans la conception moderne c'est l'homme, c'est que le symbole du Christ s'est transformé en celui de l'homme : c'est l'homme en lui-même, qui est « le point central » de l'histoire. « L'homme » pris comme Moi de l'histoire du monde, ferme le cycle des conceptions chrétiennes.

Le cercle magique du christianisme serait rompu si la tension entre l'existence et la mission, c'est-à-dire, entre le moi que je suis et celui que je dois être venait à cesser ; il ne subsiste que comme aspiration de l'idée à prendre corps et disparaît quand cesse la séparation : seulement quand l'idée reste idée, comme l'homme et l'humanité, idées sans corps, le christianisme existe encore. L'idée incarnée, l'esprit corporel ou « accompli » plane devant les yeux du chrétien comme « la fin des jours » ou comme « le but de l'histoire », l'idée n'est pas pour lui le présent.

Le rôle de l'individu se borne à prendre part à la fondation du royaume de Dieu, ou, suivant la conception moderne, au développement et à l'histoire de l'humanité et c'est seulement en proportion de sa participation qu'il s'attache à lui une valeur chrétienne, ou, dans le sens moderne, une valeur humaine ; pour le reste il n'est que poussière et *saccus stercorum*.

Que l'individu soit pour lui-même une histoire du monde, et que le reste de l'histoire universelle soit sa propriété, voilà qui passe le chrétien. Pour ce dernier l'histoire du monde est la chose suprême parce qu'elle est l'histoire de Christ ou de « l'Homme » ; pour « l'égoïste » il n'y a que son histoire qui ait de l'importance parce qu'il ne veut développer que soi et non l'idée d'humanité, le plan de Dieu, les desseins de la providence, la liberté, etc. Il ne se considère pas comme l'instrument de l'idée ou le vase d'élection de Dieu, il ne se reconnaît aucune mission, il ne s'imagine pas exister pour poursuivre le développement de l'humanité et avoir pour tâche d'y contribuer, mais il vit jusqu'au bout son existence sans s'inquiéter si l'humanité va bien ou mal. Si cela ne donnait pas lieu à la méprise que l'on fait ici l'apologie de l'état de nature ce serait le cas de rappeler les « trois tziganes » de Lénau[1]. — Quoi donc! suis-je au monde pour réaliser des idées ? ai-je le devoir comme citoyen, de donner une réalité à l'idée « État », comme époux et comme père, d'amener l'idée de famille à l'existence ? Peu me chaut une telle mission ! Pas plus que la fleur ne pousse et n'embaume suivant une mission, je ne vis suivant une mission.

L'idéal « Homme » est réalisé quand la conception chrétienne aboutit à la proposition : « Moi l'unique, je

---

1. Poésie célèbre de Lénau.

suis l'homme ». La question conceptuelle « Quoi donc est l'homme ? » s'est transformée en la question personnelle : « Qui donc est l'homme ? » Dans le « quoi » on cherchait le concept pour le réaliser, dans le « Qui » il n'existe plus aucune question, la question se trouve dans celui qui demande : la question se répond à elle-même.

On a dit de Dieu : « Il n'y a pas de noms pour le nommer ». De même de Moi : aucune idée ne m'exprime, rien de ce que l'on donne comme étant mon être n'épuise ce qui est moi ; ce ne sont que des noms. De même on dit de Dieu qu'il est parfait et qu'il n'a nullement mission de tendre à la perfection. Cela est vrai aussi, mais seulement de moi.

Je suis propriétaire de ma puissance et je le suis quand je me connais comme unique. Dans l'Unique le propriétaire lui-même retourne en son néant créateur duquel il est né. Tout être au-dessus de moi, que ce soit Dieu, que ce soit l'Homme, affaiblit le sentiment de mon individualité et commence seulement à pâlir quand le soleil de cette conscience se lève en moi. Si je mets ma cause en moi, l'Unique, elle repose alors sur son créateur périssable qui s'absorbe lui-même et je puis dire :

Je n'ai mis ma Cause en Rien.

FIN.

TABLE DES MATIÈRES

	Pages.
Je n'ai mis ma cause en personne	1
Ire Partie. — **L'HOMME**	5
I. — Une vie humaine	6
II. — Hommes des temps anciens et des temps modernes	14
1. — *Les Anciens*	14
2. — *Les Modernes*	26
§ 1. — L'Esprit	30
§ 2. — Les Possédés. { Le Spectre	45
{ La Fêlure	49
§ 3. — La Hiérarchie	79
3. — *Les Hommes libres*	119
§ 1. — Le Libéralisme politique	119
§ 2. — Le Libéralisme social	143
§ 3. — Le Libéralisme humain	153
IIe Partie. — **MOI**	191
I. — L'individualité	192
II. — Le Propriétaire	214
1. — *Ma Puissance*	231
2. — *Mes Relations*	263
3. — *Ma Jouissance personnelle*	408
III. — L'unique	465

Châteauroux. — Typ. Stér. A. MAJESTÉ et L. BOUCHARDEAU, A. MELLOTTÉE, successeur.

Original en couleur

NF Z 43-120-B

www.ingramcontent.com/pod-product-compliance
Lightning Source LLC
Chambersburg PA
CBHW050600230426
43670CB00009B/1206